ÉTUDES

SUR

LES HOMMES

ET

LES MŒURS

AU XIXe SIÈCLE.

ÉTUDES

SUR

LES HOMMES

ET

LES MOEURS

AU XIXᵉ SIÈCLE

PORTRAITS CONTEMPORAINS

SCÈNES DE VOYAGE, SOUVENIRS DE JEUNESSE

PAR

M. PHILARÈTE CHASLES

PROFESSEUR AU COLLÉGE DE FRANCE

PARIS : AMYOT, RUE DE LA PAIX

ISBN   0   576   12110 X

Republished in 1971 by Gregg International Publishers Limited
Westmead, Farnborough, Hants., England

Printed in offset by Franz Wolf, Heppenheim/Bergstrasse
Western Germany

———

Ces modestes Études sur les hommes et les
mœurs de mon temps forment le complément
naturel des onze volumes qui précèdent. Bien
que mêlées de souvenirs personnels et d'esquisses empruntées à ma vie, elles sont loin de
prétendre au titre de Mémoires ou de Confessions. On n'y trouvera qu'une série d'observations et de Portraits destinés à compléter mes
Essais sur les livres et l'histoire. Si l'auteur y apparaît quelquefois de profil ou de trois-quarts,
ce n'est ni sa faute ni son désir; en parlant
des faits et des hommes, il lui fallait expliquer
comment et de quel point il les a vus, dire les
modifications que ses idées littéraires ont re-
çues des événements et de l'expérience. En ad-

mirant beaucoup les talents contemporains, ne pas suivre d'École et ne baisser le front devant aucune idole ; telle était la conséquence inévitable d'une jeunesse jetée par le sort loin des voies ordinaires.

A des tableaux ou à des esquisses d'INTÉRIEUR ou de VOYAGE succèdent dans ce volume des OBSERVATIONS critiques, très-sévères, sur les Doctrines du temps où je vis et sur l'influence qu'elles ont exercée ; publiées pour la première fois et par fragments, au moment même où elles devaient déplaire à une société enivrée de sa force matérielle et marchant à l'abîme qu'on lui montrait en vain ; — je les recueille à titre de documents historiques, non d'enseignement ; — encore moins est-ce une satire générale ou personnelle, qui manquerait aujourd'hui de courage comme de dignité. On trouvera plus loin quelques PORTRAITS de personnages curieux et caractéristiques que j'ai connus et qui ont disparu de la scène agitée dont nous sommes spectateurs ; parmi les étrangers, COLERIDGE, FOSCOLO, BENTHAM ; — parmi les Français, M. DE CHA-

TEAUBRIAND ; — puis, quelques acteurs singuliers
de nos Assemblées révolutionnaires, entr'autres
VADIER et AMAR. L'ESSAI HUMORISTIQUE à la façon de
Jean-Paul, que j'ai rejeté à la fin du volume, et
pour lequel je confesse cette prédilection invincible des pères pour leurs enfants mal-venus —
contient sous une forme fantastique que je n'es-
saierai pas de commenter quelques vues sur l'a-
venir, qui méritent peut-être que les esprits
sérieux s'y arrêtent.

Quelle que soit la sévérité de certains points
de vue moraux et religieux que ces pages contiennent, on aurait tort de croire que l'auteur
de ces Études réclame le titre de moraliste austère et les honneurs de la vertu. Vicieux ou
vertueux, la question est entre Dieu et lui ; sincère, passionné, souvent attristé, amateur résolu
du vrai et du bon ; ceux qui ont vécu entre
1815 et 1840 ne s'étonneront pas de la douleur que lui inspira la France quand il la revit,
après l'avoir quittée dans l'enfance. Il retrouvait
son pays plus misérable et plus agité que jamais.
Le bénéfice ou le malheur de ses premières an-

nées le condamnait à un parfait isolement dans la société française, c'est-à-dire à une impartialité plus amère pour lui que pour les autres; il avait beaucoup à blâmer dans ce qu'il aimait le plus. L'originalité appartenait donc à la situation, non à l'écrivain; sa douleur n'était pas une mélancolie de caprice, mais de nécessité.

On voit que ce dernier volume s'adresse aux amis de celui qui l'a écrit, à ceux qui ont ajouté foi à sa sincérité d'homme studieux et d'observateur. Ils s'apercevront que les singularités de pensée ou de style dont on a voulu lui imputer le blâme ou l'éloge ne se rapportent point à l'excentricité calculée de l'humoriste, mais à la bizarrerie irrésistible des événements. On ne le soupçonnera ni de prétentions romanesques, ni d'une sévérité affectée envers ses contemporains; on ne s'étonnera pas non plus qu'il ait vu juste et que ses prévisions se soient réalisées. Le solitaire a peu d'effforts à faire pour voir juste; son regard n'est pas troublé par le tourbillon et la fumée du combat.

Quelques-uns de ces fragments datent de l'époque éloignée où je me trouvais à Londres, dans une petite chambre près du Parc-Hyde et du carré de Grosvenor. J'avais fait en France mes études classiques ; ma vie de pensée et d'âme ne se développa qu'à l'étranger. J'avais quatorze ans et demi lorsque les anathèmes de Byron nous arrivèrent par strophes, tombant d'Italie comme des larmes de feu ; j'étais à Londres lorsque les fictions enchanteresses de Walter-Scott furent publiées. Que de journées passées avec ces deux génies dans le jardin de la Reine, près de la rivière Serpentine ! Les premiers bals auxquels j'assistai furent ceux de Grosvenor-square ; et le Platonisme ardent qui s'avisa de me saisir alors a laissé grande trace dans ces Études. Heureuse vie d'ascète penseur ! félicités intérieures et profondes ! Avec quelle douceur et quel charme ai-je appris à descendre en moi, dans le tribunal secret, pour y juger les livres et leurs critiques, les écoles et leurs disciples, les restaurations et les révolutions, les réactions et les gloires, les mémoires et les histoires, les vanités et les orgueils ! Avec quelle puissance les passions refoulées et comprimées de la jeunesse me rendaient en énergie et en activité ce que je perdais en vains plaisirs! Surtout quelle joie et quelle force, d'avoir su dès lors mépriser la renommée et le métier d'auteur! C'est en lui-même et pour celui qui en use, que le flambeau de l'esprit est valable. Éblouir le passant, la belle affaire! Cette lumière de l'être intime, allumée à la suprême source qui est Dieu même, ne laisse point de vide; et les profondeurs qui, dans le système infini des êtres, resteront toujours mystérieuses pour l'homme, deviennent sacrées, mais non obscures. Cette religion de la pensée et ce dédain pour le bruit rassurent l'âme sur le présent et sur l'avenir; si l'on agit, on est plus calme; si l'on écrit, on attend sa place, on ne la cherche pas. Si les hommes nous sont défavorables, on se tait; leurs bienveillants retours ne nous enivrent plus. Au lieu de s'associer aux maladies des nations, à leurs engouements passagers, à leurs fureurs périodiques, on ne partage avec ces pauvres masses insensées, ni la contagion des Chartes constitution-

nelles, ni celle du despotisme adoré; on n'en
est pas plus sage; hélas! qui est sage? On est
mieux préparé à faire l'histoire de son temps,
et à renseigner les gens qui viendront sur les
gens qui ont disparu; — on ne perd plus dès
lors ce grand goût pour la vérité qui console
de presque tout; ardente passion qui n'a pas
cessé de posséder mon esprit, depuis mes années de triste jeunesse.

Grâce à elle, peut-être me sera-t-il donné un
jour de laisser à l'avenir quelques traces vivantes et exactes de cette société qui se renou-
velle douloureusement sous mes yeux, — de ses
étranges figures, de ses monstres vantés, de ses
puérilités gonflées, de ses nains qui se disent
grands, de ses valets qui se disen maîtres, de ses
grandeurs inconnues, et de ses vertus ignorées.

PHILARÈTE CHASLES.

Institut, 15 Décembre 1849.

TABLE DES MATIÈRES.

PREMIÈRE PARTIE.

SOUVENIRS DE JEUNESSE.

SOUVENIRS DE LA VIEILLE ANGLETERRE.

LES PURITAINS DU NORTHUMBERLAND (1818).

SCÈNES D'UNE BOURGADE MARITIME.

PORTRAITS CONTEMPORAINS.

JÉRÉMIE BENTHAM, COLERIDGE, FOSCOLO.

UNE VISITE AU SOUTH STACK.

SCÈNES DE LA VIE IRLANDAISE.

UNE HEURE A BORD DU SWALLOW.

ÉTUDES SUR LA SOCIÉTÉ IRLANDAISE AU XIXᵉ SIÈCLE.

UNE DÉPORTÉE A BOTANY-BAY.

SECONDE PARTIE.

ÉTUDES SUR LA FRANCE AU XIXᵉ SIÈCLE.

ESPRIT ET ERREURS DE LA SOCIÉTÉ FRANÇAISE DE 1827 A 1840.

PORTRAITS ET TYPES CONTEMPORAINS.

M. DE CHATEAUBRIAND.   373

CAUSERIE AVEC UN SOCIALISTE LE 20 JUIN
1848. 385

APPENDICE HUMORISTIQUE AUX ÉTUDES SUR
LE XIXe SIÈCLE.

LE PETIT LIVRE BLEU DE CIEL.

FIN DE LA TABLE DES MATIÈRES.

PREMIÈRE PARTIE.

———

SOUVENIRS DE JEUNESSE.

SOUVENIRS DE JEUNESSE.

LA PRISON EN 1815.

§ Ier.

§ Ier.

Quelques mots sur la personnalité des Mémoires. — La Conciergerie.

Nous avons tous été quelque peu en prison. Cela vous est arrivé, à vous, à moi, à tout le monde. C'est chose vulgaire que cette gloire. Nos pères nous ont ouvert la route : puissent nos fils retrouver une de ces honnêtes époques, où le mot *prison* fait tressaillir d'effroi ; où l'on se raconte à l'oreille et en tremblant l'arrestation du voisin ; où l'on ne veut pas croire aux récits de 1793, de 1815 et de 1848 ; où les fantômes du château de Ham, de Vincennes et de la Bastille dressent dans un passé fabuleux leurs créneaux historiques !

Pour moi, j'étais bien enfant quand le nom de *Ham* retentissait à mon oreille ; c'était la terreur et l'amusement de nos soirées. Je connais ses pierres noires, ses remparts, ses escaliers tortueux et ses plates-formes dominatrices, comme si je les avais bâtis. Je sais la profondeur des fossés ; je vois d'ici la chambre que mon père habitait. Il y

avait passé quelques longs mois. Il me disait les histoires
du donjon, et comment sa majesté le Directoire l'avait enfermé là, sans que sa majesté le peuple vînt l'en tirer ; et les
ressorts secrets de la politique du temps ; puis les tragédies
grecques et les comédies romaines que les prisonniers républicains jouaient sur le préau ; les caractères des déte-
tenus, leurs espérances, leur passé ; la part qu'ils avaient
prise au mouvement redoutable de la Révolution naissante
et furieuse ; — et comment je fus nommé *Philarète*, nom
beaucoup trop ambitieux pour moi, à cause de ce château
et du Jeune Anacharsis que l'on y lisait.

Oh ! comme j'écoutais ces histoires d'un temps terrible,
père de notre temps affaissé ; époque qui nous a préparés,
et qui nous ressemblait si peu ! Les convictions étaient
alors ardentes, elles coûtaient la vie ; nos convictions sont
de pauvres hypothèses. Les sacrifices étaient alors réels,
fréquents, meurtriers ; aujourd'hui, tout est incertitude,
mollesse, attitude de théâtre. Crimes et vertus étaient sérieux et scellés par des actes sublimes ou atroces ; maintenant, bonnes et mauvaises qualités ressemblent à des parodies. Alors la foi qui excuse et ennoblit, vivait dans les
cœurs ; aujourd'hui le doute se pare des lambeaux de
l'héroïsme théâtral , la vanité individuelle pose partout.

Cherchez bien ; vous trouverez quelque souvenir de prison dans votre famille ; vous le trouverez quand même vous
auriez mené la vie la plus incurieuse et la plus obscure ;
et ne soyez pas trop fiers de ces souvenirs ; ils font partie du bagage biographique de chacun ; on les inscrit
dans sa vie comme le baptême et la naissance. Les histoires
du château de Ham étaient restées gravées dans ma pensée ; l'ombre de ses tourelles obscurcissait mes jeunes rêves, quand une bonne réalité, une vraie prison vint inter-

rompre mes études, m'arracher à mes classes, et m'apprendre dans quel siècle je vivais. Par une prévoyance admirable du destin, j'ai fait ma rhétorique à trente pieds sous
terre. Me voilà en prison moi-même, fort indigne de cet
honneur, à quatorze ans, dans un humide cachot de la
Conciergerie, sans que personne en sût rien, sans que le
plus petit journal embouchât la trompette en ma faveur,
sans que les honneurs du martyre politique fussent décer-
nés à l'enfant innocent; pourtant l'occasion était belle !
Mais tout se taisait profondément. On nous avait enseigné
le silence ; c'était un temps qui ne plaisantait pas. Depuis ce mois de geôle, j'ai regardé mon éducation comme
finie ; je ne me suis étonné de rien, et j'ai estimé mon
époque à sa valeur.

La vraie prison de l'ancien régime, la Conciergerie a
disparu (1). C'était, en 1815, un amas de cachots superposés, un dédale de corridors sombres et de voûtes infer-
nales. Du front vous touchiez la poutre qui écrasait le
guichet d'entrée ; ployé en deux, vous aviez peine à le
franchir. Un réverbère à la clarté rouge brûlait éternellement sous le porche. Il y avait encore là des faces noires
de geôliers, des paquets de clés retentissantes, des barreaux de fer obstruant l'air et la lumière ; je m'en sou-
viendrai toujours. De telles images ne périssent point dans
la mémoire ; elles projettent leur ombre sur toute une vie ;
elles forment un homme ou l'écrasent, font germer son intelligence ou la tuent. Les plus tendres et les plus amères
de mes pensées se reportent vers ces voûtes obscures.

Mil huit cent quinze et la Conciergerie, deux traces
profondes, ne s'étaient point effacées en 1832, sous des

(1) En 1849.

chagrins qu'il n'est pas nécessaire de rappeler ou de décrire, sous l'expérience cruelle d'une vie d'exil pour l'âme et le corps, sous des regrets et des désappointements que chacun regarde comme son apanage, et qui sont le lot de tous; sous le poids de quinze autres années solitaires ou douloureuses.

Vers 1832, je voulus encore visiter ce cachot où j'avais passé deux mois; c'était un besoin d'âme, un retour vers des temps écoulés, vers des biens perdus, vers ceux qui vivaient en 1815 et auxquels je survivais seul. Dieu sait, en quinze années, que de tombes surgissent autour de l'homme! la grille où ma mère avait pleuré devait me parler d'elle; cette obscurité, confidente de mes timides et profondes tendresses, allait rouvrir dans mon cœur une source d'émotions que le monde glace sans la tarir. Je me trompais. Le temps qui change les hommes bouleverse les pierres; la prison de 1815 avait disparu. Je vis la nouvelle Conciergerie de 1831, et ne retrouvai plus ma geôle dans cette prison philanthropique; ce fut une douleur pour moi.

Où étiez-vous, Conciergerie noire et lugubre, témoin impassible de toute la révolution; escaliers horribles, couloirs suintant d'une humidité de sépulcre? Voici une prison qui ressemble à un hospice bien tenu : cette poésie funèbre s'est évanouie; tout s'est civilisé! Le changement social qui met aujourd'hui de niveau la roture et la noblesse, la boutique et le salon, est venu donner un aspect identique à la maison de châtiment et à la retraite des malheureux que recueille la charité publique; la santé des hommes respectée, leur repos et leur sommeil protégés, leur vie, même criminelle, soigneusement conservée, attestent le progrès éternel des sociétés, qui se perfection-

nent au risque de se suicider. J'avouai l'amélioration
mais j'eusse voulu me retrouver quelques heures seulement dans cette cave où 1815 m'avait jeté, pauvre enfant accusé sans preuve, criminel d'État en suspicion, chétive victime de cette politique qui, à tort et à travers,
frappe des têtes glorieuses et obscures, sans parvenir à son
but, sans soutenir les républiques ruineuses ou les trônes
tombants.

Je suis fâché d'être obligé de parler de moi. Dès que vous
entrez dans cette route égoïste, votre personnalité vous saisit
et vous domine malgré vous. Comment expliquer ce que vous
avez à dire, le présenter sous son vrai jour, l'offrir dans sa
réalité, sans se livrer à ces insupportables détails des circonstances individuelles? Le *moi* devient votre tyran, il
vous presse en dépit de vous-même, il vous enivre de sa
nécessité et vous accable de son poids. Rien d'héroïque
ne se mêle, j'en préviens d'avance, aux événements que
je vais raconter. S'il est question de moi, ce n'est pas ma
faute. Je roulai ballotté par la tourmente politique, comme
la feuille qu'emporte l'ouragan ; il s'empara de ma vie et fut
sur le point de la briser, mais je ne le provoquai pas ; si
je le bravai, ce fut enfantillage romanesque, plutôt que
force et courage.

§ II.

Un adepte de Jean-Jacques Rousseau. — Émile mis en pratique.

Au mois d'avril et de mai 1815, il y eut plusieurs conspirations dans Paris : mal tramées, mal tissues, préparées
par des insensés, aidées par les hommes qui devaient les pu-

nir, châtiées par ceux qui les avaient provoquées ; c'est le
dernier raffinement de la politique. Je ne me doutais pas
que mon nom figurerait dans ces listes.

Mon père, mutilé et en retraite, vivait avec sa famille
dans une solitude profonde, à l'extrémité de Paris, dans
ce vieil hôtel Flavacourt qu'il avait acheté et qui a logé des
hôtes illustres, M. Michelet, le vieux docteur Pinel, M. Mérimée. Là, le fracas des guerres, des triomphes, des défaites,
des monarchies réformées, abattues, relevées, nous arrivait
comme le tumulte d'une grande ville en proie aux flammes
bruit au loin et réveille l'ermite dans son rocher. J'étais, je
l'avouerai, beaucoup plus occupé de l'*Allemagne* par madame de Staël, livre qui venait de paraître, que de toutes les
conspirations de l'Europe ; mes études, que l'on avait commencées avant même que mon intelligence fût ouverte, à
cinq ans, étaient terminées ; mon père, jugeant bien l'état
du monde civilisé, surtout celui de la France, n'y vit que
fortunes croulantes, positions incertaines, avenir menaçant,
nuages et foudres, couronnes aussi chancelantes que la
hutte du paysan sur les Alpes, quand souffle l'orage. Je ne
voulais pas le croire, lui qui se connaissait en révolutions
comme un pilote de Brest en naufrages.

Il pensait avec Rousseau, que la seule ressource d'un
homme était en lui-même, que la plus intellectuelle des
éducations pourrait ne servir à rien, que, dans cette époque
de crise et de bouleversement universel, chacun, même le
plus riche, devait savoir gagner son pain à la sueur de son
front. C'était une vue juste de la société ; je la trouvais
exagérée ; je me trompais ; contemplez le monde aujourd'hui, et dites s'il avait tort. Ce tremblement fébrile, cette terre vacillante sous nos pieds, nos terreurs,
nos agitations justifient mon père. Il me proposa donc de

couronner une éducation trop scientifique, commencée
dès le plus bas âge et embrassée avec ardeur, par l'apprentissage d'un métier manuel. Qu'on imagine la peine éprou-
vée par un enfant qui sort de ses classes, qui a été couronné pour des versions grecques et des déclamations rhé-
thoriques, qui lit Rousseau, Ossian, Werther, le *Génie du
Christianisme*, qui se croit un penseur, qui aspire par
tous les pores cette éducation fausse de nos romans de
philosophie et de notre philosophie romanesque. Ouvrier!
quel titre! quelle chute! quelle résignation! Une obéissance filiale et passive courba ma volonté sous ce terrible bon sens paternel qui dans la situation où se trouvait notre famille eût pu passer pour extravagance, et qui
n'était que le fanatisme de la raison. Il faut avouer aussi
que mon père, adepte sincère et véhément des théories de
Jean-Jacques Rousseau, se croyait obligé envers lui-même
à suivre de point en point l'évangile proclamé par l'auteur
d'*Émile*, croyance à laquelle depuis 1789 il était resté
fidèle. Mes aspirations étaient autres. Jamais garçon plus
rêveur ne fut jeté plus rudement dans les aspérités de la
vie pratique. Je me crus un héros en acceptant sans murmure et tristement la meilleure des garanties qu'un
homme puisse mettre en réserve contre les chocs de la vie
et de la fortune, en devenant d'écolier qui savait faire un
thème inutile, un utile compositeur d'imprimerie.

Il y avait alors à Paris une imprimerie unique dans son
espèce. Trois casses décomplétées se trouvaient reléguées
et solitaires dans le deuxième étage d'une maison obscure,
située rue Dauphine sur le terrain occupé aujourd'hui par
le passage qui porte ce nom. Point d'ouvriers pour donner
le mouvement à ces morceaux de plomb créateurs, pour
les transformer en pensée. Le maître était pauvre et plus

que pauvre. Toutes les misères de l'âme, du corps et de
l'intelligence l'accablaient à la fois. C'était une épave révolutionnaire, un de ces êtres qui ont pris à des mouvements
trop forts pour eux une part violente et passive; il avait été
Jacobin. Comment vivait-il ? je l'ignore. Il n'imprimait
pas même d'almanach. Il existait cependant, et ses presses
oisives et ses casses poudreuses chargeaient inutilement le
plafond de son propriétaire. Je crois que la police tenait
cette maison sous sa surveillance immédiate : ce que mon
père ignorait. Il ne vit dans la solitude de l'atelier qu'un
moyen précieux de secourir une infortune en préservant
ma jeunesse contre la contagion de l'exemple. Sans vivre
au milieu des ouvriers, j'allais le devenir et m'instruire sans
danger. Mon père choisit donc pour mon maître le pauvre
Jacques, propriétaire d'une imprimerie délâbrée. Pendant
trois mois, je montai régulièrement à huit heures, pour en
redescendre à trois, les quatre étages qui menaient à l'atelier désert.

Là je restais seul, je rêvais; souvent l'ennui venait me
poursuivre ; les leçons du maître étaient rares ou plutôt
nulles et quand le maniement des lettres et leur pose dans
l'instrument qui les unit avait fatigué mes doigts, je m'as-
seyais avec un livre. Qui n'a pas connu le dégoût d'un labeur où la pensée n'a point de part ne comprendra jamais
toutes les délices de la lecture. Vous avez eu affaire à l'élé-
ment grossier, au plomb, à la terre, au bois, forces aveugles qui n'ont qu'une résistance passive ; et voici la pensée qui rayonne devant vous, resplendissante, active,
pénétrante, indomptable, infrangible, féconde d'une fécondité qui ne meurt pas ! Je ne m'étonne point que de
grands hommes soient nés du sein des métiers mécaniques;
pour ceux qui ont été nourris exclusivement dans les sa-

lons, l'intelligence est un jeu, une parure, un délassement ;
pour ceux qui ont tenu l'épée ou le gouvernail, poussé la
charrue ou agité la lime, l'intelligence devient une passion, une force, une beauté, un culte, un amour divin.
C'est de l'échoppe, de la boutique, de l'atelier ou du greffe
de notaire (magasin d'écritures sans pensée), que la plupart des puissants esprits ont jailli : Molière au milieu de
la boutique du tapissier ; Burns chez le métayer ; Shakspeare, fils d'un propriétaire marchand qui vendait de la
laine et des gants ; Rousseau fabriquant les rouages de son
père. Longtemps aux prises avec la nature physique, tous
se sont réfugiés, heureux et enthousiastes, dans le domaine
libre de la pensée. Un esprit même inférieur se trempe-
rait fortement dans ces apprentissages mécaniques : et si
jamais l'immense réforme qui s'empare du monde s'étend
jusqu'à l'art de créer des citoyens, je ne doute pas que le
bon sens ne l'emporte enfin sur l'habitude, et que l'une
des parties les plus importantes de chaque éducation ne
soit désormais le mélange bien combiné des développements de l'esprit et de l'action humaine sur les éléments
de la nature. Je voudrais que tout agriculteur sût lire ; je
voudrais que tout homme riche eût un métier. Aux uns
l'ignorance, aux autres la corruption cachent Dieu et la
sainteté de la mission humaine. Pour les puissants et les riches, l'étude sérieuse de la nature physique et l'essai d'un
métier me sembleraient aussi nécessaires que pour nos paysans, ouvriers et bûcherons, la connaissance de la langue
française et l'étude de la Bible.

De toutes ces idées pas une ne se présentait à mon esprit. Je sortais de classe ; j'avais ma tragédie à composer,
de tendres rêves à suivre, et Gessner que je voulais lire.
J'accomplissais soigneusement ma tâche ; mais avec quel

plaisir revenais-je à ces fades pastorales de Salomon Gessner, dont la blafarde moralité me paraissait le dernier terme du bon goût et de l'élégance ! O bergères des idylles, ô Chloë, Daphné, Leucothoë ! que vous sembliez belles, dans cette salle noire et triste, vide d'habitants et peuplée d'araignées, à petites fenêtres, à petits carreaux, d'où je n'entendais que le bruit discordant de l'orgue, aux basses beuglantes et au dessus criard, le frôlement lointain des voitures, les cris d'un épileptique qui recommençait chaque jour, dans une chambre voisine, sa hideuse agonie ; enfin les murmures émanés d'une salle de jeu située dans la partie inférieure de la maison. Cette salle de jeu m'occupait beaucoup ; là je voyais entrer de vieilles femmes avec un ridicule vert, à trois heures du soir, et je les voyais sortir le lendemain à dix heures du matin : elles y avaient passé la nuit. Un coup de pistolet s'y fit entendre certain jour, sur le midi ; j'aperçois encore la chambre au tapis vert, dans l'intérieur de laquelle mon regard curieux essayait de pénétrer à travers les rideaux rouges qui cachaient cette caverne.

———

§ III.

Gessner. — La maison du maître. — L'arrestation. — La salle Saint-Jean. — Le Fanatique.

J'avais inventé un moyen de réconcilier mes goûts élégiaques et littéraires avec les devoirs qui m'étaient imposés ; c'était de composer et d'imprimer des fragments de mes auteurs favoris, quelquefois traduits par moi-même, quand ils étaient étrangers. C'est ainsi que je commençai

l'étude de l'allemand, par la traduction et la composition
d'Hermann et Dorothée de Gœthe. Un samedi soir, après
avoir commencé de traduire en beaux hexamètres à rimes
plates le Daphnis de Gessner, je laissai sur la casse ce livre auquel j'ai dû tant de bonheur et que tout le charme
du souvenir ne me permettrait pas même de parcourir aujourd'hui. Le lendemain mon père devait me mener à la
campagne, à cinq lieues de Paris. Le premier feu du printemps, le premier sourire du ciel, le premier souffle de
l'air embaumé m'attendaient ; je ne voulais point partir sans
Gessner, et à sept heures du matin j'étais à l'imprimerie.
Un autre motif se joignait à mon amour pour Gessner ; la
femme du maître était pauvre et malade ; son fils était en
proie à la plus affreuse des infirmités naturelles, l'épilepsie ;
son mari, aux plus douloureuses des infirmités sociales,
la misère, l'envie et le fanatisme. L'intérieur de cette
maison était déplorable ; il fallait l'insouciance et l'illusion de quinze ans pour y porter des idylles, et mêler
à ce que la détresse, la civilisation, la maladie, les
révolutions ont de plus douloureux résultats, les fictions
d'une mythologie de boudoir. J'avais quelque argent à
donner à la femme malade, de la part de ma mère qui ne
partageait point les opinions enthousiastes de mon père ;
protestante zélée, elle faisait la charité et distribuait l'aumône avec cette ferveur régulière qui la consolait de bien
des maux. Son aumône jointe à mes églogues, devait m'ouvrir les portes de la Conciergerie. Tout ce détail puéril était
nécessaire pour expliquer par quel enchaînement de petites
circonstances je tombai, en dépit de mon insignifiance et
de mon enfance, sous les voûtes d'un cachot.

Quand j'arrivai chez l'imprimeur Jacques, deux hommes stationnés au pied de l'escalier obscur, qui con-

duisait en décrivant une spirale étroite jusqu'au logis de
Jacques, m'examinèrent curieusement. Je ne fis aucune
attention à ces sentinelles en habit râpé; et après avoir
déposé mon offrande sur la table d'une petite anti-cham-
bre, je montai dans l'atelier. Je redescendais, mon livre à
la main, quand j'aperçus à travers la porte ouverte un
homme dont une écharpe ornait la poitrine et qui s'ap-
puyait sur une cheminée d'un air indolent et plein d'ennui. J'entrai dans le taudis de Jacques pour m'informer
comment se portait la pauvre femme. J'ignorais toutes les
choses de la vie; cette écharpe aurait dû m'apprendre à
qui j'allais avoir affaire. A peine eus-je pénétré dans la
chambre, deux hommes qui s'y trouvaient me saisirent; on
me fouilla; je ne dirai pas avec quelle exactitude ces recherches furent exécutées; j'étais muet et glacé d'étonnement. L'œil fixe et perçant de l'adjudant de police s'arrêtait sur moi; un portefeuille dans lequel se trouvaient le plan
de ma tragédie et l'espérance de mon immortalité, fut
soigneusement empaqueté, cacheté, étiqueté. On me de-
demanda mon nom, mon âge, mes qualités; on écrivit ce
curieux détail; et sans daigner me dire ce qu'on voulait
faire de moi ou ce que l'on voulait apprendre de moi, l'on
m'ordonna de suivre deux de ces honorables messieurs,
vêtus de noir, cravatés de noir, sans col de chemise et
armés d'un bâton. Ils me conduisirent à la police.

Les gentilshommes qui m'escortaient étaient polis comme
des alguazils de comédie. A cette aménité du chat et du tigre, qui distingue les professions habituées à vivre de
la souffrance humaine, se joignait, je pense, quelque
commisération pour mon âge et pour la naïveté de
mes questions. Pendant que nous traversions le Pont-Neuf,
ils essayaient de me rassurer et de me consoler. Les fem-

mes dont l'instinct devine toutes les peines me regar-
daient avec pitié. A mes interpellations mes acolytes répondirent que ce n'était là qu'une chose de forme , que je
serais bientôt rendu à ma famille, que le hasard qui m'avait
conduit chez l'imprimeur accusé d'un délit politique
n'était pas un motif suffisant de suspicion , encore moins
de détention : enfin ils me laissaient croire que je rever-
rais le soir ma pauvre mère. J'entrai donc sans crainte
dans le bâtiment bizarre et ridicule qui semble cacher je ne
sais quelles hontes et quelles plaies sociales au fond de
ses obscures ruelles et qu'on nomme *la Police*. Cette
grande et terrible magistrature , l'édilité morale de Paris ,
on n'a rien oublié pour l'avilir. Au lieu de lui consacrer un
palais digne d'elle , on l'a enfermée dans un égoût. J'entrevis les bureaux, montai quelques escaliers ; mes acolytes
me quittèrent , on me poussa par les épaules, je me trouvai dans une salle oblongue dont l'odeur me suffoqua.

Mon éducation avait été douce et délicate à l'excès ; les
utopies enthousiastes de mon père et les adorables leçons de
ma mère dans la solitude paisible de leur maison n'avaient
laissé aucune prise aux vices et aux passions contempo-
raines. Je ne savais rien de Paris.

J'étais habitué à une vie simple , innocente, élégante ;
je jetai les yeux autour de moi ; des hommes demi-nus ;
des haillons couvrant des femmes au teint rouge et à l'œil
lubrique ; de ces gens que vous rencontrez à Paris et qui
sentent l'estaminet et le mauvais lieu ; des paysans en
blouse , les bras croisés et étendus par terre ; des fumeurs
jouant au piquet , sur le carreau, avec des cartes grasses ;
une atmosphère épaisse, infecte , dont un cabinet secret ,
faisant partie de la salle même , augmentait encore la ré-
voltante saveur ; un lit de camp sur lequel fourmillaient

côte à côte la misère, la crapule, le vice, le malheur et le
crime ; voilà cette salle placée sous l'invocation de saint
Jean. C'était là que cette politique aveugle, — cruelle sous
la République comme sous la Monarchie — Briarée qui
écrase tout sur sa route, sans pitié et sans remords, précipitait mon enfance.

Je fondis en larmes, et j'allai m'asseoir dans un coin,
dans l'embrasure d'une fenêtre. L'argot des voleurs ne me
permettait pas de comprendre ce que l'on disait ; le rire
immonde du crime, les gestes de la débauche, une férocité efféminée, caractère spécial du vice dans les grandes
villes, frappaient mes yeux remplis de pleurs ; ces figures
hâves et gaies, à l'œil étincelant, au front ridé, venaient
me regarder sous le nez et insultaient à ma tournure délicate et faible, à ma pensive douleur, à cette stupeur
dont j'étais saisi. Un vieillard tremblant vint à moi ; il parlait
à peine, ses lèvres entr'ouvertes par la décrépitude, sa tête
dont les derniers cheveux blancs étaient tombés, sa bouche
édentée et frissonnante faisaient peine à voir. C'était un ancien avocat que l'on avait arrêté la veille et qui était accusé
de conspiration ; il y avait dans sa débilité un reste de bonnes manières ; mais son intelligence hébétée, sa voix sans
souffle et sans articulation ne me permirent pas de comprendre le discours fort long qu'il me tint. Je devinai seulement que le même motif nous rassemblait, lui sur le
bord de la tombe, moi sur le seuil de la vie, dans ce lieu
d'ignominie, dans ces limbes du cachot.

Parmi les misérables entassés dans le parallélogramme
de la salle de police, et dont les soixante visages sont encore présents à mon souvenir, j'en remarquai un, le plus
intéressant et le plus étrange de tous ; c'était celui d'un
Fanatique. Les époques sceptiques ne détruisent pas l'é-

lément d'enthousiasme et d'amour qui vit éternellement
dans l'espèce humaine. Celui-là était à la fois Révolutionnaire, Catholique et Magnétiseur. Jeté dans la rue
de Jérusalem, comme un débris détaché d'un roman de
Walter-Scott, il mêlait sa nuance poétique et sombre à ces
balayures de la société. Sa figure était longue et pâle, son
œil inspiré; ses longs cheveux noirs bouclaient naturellement; point de cravate, une parole rapide et bizarre, entrecoupée et incohérente. Il prêchait à ceux qui l'entouraient, et qui blasphémaient en l'écoutant, je ne sais trop
quelle hérésie chrétienne, *le renouvellement des sociétés*.
Il prédisait ce renouvellement qui devait s'opérer par le
triple pouvoir du Magnétisme, du Christ et de Robespierre.
Il laissa une empreinte singulière et profonde dans ma mémoire d'enfant, comme un personnage qui faisait tache
dans cette assemblée. A l'empreinte ardente de sa mono-
manie enthousiaste se joignaient cet affaissement des traits
et cette mollesse des parties solides qui suivent ordinaire-
men les habitudes déréglées; on l'avait *ramassé* dans un
carrefour, prêchant au peuple; je ne sais ce que l'on
aura fait de lui.

La vermine couvrait le lit de camp; je passai la nuit sur
une chaise, dans l'embrasure de la croisée. Le lendemain,
le geôlier distribua des tranches de pain noir et une ga-
melle aux habitants de la salle; je demandai la permission
d'écrire à ma mère, souffrante, malade, la plus tendre des
mères, et qui n'avait aucune nouvelle de moi. Cela me
fut refusé.

L'inconséquence des vieux peuples civilisés est vraiment
barbare. Pendant que la philanthropie du XIXe siècle s'occupait à soigner la cuisine et à entretenir la santé des
hommes enfermés au bagne; au moment même où les jurys

indulgens condamnaient au minimum de la peine tel parricide ayant avoué son crime, — il était permis à la politique de s'emparer d'un pauvre enfant qui n'avait pas donné
le moindre prétexte à cette violence ; confondue avec la lie
de la crapule et du vice, ma jeunesse innocente et stu-
dieuse tombait dans cet égoût, comme un flot pur qu'on
eût jeté dans une fontaine infectée. Toute communication
était tranchée entre le monde et moi. Point d'interrogatoire ; nulle sentence ; aucune forme de procès. Le dire
d'un adjudant de police avait ouvert et refermé ce tombeau
impur ; ma famille me cherchait ; ma mère me pleurait ;
on eût fait de moi ce que l'on eût voulu ; nul recours contre cette organisation administrative, dont nous sommes
si sottement fiers, que nous appelons centralisation et qui
n'est que le despotisme ; — machine dont les rouages obscurs et les leviers silencieux frappent, enlèvent, écrasent
sans bruit, sans que la cité soit avertie, sans que la justice ou la pitié puissent réclamer.

----

§ IV.

L'interrogatoire. — L'écrou. — Le geôlier.

Trois jours passés ainsi, la triste pensée de ma mère,
l'inquiétude mortelle, l'impossibilité de communiquer au
dehors me donnèrent la fièvre. Le geôlier de la salle obtint
enfin pour moi la permission d'écrire ; je fis deux lettres,
l'une pour ma mère, l'autre pour le préfet de police ; elles
partirent décachetées, selon la règle de ces lieux ; et le soir

un mot de ma mère et une bague que je ne quitterai jamais me parvinrent. Le lendemain à onze heures, mon nom
retentit à la grille du guichet : j'allais être interrogé.

Après trois jours passés sans sommeil, et plongé dans cet
étonnement et cette douleur qu'il est facile d'imaginer,
tout le système nerveux se trouvait violemment excité chez
moi. Nous manquions d'eau dans cette salle des gens *ra-
massés*. Mes vêtements étaient malpropres, mon linge
souillé, une fièvre ardente me brûlait. L'homme qui donnait le pain et l'eau à ces prisonniers expectants dont
je venais de faire partie, me confia à deux gendarmes; de
corridors crépusculaires en corridors ténébreux, d'escaliers
en escaliers, de détours en détours nous parvînmes à un
greffe situé dans une chambre inférieure. J'entendis un
cri ; ma mère était sortie de son lit; elle avait obtenu la
permission de m'embrasser un moment. Elle était là; son
étreinte fut muette; elle me regarda, et son coup-d'œil me
dit combien j'étais changé; sa pâleur et ses larmes me
causèrent une convulsion que je ne puis exprimer. Depuis
longtemps ma mère avait été condamnée par les médecins.
Le cœur était attaqué; et Corvisart prolongeait sa vie. Née
à Sedan, d'une vieille race frisonne et hollandaise dont les
chefs, comme l'indique leur nom (Halma, Alma, avec
l'aspiration orientale) appartenaient à ces débris arabes,
battus par Karle Martel, elle avait hérité de sa race pa-
triarcale l'amour des vieilles institutions et des antiques
mœurs. Battue des orages de nos temps, mariée tour-à-
tour à un royaliste ardent, et à un ardent républicain,
elle avait vu périr sur l'échafaud, après un mois de mariage, son premier mari, avec lequel, jeune femme de dix-
huit ans et belle comme les anges elle avait passé dans les
cachots de Sedan la lune de miel de ses noces. Corvisart

lui avait annoncé que les émotions violentes la tueraient,
et elle ne vivait que par artifice. L'indulgence de la police
lui permit de m'embrasser et n'alla pas plus loin; on ordonna à ma mère de se retirer, puis on l'emporta.

Devant un bureau chargé de cartons, soigneusement
classés et numérotés, se trouvait un homme dont je n'ai
point demandé le nom, mais qui représente toute une
classe, celle des *instrumenta regni*. C'était une figure courte
et carrée, noire et ridée, grasse et osseuse; le front bas,
diminué par la perruque abaissée, avec de gros sourcils,
l'œil plissé aux côtés, de larges épaules de bourreau et une
mine d'inquisiteur. Je restai debout devant cet homme
trapu, qui commença l'interrogatoire.

« Monsieur (me dit abruptement cet homme), vous
» faites partie d'une génération à étouffer; race de vi-
» pères! On ne rendra la paix à la France qu'en l'écrasant. »
— En politique, toutes les races qui ne pensent pas
comme nous sont races de vipères. En 1793, c'étaient les
défenseurs de Louis XVI; en 1799, les amis de Carnot;
en 1805, les partisans des Bourbons; en 1815, les croyants
à la liberté, qui étaient les vipères. Je fus surpris de ces paroles, et réveillant tout ce qu'il y avait de calme et de
raison précoces en moi :

« Mais, monsieur, répondis-je avec une fierté puérile,
» j'ai cru que vous aviez à m'interroger sur des faits, et je
» n'entends que des injures. »

Le petit homme que mon vêtement délabré, ma jeunesse
et ma mine chétive avaient encouragé dans son insulte,
bondit sur son fauteuil de cuir noir, comme un tigre pris
au piège, et se levant de toute sa petitesse, appuyant ses
deux poings fermés sur le bureau, s'écria :

» — Eh ! voulez-vous m'apprendre ce que j'ai à faire.

» Vous m'en remontrez, monsieur ! » Je n'ai pas oublié
une de ses paroles.

» — Je me contente de vous rappeler, monsieur, re-
» pris-je froidement, que vous avez affaire non à un cou-
» pable, ni même à un prévenu, mais à un jeune homme
» fort innocent, qui ne sait pourquoi il est ici, de quel
» droit on l'y amène, ni sous quel prétexte on l'y re-
» tient.

» — C'est cela, continua l'interrogateur qui s'était ras-
» sis, vous faites le beau parleur. Vous appartenez, on le
» voit aisément, à la jeunesse libérale. Greffier, écrivez
» tout ce que monsieur dit. »

Puis s'échauffant dans son harnais, à mesure que la puérile arrogance de mes réponses augmentait sa colère,
et ne pouvant obtenir sur l'objet dont il cherchait la piste
aucun renseignement de moi qui étais étranger aux conspirations et qui exécrais jusqu'au nom de politique (sentiment
que j'ai conservé dans une intacte pureté), ce chasseur
d'hommes, furieux de ne pouvoir me traquer, ouvrit mon
portefeuille confisqué, commenta les vers du pauvre Guillaume Tell ébauché, dont quelques fragments étaient
consacrés à la liberté, fit valoir contre moi le premier cou-
plet de je ne sais quelle mauvaise chanson libérale qui s'y
trouvait tracé au crayon, me questionna sur mes inten-
tions secrètes, sur mes idées, sur mes théories ; ayant soin
de tirer bon parti de mes réponses, et de m'inculper au
moins par mes paroles, puisque les faits lui manquaient.
Il me demanda si j'aimais la dynastie régnante : je me tus
un moment, et je lui dis avec une fermeté un peu emphatique que je m'explique aujourd'hui par la précoce confusion de mes lectures et la teinte romanesque de mon
éducation tout entière :

« Je ne sais, monsieur, si j'aime aucun gouverne-
»ment; je sors de mon collége, et je ne puis rien répondre
»à des questions de théorie ou d'affection personnelle. Ce
»genre d'interrogatoire dépasse, selon moi, les fonctions
»dont vous vous acquittez si bien. Quant à ces vers inscrits
»dans mon portefeuille, ce sont des fragments de la tra-
»gédie que je dois lire au comité de l'Odéon; ils n'ont au-
»cun rapport avec la police, et vous ferez justice si vous me
»rendez à ma famille à laquelle on m'arrache sous un pré-
»texte si puéril.

» — Raisonneur ! savez-vous que je puis, si je le veux,
»vous mettre à l'instant dans *un cul de basse fosse?* »

Je n'ajoute rien aux demandes et aux réponses dont se
composa cette scène instructive qui caractérise bien le
siècle ; — on y voit, en face d'un homme mûr qui a perdu
la notion de justice et du bien moral, un enfant qui n'a
déjà plus la timidité ignorante de son âge, — en face d'un inquisiteur arrogant un argumentateur de quatorze ans, armé
de folle résistance et de dédain théâtral. Je reconnais aujourd'hui combien cette lutte attestait une civilisation factice et fausse. Certes la dureté de l'estafier supérieur chargé
de m'interroger ne trahissait pas moins vivement la corruption et la décadence de notre époque que mes prétentions d'enfant à la grandeur spartiate. Je me suis demandé
souvent pourquoi cet homme écrasait un personnage aussi
complétement inoffensif que je l'étais. D'abord il avait
à découvrir l'auteur d'une prétendue proclamation de
Marie-Louise ; et après trois jours d'inutiles interrogats,
il commençait à se dépiter de l'inutilité de ses recherches.
Ensuite, à mon aspect, il m'avait pris pour un véritable
enfant d'ouvrier ; l'adjudant de police m'avait désigné
comme apprenti ; mes vêtements étaient simples, et dix

jours de détention les avaient flétris. Quand il sut de qui j'étais né, il crut tenir les fils de la trame dont il cherchait le secret. Son espoir fut de m'inspirer la terreur. Il ne se gêna pas, me laissa debout et me foudroya de sa puissance : « Oh ! ces Jupiters de second ordre, dit l'universel »Shakspeare, laissez-leur un moment la foudre, vous ver-»rez comme ils en useront sans pitié. »

La colère le prit. Quand ce paroxisme fut à son comble, il m'ordonna de signer une feuille de papier où l'on avait écrit, non tout ce que j'avais dit, mais la partie matérielle de mes réponses ; et sur un signe de ce monsieur, le gendarme m'emmena.

Je fus placé dans une autre chambre où se trouvait un officier âgé d'environ quarante ans qui portait la croix d'honneur. C'était un colonel accusé de conspiration, il me regarda tristement et me tendit la main.

« Ah ! me dit-il, on vous accuse aussi de conspiration. Quel âge avez-vous, jeune homme ?

» — Quatorze ans !

» — C'est admirable ! »

Le colonel se jeta sur son lit et y resta longtemps en silence.

Le soir, deux gendarmes vinrent me prendre ; ils me dirent de monter dans un fiacre, où ils se placèrent à mes côtés. La voiture s'arrêta devant le Palais de Justice.

La voilà donc cette Conciergerie fameuse ! Alors, tout auprès du vaste escalier dont les degrés conduisent au Palais de Justice, vous découvriez dans un coin, à droite, enfoncé sous terre, caché par une double grille, écrasé par l'édifice qui le domine, le souterrain dont je parle. Le poids de tous ces bâtiments l'étouffe, comme la société pèse sur le détenu innocent ou coupable. Est-ce une prison, est-ce un égout, une cave? Vous ne pourriez le dire, tant cette porte de la prison, si petite, si basse, si étroite, si noire, se confond avec l'ombre que projettent les saillies des constructions environnantes. A la porte se tient le gardien de l'enfer; à gauche est l'écrou; devant vous brûle la lampe sombre qui seule éclaire d'une lueur de sang cette avenue funèbre. La plus vieille des prisons de France ressemblait encore en 1815 aux oubliettes de la féodalité. On a, je le répète, changé tout cela. Prévenus et condamnés sont aujourd'hui logés convenablement et passablement nourris. La philanthropie du XIX⁰ siècle les confond dans son amour, comme l'antique sévérité les confondait dans son anathème. Elles se trompent l'une l'autre. Quand ces deux fausses doctrines, dont l'une pose en principe la perversité, l'autre la bonté indélébiles de l'homme auront fait place à des idées plus saines, on donnera au prévenu toutes les douceurs de la vie; personne n'a le droit de l'en priver; — on sera sans pitié pour l'homme qui n'a pas eu de pitié pour les hommes.

J'entrai, précédé d'un gendarme, suivi d'un gendarme.

Ma première pensée fut une pensée de mort et de tombeau. Ensuite (avouons le péché d'une fierté puérile, et un peu théâtrale; mais j'avais été élevé en France et parmi nous tout est théâtral) cette iniquité flagrante me donna courage, et je trouvai que ces hommes qui s'abaissaient jusqu'à craindre mon enfance et la jeter dans leurs caveaux m'élevaient à une dignité de martyr précoce. La conscience de ces idées tendres et pures au milieu desquelles l'adjudant de police m'avait surpris, la conviction de mon innocence, le dégoût que m'inspirait cette barbare sottise, peut-être le plaisir bizarre d'essayer à une époque peu avancée de la vie ce que la vie a de plus poignant et de plus amer, m'exaltaient étrangement ; je sentais que je serais au niveau des grandes douleurs, et que le monde n'aurait rien de trop cruel pour moi. Je lui jetai le gant du défi, il l'a relevé, car j'ai beaucoup souffert, je le dis en passant, surtout par l'esprit et par le cœur.

On m'écroua ; ce mot porte avec lui une terreur ignoble; vous diriez une action physique, une chaîne que l'on rive, un boulet dont on vous charge ; par ce contrat de la force envers la faiblesse, vous appartenez à la prison ; vous êtes *la chose*, le jouet du gardien. Vous descendez de l'état d'homme à celui d'être insensible et brut, classé, parqué, étiqueté comme un tronc d'arbre arraché à la forêt et placé à son rang dans le bûcher du maître.

Le réverbère du porche ne jetait qu'une lueur douteuse et faible sur les objets ; j'entrevis les haillons d'un voleur qui, assis sur le même banc que moi, attendait aussi son écrou ; puis, un grand homme à veste brune me saisit par la main. Nous montâmes des escaliers, nous traversâmes des galeries ; le vent soufflait humide dans les galeries obscures ; mes yeux inaccoutumés à ce monde nouveau, ne découvraient rien que des étoiles rougeâtres et isolées, brûlant de distance en distance : c'étaient des lampes attachées aux parois.

« Nous avons des ordres, me dit le conducteur ; j'en »suis fâché, mon jeune homme, mais vous êtes au se-»cret ?

» — Qu'est-ce que le secret ?

» — C'est une chambre d'où vous ne pourrez pas sortir, »et où vous ne verrez personne. »

Nous avions descendu plusieurs marches, un long corridor à soupiraux s'ouvrit devant nous ; plusieurs grilles nous livrèrent passage et retombèrent en vibrant ; la troisième

porte du corridor était celle de ma prison; ce massif de
fer, armé de tous les verrous dont le luxe est spécial dans
ces lieux s'ouvrit devant moi.

« Voilà! » dit le geôlier, après avoir soulevé deux
barres de fer et fait crier trois fois l'énorme clé dans la
serrure.

C'étaient environ huit pieds de long sur cinq de large
et sur douze pieds de haut; ténèbres profondes: d'une part
le mur dégouttant d'eau saumâtre; d'une autre, une cloi-
son de bois; le sol battu comme celui d'une cave; tout en
haut devant la porte, à quinze pieds de terre, une ouverture de trois pieds de large sur un pied de hauteur laissait apercevoir un lambeau de ciel bleu et resplendissant;
un lourd treillis de fer obstruant cette moquerie de fenêtre, et devant ce treillis un abat-jour de bois placé à l'extérieur. Voilà bien d'ingénieuses précautions! Dans un coin
à gauche en face de la porte, quelques bottes de vieille
paille jonchaient le sol; au-dessous de la fenêtre un baquet; près de la porte, à gauche, un autre baquet rempli
d'eau, et une écuelle de bois. Je tressaillis; j'avais froid,
j'avais peur. C'était la prison du condamné, le cachot dans
toute son horreur, que l'on me donnait, à cet âge, à moi
qui n'étais pas même *suspect*.

Quoique les auteurs de mélodrame aient abusé de ce
moyen, je suis tenté de croire à la commisération des
geôliers; ils voient si peu d'êtres dignes de pitié! Quand le
hasard leur en offre un, ces âmes habituées à la souffrance
des autres et fatiguées de s'endurcir se donnent la joie
d'un peu de compassion, le rare délassement d'une charité
passagère. Claude me plaignit et me servit bien. Sa figure
de bois semblait s'amollir et se détendre quand je lui par-
lais; il était bon pour moi, et s'arrêtait jusqu'à cinq mi-

nutes dans ma geôle. Cet homme en veste brune et à la
ceinture chargée de clés était plus pitoyable que l'interrogateur, homme du monde, qui dînait en ville, portait une
culotte courte de soie noire et causait avec les dames.

La menace de ce monsieur s'accomplissait. Voilà la basse-
fosse que son amour-propre blessé m'avait promise, et je
ne savais alors quelle fantasmagorie se jouait de moi, ni
comment arrêté chez un imprimeur, conduit à la police,
interrogé par un sbire, transféré à la Conciergerie, je su-
bissais le traitement que Desrues et Mandrin avaient subi.
Je ne voyais dans cette série de cruautés qu'une féerie lugubre; aujourd'hui je la comprends fort bien, comme un
enchaînement de circonstances naturelles. On s'était persuadé que je savais quelque chose de la conspiration, et l'on
espérait arracher ce secret à mon enfance.

Je restai là; un pain me fut apporté, pain de la prison,
noir et dur, que ma faim même n'osait entamer, tant il
était lourd, amer, d'une odeur et d'une saveur repous-
santes.

« Voulez-vous la pistole? » demanda le geôlier.

J'avais séché mes larmes, je me fis expliquer ce que c'é-
tait que la pistole. Pour cent francs par mois on avait un
lit, du pain blanc, des aliments, une table et une chaise.
Je n'étais inquiet que de ma famille; je demandai à Claude
si je pouvais communiquer avec elle.

« J'enverrai quelqu'un, me dit-il, pour donner de vos
»nouvelles à votre mère; mais il vous est défendu d'écrire
»des lettres et d'en recevoir... »

Je fis entendre à Claude que mon père ne manquerait
pas de payer la pistole, et de reconnaître les services qu'il
pourrait me rendre. Je le priai de faire dire à ma famille
que ma santé était bonne, et que j'étais fort paisible. Il

sortit ; le soir, quand la ronde de nuit, la fermeture des
portes et les soins ordinaires de la prison le ramenèrent
dans ma cave, il m'apprit que ma mère était restée longtemps au parloir, et l'avait chargé de me remettre quelques
fruits. La douleur maternelle avait été au cœur de Claude ;
il m'apporta la pistole, une table branlante, en bois blanc,
une chaise de paille, des draps humides, et une couchette
grise que je vois encore, sur le dos de laquelle ces mots
étaient tracés au crayon : *M. de Labédoyère a couché ici
le.....* le reste était effacé.

C'était le malheureux colonel de Labédoyère, qui trois
jours auparavant avait quitté ce lit pour marcher à la
mort.

---

§ V.

Les pensées de la prison. — La décadence sociale. — Histoire de la
Conciergerie. — Lectures. — La Souricière. — Confession dans
le cachot.

Que j'aie gardé longtemps la plus profonde indifférence
pour les mouvements de la société moderne ; — que j'aie
opposé aux espérances civilisatrices de mes meilleurs amis,
non un septicisme ironique, mais une négation sérieuse et
obstinée ; — que j'aie proclamé dès le moment où j'ai pris
la plume l'imminente décadence de l'Europe chrétienne, et
spécialement celle de la société française qui a perdu la
notion du juste et l'idée de Dieu ; — c'est ce que l'on s'explique aisément, en réfléchissant à ces jours de prison qui
commencèrent ma vie morale. Je rêvai beaucoup sous ces
murs humides.

Au bout de quelques jours on m'envoya des livres ; je pus écrire à mon père, mais non fermer mes lettres ; mon cachot s'égaya un peu ; je demandai de vieux auteurs à compulser : Mabillon et l'Arioste, Sauval et Jean-Jacques, Sainte-Foix et Werther. Je me mis à extraire par désœuvrement les écrivains qui ont recueilli avant M. Dulaure, et avec moins de partialité que lui, les débris historiques de nos cités ; pas un d'entre eux n'a rempli sa tâche en poète ; et c'est pitié de voir avec quelle triste exactitude de greffier, avec quelle subtilité de casuiste ils dissertent sur les monuments anciens, sans jamais saisir la vie réelle des peuples éteints. J'eus plaisir cependant à déchiffrer dans leurs froides pages quelque chose sur l'antique destinée de ma Conciergerie.

La Conciergerie, le Palais, la Cité, c'est le vieux centre de Lutèce, le cœur de Paris. De là se sont élancées toutes ces maisons qui ont élargi la ville, qui l'ont propagée au loin ; là étaient les amours de Julien ; de ce centre ont divergé les rayons qui ont absorbé des villages tout entiers dans leurs progrès. Dans cette vieille prison que de larmes ont coulé, depuis l'époque où quelques bateliers occupaient l'île, autour de laquelle sont venus se grouper tant de palais ! Dans ce souterrain auquel se rattache toute l'existence de la cité-reine, que de douleurs humaines se sont donné rendez-vous ! Là se trouvent les plus antiques cachots de France. Dès que la cité se forme, le cachot s'ouvre ; Lutèce n'avait pas de remparts, elle avait sa prison ; c'était une cave obscure, peut-être la chambre même où j'ai vécu ; c'était ce lieu consacré aux angoisses, et nommé depuis la Conciergerie. Hélas ! il y a là un enseignement bien douloureux : le berceau de toute société, le *nucleus* qui renferme l'avenir de toute une population, le premier

2.

germe et le pivot d'une grande ville, c'est une prison.

D'abord, sous le donjon de la citadelle romaine, je voyais un caveau où les coupables de la cité municipale étaient jetés sans forme de procès par les centurions romains ; puis cette prison s'agrandissant devenait la salle souterraine de la tour où résidaient les chefs des Francs. A mesure que le palais acquérait de la splendeur, le cachot se creusait. Sous Robert II, un édifice d'une beauté *insigne* (dit Héligand), c'est-à-dire une grosse tour carrée flanquée de bastions s'élevait au-dessus des prisons de la cité. Forteresse, résidence royale et prison, c'était toute la société féodale ; force physique, primauté hiérarchique et pouvoir militaire. Voilà les enseignements que me donnaient ces tristes caveaux, et que je découvrais à travers l'atmosphère brumeuse dont l'abbé Lebœuf, M. Sauval et la plupart des archéologues revêtent leur style diffus. Les chefs de la première race, follement nommés rois par nos historiens, chefs de tribus sauvages et armées, habitants redoutables de cette forteresse, défilaient devant moi ; je voyais leur cour bizarre, composée d'évêques gaulois et de Leudes, de guerriers liés à leur fortune et de Romains tombés en esclavage : puis descendant le cours des âges, j'arrivais à Saint-Louis qui remit le palais à neuf, y éleva de longues colonnades gothiques, et n'oublia pas les cuisines ; et à Philippe-le-Bel, qui suivit l'exemple de son prédécesseur et agrandit encore ce domaine royal. Ces souverains féodaux n'avaient-ils pas raison de choisir pour siége de leur souveraineté le cœur même de la ville, le vieux Paris dans son point central ; et le palais du roi de France peut-il occuper une situation plus convenable ? Imaginez, à la place de ces maisons irrégulières et des rues tortueuses de la Cité, un jardin ombreux, conduisant à

une demeure splendide ; la Seine baignant de tous côtés la
racine des arbres, et le marbre blanc des vastes escaliers.
C'était là, dans la Lutèce de Jules César, qu'un roi de
France devait avoir son trône ; mais le sort fait son jouet
des couronnes. Les premiers chefs des Francs ont habité les
confins de leurs domaines allemands et de leur conquête
française. Les rois féodaux se sont ensuite campés sur les
hauteurs dominatrices de Saint-Germain ; enfin les derniers maîtres de ce beau pays ont préféré à l'habitation de
leur capitale celle de Saint-Cloud, de Versailles, de Marly,
du Louvre, longtemps situé hors de Paris ; ils n'ont laissé
dans la vieille cité que les grands ressorts de toute société
humaine, l'Église, le Tribunal et le Cachot.

Ces idées apparaissaient confusément à ma jeune pensée
qui ne les gardait pas longtemps. Des rêves plus amers,
plus romanesques, plus émouvants occupaient mes longues
nuits et mes tristes jours qui se suivaient et se ressemblaient
tous. La rêverie dans une prison est la seule volupté. Je
lisais l'Arioste, étendu sur le lit malpropre que l'on m'a-
vait accordé, les coudes appuyés sur la table noire et chancelante qui soutenait mes volumes. Je griffonnais des vers
absurdes et de longues pages sentimentales et ossianiques
à la mode du temps, aussi vraies par le sentiment que fausses
de style. La jeunesse écrit ainsi. Je lisais Paméla, triste
roman où la morale est obscène à force d'être prude, œuvre manquée d'un homme de génie ; puis le doux Tasso,
où une main protectrice, l'ange pur de mes quatorze ans,
avait trouvé le moyen ingénieux de correspondre avec moi,
en soulignant de page en page tous les mots qui, ajoutés
l'un à l'autre, dans leur succession naturelle et sans acception des mots non soulignés, devaient former des phrases
et avoir leur sens connu de moi seul.

Mes yeux s'accoutumèrent en trois jours à la faible et avare lueur que le soupirail me dispensait. Les savantes dissertations de Sauval m'apprenaient que le lieu même d'où je ne pouvais sortir, avait été le préau de plaisance des rois et des reines ; que deux fois l'incendie avait mis en péril les jours des prisonniers et des gardiens ; que l'infiltration des eaux de la Seine menaçait sans cesse de ruiner les fondements de ces édifices de tous les temps, groupés et réunis dans un si étrange assemblage ; que le tocsin de la grande tour avait sonné la Saint-Barthélemy. Tous ces faits relatifs à quelques toises carrées et qui rappelaient des époques diverses frappaient moins vivement mon esprit, que deux ou trois vers d'André Chénier ; la vraie poésie est plus vraie que la vérité.

Dans mes plus graves et mes plus mauvais moments, je voyais notre histoire entière concentrée et résumée pour ainsi dire autour de l'histoire d'une prison. Si le battant de la lugubre cloche sonnait, sa vibration qui pénétrait dans le cachot me disait : « Je suis contemporain de Charles IX, »j'ai appelé au meurtre les fanatiques ; j'ai sonné les der- »nières heures de Ravaillac, de Damiens, de Montgomery ; »j'ai présidé aux plaisirs les plus fous comme aux exécu- »tions les plus lugubres ; quand on jouait la comédie au- »tour de la grande table de marbre, c'était moi qui donnais »le signal de ces farces auxquelles les rois assistaient ; »quand Louis XI et Richelieu envoyaient leurs victimes à »la mort, c'était moi encore qui prévenais le bourreau, »avertissais le peuple, et faisais retentir le glas funèbre. »

Philippe de Comine, le plus sagace et le dernier des chroniqueurs ; Montgomery, grand nom chevaleresque ; Ravaillac, Damiens, Marie-Antoinette, Labédoyère, Ney, victimes si différentes : que d'images sanglantes se pressaient

sur ces murailles, fantômes qui passaient devant moi sur
les gonds de fer et les barreaux de bronze de la grande
porte massive, tandis que les voleurs lâchés dans le préau,
criaient et mêlaient leurs malédictions aux jurons sévères
et aux injures officielles des gardiens ! ces cris qui venaient
troubler mes rêves représentaient la vie ignoble à côté de
la calamité historique. Peut-être un parricide a-t-il reposé
dans la chambre où Ney a dormi ; et Desrues l'empoison-
neur a été prisonnier dans la même geôle que Comine et
Marie-Antoinette.

Cependant mes émotions de jeune homme étaient plus
puissantes et plus pénétrantes que l'histoire et le passé.
Le premier soir où toutes les grilles tombèrent et prolon-
gèrent leur écho frémissant sous ces longues voûtes, un
froid secret me saisit ; mon isolement me regarda en face ; je
fus comme un mort qui se réveillerait tout-à-coup pour voir
son tombeau se fermer. Le lendemain on m'apporta une
jatte de lait ; je ne pus retenir mes larmes ; il y avait loin
de ce repas solitaire au déjeuner de famille, et au petit pain
que j'emportais dans le grand jardin de notre maison,
pour le manger en lisant Werther, perché sur un arbre !
Quelquefois j'entendais une lourde voiture s'arrêter, les
gonds retentir, les portes rouler, les barreaux tomber ; un
grand mouvement se faisait dans la prison ; puis tout revenait au repos et au silence, c'étaient de nouveaux détenus
que l'on amenait.

Mon cachot était situé au-dessous du niveau d'une cour
ou préau ; sur ce préau ouvraient les fenêtres ou plutôt les
meurtrières destinées à éclairer d'un peu de jour et à assainir d'un peu d'air un lieu immonde nommé la *Souricière*.
La *Souricière*, divisée en deux parties pour les deux sexes,
est, je crois, une prison provisoire où l'on entasse pêle-

mêle les criminels, en attendant une répartition plus exacte dans leurs logis respectifs. La *Souricière* des femmes était assez rapprochée de ma cage pour qu'une partie des mots qui leur échappaient arrivât jusqu'à moi. C'étaient des chants d'amour prononcés par des voix rauques ; c'étaient des blasphêmes épouvantables répétés par des voix douces et fraîches ; des histoires obscènes racontées par de jeunes filles ; des narrations de vol et de meurtre faites en termes d'argot ; des romances nouvelles, des barcarolles et des vaudevilles chantés en chœur par ces femmes, le tout mêlé de parodies, d'imprécations, de cris de rage et d'éclats de rire. Ce qu'il y avait de triste dans cette scène, c'était l'ardente gaieté ; jamais Bohémiennes ne se montrèrent plus heureuses ; toute tristesse, tout remords, toute pensée de morale et d'avenir manquaient à ces âmes qui avaient traîné dans la boue de la société et étaient elles-mêmes devenues fange. Qu'on me pardonne ces détails, ils ne sembleront frivoles qu'aux gens frivoles. Cette transformation de l'âme humaine me frappa fortement. Je ne l'oubliai pas ; une grande partie de mes études et de mes idées s'en ressentit. Je me refusai dès-lors à croire que la société est bonne, que l'homme est un ange et qu'il peut se passer de Dieu ou le remplacer. Je n'avais été initié à aucun vice, et le crime ne s'était montré à moi que dans l'histoire, sous le nuage d'une perspective profonde et vague. Une enfance innocente, espèce d'idylle singulière entrecoupée par les déclamations paternelles et toute absorbée par le roman le plus vaporeux de la pensée ; une enfance bercée jusqu'à l'ivresse par Gessner et Paul et Virginie, ne me préparaient pas à ces effrayantes révélations. Elles m'épouvantèrent comme si un flambeau eût jeté sa lumière sur des cadavres. Quand j'entendis une de ces fem-

mes chanter la mélodie alors populaire de l'Italien Catruffo :
Portrait charmant, etc., mon cœur se serra ; le contraste
était trop fort et la dissonance trop pénible ; il m'est impossible d'entendre chanter cet air.

Un jour il se fit dans la prison plus de mouvement qu'à
l'ordinaire ; les cloches sonnèrent plus longtemps ; des pas
réguliers se firent entendre : un frémissement de baïonnettes m'étonna ; la chambre voisine de la mienne s'ouvrit et se referma plusieurs fois. J'entendis pleurer et hur-
ler dans cette chambre. Claude en me faisant sa visite
était revêtu de son costume d'uniforme ; il était sérieux.
Les sanglots de la chambre voisine augmentèrent d'intensité ; les femmes de la souricière chantaient toujours. J'appris du gardien, qu'un condamné à mort occupait le cachot contigu au mien, que le jour du supplice était venu,
que l'heure allait sonner ; que ces sanglots étaient l'informe
et lugubre confession du malheureux ; que le prêtre était
là ; que le condamné à genoux, ivre de désespoir et de vin,
recevait ainsi l'absolution, et qu'entre sa vie et sa mort il
n'y avait pas dix minutes. En effet toutes les cloches se
mirent de nouveau en mouvement ; un bruit de roues
ébranla le sol et l'édifice ; des murmures de voix lointaines
accompagnèrent le cortége, et la paix de la prison succéda
à ce tumulte.

---

§ VI.

Le Préau. — Le lieutenant de cavalerie.

Le cachot triompha, on le pense bien, d'une organisation de quatorze ans, et ces terribles scènes firent sur
moi une impression ineffaçable ; la privation d'air et d'exer-

cice, le chagrin de ne pas revoir ceux que j'aimais, l'atmosphère humide où je vivais me rendirent malade. Un mois s'était passé ; le médecin demanda pour moi la promenade du préau ; je fus conduit par Claude dans une cour oblongue, creusée à dix ou douze pieds au-dessous du sol des rues environnantes, encaissée dans de hauts édifices, toute bardée de fer et toute cuirassée de pierres de taille. Des pieds nus et sales couraient sur ce sable fin ; des voix rogues et dures demandèrent qui je pouvais être ; des hommes aux bras velus m'entouraient ; d'autres, en chemise, n'ayant pour vêtement que de gros pantalons de toile grisâtre, étaient étendus par terre et jouaient aux cartes en ricanant ; quelques-uns travaillaient à ces petits ouvrages en paille, dont la délicatesse est merveilleuse. Je reconnus le vice, non tel que je l'avais vu dans la salle Saint-Jean, moins pétulant, plus discipliné, plus résolu, plus vindicatif et plus hideux encore ; dans la salle de police il avait une cravate déchirée, un habit troué, un langage prétentieux, à demi-social, quelques-unes des habitudes de la civilisation : ici il se dessinait dans sa beauté, étudiait ses poses, déchirait son haillon pour s'y draper, et redoublait d'énergie. Son seul dialecte était l'argot, cette langue de l'ironie sans pitié. Un mépris terrible de tout et de soi-même respirait sur ces visages ; une cupidité ardente scintillait dans l'œil des joueurs. A côté de la société parée et bien réglée, en voici une composée de sauvages qui ont emprunté à la civilisation sa ruse et ses ressources, pour les employer contre la civilisation. Enfant bercé dans les nuages d'or de mes rêves, entre Ossian et Bernardin de Saint-Pierre, j'étais plus effrayé de ces figures, de leurs questions, de leur aspect, de leurs gestes, de leurs paroles inconnues, que je ne l'aurais été de l'échafaud.

On ne me conduisit dans ce préau que deux fois; ma troisième promenade eut lieu dans un second préau beaucoup plus petit, de forme oblongue, et qui ne ressemblait pas mal au fond d'un puits qui serait environné de murailles hautes. Dans les caveaux dont les soupiraux aboutissaient à cette petite cour, se trouvaient plusieurs prévenus de délits politiques, entre autres un lieutenant de cavalerie aux joues rouges comme une vieille pomme d'api, aux moustaches grisonnantes, toujours de bonne humeur, étourdi, léger, d'une santé à l'épreuve, armé de railleries innocentes contre ses persécuteurs, et qui enfermé derrière ses barreaux de fer chantait Désaugiers à pleine gorge, et me faisait mille contes plaisants.

Quand on vit que ma santé se rétablissait, on me rejeta dans les ténèbres. J'avais respiré l'air trois fois en huit jours. . . . .

. . . .

Ainsi je connus la Conciergerie. Leçon excellente pour la vie d'un homme du XIXe siècle, leçon qui lui apprend à ne croire ni aux rêves hallucinés des philanthropes modernes, ni à la sublimité des institutions nouvelles, — et à y regarder de près afin de comprendre la société qui nous environne. Pour une âme ingénue et pleine de jeunes espérances cette leçon portait avec elle une amère et ineffable tristesse. Les infortunés dans la conspiration desquels on prétendait me confondre, furent condamnés à l'exil et à l'échafaud. Pour moi, comme un matin, vaincu dans mon puéril stoïcisme, je pleurais étendu sur mon lit, entendant les cloches voisines de Notre-Dame, et contemplant avec regret la ligne oblique et lumineuse d'un long rayon de soleil, qui tombait du soupirail et pénétrait dans le cachot, — le bruit de pas lourds et plus rapides qu'à

l'ordinaire vint frapper mon oreille. Tout est régulier dans
une prison ; un geôlier marche comme le balancier d'une
pendule, sans se presser jamais. Claude fit tourner assez
vivement la grosse clé dans la serrure et me dit :

« Vous n'avez qu'à sortir ; il y a un fiacre en bas. »

Je ne savais, en vérité, que faire de ma liberté, tant
cette nouvelle m'étourdissait, et je ne puis rendre un
compte exact de mes sensations et de mes idées pendant
une journée entière. Claude fit mon petit paquet. Je me
laissai conduire ; je trouvai ma mère dans son lit, extrêmement malade ; je me souviens bien de ses baisers et de ses
larmes, et aussi de cette pénétrante et vitale fraîcheur du
mois de mai ; du jardin parfumé où j'embrassai mon père ;
de la profonde émotion qui s'était emparée du vieillard ; de
ses pleurs qui me couvraient en coulant le long de ses
rides, et de l'étrange ivresse, qui après un mois d'obscurité et d'isolement faisait frissonner tout mon corps et semblait prête à détruire en moi la vie même par le sentiment
de la vie et du bonheur. Je me rappelle aussi les paroles de
mon père, fièrement appuyé sur cette béquille qui soutenait sa jambe blessée et diminuée par un éclat d'obus,
lorsque, planté au milieu de sa pelouse verte, et son front
ardent levé vers le ciel, comme s'il eût encore fait partie
d'une assemblée populaire ou occupé sa vieille chaire de
rhétorique :

« Mon fils, me dit-il emphatiquement, la terre de France
est brûlante pour vous. Vous n'avez plus rien à faire ici ;
vous partirez pour l'Angleterre après-demain. La France
croule, et l'Europe s'en va. Jean-Jacques, notre apôtre et
notre maître l'avait prédit. Vous avez fait votre apprentissage comme Émile ; il vous vous reste à faire comme lui
vos tournées de voyage. »

En effet je partis ; et ce mois de prison décida de mon sort. Les circonstances diverses qui déterminèrent mon élargissement n'auraient d'intérêt que pour moi. Sans entrer dans les détails égoïstes que j'abhorre, je dois dire que M. de Châteaubriand, sur l'intercession d'un ange, exigea ma libération. La voix de l'homme de génie et les larmes d'une jeune fille se liguèrent pour me délivrer.

Voyages, travaux et souffrances, rien n'effaça le souvenir de la Conciergerie. En 1832, je voulus la revoir. Il me semblait qu'autrefois j'avais, par je ne sais quelle magie, vécu dans le sein même de la féodalité ; ces tours, ces corridors, cette lampe, ces souterrains la représentaient vivement à mon esprit. Mais la civilisation dans son cours éternel avait enfin atteint et dompté la barbarie ; — donnez un autre nom à cette maison de justice, la Conciergerie n'existe plus.

Maintenant on n'entre pas à la Conciergerie par la cour du Palais. Plus de guichet obscur, plus de lampe sépulcrale. La Conciergerie a son issue et son entrée seigneuriale sur le quai de l'Horloge. La petite porte basse est condamnée. Une vaste grille sert de clôture à la prison. Pour y pénétrer vous traversez les cuisines de Saint-Louis, longues salles gothiques et majestueuses, dont la hauteur est aujourd'hui singulièrement diminuée par l'exhaussement du sol. Tout le caractère du lieu a changé ; les escaliers sont convenables ; l'air circule ; la pistole a baissé de prix ; vous prendriez les gardiens pour des infirmiers d'hôpital. J'ai vu cinq ou six femmes se promener fort paisiblement dans le préau qui leur est consacré. Le pain distribué aux détenus est d'assez bon pain de soldat ; je ne crois pas que l'on puisse y remarquer encore beaucoup de traces de l'antique inhumanité des prisons.

Mais l'aspect moral de la geôle n'a pas changé. La Souricière chante toujours ; le préau est le même. Ce grand
problème, l'épurement du vice fomenté par les capitales, n'est pas résolu. Les philanthropes ont assaini la
vie matérielle, sans toucher à la vie intime. De mon
temps c'étaient des bonapartistes et des libéraux que l'on
jetait pêle-mêle à la Conciergerie ; plus tard, la confusion
de notre société, le chaos de notre état social se trahirent
au sein de la Conciergerie par des spectacles plus bizarres
encore. C'est là que pendant les troubles de la Restauration et de 1832, M. Valérius, le vicaire de Saint-Médard,
et M. Cavaignac purent se donner la main et dîner ensemble. Étrange symbole de la société d'aujourd'hui et des
éléments disparates qui travaillent à la dissoudre en parais-
sant la réorganiser !

Quand je quittai la France pour l'Angleterre, trois jours
après ma sortie de prison, j'avais déjà l'instinct sourd et
profond de la décadence française. Je comprenais vague-
ment que cette société n'était pas constituée, qu'elle rou-
lait d'utopie en iniquité, et de mensonge en opprobre ; que
l'idée du beau moral ne rayonnait plus sur elle ; que Dieu
ne réchauffait plus son cœur.

Une semaine plus tard, je me trouvais à Londres. A l'âge
de quinze ans j'étais au milieu d'une société armée de
croyances profondes, soumise à la loi jusqu'à la superstition, moins brillante, moins ingénieuse, moins bien douée
que la société de mon pays ; — mais résolue à défendre
sa liberté, respectant Dieu, et puissante par l'énergie de
sa foi sociale. Je passai huit années à l'observer et à la
comprendre.

· · · · · · · · · · · · · · ·

SOUVENIRS

DE LA

VIEILLE ANGLETERRE.

LES PURITAINS DU NORTHUMBERLAND.

(1818).

LES PURITAINS DU NORTHUMBERLAND.

SCÈNES D'UNE BOURGADE MARITIME.

(1818).

Le séjour à Londres. — La bonne Élisabeth. — Approches de la
côte. — Aspect de la mer et des rivages. — Débris d'une race
d'autrefois. — Ézéchiel et sa famille. — Points de vue. — Les
fiancés puritains. — L'orage. — Histoire de Sibylla. — La presse
des matelots. — Le retour.

---

§ Ier.

Les approches de la côte.

La première année se passa bien pour moi dans cette
Angleterre inconnue, grâce à l'excellente amie, alors *Go-
verness* des filles du duc de R....., aux soins de laquelle
mon père m'avait confié. La manière résolue dont je comprenais le monde servait à me rendre les douleurs de l'exil
supportables ; je ne voyais dans la vie humaine qu'iniquité
nécessaire ; je ne concevais comme moyen d'en soutenir
le poids que la forte et virile résignation. J'étais un jeune
et ardent vieillard, désillusionné, déterminé, ne croyant
qu'au malheur et le bravant ; — un athlète philosophique
passionné et convaincu. J'étudiais avec opiniâtreté les langues du nord et je refoulais en moi-même tout ce que la
jeunesse peut avoir d'aspirations au plaisir et de brillantes
chimères. L'espoir de revenir en France, quelques années
plus tard, et d'y retrouver le cœur adoré auquel se rattachait le bonheur de mon avenir me soutenait seul.

Mais quand deux années se furent passées, quand les premiers jours d'automne, si tristes à Londres, s'annoncèrent par le voile de brumes violettes qui couvrent alors la ville, ma santé s'altéra subitement ; une lutte trop soutenue m'avait dévoré ; les éléments de la vie s'étaient affaiblis et brûlés sous cet effort moral ; la bonne Élisabeth me vit traîner mon ombre pâle dans les rues de Londres, et elle me dit :

« Il faut absolument que vous alliez à la campagne, mon jeune ami. Partez. La maladie qui vous saisit est mortelle ici. Je vais vous donner une lettre pour un de mes amis qui demeure dans le Northumberland, aux bords de la mer ; vous y passerez un mois, cela vous guérira et vous intéressera. C'est un séjour singulier qu'une de nos bourgades maritimes, surtout celle que vous allez visiter. Ce n'est pas une de ces cités qu'enrichit l'Océan, et qui joignent au fracas de l'industrie active les recherches dont la civilisation entoure son luxe et son repos. C'est un groupe de chaumières semées sur la côte, habitées par des pêcheurs, et qui se composent d'une vingtaine de huttes et d'une église. Vous verrez ; tout sent le goudron, la poix fumante et l'eau de mer. Vous aimerez ces pauvres cabanes basses, noires, quelques-unes sans fenêtres : celles-ci à demi-enfoncées dans la vase ; d'autres pendantes sur la crête d'un roc ; d'autres alignées sur le sable de la plage , à l'endroit précis où s'arrête la marée montante. Leur seule décoration et leur tenture uniforme, ce sont des filets, de vieux paniers, des hameçons , des cordages et des lignes. On voit errer de toutes parts la jaquette bleue et le mouchoir rouge de l'homme de mer ; quand vous aurez vécu huit jours avec cette race sauvage et forte, vous aurez reculé de cinq ou six cents ans dans l'histoire de l'Europe. Cette peuplade illettrée, hardie, rusée et rapace vous amusera, je vous assure. »

La bonne Élisabeth était éloquente comme une femme. Elle avait fait résonner une corde toujours prête à vibrer chez moi, la sympathie la plus éveillée pour les étranges variétés de l'espèce humaine. Je la remerciai, et elle me remit sa lettre pour M. Ézéchiel F....., négociant, qui demeurait à un quart de mille de la mer, à environ deux portées de fusil des dernières huttes qui composaient le bourg de Barwick (1). Elle me confia pour la même personne une autre lettre de M. Josiah D..., homme grave, médecin de profession, austère dans ses mœurs, attaché à ses devoirs et profondément religieux. Josiah disait à son ami Ézéchiel que je choisissais le séjour de Barwich comme recette économique pour recueillir le bénéfice des bains de mer, sans subir les énormes dépenses auxquelles sont condamnés ceux que le médecin envoie à Brighton ou à Douvres, pour affermir leur santé et alléger leur bourse.

Élizabeth eut soin de me prévenir que la famille qui sans doute m'accueillerait sur sa recommandation se faisait remarquer par la régularité de ses habitudes, la gravité de son langage et sa haine pour les frivolités du monde ; — qu'ainsi, je devais m'attendre à vivre de régime sous tous les rapports, à ne trouver là aucune des jouissances faciles, aucun des plaisirs même de l'intelligence, rien de ces superfluités nécessaires dont le séjour des villes nous fait un besoin. Je dus prendre mon parti ; ma curiosité me rendit la résignation facile.

Le chemin que nous parcourûmes en approchant de Barwich s'accordait parfaitement avec la vie monotone qui

_____
(1) Nom supposé, comme tous ceux de ces fragments.

3.

m'était annoncée. Une levée étroite dominait à droite et à
gauche des prairies marécageuses, dont l'aspect lugubre et
désolé devenait surtout bizarre vers le bord de l'Océan. Là, le
gazon était pâle et blafard ; un sédiment jaunâtre chargeait
es herbages ; les joncs flétris se dressaient taillés et aigus
comme des lames à deux tranchants ; des fossés, revêtus
d'une lave noirâtre et tachetée de jaune, entrecoupaient cet
espace couvert d'un foin épais, brunâtre et gras. La végétation, imprégnée d'exhalaisons salines, sortant d'un sol
trempé d'eau de mer, ne ressemblait à aucune autre. Le
bruit lointain des vagues se faisait entendre plus intense à
mesure que nous avancions. Vers la gauche, près d'une
digue rompue et encombrée de limon, une tente était
dressée sur deux perches que protégeaient à demi des lambeaux de toutes couleurs. Un feu de tourbe brûlait à côté
de la tente, occupée par six ou sept personnages hâves et
singulièrement drapés. C'était, mes compagnons de route
me l'apprirent, une de ces tribus bohémiennes que les actes
du Parlement n'avaient pas encore exilées. Le père, chargé
d'un fagot de bois, rentrait dans la tente : une femme à
demi-nue, les yeux rouges et sortant de la tête, nourrissait
un enfant noir et maigre comme elle. A quelque distance,
le patriarche, l'aïeul de la race nomade, la tête chauve et
branlante, tout frissonnant de froid sous la brise marine,
laissait retomber son menton sur sa poitrine nue et blanche. Deux petites filles, aux traits réguliers, au front
bronzé, au regard perçant et hardi, et je ne sais quel sourire du vice déjà fixé sur les lèvres, vinrent nous demander l'aumône, qui leur fut donnée. Dans cette scène, le
personnage remarquable, c'est le vieillard, isolé, pensif et
souffrant, méprisé sans doute et maltraité par la tribu, qui
le regarde comme un fardeau inutile. A le voir si profon-

dément triste, vous eussiez dit qu'il parcourait à la fois par la pensée la carrière de honte et de misère que lui-même avait franchie, et celle que sa race allait courir.

Nous venions de Londres, foyer de luxe et de commerce, bazar de l'Europe. Sur notre route, nous n'avions vu que beaux gazons, molles pelouses, dont le velours caresse la vue, chaumières tapissées de chèvrefeuille et de lierre, si propres, si ornées, qu'on les prendrait pour des cabanes de fantaisie. Tout-à-coup disparaissent la civilisation dans ce qu'elle a d'éclatant, l'existence rurale dans son élégance gracieuse. Voici à leur place une nature marâtre, dont aucun soin ne corrige l'infécondité ; une vie sauvage, criminelle, anathême permanent, debout au milieu de la société civilisée, pour la harceler, la rançonner et la maudire ! Je me rappelai ma Conciergerie, et je compris que le monde n'est pas fait pour la jouissance énervée, mais pour le combat ; — celui du corps contre les puissances physiques ; — celui de l'âme contre l'éternelle présence du Mal.

Je descendis à la taverne de la *Reine Bess*, ou Élizabeth ; en Angleterre, quel hameau si faible n'a pas sa taverne ? Je ne me rappelle pas sans un mouvement de gaieté la figure de la reine dont les yeux n'étaient point d'accord, et dont le peintre du hameau avait bouleversé les traits, comme un moine du moyen-âge bouleversait les lettres d'un nom pour en faire un anagramme. Au lieu de me rendre après mon arrivée chez M. Ézéchiel F....., je descendis sur la plage par une petite rue étroite, cailloutée et si rapide, que le pied trouvait à peine de quoi se fixer.

La marée, en quittant le rivage, avait laissé à sec un vaste espace de sable fin tout étincelant de mica. Devant moi était la mer calme ; en s'égarant le long de la côte, et en quittant le petit groupe de maisons éparses autour du

clocher, l'œil n'apercevait de toutes parts qu'une stérilité
pittoresque et grandiose : des roches aiguës, battues par la
mer, creusées par les flots, affectant des formes auda-
cieuses; sur ces roches blanches, quelques arbres nains,
une végétation maritime revêtue de couleurs rudes et
tranchantes; la buglosse bleue, le pavot noir, le chardon
gigantesque aux fleurs d'un rouge sombre et éclatant. Les
cimes les plus élevées et les plus inaccessibles se tapissaient
de nuances diaprées ; vous eussiez dit une étoffe chatoyante.
C'étaient des couches superposées de mousses marines
dont une humidité âcre, répandue dans l'air imprégné de
molécules salines, favorise la croissance. Les seuls édifices
que l'on entrevît du point où j'étais placé, la vieille église
et la maison des pauvres (ancien monastère transformé en
asile de charité), m'apparaissaient sous un vêtement de ces
lichens séculaires, gris et pourpres, verts et bleuâtres, végétation imperceptible et éternelle, et dont l'aspect est si
doux à l'œil, que plusieurs propriétaires de maisons de
plaisance ont essayé d'en contrefaire les nuances veloutées
et délicatement fondues. Il a fallu que l'art renonçât à les
improviser ; ce sont les siècles qui les ont peintes.

La sauvage simplicité de ces aspects et de ces impressions me ravissait. La santé de mon âme et celle de mes
sens renaissaient comme par magie. J'oubliais un moment
les rêves dangereux qui s'étaient enflammés par le progrès
de la jeunesse; ces tristes rêves sur le néant de la vie et de
la destination humaine, dont après Jean-Jacques, Werther
et Ossian, lord Byron, alors dans le premier élan de sa
gloire, nourrissait la génération à laquelle j'appartenais. Je
me sentais mieux, et je reculais par une crainte instinctive
le moment de me présenter chez les nouveaux hôtes dont
on m'avait annoncé la mauvaise humeur.

Je me mis donc à étudier les lieux avant de savoir quelles figures devaient peupler le paysage. Dans une hutte de pauvre apparence, que protégeait l'excavation du roc, était assis un homme à la jambe de bois, revêtu de sa vieille blouse bleue, costume uniforme des matelots et des pêcheurs. Il me vit arrêté sur la rive et vint vers moi pour m'offrir ses services. Son métier est d'indiquer au petit nombre de voyageurs qui visitent son village les divers points de la côte ; métier dont il tire évidemment peu de profit, car sa misérable cabane renferme pour mobilier un hamac, un vieux coffre, une ligne à pêcher et un télescope. Il est vieux, il a servi son pays ; il raconte ses combats. A côté de sa hutte, il s'est fait un petit jardin, si l'on peut honorer de ce titre un espace entouré de débris de vaisseaux et de barques, où les plantes les plus communes élèvent languissamment leurs tiges grêles. Pendant qu'il me disait les noms des bricks et des sloops de toute dimension et de toute forme qui se trouvaient à l'ancre, et ceux des maîtres de barques que je voyais revenir en forçant de rames, pour atteindre le rivage avant la nuit, j'observais sur la grève une colonne torse de vapeurs épaisses, qui, se mêlant à la saveur âcre du goudron, traversait la rue du hameau qu'elle obscurcissait pour arriver jusqu'à nous. C'étaient des barques sur le chantier, dont on courbait les planches au moyen de la fumée. Occupations, plaisirs, peines, souvenirs, industries, tout parlait de la lutte de l'homme contre la nature ; tout se rapportait à ce vaste Océan paisible, géant endormi. Enfin la nuit vint : je chargeai le matelot à la jambe de bois de me conduire chez M. Ézéchiel F..... Nous remontâmes la petite rue cailloutée, nous passâmes devant la *Reine Bess*, et nous nous trouvâmes en face d'une grande maison de briques, isolée

des autres maisons, et dans l'intérieur de laquelle on ne
distinguait ni mouvement ni lumière.

―――――

§ II.

La maison de M. Ézéchiel.

Je frappai longtemps, et j'eus de la peine à me faire ouvrir. Tout le monde était couché dans cette maison régulière. Une grande femme vêtue de brun, qui rattachait
encore, en me parlant, les épingles de son bonnet d'éta-
mine, après m'avoir questionné par une fenêtre, et avoir
soigneusement déplacé et replacé les barricades de fer et
les cadenas nombreux qui assuraient toutes les avenues, me
dit que la famille F..... dormait, que je remettrais ma
lettre à M. Ézéchiel F..... le lendemain matin, et qu'elle
allait me préparer un lit. En traversant la maison, je remarquai qu'à l'intérieur elle ressemblait à un couvent sé-
culier. Le ton de la servante, une de ces femmes tout os,
dont Walter-Scott fait ses Meg Merrilies, avait lui-même
je ne sais quoi de solennel et de lugubre. Déjà habitué à
ces mœurs anglaises qui laissaient, en 1818 du moins,
un libre développement aux spécialités du caractère ; averti
d'ailleurs par M. Josiah D....., cet aspect m'étonna peu,
et je dormis paisiblement, en attendant que le soleil vînt
éclairer cette famille de l'ancien monde transplantée dans
le nouveau.

J'étais loin de deviner d'une manière précise à quoi tenaient des mœurs si spéciales, dont l'énigme ne me fut

expliquée que plus tard. Je me vois forcé de jeter ici quelques aperçus sur l'état moral de cette Angleterre, souvent décrite, bien peu connue.

Le trait qui caractérise le plus vivement la race anglo-saxonne, c'est le culte de la tradition ; cette saveur d'antiquité, émanée de sa position insulaire, pleine de charme pour l'imagination, a ses dangers réels et ses bienfaits. Là se conservent, sans altération apparente, les vieilles mœurs, les vieilles lois. La gothique et informe tour de Babel, que les Anglais nomment leur jurisprudence, ne se soutient que par sa vétusté. La barbarie des coutumes légales résiste, grâce à leur âge, au bon sens national qui la corrige dans la pratique. Tel gentilhomme campagnard de 1818 rappelait encore, par ses habitudes et son costume *sir Roger de Coverley*, le héros d'Addison. Tel quaker de la cité est le *Sosie* vivant de *Guillaume Penn*. Vous trouviez du côté de Whitechapel (1) des colonies d'anabaptistes, qui, pour peu que vous voulussiez bien les suivre dans leurs greniers, vous conduisaient à ces *meetings*, où un prédicant furieux et éloquent comme Jean de Leyde foudroyait les Amalécites. De là ce caractère si original dans ses variétés, si favorable au pinceau du romancier, si curieux pour l'observateur. Il faut remonter jusqu'aux degrés les plus élevés de la société anglaise, pour y découvrir cette sociabilité raffinée qui tue l'originalité, cet affaiblissement du caractère, cet adoucissement de toutes les aspérités qui distinguent l'homme de son semblable. Si, comme Diderot, vous préférez la forte empreinte des singularités individuelles,

(1) A l'extrémité orientale de Londres.

natives et rudes, « à la rondeur uniforme de ces galets polis que le flot roule sur le rivage en les froissant », visitez
le pays de Galles, les Orcades, l'Écosse ; une ample moisson de bizarreries humaines, d'antiquités vivantes, de fantaisies érigées en coutumes, de vieux usages religieusement adorés satisfera votre humeur (1).

Ici par exemple, dans cette maison de briques où le sort
m'envoyait et où je couchais pour la première fois, près
de ce petit village à peine inscrit sur les cartes, subsistait,
au commencement du XIXᵉ siècle et subsiste peut-être encore l'un des plus curieux fragments de l'Europe ancienne
que l'on puisse rêver ou imaginer. C'était un débris bien
conservé, un des derniers restes de cette antique et terrible
nation des *Covenanters* Calvinistes, qui compte autant de
martyrs que de bourreaux, et qui fit l'Angleterre ce qu'elle
est (2) : nation toujours rigide, sévère, fière, taciturne; austère comme au temps de son pouvoir ; exaltée comme au
temps de ses persécutions; poursuivant toujours de la
même haine, cent cinquante ans après sa mort, le roi faible,
malheureux et romanesque qu'elle frappa ; vouant une im-
périssable idolâtrie à ses anciens martyrs ; probe dans ses
transactions, implacable dans ses souvenirs ; ne mariant ses
enfants que dans ses propres rangs, et ne donnant jamais
aux *Philistins* ni un fils ni une fille ; priant tous les jours
saint Cromwell dans un oratoire secret ; toute prête encore
à *combattre le bon combat* (3), et pleurant avec une douleur qui n'est pas sans espérance l'époque où les Saints et
les élus avaient en main l'autorité.

(1) Ces observations deviennent chaque jour moins applicables à
l'Angleterre nouvelle.
(2) V. nos deux volumes d'Études sur *Cromwell* et *Charles Iᵉʳ*.
(3) Fight the good Fight.

C'était là que m'avait jeté le hasard. Le chef de la famille puritaine rassemblée sous ce toit antique, Ézéchiel F....., dont le nom biblique annonçait la descendance, était un homme de quarante ans, négociant et calviniste de père en fils. Il vendait du grain, du houblon, du charbon de terre ; sa probité était renommée ; riche et sobre, calme et inexorable, son caractère se lisait sur ses traits impassibles. Avec ses six pieds de haut, qu'il semblait augmenter encore par son attitude raide et fière, marchant d'un pas ferme et lent, l'air solennel, la tête élevée, les lèvres contractées et le front pensif ; dès que vous l'aviez vu, sa figure restait gravée dans votre mémoire. Les régicides bibliques devaient avoir, au long Parlement, cette physionomie. Ses phrases semées d'Ancien Testament, son costume sévère toujours le même complétaient sa ressemblance ou plutôt son identité avec les signataires du fameux *Covenant*. Je ne me souviens pas d'avoir entendu Ézéchiel F..... prononcer, pendant les deux mois que je passai près de son foyer, une parole condamnable ou hasardée ou un mot échappé aux émotions de son cœur et à la gaieté de l'esprit.

Son long regard et sa mine austère dominaient toute la famille. Il parlait peu ; et tous suivaient l'ordre de cette voix grave. Nul ne discutait devant lui. Je l'ai vu faire le bien sans émotion et se montrer sévère jusqu'à la dureté la plus inflexible, sans témoigner un regret. Patriarche de l'ancienne loi dans toute sa rigueur, et il faut le dire aussi, dans sa grandeur et sa puissance.

La précision pharisaïque, l'exacte observation des convenances qui dirigeaient les mouvements de la famille, ne me promettaient point cet accueil cordial et bruyant que les peuples méridionaux font à leur hôte. En revanche, une

certaine délicatesse d'hospitalité généreuse et antique, me
laissant toute liberté, prouvait par des actes, et non par
des démonstrations sa vigilante bienveillance : cela me toucha vivement de la part d'une tribu si austère. Je ne crus
pouvoir mieux lui prouver ma reconnaissance qu'en me
conformant autant qu'il était en moi à la règle qu'elle ne
prétendait pas imposer.

On se levait à cinq heures dans toutes les saisons. Une
heure se passait à prier, et (ce dont mon titre d'étranger me permettait de m'abstenir) à murmurer sourde-
ment ces vieilles rimes, consacrées par les anciennes
souffrances du parti, et auxquelles la profondeur de la conviction mêlait quelque chose d'énergique et de grand (1).
A huit heures, à deux heures et à sept, la vaste table de
noyer, noircie par le temps, et toujours sans nappe, se
chargeait d'aliments sains, abondants, qui ne variaient
guère. Du haut de la maison jusqu'en bas, pas un meuble
d'acajou, pas une trace de ces métaux précieux et de ces
ornements gracieux ou éclatants dont l'habitation de l'homme
riche s'embellit. Partout le chêne bronzé et le noyer poli ;
de grandes chaises de six pieds, au dos plat, uni et ciré, au
siége bas, toutes de bois, et faites pour servir de prie-Dieu
dans l'occasion ; une seule horloge, fort inutile d'ailleurs,
car l'habitude seule eût servi de clepsydre et de cadran à
toute la famille : pour unique tenture, un papier d'un gris
sombre, sans gravures, sans bordures, sans aucun embel-
lissement profane ; enfin toutes les abominations de l'É-
gypte bannies avec une sévérité, inouïe même chez les
quakers ; mais aussi, le soin le plus minutieux dans l'arran-

(1) V. le VIIIe volume de ces Études, OLIVIER CROMWELL ET SA
CORRESPONDANCE.

gement de toutes choses; un luxe de propreté, une sorte
de décence lugubre, qui laissait dans l'âme une impression
solennelle. Au fond du salon ou parloir, situé au rez-de-
chaussée, dans un enfoncement de la muraille, se trouvaient placées symétriquement plusieurs tablettes de bois
brun qui soutenaient les ustensiles et les vases à thé, faits
en terre de Wedgewood. Mes yeux se tournaient fréquem-
ment vers ce précieux cabaret de porcelaine populaire, seul
ornement du logis.

Il y avait huit jours que je demeurais dans la maison.
Après le dîner de deux heures, Ézéchiel F..... voyant mes
regards fixés sur cet enfoncement où se trouvaient les
seules traces de luxe mondain que j'eusse remarquées chez
mes hôtes, me prit par la main et me conduisit d'un air
mystérieux vers l'objet de mon involontaire attention. Il
souleva une théïère, retourna le plateau de bois qui la supportait, et me montra le revers de ce plateau. J'y vis un
portrait en pied, sur un fond noir, et d'une exécution magnifique : c'était Cromwell. C'était là cette figure carrée,
puissante, riante et forte, l'idole toujours présente de la
maison où j'étais; c'était cette tête vaste et ardente qui
fit de sa patrie la reine du protestantisme et du nord. On
l'avait représenté debout, la main sur la masse du Parlement, le sourcil épais et froncé, la lèvre supérieure proé-
minente et riante : tel se montra le hardi protecteur de
l'Angleterre, quand, les larmes aux yeux, le nom du Très-
Haut dans la bouche et dans le cœur, sa courte épée dans
la main, il balaya la tourbe imbécile et cauteleuse qui le gênait et mit les clés du Parlement dans sa poche.

Un sourire grave effleura les lèvres d'Ézéchiel, que je
n'ai jamais vu rire que cette fois; puis il retourna le plateau, replaça la théïère; tout retomba dans le silence ac-

coutumé.   Ne voyez pas là quelques vains et lointains
souvenirs d'une gloire éteinte. Chez ces enfants de la vieille
cause sainte, chez ces Trappistes du calvinisme, c'est une
conviction qui se rattache à Moïse, et qui, si leurs générations subsistent, est enracinée pour l'éternité des temps.

Je voyais revivre la vieille Bible d'Esdras. Tous les habitants de la maison s'effaçaient devant la mâle figure du père
de famille dont les paroles étaient des lois : sur lui tout se
modelait. Mistriss Sara F..... « sa compagne devant le
Seigneur, » il l'appelait ainsi, se taisait près de lui et reprenait en son absence les rênes du gouvernement. Une
charité abondante et bien entendue, une économie sans
avarice les distinguaient tous deux. Un fils enlevé de
bonne heure par une maladie cruelle avait laissé à la
charge du père sa veuve toute jeune et trois enfants en
bas-âge. Ruth (ainsi se nommait la veuve puritaine), n'a-
vait que deux pensées : prier le Seigneur et élever ses enfants. C'était une beauté pâle et blanche, dans les veines de
laquelle le sang circulait lentement, sans impulsion et sans
chaleur : d'avance elle était sainte par tempérament et par
goût.

La fille d'Ézéchiel F..., Sibylla, brune aux yeux bleus,
devait à l'habitude et à l'éducation ce maintien dévot et
raide, constamment recommandé par son père. La nature
ne l'avait pas voulu ainsi. Sous cet air pur, pensif et solennel, un éclair furtif trahissait l'ardeur secrète de l'âme,
l'élan comprimé d'une vivacité impatiente. Asservie à cette
vocation factice, elle la subissait, non comme une tyrannie,
mais comme une nécessité. Elle ne soupçonnait même pas
qu'il pût se trouver dans sa vie quelque chose de plus que
le ménage et la piété. A ces habitudes acquises se mêlait en
dépit d'elle-même une ardeur concentrée et redoutable.

Cet étrange combat des penchants naturels et de la forte contrainte imposée par l'éducation, se trahissait surtout lorsqu'un jeune homme de la même caste, Abraham S..., venait rendre visite à la famille. Formaliste comme tous ceux de sa secte, vêtu de bouracan brun pendant toute l'année ; mais beau, mais calme, et devant à la modération et à la sobriété de sa vie la fraîcheur vive du teint le plus pur ; la sérénité était peinte sur son visage ; c'était *Hampden* dans sa jeunesse. Un chapeau dont les bords larges de cinq pouces étendaient au loin leur envergure, couvrait une forêt de beaux cheveux bruns, naturellement bouclés, et voilait un regard dont la pénétration et le calme imposaient.

Il ne me fut pas difficile de pénétrer les vues du jeune Abraham et les secrets mouvements du cœur de la jeune Sibylla. Mais ce qui était plaisant et touchant, c'était le développement de ces amours : gravement, posément, sans une flatterie ou une brouille, sans une pique ou un raccommodement, sans un soupir de l'amant, ou une coquetterie de la maîtresse. Certes, une teinte à demi-comique venait se glisser dans une liaison où le fiancé ressemblait à un confesseur et l'épouse à une pénitente. C'est pourtant chose si sérieuse que les passions vraies, et Abraham et Sibylla existaient si évidemment, si exclusivement l'un pour l'autre, que leur amour pur, grave, toujours en face de Dieu présent, cet amour qui ressemblait à l'éternité par la profondeur et le calme, me causait une émotion indicible. Je me sentais attendri jusqu'aux larmes quand Sibylla disait à Abraham qui partait : « Que le Seigneur soit avec vous ! »— Abraham lui répondait : « Et vous que j'aime ; qu'il vous protége sous ses ailes ! »

§ III.

Les habitants du bourg. — Les notables. — Le rivage. — Lecture
de Shakspeare. — Le départ.

Le contraste de ces mœurs étranges, si vigoureuses et si
chastes, relevant sans doute d'une doctrine erronée, mais
dont la virilité des cœurs et la grandeur des sociétés se
trouvent bien, faisait mieux ressortir pour moi le vide
de l'activité sceptique à laquelle mon pays était livré. Je
souffrais profondément de reconnaître combien un peuple s'élève et s'affermit par cette austérité sincère. La tristesse me reprenait; je me sentais isolé comme l'étranger qui
brise le gâteau de sel de l'rAabe sous la tente hospitalière. Je
trouvais protection et asile, non cette fraternité de pensées
qui double la vie de l'âme et sans laquelle il n'y a que solitude. J'étais humilié pour ma race. Rien ne pouvait me
donner les souvenirs, les regrets, les croyances fixes de
mes hôtes : nous étions liés par la bienveillance et la gra-
titude, non par la communauté des idées : aussi me laissè-
rent-ils sans peine faire connaissance avec les autres habitants du bourg.

Ces gens-là ne vivent que de la mer et ne connaissent qu'elle ; ils la sillonnent, ils la moissonnent; ils en recueillent les débris. Ils sont matelots, pêcheurs, contreban-
bandiers, corsaires, cordiers, recéleurs de marchandises
exportées ou importées par fraude. Si quelque navire
vient débarquer là, c'est une aubaine pour le pays. Alors
ils déchargent le bâtiment, et traînent ces chariots sur les
routes marécageuses, d'où les efforts des bêtes de somme
ne sauraient pas les tirer ; ils raccommodent la quille du

vaisseau que la vague a brisée; ils empilent sur la rive ces
monceaux triangulaires de tourbe et de coke, seule richesse
native de l'endroit. Le corsaire habite une petite cabane
suspendue sur un promontoire. Derrière ce roc qui avance,
viennent s'amarrer les pinasses hollandaises frétées de contrebande; c'est à travers ces landes hérissées de joncs putrides que fuient les chevaux avec leur charge illicite.
Quand le temps est mauvais, vous voyez descendre le long
des récifs blanchâtres, et rester pendant des heures entières, tout couverts d'écume, cachés entre quelques hautes
herbes, des gens qui attendent que l'Océan leur jette des
débris d'hommes et de richesses. Ils ont aperçu de loin le
navire en danger; ils demandent aux flots une part de leur
proie. Si la mer leur envoie le corps d'un matelot anglais,
ils le dépouillent, souvent ils l'achèvent, et regardent
avec soin autour d'eux, de peur qu'un autre maraudeur
ne vienne partager leur butin. C'est sur une côte aussi
désolée et peuplée d'habitants aussi sauvages, qu'un poète
anglais qui a eu des éclairs de génie, Lillo (1), a placé
la scène terrible où un pêcheur et sa femme égorgent pour
le dépouiller un matelot naufragé qui respire encore;
ils reconnaissent ensuite que ce cadavre est leur fils chéri,
leur fils depuis longtemps perdu, seule espérance de leur
vieillesse misérable et criminelle.

Cependant la mer que ces gens exploitent et qui couvre
la rive de tant de ruines faites à leur profit dévore en
même temps le rivage qu'ils habitent; souvent dans son
empiètement graduel elle entraîne le pêcheur, son pauvre
toit et toute sa famille, avec le banc de sable qui les supporte. Telle est cette peuplade; hommes aventureux sans

_____

(1) V. le Xme volume de cette collection : ÉTUDES SUR L'ANGLETERRE.

ambition ; hardis sans mobile de gloire ; féroces sans repentir. Et le roi George IV était leur roi ; Londres était
la capitale de leur pays ; à soixante lieues de la civilisation,
tous les caractères des races sauvages ! Qui s'en étonnerait ?
elles pullulent à Londres et à Paris.

Quant aux notables de l'endroit, outre M. Ézéchiel F...
que l'on connaît déjà, je citerai l'avoué, célèbre dans le
canton par ses rapines, et fort riche ; le maire, d'un embonpoint que fait valoir son costume de fonctionnaire public,
habit brun, bordé d'un galon d'argent de deux pouces ;
le jeune vicaire, homme doux et aimable, se plaignant amèrement du sort qui l'exile sur cette côte inhospitalière ;
enfin le curé, vieillard élevé à Oxford, helléniste excellent,
et dont les longs travaux et la vertu ont obtenu pour toute
récompense cette cure misérable ! La dîme, son seul revenu, est une moquerie de la loi ; le sol rocailleux,
marécageux ou composé de sable aride, ne donne ni épis,
ni vignes, ni fruits. Je le plaignais, ce pauvre et honnête
prêtre avec ses quatre filles, belles et douces, toujours occupées à repousser les demandes importunes des fournis-
seurs mécontents ou à calmer l'attorney, la terreur du
village. Le malheureux avait soixante-cinq ans, et son rêve
de gloire le soutenait encore. A la lueur d'une chandelle
de joncs (1) fabriquée dans son presbytère délabré, et
dont il se servait par économie, bien que cette clarté vacillante fatiguât des yeux vieillis, il travaillait à ses notes
sur la *Bibliothèque de Photius*, notes savantes qu'il me

---

(1) Rush-Light. On trempe dans le suif des morceaux de jonc
qui s'en impreignent et brûlent lentement en jetant une clarté pâle.
Les classes pauvres en Angleterre font grand usage de cet éclairage
économique.

faisait lire. Si quelqu'un eût aidé ce ministre modeste,
l'Angleterre eût trouvé peut-être un second Bentley.

D'ailleurs cette vaste mer m'attirait sans cesse vers elle,
et le défaut même de société, la taciturnité de mes hôtes,
les devoirs et les travaux des deux ministres, me repous-
saient vers la plage que tant de spectacles variés animent.
Là j'admirais toutes les scènes de l'Océan, scènes dont
la richesse inépuisable a fait la fortune poétique de la plupart des grands écrivains de l'Angleterre; scènes que
Thompson a reproduites avec une exubérance de couleurs
qui éblouissent; Crabbe, avec la minutie d'un peintre de
marine hollandaise; Byron, avec une hauteur de dédain
pour l'homme, et une concentration de pensées et de couleurs aussi brûlante que celle des rayons lumineux réunis
par le cristal; Southey, avec un pinceau large et prodigue
comme les flots mêmes de l'Océan. La réalité est plus
idéale que l'idéal de l'artiste. Que de fois ai-je admiré, de
l'une des cabanes de pêcheur situées sur la rive, la mer
calme, grossissant par une progression et comme par une
émotion lente; son vaste sein s'enflant peu à peu, et un flot,
puis un autre, venant expirer sur le rivage, pour se retirer en silence! Doucement soulevés, les navires montaient au milieu du repos universel, et je n'entendais au
loin que le coup presque imperceptible de la lame frappant
paresseusement le flanc de quelque barque mise à l'ancre.

Quand la marée se retirait, de bizarres trésors restaient
épars sur le sable; — la Méduse, espèce de gelée brillante
qui étincelle sous l'eau comme une perle, qui brûle celui
qui la touche, et se dissout même dans l'esprit de vin;
souvent dotée d'une beauté de formes exquises, et plus
délicate que l'œuvre du bijoutier; — la *Sertullaria*,
plante qui respire, animal qui végète: paradoxe de la na-

4

ture, chaînon entre la sphère des êtres qui vivent et celle
des êtres privés de la vie. De la tige noueuse et rameuse
de l'arbre animé on voit sortir, à travers les vésicules
transparentes, de nombreuses griffes qui s'alongent pour
trouver leur proie. Les lectures de ma jeunesse, celle de
Byron lui-même m'avaient caché Dieu en calomniant la
vie. Je ressemblais à tous les gens de mon âge et de ma
race ; j'avais écouté tour-à-tour les cris du désespoir wer-
therien et la théorie utilitaire qui commençait à envahir
l'Europe. Dans mes promenades pensives je me révoltai
contre le théisme incomplet de Rousseau, l'incertitude
railleuse de Voltaire, l'hypothèse panthéiste des Allemands,
et le mécanisme de Bentham. — «Oui, me disais-je, le Beau
existe ; l'harmonie suprême et divine est supérieure à
l'utile ; elle le contient et le dépasse. Oui, ces richesses
versées sur le monde par une main prodigue attestent l'i-
déal, un besoin de beauté indépendant de l'utilité même.»
Ainsi l'idée religieuse, bannie de mon enfance par le milieu qui m'avait environné, surgissait dans mon cœur et
abondait comme une source vive.

Souvent dans les jours les plus chauds, je voyais s'approcher de la côte des myriades de points phosphorescens,
portés par des mousses marines. Je me plaisais à ramasser
dans la paume de ma main cette eau froide d'où s'échappait une flamme visible. Je continuais mes promenades
même dans les jours de brume et de mauvais temps ; alors
y a quelque chose de singulièrement pittoresque dans ces
formes indécises des vaisseaux amarrés ; dans cet horizon
de trois pieds, qui vous environne sans vous empêcher
d'entendre les cris du matelot et le bruit des flots qui gron-
dent en mesure. Le temps est-il décidément mauvais ; l'aspect de la côte, de terrible ou de beau qu'il était, devient

sublime; tous les oiseaux de mer tournoient dans la nue,
rasent l'eau écumante, sifflent, crient et voltigent en annon-
çant la tempête ; des bataillons de canards sauvages, formés
en coin, se succèdent dans le ciel, bien loin au-dessus de
la portée du fusil. De tous les points du village on descend
vers la rive ; les hommes avec des crocs et des harpons ;
les femmes, presque toutes blanches et jolies, tenant leurs
robes brunes relevées par-dessus leurs têtes en guise de
chaperons. Les écumeurs se glissent dans les rochers de la
côte. C'est un vaisseau en danger, les signaux de détresse
brillent à la poupe. J'ai vu les habitants résister à leurs
femmes, à leurs mères, à leurs amantes suppliantes, et en
dépit de leur rapacité innée, braver tous les périls de la
tourmente pour sauver quelques passagers. La veille ces
mêmes hommes avaient dévalisé sans pitié un malheureux sloop hollandais, et rejeté à la mer les infortunés matelots. Dévouement et crime ; pitié et barbarie, le tout mêlé
et confondu dans un inextricable tissu ; — l'homme enfin.
Ce fut alors que je connus Shakspeare pour la première
fois. Je l'avais lu des yeux sans le comprendre ; je relus
Macbeth et le compris. Toute sa théorie (qui n'est que la
vue profonde de l'homme), me fut révélée. Ce fut mon ini-
tiateur, avec Tacite et Thucydide, et je ne les quittai plus.

A un mille de la côte, est un îlot de rochers qui supporte un phare ou maison lumineuse (1). Cette sentinelle avancée de la mer offre un beau spectacle dans
l'orage. En vain le flot et le vent conjurés assiégent la tour
et sa base ; l'une et l'autre sont toujours là, montrant aux
marins les écueils de la côte et leur tombe que l'orage
entr'ouvre. Toujours on voit étinceler cette clarté, large

(1) Light-House. V. plus bas, le SOUTH STACK.

étoile mouvante. A travers les rejaillissements de l'écume et
les ténèbres de la foudre éblouissante on la distingue encore ; tournant sans cesse sur le même point, solennelle et
silencieuse, tantôt éclatante, tantôt pâle, tantôt ardente;
un moment affaiblie, puis étincelante; symbole trop men-
teur d'une amitié fidèle à l'infortune; effet admirable par
la constance de sa mobilité au milieu d'une nuit orageuse
et obscure.

Malgré mes absences fréquentes et mes excursions sur
le rivage, mes bons hôtes les puritains, satisfaits d'une exacte
présence aux heures du repas, et d'une régularité de vie
qui chez un Français leur semblait prodigieuse, avaient,
je pense, autant d'amitié pour moi que leurs usages et
leurs croyances leur permettaient d'en concevoir et d'en
exprimer. Abraham avait obtenu l'aveu de Sibylla et de
son père; un doux nuage de félicité calme était suspendu
sur toute cette maison. Le jour des fiançailles était fixé,
et c'était pour moi une joie de prendre part à ces grandes
cérémonies.

Tout-à-coup j'appris que la bonne Élisabeth était fort
malade, à trois milles de Londres, et qu'on désespérait de
sa vie. Je partis, et je quittai avec peine cette étrange maison où j'avais vu toutes les vertus mises en pratique et les
dogmes les plus farouches professés avec zèle par des âmes
innocentes. Je laissai les amants sur le point d'être unis, et
le père de famille et la vieille mère, et les enfants, tous
respirant une joie modérée : cependant ils semblaient tristes
de quitter leur hôte. Ézéchiel, qui n'avait pas encore prétendu me convertir, et qui n'avait jamais mis (1) *en avant*
(comme les Indépendants s'expriment), c'est-à-dire « pré-

_____

(1) Held forld.

ché » sa doctrine pour m'arracher aux Moabites, ne put
s'empêcher de me dire, en me serrant la main, que : « Le
monde était la fournaise où Coré, Dathan et Abiron avaient
passé ; que si, faute d'avoir la grâce, j'étais brûlé par les
flammes du monde, il fallait me souvenir du Seigneur ;
que dans ce cas sa maison serait pour moi, dans tous les
temps, l'arche de Noé où je pouvais venir me reposer sans
crainte. »

Ces paroles vraies et graves, empreintes d'intérêt paternel et de ferveur religieuse, sans une seule teinte d'affectation, de fanatisme ou de civilité vulgaire, me touchèrent
singulièrement.

. . . .

----

§ IV.

La tragédie rustique.

J'eus le bonheur de retrouver en convalescence la chère
Élisabeth, et après deux années passées à Londres et
en Écosse, le désir me prit de revoir le petit hameau sur
les rochers, et la famille puritaine, et le portait de Cromwell sous la théïère, et mon vieux ministre anglican ;
échantillons uniques, curieux objets d'études, qui resteront
toujours gravés dans mon souvenir, et dont la plume de
Richter, le pinceau de Goya, ou le crayon de Charlet
auraient dû reproduire la bizarrerie piquante et pleine d'intérêt. Au lieu de me rendre sur la rive comme à ma pre-

mière arrivée je me hâtai de me diriger vers la maison de briques où demeurait Ézéchiel.

Il était une heure de l'après-midi. Je frappai longtemps en vain. Tout semblait mort dans la maison. Étonné, effrayé presque, je redescendis vers la hutte du pêcheur qui m'avait orienté pour la première fois dans ces parages. Je le trouvai occupé à raccommoder de vieux filets, bien que l'humidité de sa triste demeure l'eût rendu presque aveugle. Je lui demandai des nouvelles de M. Ézéchiel F...... et de sa famille, dont la maison semblait déserte.

« Ah! monsieur, me dit le vieux matelot, Dieu a durement agi avec eux. *God has dealt rudely with them.* Si vous voulez me suivre, je vous mènerai chez leur ancienne domestique, Rachel Blount qui demeure là-bas, dans cette cabane. Elle vous contera toute cette histoire qu'elle sait mieux que moi, car elle l'a vue, elle la redit tous les jours, et elle pleure en la racontant. »

Je le suivis chez Rachel Blount, la vieille domestique qui m'avait ouvert le soir de mon arrivée. Elle me reconnut, et, après les premières explications, elle me fit à peu près le récit suivant :

« Le surlendemain de votre départ, monsieur, les fiançailles de miss Sibylla et de l'honorable jeune homme Abraham S..... devaient avoir lieu ; mais Dieu visite dans sa colère les crimes des hommes : il en avait autrement décidé, et dès le lendemain, tout était fini : il n'y avait plus de bonheur pour la famille. D'abord une rumeur effrayante qui se répandit de village en village arriva jusqu'à nous; nous avions la guerre avec les États-Unis, et les bandes de la *presse* balayaient tout le pays jusqu'à la côte, enlevant sur la route jeunes gens, hommes mûrs, et même vieillards.

»Le matin, M. Abraham était sorti avec sa fiancée, et se promenait avec elle sur la plage. Nous courûmes sur leurs traces, sans pouvoir les trouver. Les brigands arrivèrent à l'endroit où étaient Abraham et Sibylla ; ils le saisirent, monsieur ; ces ennemis de Dieu saisirent cet innocent agneau dans les bras de la jeune fille et l'entraînèrent avec eux.

»En vain les supplia-t-on de permettre au moins que le mariage des deux jeunes gens fût célébré, ils s'y refusèrent. La gloire de ces misérables et leur joie est de briser le cœur des familles. Abraham fut emporté en triomphe, garrotté comme une victime par les mécréans qui chantaient en l'emportant et qui laissaient le père, la mère et la jeune fille pleurer seuls leur misère. Ce fut le lendemain, au départ du vaisseau, qu'il y eut de la douleur dans notre village ! Tous les fils, les femmes, les filles, les pères sur le rivage ; et les cris d'adieux qui n'étaient pas entendus ; et les mères à genoux dans le sable mouillé, tendant les bras à leurs enfants, demandant vainement qu'on leur permît de les embrasser encore une fois ! Pas une permission accordée ! pas un adieu ! non, pas un dernier coup d'œil ! Nous apercevions bien les gens du navire sur le pont, mais nous n'en distinguions aucun. O les Moabites ! ô les damnés ! Quelle cruauté ! quelle cruauté, monsieur ! »

La vieille femme essuyait ses larmes, et continuait avec son bon sens pathétique et populaire : « Quelle misère, monsieur, que cette presse ! (1) n'est-ce pas une abomination devant Dieu ! On dit que ces choses doivent se faire ! Se faire ! quoi ! nous envoyer des démons avec leurs armes, pour déchirer ce que Dieu a mis d'amour légitime et d'honnêtes plaisirs dans nos chaumières ! S'ils nous avaient laissé

(1) Les lois sur la presse ont été révisées depuis cette époque,

une semaine, un jour, seulement , ma jeune maîtresse vivrait encore. Tout le monde avoue que cette *presse* est injuste, mauvaise et détestable ; et depuis soixante ans que j'ai l'usage de ma raison, je la vois toujours renaître à chaque guerre ! Pourquoi, monsieur ? c'est que les hommes n'ont pas la crainte de Dieu devant les yeux, ni l'amour de leurs semblables dans le cœur ! — Abraham, continua la vieille, partit avec ses compagnons d'infortune, et Sibylla apprit que le jeune homme avait péri en mer. Depuis ce temps on ne l'a jamais vue sourire ; sa tête devint faible, elle parla haut et toute seule ; elle était toujours bien douce, supportait patiemment la vie et priait encore ; mais ce n'était plus elle. Alors vint la faute du père, monsieur ; voyant sa fille avancer en âge, et survivre à sa peine , il voulut absolument la marier. Elle refusa doucement , et sa mère et toute sa famille supplièrent Ézéchiel de laisser en paix la malheureuse enfant ; mais la loi sacrée l'ordonnait : *Croissez et multipliez*, a dit le Seigneur. Ézéchiel le voulut ; un prédicateur de la bonne cause fut choisi pour époux de Sibylla, et le jour de la cérémonie fixé. Alors, monsieur, elle ne résista plus. Depuis le départ d'Abraham, sa raison n'avait jamais été forte ; pendant une nuit d'orage, trois jours avant la cérémonie , elle se jeta de ce rocher dans la mer.

» Le corps nous revint tout enveloppé de mousses noires, et fut rejeté sur le sable. Désolation ! monsieur. La mère mourut. Le père, qui dit que la main de Dieu est sur lui, s'est renfermé dans sa maison, d'où il n'est pas sorti depuis cette époque. Il y vit misérablement, de ce que lui-même recueille et récolte. Il m'a renvoyée, moi, sa fidèle servante, et je pense, monsieur, qu'il mourra sans ouvrir la porte à laquelle vous avez vainement frappé. »

Le second enseignement vraiment profond que j'aie reçu de la vie, leçon bien plus puissante que celle des livres, m'est venu de cet humble hameau maritime, précieuse ruine du temps passé. Cette petite région sauvage et ignorée resta toujours dans mon esprit. Je vis quel intérêt profond s'attache à tout ce qui fait comprendre l'humanité sous la pourpre et sous le haillon. J'appris à ne point mépriser les nuances et les détails que l'on dédaigne faute de les voir, et qui nous instruisent mieux sur la nature de l'homme, que les spéculations les plus hautes. En effet les généralités nous abusent, leur vaste horizon efface les contours et confond les objets; en étendant la portée de l'esprit, elles nous empêchent d'apercevoir le réel. De là cette monotonie de l'histoire, de là ce désappointement qu'on éprouve en lisant des récits des voyageurs, qui oublient trop souvent que le charme et l'âme de ce monde consistent dans l'infinie variété de la vie.

A cette époque naquit chez moi une horreur qui n'a pas cessé de s'accroître contre le mensonge. Au lieu de la nature théâtrale et fardée, de la religion sophistique et de la passion factice ou frivole, j'avais trouvé dans ce village les plus sublimes choses du monde, la majesté de la nature, la vérité de la passion et la profondeur de la Foi.

PORTRAITS

CONTEMPORAINS.

PORTRAITS CONTEMPORAINS.

JÉRÉMIE BENTHAM, COLERIDGE, FOSCOLO.

‚ＮＮＮＮＮＮＮＮＮＮＮＮ

§ Ier.

La société anglaise en 1817. — Quelques types.

Des plages solitaires du Northumberland je revins à Londres, où pendant trois hivers le fracas d'une grande ville civilisée, aussi sérieuse que frivole, m'apprit enfin ce qu'est le monde, dans ses ambitions, ses raffinements et ses fêtes. Je goûtai pour la première fois, grâce à cette alternative charmante de solitude méditative et de bruit mondain, le plaisir de l'observation passionnée, le spectacle varié de la vie humaine; ainsi se fit mon éducation shakspearienne, qui se retrouve au fond de toute ma vie littéraire; — mélange de mélancolie, de sévérité et d'indulgence dont les années n'ont pas affaibli la nuance particulière.

Ce fut alors que j'eus occasion d'apercevoir et étudier les personnages les plus célèbres de cette époque, les *étoiles*, comme on disait alors; ainsi que les types principaux de cette société anglaise, mêlée de liberté sauvage et de conventions étroites. Je n'ai pas le droit de désigner par leur nom ces types curieux.

5

Je connus le baronnet tory, soutien de la Constitution
antique, homme dont l'esprit est tissu de préjugés corrup-
teurs ; qui déteste spéculativement la corruption ; qui, six
fois dans sa vie, a payé cinq mille livres sterling sa place
au Parlement ; personnage d'ailleurs intègre, charitable,
humain, qui fait transporter à Botany-Bay le pauvre qui lui
tue un lièvre.

Je me liai avec un vieux radical, élève de Godwin. Son
grand refrain est l'*Amérique !* Celui-là veut un président
à bon marché ; il admire Cobbett, le tribun du peuple ; il
croit que toute la politique est dans le prix modique des
pommes de terre, et qu'un gouvernement sans impôts mar-
chera merveilleusement.

Son fils, le radical moderne, ne s'arrête pas aux choses
matérielles ; — il vit de principes et d'axiômes, il algébrise
la politique, il se nourrit de théories, et ne pense que par
corollaires géométriques ; — esprit à angles aigus, qui faute
de connaître les hommes, ne peut réfuter une erreur ni
prouver une vérité ; sa pensée est raide et ne s'assouplit jamais. Il ne raisonne que d'après la « nature des choses ; »
grand statisticien, économiste rigide, croyant que l'âme
des hommes est une espèce de mouvement d'horloge,
et qu'on remonte les États comme des pendules ; à force de
syllogismes et de clarté dans le style, il finit par rendre
son style indéchiffrable ; à force de logique, il n'a pas le
sens commun ; à force de philanthropie, il ne sympathise
avec personne. Sa politique est un chiffre, son âme un
chiffre ; c'est un homme-chiffre. C'est lui dont la fille
s'est sauvée avec un capitaine de dragons, et qui a fait in-
sérer dans les journaux l'avertissement que voici : « Si la
»jeune fille refuse de retourner chez ses parents inconsola-
»bles, elle est priée au moins de renvoyer la petite clé du

»coffre au linge qu'elle a emportée avec elle. » Ce bon
philosophe réformateur ! je l'ai vu visiter une maison de fous
et argumenter avec les idiots pour leur prouver qu'il n'est
pas raisonnable d'être fou.

J'ai connu aussi et j'ai peu pratiqué le *dandy* anglais,
composé de mépris, de fadeur et d'empois ; sourcilleux et
insultant par état, coudoyant tout le monde, empressé de
déplaire, montrant son linge, se mouvant comme une
poupée, et depuis quinze ans jusqu'à soixante n'ayant ni
éprouvé une émotion, ni laissé une ride sillonner son visage.

Parmi ces personnages très-marqués dans la société de
Londres en 1820, le plus commun était le gros négociant,
la probité même, l'homme d'argent par excellence ; il n'a
jamais différé le paiement d'un billet, ne fait de mauvaises
actions que celles que l'on pardonne, n'offense que les
faibles, ne se compromet jamais ; renommé pour son exactitude et son intégrité, il a vu mourir de faim son ancien
compagnon de collége sans sourciller.

Cette dernière race est commune et inévitable dans les
sociétés commerciales. Qui connaît le secret et le ressort
de ces types divers en est bientôt fatigué. Je me sentais attiré davantage vers les excentricités à la mode ; Bentham,
Coleridge, Southey, Ugo Foscolo, Wordsworth ; tous ceux
dont on parlait, et que j'entendais dénigrer, ce qui me
prouvait leur valeur. Mon extrême jeunesse, mon insignifiance et ce plaisir particulier des observateurs qui aiment
à tenir peu de place et à faire peu de bruit me permettaient
de voir et d'entendre la plupart d'entre eux ; — génération puissante et société active, dont la trace est à demi-
effacée.

Imaginez une civilisation réglée pour les plaisirs comme

pour les travaux ; un assujettissement d'esclave sous les détails de l'étiquette ; des mœurs de couvent alliées à des
habitudes de somptuosité et d'élégance; colonels et pairs du
royaume emprisonnés dans des corsets d'acier ; femmes du
grand monde qui ne dédaignaient pas de descendre dans
l'arène du pamphlet s'il s'agissait de punir un amant et de
venger leur honneur ; — sauvagerie orgueilleuse chez les
individus et monotonie apprêtée dans les coutumes; —
beaucoup de prétention à l'originalité, et le vasselage le
plus universel sous la loi des convenances ; — je ne sais
quoi de monacal porté dans les brillantes habitudes de la
vie aristocratique, et la gêne des formes s'alliant à la licence des mœurs et à la liberté des lois : — voilà quelle
société je venais visiter.

C'était celle que lord Byron attaquait à outrance. Ces
nobles dames qu'il avait dénigrées, ces habitantes des salons qu'il avait quittées pour les bois et les rivages de l'A-
croceraunie et de l'Hellespont lui payaient avec usure ses
satires. Sa vogue était immense comme la haine qu'il inspirait.

Alors, comme par défi, le grand poète devint disciple de
Brummel. Il accepta de la main de ses admirateurs l'initia-
tion aux secrets de leur dandysme, à leur froide imper-
tinence, à leur prétention dédaigneuse, à leur morgue puérile ; il reçut d'eux le baptême de la fatuité : héros, chantre
sublime, philosophe, auteur satirique, homme d'études,
homme du monde, il ne perdit jamais cette nuance frivole,
si étrangement alliée à la grandeur tragique à laquelle il
aspirait.

Dans les salons que je visitais, on ne parlait que de ce
dandy satanique, qui s'astreignait à une diète outrée et vivait de biscuit pour combattre l'embonpoint; se faisait peser

tous les jours pour s'assurer de son amaigrissement graduel ; affectait une rouerie insouciante et une foule de ma-
nies singulières — puis harassé de ce rôle, s'enfermait
dans sa bibliothèque mal en ordre, afin d'y retrouver quelques émotions sombres en contraste avec sa dissipation
étourdie.

Il est vrai que parmi les concitoyens et les contemporains
de Byron, les plus innocents n'étaient guère moins étranges
que lui dans leurs fantaisies. Les uns, violénts et fanatiques comme Montgomery ou le révérend Irving, anathé-
matisaient sans pitié tous les profanes ; les autres comme
le vieux Godwin professaient une latitude philosophique
de mœurs qui allait jusqu'à la destruction du mariage.
Ceux que je rencontrais chez les amis de la bonne Élisabeth appartenaient à la classe sévère ; calviniste elle-même
et penchant vers le méthodisme, elle n'avait aucun rappport
avec les Bentham, les Hazlitt, les Cobbett, les Hunt et
toute cette race active qui représentait l'avenir et le mouvement.

Un grand côté de la vie britannique aurait donc pu rester
caché à mes yeux si mon père, pendant les plus orageuses années de la Révolution française, n'avait eu l'occasion
de se lier avec un artiste anglais très-habile dans l'art
de graver la pierre dure, vieil ami de Fox, et comme la
plupart des artistes radical déterminé, Thomas Brown. Ce
fut par lui que je connus cette face extraordinaire et op-
posante de la société anglaise — l'extrême Whiggisme, les
Utilitaires et l'école Américaine. On ne se gênait point avec
moi, jeune homme sans prétention, dont on pouvait faire
un adepte. Mon esprit n'était pas sceptique, mais attentif.
Je croyais peu, j'écoutais les hommes ; j'adorais la vérité ;
je n'imaginais pas qu'elle descendît aisément de son nuage

à l'appel du premier venu. De quel droit appellerait-on
ma modestie scepticisme? L'instrument qui éprouve l'or
est-il sceptique? Les hommes cesseront-ils un jour de se
partager en deux classes, les crédules et les insouciants?

---

§ II.

La maison d'Ugo Foscolo à Londres. — Vie de Foscolo.

Thomas Brown, dont je vois encore le gilet jaune foncé
(à la Fox), le jabot fripé comme celui de Fox, le nez romain un peu trop rouge, comme celui de Fox, et les bottes
à revers taillées sur le modèle de son idole politique, trouva
moyen de me faire connaître, soit au club soit chez ses amis,
les coryphées du parti, Cobbett, Hunt, sir Francis Bur-
dett, Bentham, et même ce radical Italien, le lion de l'é-
poque, qui jouait à Londres le rôle excentrique de lord
Byron en Italie, Ugo Foscolo. Il s'était avisé de bâtir un
temple grec, pour en faire son habitation personnelle; et
ce qui est tout-à-fait caractéristique de l'artiste et du poète,
il avait compté, pour payer sa maison, sur ses articles de
Revues et sur ses livres. Malgré la protection active de ses
amis, la maison fut vendue par autorité de justice.

Ce fut en 1819 que je fus présenté à Foscolo. Tout
était payen chez lui.

Il y avait des Apollon dans son boudoir, et des Jupiter
dans son antichambre. Un petit autel portatif lui servait de
cheminée, et il regrettait, j'en suis sûr, de porter le costume moderne. L'éclat de ses yeux, l'ébouriffement de sa

coiffure, la chaise curule sur laquelle il était assis, les
malédictions malicieuses qu'il lançait à chaque phrase contre
ses ennemis politiques et poétiques, firent de lui pour moi
un objet d'étonnement plutôt que d'intérêt. Je croyais voir
l'exagération d'Alfieri, qui lui-même était une exagération
de Dante. Il ne causait pas, il déclamait; il ne lisait pas, il
hurlait. C'était le mensonge du théâtre dans ce qu'il a de
plus artificiel. Cependant il n'était pas affecté; cette sauvage véhémence était devenue sa nature.

Les événements de sa vie l'y avaient prédisposé : né à
Zante entre 1772 et 1776 (1) d'une race vénitienne, Foscolo reçut de ses ancêtres la tradition de ce génie fier et
démocratique qui inspira toujours leur descendant. On
compte la famille *Foscolo* au nombre des tribus fugitives
qui, dès le sixième siècle, se réfugièrent dans les lagunes
de l'Adriatique et placèrent le berceau de la République
de Saint-Marc. Très-jeune encore il attira par la témérité de ses discours la surveillance de cette inquisition
d'État qui jusqu'au dernier moment de son agonie con-
serva son terrible pouvoir. Cité devant les inquisiteurs, il
se rendait à leur tribunal, lorsque sa mère, du seuil de la
porte, lui cria : « Va, mon fils ; et meurs plutôt que de te
déshonorer en trahissant tes amis ! » Le fils fut digne d'une
telle mère ; on retrouve dans tout le cours de sa vie l'écho
véhément de ces paroles spartiates.

La liberté vénitienne tomba, comme on le sait, sous les
coups de l'Autriche ; le jeune Foscolo quitta sa patrie et
vint à Milan où il connut l'aimable Parini. Entre Foscolo

(1) Cette date est peu certaine; Foscolo lui-même a indiqué
tour-à-tour les années 1772, 1775, et 1776 comme époques de sa
naissance.

et Alfieri, les ressemblances de caractère étaient trop prononcées pour que leur commerce fût jamais intime : ce n'est pas la similitude des esprits et des âmes, c'est leur contraste qui fait naître et perpétue l'amitié. L'âpreté et la rudesse, qui de bonne heure isolèrent Foscolo de ses contemporains, l'entourèrent d'ennemis dès le commencement de sa carrière. Les adulations que Cesarotti (1) prodiguait à Napoléon révoltèrent Foscolo ; il se brouilla avec Cesarotti. Bientôt Mazza (2) et le comte Pepoli, connu par l'excessive bizarrerie de son caractère, se trouvèrent en butte aux attaques du jeune poète. Il avait appris à ne pardonner aucune erreur ; il ne savait faire grâce à aucun ridicule. Il ne modifiait aucune de ses opinions, et défiait le sort, au lieu de plier sous lui.

Son éducation, commencée à Venise, continuée par Cesarotti, soumise à l'influence de Parini, s'acheva à l'université de Padoue, sous les leçons de Stratico et de Sibiliato. Il revint passer quelques semaines à Venise et parcourut ensuite la Toscane et les autres parties de l'Italie. Son caractère littéraire se forma d'un mélange ardent de la misanthropie de Rousseau et de l'emphase exagérée de Sénéque. Admirateur des formes classiques, entraîné par un secret penchant vers la mélancolique profondeur de la tragédie anglaise, il essaya d'accomplir, entre ces deux tendances, une fusion qui n'est point sans grandeur, mais où le défaut d'unité primitive se fait sentir. Tout ce qui porte une empreinte de force était assuré de son suffrage ; il admirait la majesté de la poésie hébraïque, l'énergie outrée de Lucain et la roideur sentencieuse d'Alfieri : il confon-

(1) Dans le poème médiocre intitulé : *Pronea*.
(2) Traducteur d'*Akenside*.

dait ces sources diverses du sublime sans faire attention
que le résultat de ce mélange serait faux et hétérogène. L'I-
talien Ortis exprime dans un langage digne de Sénèque les
douleurs de Werther ; l'Ajax homérique porte dans les mystérieuses profondeurs de l'âme humaine le coup-d'œil lugubre de *Hamlet.* Alfieri, en soumettant des sujets modernes (1) aux formes sévères de la tragédie grecque, était
tombé dans la même erreur. Lorsque je vis dans son intérieur et que j'entendis causer cet autre Alfieri lyrique et
savant, Ugo Foscolo; lorsque cette misanthropie furieuse et
ce pédantisme classique, mêlés de verve, d'esprit, d'affectation, de violence contre le sort et d'égoïsme puéril se
montrèrent à moi en déshabillé; je compris tout ce qu'il y
avait de factice et de peu vital dans cette littérature et ce
mode de génie. Aucune racine ne les rattachait au monde
nouveau, aux passions réelles, aux choses et aux idées de
l'avenir ; et cependant au milieu de tout ce mélange, une
éloquence éclatante, un talent ardent quoique artificiel et
un amour enthousiaste de la liberté et de l'humanité m'in-
téressaient vivement.

    Thyeste, composé à dix-neuf ans par Foscolo, fut re-
présenté sur un des théâtres de Venise, le 4 janvier 1797 ;
le même soir, deux tragédies de Pepoli et de Pindemonte
parurent pour la première fois sur d'autres théâtres de la
même ville : *Thyeste* l'emporta. On joua dix fois de suite
ce violent pastiche d'Alfieri.

    Nommé secrétaire de l'ambassade que sa République en-
voyait à Napoléon, il vit la liberté de Venise achetée et
vendue comme on trafique d'un ballot de laine ; l'admiration qu'il avait vouée à la France et à son chef se changea

---

(1) Dans *Rosmunda*, *la Congiura de' Pazzi*, etc.

en mépris. Il sortit de Venise redevenue province autri-
chienne, et alla résider dans cette partie de l'Italie qu'on
appelait alors République Cisalpine.

Là, sous l'influence d'une indignation et d'un désespoir
profonds, il composa ces lettres d'*Ortis*, extraordinaire composé de vérité et d'exagération, de rhétorique déclamatoire
et d'éloquence sincère. Les souvenirs de la tragédie antique,
l'imitation de la *Nouvelle Héloïse* et celle de *Werther* se
confondent dans cet ouvrage qui reproduit exactement la civilisation du midi de l'Europe, zône plongée dans une décadence de deux siècles; exaltation de paroles et vide de
pensées; effort pour être sombre et sublime; la pompe et
l'harmonie du discours, trahissant les dernières aspirations
d'un peuple sensitif plutôt que sensible.

Les *Lettres de Jacques Ortis*, mutilées à leur apparition, produisirent une sensation extraordinaire. Ce patriotisme gigantesque frappa les imaginations; Foscolo avait
transformé les idées politiques en une poésie passionnée.
Foscolo s'engagea ensuite dans la première légion italienne
commandée par les généraux français. Poète et guerrier,
il prit part à cette défense de Gênes qui fit tant d'honneur à Masséna. Ce fut la belle époque de sa vie. Son talent
poétique et son érudition se développaient en même temps,
sous le feu des batteries ennemies, au milieu du tumulte
d'un siége. Ses nobles odes adressées à Louise Pallavicini
furent composées à Gênes; et peu de temps après son
commentaire sur le poème de Catulle, *de Coma Bere-
nices*, fut publié dans la même ville. La littérature italienne
offre peu de morceaux élégiaques comparables aux odes
que nous venons de citer; une grâce antique y respire. Le
commentaire offre une étrange parodie de l'érudition et
des folies qu'elle se permet dans son luxe exagéré.

VISITE A UGO FOSCOLO. 83

Il exprimait sans ménagement le dédain qu'il ressentait pour Monti, Lamberti, Lampreti, Pezzi, rédacteurs du *Polygraphe*, journal publié à Milan. Une tragédie de Foscolo, *Ajax*, représentée en 1812 sur le théâtre de cette ville, leur fournit l'occasion de se venger.

On répandit le bruit absurde que la pièce, malgré son titre et l'antiquité des personnages évoqués sur la scène, n'était qu'une composition allégorique : Ajax devenait le général Moreau ; Agamemnon, c'était Bonaparte. L'inquiétude de la police fut excitée ; défense de jouer l'ouvrage fut envoyée aux acteurs. Non contens du succès de cette perfidie, les écrivains vendus au pouvoir consacrèrent six articles de leur journal à prouver, non qu'*Ajax* était une mauvaise pièce, mais que Foscolo avait mérité par ses opinions politiques les rigueurs du gouvernement. Une de ces circonstances puériles dont les annales de la scène offrent plus d'un exemple vint se joindre aux malheurs dramatiques de l'auteur d'*Ajax :* le mot *salamini*, qui signifie en Italien les *habitants de Salamis*, a une autre acception plus populaire ; c'est le diminutif de *salame*, saucisse. Ajax, qui, dans la tragédie, adressait souvent la parole à ses chers *Salaminiens*, était obligé de répéter ce mot grotesque : qu'on imagine la bouffonnerie d'un héros, qui, devant un auditoire disposé à saisir le quolibet, s'écriait d'un ton solennel : « O chères petites saucisses ! » *O carissimi Salamini* ! La tragédie nouvelle du jeune homme était d'ailleurs très-ennuyeuse. Les armes déloyales que ses ennemis employèrent contre lui causèrent à Foscolo l'irritation la plus vive. Ils répondirent à sa fureur par des épigrammes. En voici une de Monti qui mérite d'être conservée :

Per porre in scena il furibonde Ajace,
Il fiero Atride e l'Itaco fallace,
Gran fatica Ugo Foscolo non fè.
Copio se stesso e si divise in trè.

« Pour mettre en scène Ulysse le perfide,
» Ajax le furibond et le superbe Atride,
      » Foscolo n'a pas eu grand mal.
» Ce triple personnage existait en lui-même ;
» Notre homme en fit trois parts ; et sans effort extrême,
      » Trois fois il copia le même original. »

« A vingt-deux ans, me disait Foscolo, j'étais le géant de la fable, entouré d'ennemis, désappointé dans mes espérances politiques, harcelé comme poète, banni de ma ville natale ; je passai ma vie à me venger. »

Alors dans une imitation du Voyage sentimental de Sterne, intitulée : *Didymi clerici, prophetæ minimi, hypercaleipsos liber singularis*, il passa en revue ses adversaires et lança contre sa patrie malheureuse et selon lui digne de l'être tous les traits de la raillerie et du courroux. Cette satire amère n'approche pas plus de la plaisanterie originale et mélancolique de Sterne, que la violence des *Lettres d'Ortis* ne ressemble à la rêverie lugubre de *Werther*. Écrite en latin de la Vulgate, étincelante d'esprit et de verve, elle est plus acerbe que bouffonne, plus caustique que gaie. L'auteur immole tous ses ennemis à sa mauvaise humeur ; en nous faisant rire à leurs dépens, il nous irrite contre son amertume, et nous force à les plaindre.

Un essai de traduction de l'*Iliade*, et l'admirable poème des *Tombeaux* succédèrent à cet acte de vengeance littéraire. L'Europe connaît ce dernier ouvrage, l'un des chefs-

d'œuvre de la littérature moderne. Il publia ensuite une
édition corrigée et augmentée de Montécuculli. Ce dernier
ouvrage, composé dans une intention patriotique, avait
pour but de rappeler les Italiens au sentiment de l'ancienne
dignité romaine, et d'éveiller en eux le désir de la gloire
guerrière. On reproche à l'éditeur d'avoir altéré le texte et
prêté à Montécuculli ses opinions et ses idées. Ajoutons
à ces ouvrages un excellent discours sur l'*Origine et les
devoirs de la Littérature*, discours prononcé à Milan, quand
Foscolo fut nommé après Monti professeur de littérature à
l'université de Pavie.

Les Autrichiens, en s'emparant de l'Italie, exilèrent à
jamais Foscolo de sa patrie. Il passa en Suisse, et de là en
Angleterre. Son talent y grandit et se dépouilla de son emphase ; placé dans un milieu d'affaires et de réalités, Foscolo devint moins déclamateur, moins affecté, moins ami
dans ses livres des couleurs violentes et de l'exagération.
Mais son caractère ne changea pas. Il se fit autant d'ennemis à Londres qu'à Venise. C'est à Londres qu'il a publié
ses *Essais sur Pétrarque*, son discours sur le texte de
Dante ; ses *Hymnes à Canova*, son poème des *Grâces*,
d'une pureté admirable, et plusieurs excellents articles de
la *Revue Trimestrielle* et de la *Revue d'Édimbourg*. C'est
là que je l'ai vu, au moment de son grand succès littéraire,
protégé par les hommes les plus distingués de l'Angleterre.
Sa causerie véhémente produisait sur moi l'effet d'une déclamation de théâtre ; il semblait que le patriotisme représenté par lui portât un masque grec et fût monté sur
les échasses de la Médée et de la Clytemnestre helléniques.
Ce paganisme renouvelé me faisait mal ; je sentais l'artifice. Quand il se mit à me raconter en vrai Vénitien qu'il
était, les ennuis de Londres et les burlesques mésaventures

qui l'avaient accueilli dans ce qu'il appelait le pays des Cyclopes, il se montra infiniment plus amusant ; il était redevenu naturel.

« *Sono Bestie*, me dit-il en se promenant à travers la
» chambre, ce sont des brutes que ces Anglais. Doubles
» tudesques, les Cyclopes ne comprennent rien à la poésie !
» Ah ! je regrette amèrement ma jeunesse, mes querelles
» de théâtre, mon soleil de Venise, mon attitude sublime
» d'Ajax foudroyé. Cette vie anglaise, cette vie de bœuf
» emprisonné qui m'étreint de toutes parts, me pèse :
» et dès que je peux blesser un de ces Cyclopes dont je suis
» le favori et qui osent me protéger, je suis heureux ! »

Il mourut insolvable, et les Cyclopes payèrent son
convoi.

§ III.

La maison de Jérémie Bentham. — Visite à Jérémie Bentham.

Il est impossible d'imaginer de contraste plus violent
que celui qui séparait ce radical classique, homérique et
furieux, du radical teutonique, anglais et utilitaire, qui
exerça tant d'influence sur le commencement du siècle,
Jérémie Bentham. Le bruyant Foscolo n'avait point d'é-
cole. Le paisible Bentham résumait à l'usage de l'Angleterre
les théories du XVIIIe siècle ; jamais philosophe paisible, vivant dans les abstractions, n'eut plus de prise sur les esprits. Un parti tout entier l'acceptait pour oracle. L'empe-

reur Alexandre alla le voir : Catherine, impératrice de
Russie, recevait ses lettres et lui répondait. Le philosophe eut la noble fierté de rendre à l'autocrate la tabatière
d'or ornée de son portrait, qu'il en avait reçue.

Entre 1820 et 1825, il était encore peu estimé des Anglais, quoique célèbre en Europe, et jouissant dès-lors dans
le Nouveau-Monde d'une immense popularité. En 1820,
Hobhouse et Rolls étaient plus populaires que lui dans les
places et dans les ports de Londres. A New-York et à Calcutta, Bentham l'emportait sur toutes les célébrités con-
temporaines.

J'allai visiter avec mon ami Brown ce La Fontaine des
philosophes, véritable enfant pour les habitudes sociales.
Il avait passé trente années dans une maison qui donne
sur le parc de Westminster et où sa vie d'anachorète se
consacrait à réduire la théorie des lois à un système mécanique et l'intelligence humaine à des fonctions machinales. Il
sortait rarement et voyait peu de monde. Le petit nombre
de personnes qui avaient leurs entrées chez lui, n'étaient
admises que l'une après l'autre comme dans un confessionnal;
chef de secte, il n'aimait pas à causer devant témoins ; grand
parleur, il ne s'occupait que des faits.

Quand nous lui rendîmes visite, il nous pria de faire
avec lui quelques tours de jardin : c'était un emploi habile et
économique de ses heures, un moyen de soigner sa santé.
Le vieillard, tout en se promenant dans ses allées, l'esprit
agité de mille pensées, nous entretint avec chaleur des
plans qu'il méditait et de l'avenir des peuples. J'étais touché de sa sincérité visible et mécontent de ses doctrines,
filles de l'arithmétique et du matérialisme. Je sentais
d'ailleurs qu'il aurait le même abandon et montrerait une
égale confiance au premier aventurier transatlantique, au

premier intrigant venu, et qu'il leur exposerait comme à
moi la constitution à donner à la première île déserte qu'il
pourrait régir. Il ne marchait pas, il courait. Sa voix était
perçante, et ses phrases étaient souvent interrompues. Il ne
pensait ni à l'élégance des manières, ni à son costume, ni
à sa démarche. Il s'arrêta enfin devant deux cotonniers,
arbres magnifiques, placés à l'extrémité du jardin, et sur
le mur qu'ombrage leur cime il me fit lire ces mots : *Dé-
dié au prince des poètes.* En effet, c'est dans une maison
située sur ce lieu même que le grand Milton a longtemps
vécu.

« Mon jeune ami, me dit-il, je songe à couper ces
deux arbres et à transformer en *écoles chrestomatiques* la
maison de Milton, le berceau du *Paradis perdu !* Seriez-
vous encore sensible aux délicatesses idéales et poétiques
que le monde vaute ? Tant pis pour vous.

"Ainsi, pensai-je, là où le grand poète respirait librement
dans la solitude de son génie, une multitude bruyante
se rassemblera tous les jours; leurs querelles profaneront
ce lieu sacré ! »

Bentham devina ma pensée et me dit : « — Je ne méprise pas Milton, mais il appartient au passé, et le passé ne
sert à rien. »

Après tout, Milton qui a été maître d'école ressemblait
assez à Bentham. Même physionomie sévère et douce ;
même expression d'austérité puritaine; même irritabilité de
caractère, corrigée par l'habitude et la raison ; même son de
voix argentin, même chevelure éparse et négligée ; il ressemblait aussi un peu à Franklin, dont les traits exprimaient
plus de fine malice, et à Charles Fox, dont il avait le regard
perçant et l'inquiétude ardente ; son œil vif étincelait pour
ainsi dire dans le vide; on devinait que son regard s'oc-

cupait de chiffres invisibles et de problèmes lointains.

Malgré sa douceur et sa bienveillance je ne me trouvais pas à l'aise avec ce scolastique du matérialisme moderne. Quelle sympathie ressentait-il pour moi ? Aucune. Il préférait un syllogisme à l'humanité. Suivre les ramifications d'un système, raisonner et conclure, poser des dilemmes et déduire des conséquences ; chercher des faits, des autorités, des exemples et les soumettre aux procédés d'une dialectique vigoureuse ; de tous ces matériaux, de tous ces atomes réduits à leur forme la plus sèche, composer quelque théorie subtile ; voilà son plaisir.

Ajoutez à ces traits un costume de philosophe fort négligé, le collet de la chemise rabattu, la redingote croisée à un seul rang de boutons, enfin des demi-bottes à l'ancienne mode par dessus des bas chinés ; vous composerez un accoutrement étrange, qui participait à la fois de la simplicité du collége et de l'antique vêtement que portaient encore quelques contemporains de Georges III. Rien de dédaigneux, de tyrannique, de malveillant, de misanthropique dans sa physionomie ou sa contenance. Le bonhomme ne pensait pas à lui, mais il ne pensait pas à moi non plus. Il aurait donné trente mille hommes pour un axiome, le genre humain pour une théorie.

« Je voudrais, me disait-il, que chacune des années qui me restent à vivre se passât à la fin de chacun des siècles qui suivront ma mort ; je serais témoin de l'influence qu'exerceront mes ouvrages. »

Hélas ! vivront-ils si longtemps ? Bentham a-t-il réellement imprimé à l'esprit humain une impulsion nouvelle ? Non. Algébriste de la science sociale, il n'accorde rien aux inconséquences de notre nature, à ses variétés, à ses irrégularités. Qui ne prête pas la voile, comme dit le poète, aux

caprices du vent, n'est point un pilote habile. Bentham le
rigide calculateur a cru que l'homme était un animal raisonnable et logique, non un animal passionné et incomplet.
Il a espéré le soumettre à la sévérité des calculs techniques,
algébriques et matériels ; il a cru le rendre à la perfection
en le forçant de raisonner juste. « Tout plaisir est un bien ,
lui a-t-il dit ; en faisant le bien, vous aurez du plaisir. » —
Quelle folie de confondre le plaisir qui résulte du bien que
j'ai fait, avec le plaisir des sens et l'affreux plaisir que
l'on peut acheter par un crime ? O moraliste ! vous oubliez
que nous sommes composés d'antipathies et de sympathies,
c'est-à-dire de faiblesses , et que l'homme n'est pas Dieu !

Voilà l'erreur du XVIIIe siècle tout entier, la déification
de l'homme et l'apothéose de sa raison. En écoutant Bentham, je retrouvais subtilisées et raffinées les théories dont
ma jeunesse avait été bercée ; j'apprenais à me défier de
ce nouveau et singulier fanatisme, ayant pour idole l'Humanité même, comme si l'Humanité était parfaite. J'avais
déjà voyagé ; je m'apercevais de l'extrême différence qui
se trouve entre les abstractions du philosophe spéculatif et
la réalité de la vie. Je reconnus que son erreur consistait
à soumettre aux lois mathématiques, faites pour régir des
abstractions mortes, les réalités vivantes du monde où
nous sommes. Une montagne est composée d'atomes mathématiques et ces atomes pris un à un ne font pas une
montagne. En mesurant avec exactitude les toises géométriques dont se compose la chaîne des Cordillières, vous
n'en connaîtrez ni l'aspect ni la grandeur. Les hommes
sont des unités ; mais ces unités ne sont pas équivalentes.
Le matérialisme arithmétique de Bentham aboutissant à
son système de l'utile était donc une immense erreur.
Quelle chose d'ailleurs n'est pas *utile* ? Les atrocités com-

mises dans les Indes Occidentales par les planteurs le sont; le sang et les larmes de plusieurs millions de nègres rapportant à l'Europe des millions de balles de sucre le sont; incendies, meurtres, vols et inondations ont évidemment leur utilité relative. Suit-il de là que ces choses soient bonnes en elles-mêmes? Non; sans l'idée du beau moral, de la perfection divine et de l'imperfection humaine, aucune philosophie ne se tient debout.

Ces idées roulaient confusément dans mon esprit, lorsque des gouttes de pluie nous forcèrent à rentrer avec le philosophe; il s'assit dans son fauteuil, et se mit à préluder sur un piano, l'œil fixé sur une perspective de verdure, pour se préparer, nous disait-il, à un travail sur la réforme des prisons. Il s'occupait alors de créer son panopticon circulaire, espèce de ruche transparente où chacun des malades moraux avait sa loge à part : il devait se placer au milieu d'eux tous, examiner de ce point central les actes de chacun; sermonner sa confrérie, lui donner du travail, lui enlever tout moyen de nuire, la nourrir, la vêtir et la chausser; puis, après l'avoir convaincue, moitié de force, moitié par ses arguments, que tout était pour son bien, il espérait lui ouvrir les portes et rendre à la société la troupe parfaitement convertie.

O philosophe ! me disais-je en le quittant, vous en savez moins là-dessus que le premier vagabond des carrefours. Vous ignorez l'âpre séduction et le charme de la vie criminelle. O innocent et doux philosophe ! vous ne savez pas ce que c'est que braver le péril, mépriser la mort, sentir plus vivement la vie, jouir d'une indépendance farouche ! Ces voluptés puissantes sont trop terribles pour vous; mais l'homme égaré qui les a goûtées n'y renonce plus. L'oiseau

de proie ne renonce point à la chasse. C'est un miracle que
n'a pas pu accomplir M. Owen, qui voulait réformer les
habitants de New-Lanark en les enfermant dans le cloître
monotone qu'il avait bâti pour eux. Les bandits qu'il espère
discipliner et convertir à la morale, échangeront-ils contre l'existence monastique qu'on leur offre sous les paral-
lélogrammes de M. Owen ces plaisirs d'une vie indépen-
dante dont on trouve un récit romantique et animé chez
les voyageurs ; ces lits de neige où les chasseurs du désert s'ensevelissent pendant des semaines ; ces guirlandes
et ces festons de glace dont ils ornent leurs cavernes ; ces
luttes à mort avec le léopard, dont la peau sanglante leur
sert d'habit et de couverture ; ces rencontres imprévues du
tigre et du serpent à sonnettes, sous l'antre qui leur sert
d'asile ? Laissez cet Américain, longtemps captif chez les
sauvages, vous dire de quelle manière il parvint à échapper
à une armée de buffles, dont la marche rapide ressemblait
au bruit du tonnerre ; quelles araignées plus grosses qu'un
rat se suspendaient aux rameaux des forêts vierges ; comment les indigènes, à genoux sur le bord de l'Océan, ado-
rent le gouffre qui, selon eux, emporte vers l'éternité les
âmes de leurs pères ; — et vous ne vous étonnerez pas
qu'il ait refusé de rester sous le toit paisible et dans le
couvent moral de M. Owen. Pauvres philosophes, qui veulent régenter l'homme et qui ignorent l'humanité !

L'utopiste en quittant son piano pour nous reconduire ,
me fit cadeau d'un paquet énorme de ses volumes, que je
possède encore et qui sont là, côte à côte avec les œuvres
de Fourrier, annotées et commentées de la main de ce dernier. Jérémie Bentham laissa chez moi un souvenir de vénération douce et presque triste ; je voyais en lui un fou, mo-
nomane de raison algébrique.—«Il n'a plus que juste de quoi

vivre, me dit Brown ; ses penchants romanesques, l'amour
des spéculations hardies et nouvelles ont dissipé son patrimoine. Les faiseurs de projets le ruinent ; dès que leurs rai-
sonnements lui paraissent solides, il livre son argent aux exigences de leur dialectique. Il est beau-frère de M. Abbott,
autrefois speaker (président) de la chambre des communes, et devenu lord Colchester. Élevé au collége d'Éton, la
poésie lui fait horreur ; mais la prosodie lui plaît ; c'est un
exercice numérique. Il aime à scander comme un écolier
les vers de Virgile, ou à discuter comme un professeur l'emploi des participes grecs. Amateur des gravures d'Hogarth,
il apprécie la finesse analytique de cet artiste. Enfin il
tourne très-bien de petits instruments et des meubles de
bois.

« — J'entends, répondis-je à Brown, et il prend les hommes pour des petits morceaux de bois, que l'on peut tourner, façonner et polir. »

§ IV.

La bonne Élizabeth ne fut point contente de savoir que
j'avais entendu causer Bentham, alors plus détesté que
célèbre et considéré par les calvinistes bien pensants comme
un novateur obscur et dangereux. Indulgente dans la vie
privée, inflexible quant aux doctrines, douce et bien-
veillante dans ses mœurs, sévère et intraitable pour les

principes, portant dans sa foi un mélange enthousiaste de
poésie austère, Élizabeth, auteur de plusieurs ouvrages sur
l'éducation des enfants, m'offrait le singulier type d'une
fanatique mondaine et sincère. Je n'avais rien vu de tel
dans mon pays.

Il était naturel qu'elle n'approuvât pas mon voyage
à Westminster et ma visite à Jérémie Bentham. Aussi vou-
lut-elle absolument balancer ce qu'elle appelait ma faute,
en me faisant connaître les vrais grands hommes, les hommes religieux de sa patrie, et surtout Samuel Taylor Coleridge, qui habitait près de Londres une solitude modeste,
où ses amis venaient écouter ses éloquentes paroles. Philosophe déiste dans sa jeunesse, et l'un des chefs de la nouvelle réforme poétique, il était devenu mystique chrétien.
Seul en Angleterre, il occupait une place analogue à celle
que Schelling, Fichte et Hegel ont occupée en Allemagne;
l'esprit éminemment pratique de l'Angleterre lui donnait
plus d'admiration que d'élèves; et le trône isolé qu'on lui
laissait sans partage était un trône sans sujets.

Nous arrivâmes sur les huit heures à la petite maison
élégante de Coleridge; une trentaine de personnes étaient
déjà réunies dans un petit salon bleu, orné de meubles fort
simples. On ne fit aucune attention à nous et nous entrâ-
mes sans bruit. Coleridge parlait. Debout devant la cheminée à laquelle il était adossé, la tête haute et l'œil perdu
dans le vague, les bras croisés et livré à l'inspiration qui le
dominait et précipitait sa parole, il ne s'adressait point aux
auditeurs; il semblait répondre à sa pensée. Sa voix était
vibrante, moelleuse et mâle; ses traits harmonieux, son
vaste front couronné de boucles brunes mêlées de fils d'argent, les lignes heureuses et suaves de sa bouche, l'éclair
adouci de son regard et les contours arrondis et puissants

de son visage rappelaient la physionomie de Fox avec plus
de calme, celle de Mirabeau avec moins de turbulence, et
celle de M. Berryer avec un caractère plus abstrait et plus
rêveur. Comme ces trois hommes si bien doués, il possédait la force sympathique, première qualité de l'orateur.

Entouré d'un cercle auquel il empruntait à la fois et
communiquait l'enthousiasme, il continuait une analyse savante et colorée des poètes dramatiques de la Grèce. Il fallait l'entendre développer ses idées sur ces grands hommes ;
parler, en style plein de verve, de la finesse raison-
neuse et pathétique d'Euripide, de la grâce harmonieuse
et céleste qui caractérise Sophocle et de la sombre éloquence d'Eschyle. Pendant près de dix minutes il commenta le Prométhée d'Eschyle, ode à la destinée, plai-
doyer de l'homme contre la Providence. A mesure que
l'orateur soulevait les triples voiles dont cette allégorie est
enveloppée, son œil étincelait ; sa voix prenait un accent
plus animé ; son discours devenait plus brûlant ; il semblait
reproduire dans ses tourments et dans son énergie la destinée typique de l'inventeur en butte à la haine des
Dieux et adressant ses plaintes au vent qui mugit autour
de sa tête ; emblème sublime de l'antique et terrible
croyance à la fatalité. Bientôt le type mythologique dispa-
raissant fit place à la destinée de l'homme chrétien ; et dans
le plus hardi et le plus brillant des tableaux, il résuma
toutes les explications métaphysiques de l'énigme de la
vie. Il suivit le métaphysicien Hartley dans le labyrinthe aérien de ses rêves subtils ; expliqua les *vibratures* et les
vibrationcules ; pesa la chaîne mystique de l'association des
êtres ; expliqua les chimères des *millenaires ;* plongea de
toute la force de sa pensée dans la querelle des spiritualis-

tes et des matérialistes ; et porta un pied hardi dans le domaine enchanté de Berkley. Ensuite, pénétrant dans les profondeurs de la métaphysique de Mallebranche ; luttant contre le chaos indigeste du système intellectuel de Cudworth ;
déchiffrant les théories hiéroglyphiques de lord Brook ; feuil-
letant les in-folios de la fantastique duchesse de Newcastle ;
citant la ferme éloquence des Tillotson et des Clarke, il
atteignit Leibnitz et le suivit sur le pont de communication que ce grand philosophe jette entre le ciel et la terre.
Leibnitz le conduisit à Spinosa. Nous l'entendîmes développer en paroles de feu ce panthéisme impalpable qui
donne une âme au monde sans lui donner un corps, et qui
prête à un univers sans réalité un moteur sans existence.
Au milieu de ces spéculations métaphysiques le génie poétique de Coleridge ne cessait de dérouler ses vagues,
comme une mer harmonieuse et lumineuse. De la réfutation du spinosisme, qui, disait-il, « recule Dieu et ne le
montre pas, » il s'élança jusqu'à l'explication des dogmes ;
—parvenu à cette hauteur, incapable de s'élancer plus loin
ni plus haut, il s'abaissa vers la terre pour nous murmurer quelques vers doux et mystérieux, empruntés au
Paradis du Dante.

Je sortis pénétré d'une admiration profonde. Jamais
je n'avais entendu la parole humaine unir au même degré l'éloquence ardente et la subtilité métaphysique.

Trois jours après je me fis présenter à lui ; dans plusieurs conversations qui étaient à la fois des monologues et
des dithyrambes, il daigna m'indiquer les points principaux de son vaste système. Il ne répudiait aucun des dogmes du christianisme. Il les croyait conformes à la raison,
à l'expérience et à l'histoire. Le mystère matériel de la vie,
dont il trouvait le mot dans le triple phénomène de l'élec-

tricité, du magnétisme et du galvanisisme, lui semblait
d'accord avec le mystère spirituel de l'âme associée à une
intelligence servie par des organes. Il pensait que toutes
les philosophies s'expliquaient par le christianisme qui les
contient toutes. Il croyait au progrès, se développant à
travers les phases de l'humanité, — et à la tradition qui est
le passé, c'est-à-dire le tronc commun d'où sortent tout-à-
tour, végétations animées, les rameaux féconds du progrès. Dans son discours, qui n'était pas un enseignement,
on pouvait regretter des obscurités, des vapeurs et des la-
cunes ; mais en l'écoutant et en essayant de le suivre, je
n'éprouvais rien de cette sécheresse et de ce dégoût que
les systèmes de Bentham m'avaient causé, rien de ce vide
que je ressentais en face du théâtral et pompeux Foscolo.

Vibrant à toutes les émotions et capable de comprendre
tous les systèmes, l'indépendance de son esprit et sa riche
mémoire, son goût vif pour tous les caprices philosophiques,
pour toutes les rêveries, pour toutes les voluptés de la pensée,
son habileté à les reproduire et à les exposer sous les couleurs les plus éclatantes et les plus variées, faisaient de lui
une sorte de Diderot mystique. Malheureusement la faiblesse de ses organes accrue par l'abus fatal de l'opium
auquel il s'était livré avec passion, ne lui avait pas permis
de rédiger avec ensemble cette magnifique esthétique chrétienne dont il n'a laissé que des vestiges.

Comment énumérer les études auxquelles il s'était
livré tour-à-tour pour arriver à de tels résultats, et la variété des jouissances qu'avait recherchées son intelligence ?
La prose brillante de Jérémie Taylor, les sonnets de Bowles
et les essais d'Addison, Jean-Jacques et Rabelais, Crébillon
et Goldsmith, le séduisirent et l'enchantèrent. Roman, histoire, poésie, art dramatique, beaux arts, il essaya tout, il

jouit de tout. Les théories cabalistiques, celles de Fichte et
de Kant, les systèmes de Winckelman et ceux de Hegel
le comptèrent parmi leurs adeptes. Coleridge a touché à
tous les rivages. Quand la fureur populaire fit crouler les
tours de la Bastille, sa muse entonna l'hymne de joie ; poète,
philosophe, penseur, artiste, critique, homme de goût,
homme érudit, il n'a laissé que des traces éparses de sa
force. La faute n'en est pas à lui seulement, mais à son époque et à son pays.

Le monde pratique qui l'environnait ne le comprenait
pas. La renommée de l'utilitaire Bentham grandissait chaque jour ; celle du mystique Coleridge était contestée ou
abaissée.

Mais le temps, grand réparateur, a remis tout à sa
place. Les fragments de Coleridge, sa prose si ferme et si
brillante , ses poésies inspirées ; enfin cet essai admirable
d'autobiographie dans lequel il se montre psychologue profond et dénué d'égoïsme, lui assignent un rang unique parmi
les philosophes et les poètes du xixᵉ siècle. C'est le Nova-
lis de l'Angleterre.

UNE

VISITE AU SOUTH STACK.

UNE VISITE AU SOUTH STACK.

~~~~~~

Départ pour le South Stack. — L'empire des Oiseaux. — Sillia míc
rariah. — Singularités de la côte. — Aspect de l'Irlande. — Les
naufrages. — Le gardien de la *Maison lumineuse*.

En 1822 , je me liai avec le brave capitaine de
vaisseau Patrick O'Mealy, Irlandais de race comme son
nom l'indique ; et je l'avais rencontré chez le spirituel
Porden, architecte de Georges III, coupable d'avoir édifié
les pavillons chinois à clochetons qui font de la petite ville
de Brighton un modèle achevé de mauvais goût. O'Mealy ,
ainsi que tous les Irlandais, raffolait de son pays. « L'Isle
»Saxonne n'est rien, me répétait-il sans cesse ; tout y est
»plat, sans couleur, sans originalité, sans beauté. Un
»étranger qui n'a pas vu l'Irlande ignore l'Angleterre. Con-
»sacrez seulement deux mois à voir l'Irlande ; et vous
»m'en direz des nouvelles. Partez lundi ; nous irons droit
»à Anglesey où j'ai une petite maison ; de là vous vous
»rendrez à Dublin, quand vous voudrez. »

Il y a dans les voyages accomplis pendant la jeunesse,
une fraîcheur de sensation et une puissance d'observation
non préméditée, dont le charme est puissant. Je partis avec
O'Mealy et nous atteignîmes le *South Stack* vers les premiers jours de juin. C'est un des endroits du monde les
moins connus, les plus rarement visités et les plus curieux.

6.

N'y arrive pas qui veut, et comme les intérêts matériels de cette vie n'y appellent point les étrangers on n'y voit guère personne. Il nous fallut traverser l'île entière depuis le comté de Middlesex jusqu'à Bangor, dans le Caernarvon, c'est-à-dire reculer de la civilisation la plus bruyante jusqu'aux régions singulières et isolées qu'une chaîne de rochers protège encore aujourd'hui contre l'envahissement des coutumes et des idées britanniques.

Oxford et ses collèges, Birmingham et son activité industrielle, Worcester et ses souvenirs historiques nous arrêtèrent quelque temps, mais dès que nous fûmes entrés dans le pays de Galles, les noms mêmes devinrent aussi extraordinaires que le paysage abrupte, étrange et intéressant. C'étaient Alamvruft, Bala, Drwsquantucha. La pointe extrême de cette contrée, du côté de l'Irlande, est l'île d'Anglesey ou *Anglo-Sea*; détaché de cet angle, un îlot de rochers est appelé *South-Stack* par les paysans, *Holyhead* par les cartes. Cet îlot fait face à la baie de Dublin et en est séparé par le canal d'Irlande dans sa plus petite largeur.

Rien n'est tumultueux comme la mer dans ce passage. Elle s'engouffre et se débat au pied des âpres et bizarres dentelures qui échancrent les deux côtes ennemies d'Irlande et d'Angleterre, tantôt dessinant des baies profondes et dangereuses, tantôt déchirant la plage, en mille aspérités rocailleuses et abruptes. Partout des gouffres, des tourbillons et des écueils sur lesquels viennent se battre les vagues qui, selon le rhumb du vent qui souffle, ont tourné la pointe de Cornouailles ou déferlent en grandes lames du côté de l'Irlande. Au milieu de cet enfer humide on remarque vers l'Ouest une petite lumière tournoyante, rougeâtre, pâle, scintillante, pourpre et blafarde tour à tour,

et illuminant de son rayon incertain la ligne extrême de
l'horizon. Quand le navire s'élève, l'étoile s'éclipse ; quand
il retombe et que sa carène descend sous les flots, l'étoile
reparaît étincelante. Au milieu de l'obscurité, c'est un
spectacle pittoresque que celui d'une lueur à la fois si mobile et si fixe, d'une planète si changeante dans son aspect,
si constante dans son évolution. Cette lumière vous indique le South Stack.

Traversez le même détroit pendant le jour: vous n'apercevez plus qu'une tour blanche, espèce de sentinelle avancée, pendante sur le front d'un roc. Le navire marche.
Alors vous découvrez une petite île détachée du Caër
Gybi, ou Holyhead, îlot qui sert de base à la tour blanche ; puis à mesure que vous approchez, vous apercevez
une espèce de réseau suspendu qui sert de point de communication entre la petite île et les cimes décharnées des
rocs qui lui font face. Bientôt sur ce réseau fragile, qui
ressemble de loin au tissu que l'araignée extrait de son
sein et attache à nos lambris, vous voyez passer et repasser
des êtres humains. Une circulation active est établie sur
ce pont suspendu. Que l'homme, atôme animé, paraît
mesquin alors ! Vous avez autour de vous la mer, le ciel,
les rocs ; et vous prenez en pitié ces maîtres du monde,
qui vous apparaissent sur le pont du Caër Gybi comme des
pucerons sur le pistil d'une fleur. Ce pont n'a point la
forme d'une arche ; il descend obliquement des montagnes
aiguës et rocailleuses, jusqu'à l'île où est située la tour
blanche ; l'excessive ténuité de ce chemin suspendu dans
l'air, dont l'aspect semble plus frêle encore quand on le
compare aux objets qui l'environnent, paraît tenir de la
féerie.

Réunissez sous un même point de vue la petite île, sa

tour blanche, son réseau de communication : vous aurez
pour résultat ce que l'on nomme dans le pays le *South
Stack*.

Mon capitaine O'Mealy avait raison. La nature et l'art se
sont donné le mot pour faire du South Stack un objet digne de remarque. J'ai passé avec lui sur ces grèves et ces
rochers de cette plage singulière de douces heures ; et je
me considère comme l'historiographe en titre de ce point
oublié. Ma chronique ne parlera pas de rois détrônés ou
de batailles gagnées, mais de conquêtes remportées sur la
nature, de singularités auxquelles personne n'a fait attention, d'anecdotes dont les héros sont habitants de l'air et
des eaux.

Ce n'est point sans beaucoup de difficulté que l'on parvient jusqu'au *South Stack*. Par terre et par mer le double
chemin qui y conduit est peu praticable et plein de dangers : à gauche, un océan gêné dans son lit, rendu furieux
par les obstacles dont sa puissance se courrouce ; à droite,
une côte hérissée de rocs noirs et ferrugineux, asiles des
mouettes et des oiseaux de proie.

« Ce phare éclatant, dont nous avons admiré l'effet
pittoresque, me dit O'Mealy, ne doit sa naissance qu'aux
périls de la côte. C'est là que, dans certains moments, les
flots se précipitant de différentes directions vers un centre
commun, puis tourbillonnant dans leur lutte furibonde
avec une violence épouvantable, dévorent et anéantissent
tout ce que leur *vortex* peut atteindre ou attirer. On
nomme ce combat des courants et des contre-courants,
the race, la course ; les navigateurs les plus expérimentés,
les bâtiments les plus solides et les plus fins voiliers n'é-
chappent point au gouffre écumant et ent'rouvert. Toute la
population des environs, placée sur les hauteurs du rivage,

a vu il y a peu d'années un brick disparaître, mâtures, cordages, agrès, équipage : sans se briser, sans résistance, sans possibilité de salut, il s'est engouffré d'un seul coup dans l'écume tournoyante. Souvent pendant les-longues nuits d'hiver, on entend le canon de détresse ; le matin quelques débris épars sur le sable vous apprennent que cette charybde vient d'absorber une proie nouvelle. »

Une fois arrivés à Anglesey, nous nous reposâmes quelques jours chez O'Mealy, puis choisissant un temps et un vent favorables, nous nous embarquâmes sur un petit yacht qui appartenait au capitaine et que dirigeait un Irlandais, pilote expérimenté, qui depuis sa jeunesse avait pratiqué ces localités difficiles.

Nous abordâmes par une belle matinée des premiers jours de juin : une légère brise soufflait de l'est ; la mer était calme et le courant bon. C'est au commencement de juin que les oiseaux de mer, les plus curieux habitants de ces parages, viennent déposer les fruits de leurs amours dans les anfractuosités des vieux rocs ; alors leurs cris aigus, leurs réponses plaintives, accens de joie et de volupté, font retentir la côte et glissent au loin sur la mer, propagés par les échos de ces cavernes où le flot mugit éternellement.

Quelles que fussent nos précautions, nous courûmes quelques périls, tant la route est semée d'écueils. Ici ce sont les rescifs à fleur d'eau, nommés *platters* ; plus d'une quille de vaisseau est allée s'enferrer et se briser sur leurs arêtes perfides : là ce sont des bancs de sable non moins dangereux. Plus loin la petite île, nommée *Ynys y Welt*, habitée par quelque couple d'*hæmatopi ostralegi* (1), dont

(1) Huîtriers, appelés aussi *bécasses de mer*.

la beauté est remarquable ; on les voit avec leur beau
plumage marqueté de noir et de blanc, leurs longues pattes
couleur orange, leur bec d'un jaune plus foncé, et leurs
yeux qui brillent comme le carmin, parcourir à grands pas
leur domaine, et faire contraster leurs vives couleurs avec
les teintes douces ou grisâtres dont l'ensemble du paysage
se compose. Sur notre route nous remarquâmes l'arche
triomphale bâtie en marbre noir d'Anglesey, à l'occasion du
voyage de George IV à l'île de Mona : sur les deux faces
nous lûmes cette double inscription en latin et en gaël-
lique :

GEORG. IV. REX.
MONAM. INVISENS. HUC. APPULIT.
AUG. VII. AN. DOM. MDCCCXXI.

COF. — ADAIL. — I. — YMWELIAD.
Y. BRENIN. SIOR. Y. IV. AG. YNIS.
FON. AWST. VII. 1821 (1).

Les rocs , creusés près du rivage, forment entre la haute
mer et la côte une espèce de lit hérissé de pointes aigües,
sur lesquels les vagues viennent se déchirer en se précipitant.

« Croirez-vous, me dit le capitaine, qu'un vaisseau a osé
se confier à cet étrange et dangereux canal, et qu'il a ré-
risté à l'épreuve? La lame était très-grosse ; impossible de
jeter l'ancre sur des rochers aussi durs que le fer. Nul recours, nul espoir de salut. Il fallait, ou se laisser emporter
dans la pleine mer et y périr, ou se briser sur les écueils.

(1) Georges IV, roi, aborda sur cette plage, quand il visita l'île
de Mona , le 7 août 1821.

Un vieux matelot, qui connaissait ces parages, proposa de s'aventurer dans la route inouïe que je viens de décrire. Il ne se trompait pas; le vaisseau passa : mais si le navire eût dévié d'un pouce, il était fracassé; il restait accroché et suspendu à ces dents rocailleuses qui le serraient des deux parts, et qu'un homme placé sur le pont aurait pu toucher de la main. Pendant une minute, la destinée de l'équipage ne tint qu'à un cheveu. Une audace savante et calculée le sauva.

» Portez vos regards sur la côte. Admirez ces colonnades, ces piliers, ces corniches, ces superpositions de schiste et de granit. Vous ne jouirez jamais d'un aspect plus sauvage et plus sombre dans sa beauté. Au-dessous de ces piles de rocs dont l'entassement nous menace et dont la forme semble se jouer de toutes les proportions et de toutes les lois de la statique, sont des fissures longitudinales, arrondies, en ogives, en voûtes, comme si les caprices de l'architecture gothique et arabe s'étaient plu à les mettre en œuvre. La plus grande et la plus remarquable de ces grottes se nomme *Ogo Vaur* (1). C'est une excavation creusée à la base de *Morva Livm* (2), promontoire élevé, qui avance dans la mer. Quand les eaux sont basses, on pénètre sans peine dans ce palais naturel et magique. On aborde sur un sable fin que les grains du mica font étinceler ; un portail rond, que le meilleur géomètre n'aurait pu dessiner plus exactement, vous reçoit et vous abrite. On pénètre ensuite dans l'intérieur des appartements ; car c'est une suite de salles où l'on met le pied. Rien de plus beau

(1) *Ogo vaur*, la large caverne.
(2) *Morva*, haute mer ; *livm*, promontoire, roche nue et découverte.

que le coup-d'œil maritime auquel sert de cadre l'arche ver-
dâtre du portail. Ensuite, au risque de glisser sur des filaments de mousse et d'algues marines et de s'enfoncer dans des
flaques d'eau que laisse après elle la marée montante, on
glisse à travers des fragments de rochers, jusqu'à la salle que
les gens du pays appellent *Chambre du Parlement*. Vous y
siégez entouré d'une population aussi babillarde, aussi
agitée que l'est la foule de nos orateurs et de nos hommes politiques. Ici commence l'empire des oiseaux. Quand
un étranger paraît au milieu d'eux, l'étonnement et la dis-
corde règnent dans l'état. Vous les voyez voltiger, vous les
entendez se plaindre; pendant cinq minutes, l'air est obs-
curci, l'oreille est assourdie du frémissement de leurs ailes,
du bruit de leur vol.

»De toutes les crevasses, de toutes les anfractuosités
de la caverne s'échappent des nuées de guillemots et de
pingouins; leur cohorte est si pressée qu'ils tombent en
paquets sous vos yeux : leurs poitrines blanches et leurs
ailes noires, luisantes comme du velours, étincellent dans
l'ombre. Au-dessus, au-dessous, autour de vous glissent,
voltigent, circulent en poussant de longs cris qui ressemblent à des sanglots des bataillons entiers de mouettes. Tout
ce qui se meut, tout ce qui a vie le long de ces cavernes
et dans le fond de ces grottes appartient à la gent ailée;
seule elle occupe ces rocs, ces vagues, ces bancs de sable,
ces rivages, cette mer dans les flots de laquelle elle hu-
mecte son plumage. La plus nombreuse de ces tribus se
compose de guillemots et de pingouins; celle des mouettes
leur dispute souvent la paisible possession de ces domaines. Solitaires, ascètes de leur espèce, toujours tristes et
immobiles, les cormorans et les hérons forment deux autres classes tout-à-fait à part. Quand Milton a comparé le

démon à un cormoran, il a fait preuve d'observation et de
sagacité : rapine, méchanceté, noirceur, violence, voracité,
tels sont les caractères de cette race, dont l'aspect est hideux et le naturel sauvage. C'est une attitude basse, penchée, hypocrite, ce sont des ailes noires et décharnées
qui retombent des deux côtés comme des lambeaux, et un
œil gris et semblable à celui d'une sorcière dans sa fureur.
L'oiseau regarde autour de lui. Il cherche une proie. Son
bec jaune et difforme, lassé par le travail d'une voracité
gloutonne, s'ouvre et reste ainsi distendu. Au-dessous du
bec se balance un large sac dont la gourmandise de son
possesseur a élargi les dimensions et où s'entassent les aliments qu'il doit digérer. A ses pieds deux ou trois de ses
enfants attendent leur nourriture et le disputent en laideur
au monstre paternel.

« Un peu au-dessus des cormorans se tiennent les hérons.
Des bâtons sont plantés transversalement dans les fentes
du rocher ; une couche d'argile, de sable et de mousse maritime les recouvre : c'est là que se tient la mère ; c'est le
nid sauvage où les jeunes hérons attendent le retour de
leurs parents, qui leur apportent, des marais et des étangs
voisins, leur nourriture accoutumée. Rien de plus singulier que la ligne de démarcation complète et précise qui
sépare ces locataires différents et leurs habitations res-
pectives. Non-seulement les hérons n'empiètent pas sur les
lieux habités par les cormorans, mais les guillemots et les
pingouins se tiennent invariablement dans de certaines limites qn'ils ne dépassent jamais. Quant aux mouettes, leur
naturel est plus volage ; elles circulent avec indépendance
au milieu des tribus diverses. Elles aiment surtout à planer
sur la mer et jettent du mouvement dans la scène. Leur

agitation contraste avec l'immobilité des hérons, espèces de Siméons Stylites, toujours debout sur leurs colonnes.

« A quelque distance de ces cavernes, est un roc taillé à pic. Les hérons en ont pris possession exclusive. Sur chacune des pointes isolées et aigües qui hérissent le rocher, se tient l'oiseau mélancolique, sentinelle avancée; sa teinte grise se confond avec celle des monts voisins. Son aspect est bizarre; espèce de sculpture étrange, fruit d'un caprice d'artiste, et qui d'intervalle en intervalle, laisse échapper un cri lugubre. Quelquefois son long cou se cache et se perd sous son plumage sombre; ou bien, alongeant derrière lui les jambes grêles qui lui servent de gouvernail, il prend tranquillement l'essor, quitte son lieu de repos, frappe lentement de ses ailes à peine agitées l'air qui le supporte, et va s'abattre sur quelque pic plus solitaire encore. Voici bientôt trente ans que ce triste palais appartient à une colonie de hérons qui en ont saisi et en conservent le monopole : caste solitaire qui vient chaque année rebâtir son nid et replanter ses pénates sur les cimes décharnées qu'elle a choisies.

«Vers le centre de cet amphithéâtre aux formes abruptes et singulières, est une énorme surface de roc nu, que la foudre a récemment frappée. Plus loin s'ouvre dans le rocher une espèce d'avenue bizarre, résultat de la récession graduelle des masses environnantes. Ce phénomène est assez commun. Au milieu de pans de rocs gigantesques, vous voyez une fissure longitudinale, aussi bien taillée, aussi régulière dans sa coupe, que si le ciseau de l'ouvrier avait accompli cette œuvre de la nature et du temps. Des traditions religieuses ont consacré cet endroit qui se nomme *Ogo Lochwwd* (1) : « le trou étroit et profond. » Une

(1) *Ogo*, caverne; *loch*, étendue; *wwd*, objet étroit, resserré.

source pure y serpentait autrefois dans un lit de peu de largeur, source renommée par ses vertus et en grande vénération dans le pays. Il n'y a pas cinquante ans que l'on voyait encore s'élever sur le faîte du roc une petite chapelle aujourd'hui ruinée, temple de Delphes de cette fontaine mystérieuse.

« Alors on y célébrait le *Sillia mic rariah* (1), fête singulière et assez semblable aux *wakes* (2) des Irlandais. Les trois premiers dimanches de juillet étaient consacrés à cette fête. Les jeunes garçons et les jeunes filles des environs descendaient ensemble jusqu'aux bords de la source; là, chacun remplissait ses deux mains de sable et sa bouche d'eau : il fallait ensuite regagner le sommet de l'escarpement, sans répandre sur la terre une goutte d'eau ou un grain de sable; l'heureux garçon ou la jeune villageoise qui avaient accompli cette prouesse étaient sûrs de se marier dans l'année à l'objet de leurs vœux. Il se trouva, vers l'an 1770, un ecclésiastique morose que cette coutume ingénue frappa d'horreur. Il y vit un débris d'idolâtrie condamnable; et non content de tonner en chaire contre le paganisme de ses ouailles, il renversa de fond en comble la chapelle de Lochwwd, obstrua l'avenue et fit remplir de gravois et de pierres le lit de la source. Aujourd'hui ce n'est plus qu'un précipice au sommet duquel des fragments d'architecture rustique apparaissent, comme pour orner le paysage et l'enrichir d'une fabrique en harmonie avec lui. En effet ces blocs de granit brut, mêlés à des débris de sculpture gothique jetés dans un lieu sauvage, semblent une ruine artificielle.

(1) Veillée des mariages.
(2) Veillées irlandaises : elles ont lieu surtout après les enterrements et aux anniversaires des décès.

« Sur la grève solitaire, située un peu au-dessus d'Ogo Lochwwd, un malheureux sloop anglais vint faire naufrage au milieu de l'hiver de 1808. La nuit était orageuse ; des tourbillons de neige remplissaient l'air. L'équipage, jeté sur ce banc de rocs, crut échapper à la mort. Vaine espérance ! Le lendemain matin tous ceux qui le composaient étaient étendus sans vie sur la plage ; ils étaient gelés. Le capitaine semblait s'être résigné avec courage à une destinée inévitable. Sa tête reposait sur ses mains. Étendu sous un rocher qui avançait et formait un abri naturel, il avait l'air de dormir encore. Les matelots se trouvaient dispersés à différentes distances, selon que leurs forces leur avaient permis de s'éloigner plus ou moins du bord de la mer. La mort les avait surpris au milieu de cette lutte pénible : l'un semblait encore gravir un rocher ; l'autre essuyer son front couvert de neige ; le troisième s'asseoir épuisé de fatigue. L'un de ces malheureux allait atteindre un lieu de refuge ; il avait presque entièrement surmonté les obstacles, quand son sang glacé s'arrêta.

« L'ensemble de l'amphithéâtre comprend un espace d'un mille environ ; à l'extrémité, du côté du sud, se trouve le *South Stack*. On ne distingue nettement les objets qui le composent, que lorsqu'on est entré dans la baie ; encore, si le soleil n'est pas à son lever, a-t-on peine à détailler avec précision les particularités caractéristiques dont la nature et l'art ont concouru à le semer. Pendant le jour les nuances se confondent et se perdent dans une teinte brunâtre dont les dentelures de l'île et l'irrégularité de ses bords varient à peine l'uniformité. Mais approchez davantage ; que votre excursion ait lieu dès l'aurore, tout vous intéressera ; le pont suspendu qui s'élance d'un rocher à l'autre, la courbe de la baie, les groupes de rochers qui en tracent le contour et le font ressortir par une espèce de broderie bizarre et anguleuse ; enfin, une autre caverne profonde et naturelle, percée à jour, sous laquelle les vagues s'engouffrent et mugissent, et au pied de laquelle notre yacht vient d'aborder. » —

Un escalier grossièrement pratiqué dans le roc nous conduisit au point le plus élevé de l'île ; devant nous était le pont suspendu. Nous dominions cette grande scène maritime. Avant de la décrire avec une scrupuleuse fidélité, reprenons de plus haut son histoire ; c'est à une série fort longue de malheurs et de naufrages qu'elle doit l'espèce de célébrité dont elle jouit et ce phare ingénieux qui la fait étinceler aux yeux des navigateurs.

Point de nuit qui ne fût marquée par quelque désastre occasionné par les courants et les contre-courants dont j'ai parlé. Leur violence était telle que souvent dans les temps de brume des navires qui avaient dévié de quelques nœuds et quitté leur route de quelques toises, se trouvaient engouffrés sans possibilité de salut. En 1826, un beau brick de construction récente, nommé l'*Alexandre*, fut victime de cette puissance d'attraction dont j'ai dit les causes ; il alla, au milieu d'un brouillard épais, donner contre les rescifs, où sa quille s'arrêta. Là, on vit le malheureux navire vaciller comme sur un pivot, battant de ses flancs et de ses agrès les rocs du rivage, et les frappant de coups redoublés comme le fléau bat le blé sur l'aire ; qu'on imagine la situation des passagers, forcés de suivre les évolutions du brick et secoués par ses oscillations furieuses. Le maître charpentier leur proposa un moyen d'évasion. Le mât de beaupré touchait à une pointe du roc, d'où l'on pouvait atteindre un plateau voisin, mais non sans danger. Derrière ce plateau absolument isolé se dressait un rempart inaccessible, véritable muraille de pierre dure et polie. Ce fut une jeune Anglaise de Kingston qui se hasarda la première, et qui, prenant son élan, sauta sur la pointe aiguë du roc. Deux autres dames, trois enfants, un marchand anglais et un marchand espagnol ne tardèrent pas à la suivre. Bientôt l'équipage tout entier se trouva suspendu sur ce plateau privé de communication avec le reste du monde, sans pouvoir se faire entendre, ni demander du secours. La nuit était froide et sombre; la pluie tombait; les passagers et les matelots se pressaient sur un espace étroit, qui suffisait à peine à les contenir; le moindre mouvement eût précipité dans les flots plusieurs de ces malheureux, contraints sous peine de mort à conserver l'attitude qu'ils avaient prise en débarquant.

La marée montante les menaçait de son progrès insensible et inévitable. Ils voyaient l'océan monter vers eux, gronder, grossir, baigner la base du plateau qui les soutenait, et s'avancer en mugissant pour les dévorer. Comment fuir cette mort dont ils mesuraient l'approche et calculaient la proximité toujours croissante? Le rocher qui s'élevait derrière eux paraissait inaccessible, et la marée montait sans cesse. Il n'y avait plus qu'un pied et demi de distance entre eux et la mer, quand le flot s'arrêta, se balança sous leurs pieds, puis recula lentement et commença son reflux. Enfin le jour parut; un jeune mousse grimpa sur les épaules d'un de ses camarades et gravit le rocher à pic. Parvenu au sommet, il attira, au moyen de signaux réitérés, l'attention de quelques habitants de la côte qui lui jetèrent des cordes. Bientôt ces cordes attachées au roc servirent d'échelle aux naufragés, qui lui durent leur salut. Un seul d'entre eux, dont la jambe frappa

violemment contre le rocher, tomba dans la mer et y périt.

Le capitaine Evans, chef du hâvre d'Holyhead, fut le
premier à suggérer au gouvernement l'idée de bâtir un
phare sur cette île à peine visitée, au milieu de ces écueils
si dangereux. Des accidents nombreux avaient rendu l'é-
rection du phare indispensable ; tout prouvait la nécessité
de suivre le conseil donné par le capitaine Evans. On se
mit à l'œuvre en mai 1808 : un abri temporaire fut construit pour les ouvriers, et la surintendance des travaux fut
confiée au capitaine. Les communications entre l'île et le
rivage étaient alors beaucoup plus difficiles qu'elles ne le
sont aujourd'hui : on ne pouvait aborder dans l'île que par le
côté du sud-est ; encore fallait-il choisir son temps et y arriver avec la marée montante. Comment entretenir dans une
telle situation soixante-dix ouvriers et leur faire parvenir
non-seulement les aliments nécessaires mais des outils et des
matériaux ? Autour de l'île se trouvaient ces gouffres tour-
noyants et ces roches à fleur d'eau dont l'approche est
fatale ; le seul point de débarquement possible offrait d'é-
normes dangers. On imagina d'établir, entre un des pics de
la côte et l'un des rocs dont la petite île se hérissait, un
va-et-vient, au moyen duquel les objets dont j'ai parlé passaient de l'île au rivage et du rivage à l'île : souvent ces
objets étaient fort pesants : on avait prévu cette difficulté,
à laquelle on avait remédié par la solidité des câbles et des
poulies.

Il était expressément défendu aux ouvriers de s'absenter
pendant plus d'un jour ; le dimanche seulement, un congé
leur était accordé, lorsque le temps leur permettait de se
mettre en mer. Un jeune maçon, exilé dans la solitude de
l'île, reçut au milieu de la semaine une lettre qui lui ap-

prit la maladie de sa mère. Le directeur des travaux était
absent ; la mer était houleuse ; le jeune homme se désespérait ; l'idée de sa mère à l'agonie le poursuivait et le pénétrait de douleur. Après avoir vainement essayé de se
procurer un bateau, il prit une résolution hardie : attaché
au câble du va-et-vient, il se laissa emporter par la machine qui l'enleva à travers les airs et le conduisit sur les
rochers de la plage. Une foule de spectateurs étonnés et
effrayés le suivaient de l'œil pendant son voyage aérien.
Quand le directeur fut de retour, il défendit sous des
peines rigoureuses que l'on renouvelât jamais une si périlleuse expérience ; quant au jeune maçon que la piété filiale avait porté à braver la mort, on ne lui imposa aucun
châtiment.

Plus les travaux avançaient, plus on sentait l'indispensable
nécessité de rendre moins dangereuses les communications
entre la terre ferme et l'île. Une espèce de berceau mobile
fut suspendu au va-et-vient dont on augmenta la solidité ;
hamac bizarre et effrayant qui, pendant longtemps, voitura
les gens assez hardis pour s'y aventurer, ou forcés de faire
de nécessité vertu. Ce n'était pas une traversée agréable.
A peine une chèvre se fût-elle confiée sans crainte au sen-
tier difficile qui conduisait jusqu'à cette embarcation : ensuite, pour faire une route de cent cinquante pieds de
long, balancé dans l'air et soutenu par un câble au-dessus
de la mer écumante, il fallait s'armer de présence d'esprit
et de courage. Le capitaine Evans éprouva le premier cet
étrange vélocifère. Quelquefois trois ou quatre ouvriers s'y
plaçaient ensemble, et ballottés par la brise marine ils
accomplissaient gaiement leur voyage entre le ciel et l'eau.
Trois dames anglaises tentèrent ce passage incommode ;
la mer était grosse, le vent violent : les hommes chargés

de faire mouvoir la machine ne purent, quand elle fut arrivée au milieu de sa course, lui donner le reste d'impulsion qu'elle attendait; les voyageuses restèrent là une
heure, bercées par l'orage, jouissant à loisir de la sublime
perspective qui s'offrait à elles, prêtant l'oreille au hurlement des flots bruissants au-dessous d'elles ; admirable situation pour méditer philosophiquement sur les causes du
pittoresque et sur les beautés de la nature. Ajoutez au spectacle que leur offrait le tourbillonnement des abîmes la vibration de la corde qui les suspendait au-dessus des vagues,
le craquement et le sifflement de la machine et le roule-
ment lointain du tonnerre.

Peu à peu l'on vit s'aplanir tous ces dangers et disparaître toutes ces terreurs. Un escalier commode fut creusé
dans le roc : un pont fort simple, composé de planches
posées horizontalement sur des câbles solides, remplaça le
berceau mobile. Une balustrade ou plutôt un double filet
protégea les têtes faibles contre le vertige qui aurait pu les
surprendre. Cependant la vibration des câbles et le tres-
saillement du pont suspendu n'avaient rien de rassurant
pour ceux dont le système nerveux est irritable. Cinq ans
après, s'éleva le pont qui subsiste aujourd'hui : pont
construit d'après des principes d'une parfaite solidité et
d'une rare élégance. Un régiment de cavalerie pourrait s'y
hasarder.

Cependant les travaux continuaient ; le phare s'élevait :
dès le mois de février 1809 on le vit briller. La tour est
un édifice de construction simple, solide et dont les murs
à leur base ont cinq pieds d'épaisseur. La lanterne est
placée à deux cents pieds au-dessus du niveau de la mer,
et à soixante pieds au-dessus du sol de l'île, dont le point
culminant s'élève à cent quarante pieds au-dessus du

même niveau. Trois réflecteurs couvrent trois surfaces triangulaires, auxquelles un ressort d'horloge imprime un mouvement de rotation, et qui, de deux minutes en deux minutes reparaissent dans tout leur éclat. On les a disposés de manière à ce que l'évolution s'accomplisse dans un espace de temps assez court pour qu'elles ne se confondent pas avec la lumière du phare des îles Skerries, situées à quelque distance. On les aperçoit de neuf lieues en mer, par les plus gros temps.

Un jour la vague marine perça ces murailles de cinq pieds d'épaisseur, qu'on avait opposées à sa violence ; le jet puissant des vagues furieuses se fit jour au milieu des pierres et du ciment. Les parois intérieures de l'édifice étaient constamment humides et les fondements de la tour se délâbraient. On essaya de revêtir de larges bandes de cuivre la base des murailles ; puis on ajouta de nouvelles couches de ciment aux couches anciennes. Tous les moyens connus, tous ceux que l'on put inventer furent employés sans succès. On mêla de la limaille de fer à des cendres et à de la chaux ; on remplit de cette composition les interstices, les crevasses. Cet enduit solide dont on revêtit la muraille ne put triompher de l'action continue que les vagues exerçaient sur elle. L'eau remplissait toujours l'intérieur du phare. On essaya d'employer l'ardoise, ce qui ne réussit pas davantage. Enfin, un vieux peintre en bâtiment que le capitaine Evans connaissait lui communiqua un fait dont l'opportune utilité vint au secours de l'édifice en péril. Une boiserie enfoncée dans la terre était tombée en pourriture ; une partie seulement s'était conservée : on reconnut par l'analyse chimique, qu'elle devait cette conservation à une couche de peinture à l'huile, mêlée de sable fin et de mine de plomb. L'expérience fut tentée ; la base

de la tour fut enduite de deux couches de peinture semblable. Depuis ce moment, pas une goutte d'eau n'a traversé la muraille ni endommagé l'édifice.

Le phare s'éleva. Une île déserte et sauvage, dont le
loyer annuel était d'une livre sterling et qui suffisait à peine
à nourrir un ou deux moutons, devint un objet digne d'attention et d'intérêt. De nombreux voyageurs s'exposèrent,
pour la visiter, aux dangers de la mer. Les vaisseaux ne
redoutèrent plus la Charybde de ces parages.

Le schiste et le mica sont les principaux éléments dont
se composent ces rochers. C'est là, et spécialement
du côté de Dafaich, à trois milles ou environ du South
Stack, que vous rencontrez une veine de *trap*, indi-
cation volcanique, preuve que l'action du feu n'a pas été
étrangère à la formation de ces grands remparts irréguliers
que la mer baigne. Un mouvement violent rejeta hors des
entrailles de la terre et poussa au dehors la croûte métal-
lique, dont l'état de semi-fluidité, à une époque plus ou
moins éloignée, ne peut être révoquée en doute. De là ces
festons bizarres, ces enroulements fantastiques, dont le rivage est orné : vous diriez des rubans qu'une main capricieuse a contournés et enlacés de mille manières, pour en
former la corniche irrégulière d'une longue muraille ou
terrasse. Plus loin cette terrasse horizontale change d'aspect. Les traits caractéristiques de la côte deviennent plus
abruptes. On reconnaît les traces d'une convulsion terrible, qui changeant la structure primitive et horizontale
des rochers en une ligne perpendiculaire, transformant
en même temps la stratification générale et lui imprimant
une direction nouvelle, a donné naissance à cette vaste
caverne que nous avons décrite sous le nom de *Salle
du Parlement*. Le schiste tortueux et flexible céda sous

l'effort d'une masse plus dure, qui s'élevant du sein de la
terre, brisa, tritura, renversa tout ce qui s'opposait à son
passage. Voilà pourquoi le lit et les couches inférieures
sont schisteuses et micacées, tandis que les cimes et les
points culminants sont métalliques. Il y a tel endroit où
l'observateur attentif peut reconnaître, pour ainsi dire, le
champ de bataille où ces masses ennemies sont venues se
heurter. Il est facile de distinguer les deux éléments du
sol ; éléments souvent confondus, quelquefois isolés, toujours de formes diverses et de nature hétérogène.

Quel moment que celui où ces rochers se broyant l'un
contre l'autre, se déchirant dans leur contact, rejetant au
loin les fragments des couches qu'ils brisaient violemment
pour se faire jour, surgirent du fond de l'océan !

Le géologue trouvera dans sa visite au South Stack plus
d'un objet de méditation et d'étude. L'ornithologiste et le
naturaliste peuvent y séjourner longtemps avec intérêt et
avec profit. Nulle part la population volatile ne jouit d'une
liberté plus complète : les points élevés du promontoire
lui offrent un asile assuré ; c'est là que ses mœurs
et ses habitudes se déploient dans leur gloire et leur
indépendance. Je me suis assis sur les saillies de ces rocs,
d'où j'ai, pendant des heures entières, contemplé ces
castes bizarres ; je saisissais leurs différentes intonations ;
j'aimais à les voir traverser l'air en mêlant leur cri lugubre aux sourds gémissements de la mer. D'innombrables crevasses, des fragments faisant saillie, des fentes,
des ouvertures, des abris de toute espèce, sont les com-
modes palais où se réfugient ces habitants de l'air et de
la mer ; toutes les faces perpendiculaires du petit golfe sont
criblées de ces nids où une double armée de pingouins et

de guillemots vient se reposer après ses excursions; les
mouettes osent quelquefois se mêler à cette colonie. Il faut
voir ces oiseaux que rien ne trouble jamais se livrer
à leurs occupations domestiques avec une sécurité parfaite.
La population des environs les respecte; et O'Mealy m'avait
tant parlé de leur étrange république que je voulus absolument pénétrer dans la caverne, où il m'accompagna, et
où nous déjeunâmes gaiement avec quelques tranches de
jambon fumé. Les oiseaux continuaient leur ramage, et je
puis dire que j'ai vécu au milieu d'eux.

Nous comptâmes dans une niche latérale soixante-douze
guillemots pressés les uns contre les autres, et nous nous
assîmes pour ne pas perdre un seul de leurs mouvements.
Ces soixante-douze graves sénateurs se saluaient l'un et
l'autre comme autant de mandarins chinois, avec une gravité
inaltérable. La salutation réciproque dura un quart d'heure.
Rien de plus comique que la lenteur, la solennité, la for-
malité mécanique, avec lesquelles s'accomplissait chaque
révérence. De temps à autre, quelques confrères arrivaient
et s'abattaient sur le plateau, d'où ils précipitaient en désordre deux ou trois membres de la communauté; des
croassements de courroux témoignaient l'indignation publique qu'excitait la conduite des intrus qui sans s'em-
barrasser du reste prenaient la place des absents. A voir
les pauvres oiseaux déchus tomber de leur roc et étendre
leurs petites ailes pour se protéger contre la chute, il était
difficile de ne pas ressentir pour eux cette commisération
dont Sterne était pénétré pour son malheureux sansonnet.
Vous eussiez dit que la mort la plus prompte leur était réservée. Cependant ces ailes disproportionnées en apparence et peu faites pour soutenir un corps aussi lourd les
supportaient à travers le vide de l'air. Bientôt l'oiseau se

relevait, parcourait le cercle du golfe, c'est à-dire l'espace
d'un mille, humectait de temps à autre le bout de ses plumes dans la mer, et revenait se placer au milieu du bataillon de ses frères qu'il dérangeait à son tour.

J'ai remarqué que tous ces oiseaux étaient vieux. Appa-
remment les plus jeunes, jusqu'à ce que l'âge leur ait
donné des forces, restent cachés dans des retraites où mon
œil ne pénétrait pas. C'est çe que me prouvaient d'ailleurs
les croassements sympathiques et sentimentaux de ceux
que je pouvais apercevoir, et qui se tournaient fréquem-
ment du côté de leurs nids, en poussant de longues et peu
harmonieuses plaintes.

J'attribuais au péril de la position, péril augmenté par
les habitudes tumultueuses de cette tribu, le soin extrême
que l'on prenait des petits et le mystère de leur éducation.
Quelle fut ma surprise, lorsque je vis, au milieu de la
confusion que les nouveaux occupans ne manquaient jamais de faire naître, un ou deux œufs isolés, épars çà et là
sur la roche nue, à un pouce de distance du précipice ?
Quel instinct ou quel miracle peut empêcher ces œufs de
tomber ? O'Mealy m'expliqua le phénomène en me disant
qu'une matière visqueuse les attache à la pierre ; en effet,
une fois déplacés par la main de l'homme, ils perdent leur
inamovibilité.

La race des guillemots a quelque chose de vulgaire ; leur
extérieur est commun, leur physionomie est lourde et
massive. A côté d'eux, sans se mêler à eux, se tiennent les
dandies de cette solitude, les pingouins. L'éclat de leur
plumage et leur air de fatuité contraste avec la simplicité
de leurs voisins. Quand je m'avançais de leur côté, ils ne
faisaient pas attention à moi ; seulement ils avaient soin de ne
pas se laisser toucher et de se tenir à distance. Les guille-

mots prenaient la même précaution ; leur manière d'être annonçait cependant plus de sauvagerie que de crainte.

J'admirai la familiarité des mouettes, spécialement celle de la petite mouette cendrée *(larus canus)*. Cet oiseau battait mes cheveux de son aile : il s'arrêtait à quelques pieds de distance, poussant son gémissement doux et plaintif, et me regardant de l'air le plus niais et le plus étonné du monde. Quelquefois, balancé par le vent, le goeland à manteau noir (*larus marinus*) filait le long des rochers, et semblait jeter sur la troupe des mouettes communes un regard dédaigneux et sombre ; ces dernières, entr'ouvrant leurs petits becs et redoublant leurs plaintes, semblaient s'écrier : « Ne nous troublez pas, ne nous faites pas de mal; nous sommes si faibles! » Les goelands allaient se reposer sur quelque cime aiguë; là, tirant avec effort de leur poitrine un long et terrible cri, ils paraissaient dire : « Ceci est à nous ! » La nature a doué ces oiseaux d'un instinct singulier : à peine éclos ils marchent sur les crêtes aiguës sans crainte comme sans danger. J'en observai un que le plus léger duvet couvrait à peine et qui s'avançait avec assurance sur le bord d'une terrasse perpendiculaire à deux cents pieds au-dessus de la mer !

Je n'observai pas avec moins d'attention la vie intérieure et les différents mouvements des oiseaux d'un âge mûr, qui habitaient l'île et les rochers. C'était une clameur continuelle : ils glapissaient jusqu'à totale extinction de forces ; de temps à autre, fatigués de cet exercice, ils se retiraient de la foule et allaient, dans quelque recoin de leurs cavernes, goûter un peu de repos et essayer du silence. Il arrivait aussi que d'un consentement tacite et mutuel la troupe entière s'arrêtait dans sa conversation, pour la reprendre quelques minutes après et s'y livrer avec une nou-

velle fureur. En face de la petite maison du garde, se
trouve une pièce de gazon fort large ; là les pères et les
mères conduisaient leurs petits. Vous aperceviez toutes
ces boules rondes et couvertes de plumes, absolument semblables entre elles et se mouvant sous les yeux et sous la
direction des grands parents. De temps à autre un vieil oiseau fixait sur une de ces balles vivantes son regard devenu
plus perçant ; puis il déposait aux pieds de son petit la
nourriture déjà triturée. A quels signes reconnaissait-il sa
progéniture ? c'est ce que je n'ai jamais pu comprendre,
tant leur ressemblance ou plutôt leur identité était complète.

Avant la construction du phare, ce peuple était dix fois
plus nombreux qu'il n'est aujourd'hui. On fit jouer les mines, on brisa les rocs ; le marteau et la scie troublèrent le
silence de ces lieux ; et les oiseaux maritimes s'envolèrent
en masse : l'émigration fut générale. Deux mouettes solitaires eurent cependant le courage de braver les envahisseurs, et se postèrent sur la pointe d'un roc nu, d'où la
balle du fusil ou le jet d'une pierre pouvaient seuls les dé-
loger. Cette confiance fut récompensée ; on donna l'ordre
de ne pas les troubler dorénavant. Les oiseaux se familiari-
sèrent, s'accoutumèrent au bruit des ouvriers, élevèrent
leurs petits, revinrent l'année suivante occuper le même
poste, et pendant cinq années successives profitèrent de
la permission qui leur était accordée. Cette leçon ne fut
pas perdue pour la race des mouettes. Poursuivies sur les
rochers du rivage par les enfants des environs qui allaient
chercher leurs œufs dans les fentes des rocs, elles retour-
nèrent dans l'île, leur ancien asile. Les ordres qui protégeaient leur sécurité furent renouvelés ; on prohiba l'usage
des armes à feu ; et bientôt toute la plaine se couvrit des

nids irréguliers que les mouettes y semaient. Aujourd'hui
il serait impossible de traverser cet espace de terrain pendant le tems de la ponte, sans détruire une multitude de
ces œufs. Les guillemots et les pingouins sont aussi revenus en moins grand nombre. Quant aux goelands à manteau noir, deux couples seulement ont daigné venir habiter le même lieu que les mouettes vulgaires; encore se tien-
nent-ils à l'écart avec beaucoup de dignité.

Les corbeaux leur font une guerre acharnée. Deux corbeaux, de l'espèce que l'on nomme en Angleterre *royster
crow*, la corneille mantelée (1), se sont établis précisément
en face du lieu de résidence des mouettes. On les voit
planer sur les nids et guetter le moment d'exercer leurs
déprédations. A peine ces brigands ailés se montrent-ils
dans l'air, vous voyez toute la colonie consternée : les mères battent de l'aile en cachant leur trésor ; les pères essaient d'effrayer par leurs clameurs ces hôtes incommodes.
Presque toujours les corbeaux réussissent dans leur entreprise ; ils saisissent un moment favorable, percent l'œuf de
leur long bec pointu, et s'envolent en poussant un cri triomphal. Ce sont ces corbeaux qui dans nos forêts détruisent
la plupart des œufs des poules de bruyère. Les gardiens du
phare ayant tué la femelle, le mâle disparut pendant deux
ou trois jours, revint avec une autre femelle et recommença son pillage.

Pendant la moitié de l'année, les mouettes s'absentent et
quittent le South Stack ; la nuit du 10 février les voit
toutes accourir. Un grand bruit, une clameur épouvantable
annoncent leur arrivée : vous diriez qu'en voyant ces lieux
témoins de leurs amours et de l'éducation de leurs enfants,
elles font éclater leur joie. Pendant huit jours elles se mêlent

(1) *Corvus cornix.*

plutôt qu'elles ne s'assemblent ; c'est une démocratie tumul-
tueuse ; ensuite la république s'organise : chaque couple
s'isole ; on se met à l'œuvre, on construit les nids, on
couve, on fait éclore les œufs. C'est un spectacle plein d'intérêt et de bruit.

Une espèce de faucon *(falco peregrinus*, le faucon péle-
rin) , tourmente singulièrement les mouettes. J'ai vu un
de ces oiseaux de proie fondre sur une mouette mâle, et
prévoyant que la peau de sa victime, aussi dure que l'é-
caille, résisterait aux atteintes de son bec, la saisir dans ses
serres et l'enlever. Le prisonnier se débattait et criait de
toute sa force ; son poids entraîna le faucon. Tous deux,
tyran et victime, descendirent ensemble vers la mer ; ils
allaient y tomber ensemble, quand le faucon, sentant le
danger qu'il courait, lâcha prise et tira de l'aile ; la mouette
plongea : tous deux furent sauvés.

Il y a environ soixante ans qu'un vaisseau américain fit
naufrage près du South Stack. Des flancs du navire détruit
un peuple de rats de Norwège *(mus decumanus*, surmulot)
sortit pour s'établir dans l'île ; ils y pullulèrent, s'y main-
tinrent et bravèrent les trapes, les ratières, l'arsenic , les
chats et les chiens dont on se servit pour les anéantir. On
n'y parvint pas ; seulement on les décima : fatigués de cette
guerre d'extermination qu'on leur livrait, ils se retirèrent
en masse dans une ferme voisine, nommée Tymann, qu'ils
inondèrent de leurs bataillons ; on en tua quatre-vingts
dans un tas de blé. Ce sont , avec quelques fouines, et des
furets, les seuls quadrupèdes que l'on rencontre dans l'île.
A ces diverses remarques ajoutons celle-ci ; les oiseaux
que la lumière du phare attire, et qui, dans la force de
leur élan, viennent se briser contre les réflecteurs, volent
tous contre le vent : observation singulière, qui **concourra**

peut-être un jour à répandre quelque clarté sur ce fait mystérieux et singulier de l'histoire naturelle, la migration périodique des oiseaux.

Peu de jours se passent où quelques jeunes garçons n'exposent leur vie pour aller recueillir sur les pointes des rocs des œufs de mouettes, ou du fenouil marin *(crithmum maritimum)*. C'est un « terrible commerce, » comme dit Shakspeare. On doit s'étonner que les neuf dixièmes de ces aventuriers ne périssent pas dans leur entreprise. Imaginez un adolescent soutenu par une corde, placée entre les mains de deux autres enfants plus jeunes. Il se laisse descendre pendant la tempête ou pendant le calme, en côtoyant un précipice dont le seul aspect fait trembler, au-dessus des écueils dont la mer se hérisse. Dès qu'il peut mettre le pied sur un endroit abordable, il s'y maintient, y reste, s'y cramponne, puis gravit, rampe, se glisse, se traîne, jusqu'à ce qu'il ait recueilli ce modeste trésor dont la conquête a pensé vingt fois lui coûter la vie. Il y a peu de temps, une dame des environs envoya un de ses vieux domestiques et un enfant, à la quête du fenouil marin. L'enfant, suspendu entre ciel et terre, avait déjà saisi la plante, quand le vertige s'empara du domestique, peu accoutumé à voir de si près les abîmes ; il eut la présence d'esprit d'appeler au secours une vieille femme qui recueillait des herbes dans un champ voisin ; elle l'entendit, accourut, saisit la corde qu'il allait lâcher, et sauva l'enfant.

A la cime du promontoire, vers la gauche, sont deux télégraphes, l'un appartenant au gouvernement, l'autre à quelques négociants de Liverpool. C'est sur le second de ces établissements que le fluide électrique versa toute sa rage pendant une nuit d'août 1821 ; la masse des rochers

sembla fondre et se dissoudre sous les traits redoublés de
la foudre. Un tremblement épouvantable fit frémir l'édifice
sur sa base et réveilla une servante, qui se trouvait endormie auprès du berceau des enfants. Le fluide électrique
enleva les jalousies, souleva les fenêtres, traça autour du
corps du gardien qui était couché la spirale de son cor-
don de feu, mit en fusion le fer et l'acier, perça dans la
muraille un trou de vingt pouces de diamètre, brûla toute
la boiserie de la salle voisine et se fit jour à travers une
autre muraille de vingt pouces d'épaisseur ; il ne toucha pas
à une malle remplie de cartouches. La servante eut le courage et le bonheur d'arracher à cette scène de désastres le
père et quatre enfants qui couchaient sous le même toit.

A peu de distance nous aperçûmes un large cirque entouré
d'un mur de pierre, de construction irrégulière et bâti par
masses superposées ; on appellerait cette architecture cy-
clopéenne, si on la trouvait en Italie. Les Romains auxquels
on l'attribue, n'en sont probablement pas les auteurs. Une
nation plus sauvage et moins civilisée a mis la main à ces
travaux qui doivent appartenir aux vieux Keltes. Néanmoins un *tumulus* antique surmonté de ruines curieuses ;
le nom de Diane qui s'est perpétué dans ces parages (*port
y ynis Dianna*, port et île de Diane) ; quelques médailles
de Constantin, récemment découvertes, attestent que les
Romains ont autrefois habité ce point de la côte. La mer,
en lavant la plage, met à nu des tombeaux et des squelettes,
les uns grossiers, les autres disposés avec régularité et avec
soin : ici les corps sont entassés pêle-mêle comme après une
bataille ; là ils se trouvent déposés sous des plaques de
plomb, et des ornements de toute espèce sont ensevelis
avec eux. Tous ces cadavres sont disposés du nord au
sud.

Tel est le seul objet par lequel le South Stack se rattache à l'histoire ; j'avais passé huit jours dans cette profonde solitude, lorsque le capitaine m'annonça que nous
partions pour Dublin, le lendemain soir. Je regrettai presque d'avoir à quitter l'asile étrange qui m'avait offert un
repli si curieux et si peu étudié de la nature. Comment des
humains pouvaient-ils exister dans un tel lieu ? La vie des
gardiens du phare piquait vivement ma curiosité. J'obtins
du capitaine qu'il me conduirait au phare, et que nous
tâcherions d'y passer la nuit pour causer avec eux ; les Irlandais comprennent toutes les fantaisies, et celle-ci ne le
surprit pas.

Imaginez une colonne ronde et solitaire, toujours battue
des flots, au sommet de cette colonne une cellule et dans
cette cellule un homme. Je dis un homme, ils sont deux ;
mais quand l'un veille, l'autre dort. Ils n'ont de conversation
qu'avec les mouettes, les vents, les vagues et la grande
horloge du phare. Cet homme compte les secondes par le
tic-tac éternel du balancier, tout en remplissant d'huile sa
lampe toujours allumée. Les quatre longs mois de l'hiver
s'écoulent ainsi ; et malheur à lui si la lampe venait à s'é-
teindre ; il n'y a pas de responsabilité plus pesante, ni de
prison plus dure que celle-là. Le gardien, avec qui je voulus causer, ne parlait guère. Il portait, chose rare à cette
époque, une barbe longue comme un ermite, et le dialecte du comté de Cornouailles son pays natal eût été à
peine intelligible pour moi si le capitaine n'avait traduit en
anglais les paroles du gardien. Cet isolement complet, non-
seulement l'avait rendu taciturne, mais le sentiment du
devoir s'était exalté en lui jusqu'à un degré de sensibilité
morbide. « Si je m'endormais, me disait-il, pendant que
je suis de garde, et que personne ne le sût, j'irais me dé-

noncer moi-même comme l'a fait mon frère que je remplace ici et qui est mort de chagrin. »

Je reconnus à ce noble et touchant fanatisme du devoir cette race calviniste presbytérienne que j'avais eu l'occasion d'apprécier à l'autre extrémité de l'Angleterre, dans le Northumberland. Le lendemain, nous partîmes pour Dublin et pour l'Irlande, où une race si différente et si brillamment légère allait s'offrir à moi.

———

SCÈNES

DE LA VIE IRLANDAISE.

SCÈNES

DE LA VIE IRLANDAISE.

———

UNE VISITE A QUELQUES MOMIES.

〰〰〰〰〰〰〰〰〰〰〰〰〰〰〰〰〰〰〰〰〰〰〰〰〰

L'église de Saint-Michan de Dublin, est vieille et laide: c'est l'architecture saxonne dans sa lourde et épaisse simplicité. Un vieux sacristain catholique nous montra des images, nous conta des légendes, nous entretint des fondateurs et réparateurs de Saint-Michan. Le capitaine qui m'accompagnait dans mes excursions, l'écoutait avec patience : moi, j'avais peine à saisir quelques paroles de ce dialecte hibernois, où toutes les voyelles sont plus brèves, où les sons sifflants se multiplient avec une rapidité très-fatigante pour l'oreille. Nous allions quitter Saint-Michan, et payer quelques pences au sacristain-cicérone, quand il nous retint pour nous apprendre que nous n'avions pas tout vu, que sa paroisse possédait d'autres curiosités plus intéressantes, et que « par *Chasis*! » (il prononçait ainsi le nom du Christ) nous ne quitterions pas Saint-Michan sans visiter son église souterraine, célèbre par la propriété de conserver intacts les cadavres que l'on y dépose. Le guide alla chercher la lanterne, et tout en exaltant avec sa vivacité irlandaise le pouvoir du bien-heureux conservateur des morts, il

8

nous fit descendre huit ou dix marches en débris, qui aboutissent à un long corridor, creusé sous l'église.

La voûte est basse, et cette allée oblongue suit exactement les dimensions du temple extérieur. La faible lueur échappée de la lanterne du sacristain ne dissipait pas l'obscurité qui régnait autour de nous. Sur les parois, sur le sable que nous foulions, aucune trace d'humididité. Rien ne rappelait cette affreuse saveur de la décomposition humaine, qui annonce au voyageur la proximité d'un cimetière. La guide repoussait de temps à autre avec son pied quelque crâne importun qui embarrassait notre marche. —«Avez-vous vu jouer Hamelet, me dit O'Mealy? »—«Une fois, à Covent-Garden. La belle irlandaise miss O'Neill était Ophélie. »— Alors O'Mealy se mit à répéter les vers dont les Anglais ont fait des proverbes : « Des os qui ont coûté si cher à élever étaient-ils faits pour qu'on jouât aux osselets avec leurs débris ? Les miens frissonnent quand j'y pense... » — Le sacristain continuait à écarter du pied quelques tibias :

« — Oh ! le drôle, continua O'Mealy ! comme il se joue »avec nos restes ! Qui dirait que cette tête aujourd'hui à »sa merci, fut celle d'un grand politique, d'un profond »diplomate, dont la ruse eût dupé l'univers, et circonvenu »Dieu sur son trône ? »

De grandes ouvertures, pratiquées à droite ou à gauche, et correspondant aux chapelles de l'église, forment des chambres mortuaires, les unes fermées par des grilles, les autres remplies de débris humains confusément entassés. Je reconnus avec surprise que la destruction, en épargnant les cadavres, avait fait disparaître la plupart des cercueils. La maison du mort était vermoulue, l'habitant subsistait. Autour du corps on voyait des monceaux de sciures de bois décomposé, semblable à des cendres, et mêlé des ferrements qui avaient clos le cercueil. Quelquefois il restait pour protéger le mort un débris de couvercle, une lanière de planche non encore détruite, à travers laquelle vous aperceviez la momie, avec sa peau bronzée qui dessinait le squelette.

Notre guide éclairait de sa lanterne ceux qu'il appelait *ses morts*, cette population soumise à sa loi, et sur laquelle il prélevait tribut. En même temps il nous récitait sa prose irlando-anglaise, singulièrement bouffonne et où l'amour du lugubre, commun aux races septentrionales, se colorait d'une nuance étourdie de vivacité nationale. Cette voix monotone et criarde répétant la vieille leçon, ces momies sans nom, sans âge et sans autre histoire que la tradition menteuse d'un vieux sacristain qui se fait un gagne-pain de ses cadavres, me frappaient d'un sentiment si complexe et si profond que je n'étais pas même tenté de l'analyser.

Les momies se ressemblaient toutes : noires, ridées, et bien sèches. Le capitaine m'expliquait quelques-unes des indications du sacristain qui appliquait des noms et des dates à ces restes inconnus : biographies faites au hasard, à peu près comme s'écrit l'histoire. Nous passâmes devant une abbesse « morte à cent-un ans, nous dit le cicérone, en odeur de sainteté; » celle qui pendant sa vie avait fui les regards du monde, exposée maintenant sans voile à tous les yeux, avait pour voisin un meurtrier, assassin de son frère, homme athlétique dont la longue barbe blanche était conservée et dont le coude touchait la sainte étendue près de lui.

Cette vertu préservatrice, propriété chimique des cryptes de Saint-Michan, s'exerce d'une manière différente sur les

diverses constitutions et sur les divers âges. Les enfants,
chez lesquels le système lymphatique domine, s'y décom-
posent rapidement, et deviennent cendre au bout de quelques mois. Les vieillards protégés par la solidité du système osseux se soutiennent dans une intégrité parfaite. Il
paraît que la sobriété du régime ou l'intempérance des
habitudes n'influe en rien sur les variétés de ce phénomène. Le sacristain nous montra un buveur célèbre, chasseur effréné, baronnet pendant sa vie, et mort dans une
partie de débauche : sa chair était d'une aussi belle conservation que celle du moine son voisin. Rabelais eût trouvé
là d'excellentes raisons en faveur de sa dive bouteille.

Après avoir passé en revue une magnifique série de cadavres, noirs et durs, parfaitement semblables, nous nous
arrêtâmes devant une momie dont le bras se reploie encore sur sa poitrine, comme pour y presser un objet chéri.
« C'est, nous dit le guide, une femme morte en couche il
» y a environ cinquante ans. On l'a placée dans le cer-
» cueil tenant son enfant sur son sein. L'enfant n'est plus
» que cendre, la mère est restée. » Ce bras sec et dé-
charné de la mère, encore ployé pour garder le trésor disparu, est le plus touchant symbole de l'amour maternel et
de sa puissance.

Au fond du souterrain, parmi les cercueils les plus nouveaux, nous vîmes une sorte de lit ou de nacelle, creusée
dans un gros tronc de chêne encore garni de son écorce.
Dans cette bière plus large et moins longue que les autres
deux corps reposaient côte à côte. Quand la lanterne du
sacristain se dirigea vers cet endroit, je vis que les deux
corps étaient sans tête; j'approchai davantage; en les regardant attentivement, je reconnus que l'une des deux têtes
avait été placée à droite près du cercueil, tandis que l'au-

tre, attachée au cou par un de ses ligamens, avait été rejetée pendante sur la poitrine du défunt. Je fis le tour du
cercueil, et le sacristain se mit à lire les mots inscrits sur
une plaque de cuivre attachée à l'une des parois : « *Jean
et Henri Sheares, Frères*, décapités à Dublin, le 10
avril 1799. »

« Sheares ! s'écria vivement O'Mealy, les frères Sheares ! »
Et une pâleur subite couvrit les joues colorées de mon compagnon de route. Il était fort ému.

« J'ai été leur ami..., me dit-il ; pauvres Sheares ! »

Il se pencha en pleurant :

« Voici Henri, c'est le plus petit des deux !... Voici
Jean !..., le modèle des Irlandais, le roi des hommes ! Jamais âme ne fut plus généreuse et plus téméraire. C'est
bien lui ! Je le reconnais à la hauteur de sa taille ; il avait
six pieds ; c'est celui qui est à droite et qui n'a plus de
tête. »

Et il toucha ce crâne humain dont la physionomie était
reconnaissable ; le front haut et étroit, le nez aquilin et
proéminent et la bouche riante.

« Quant à Henri Sheares, celui qui se trouve de votre
côté, c'était un excellent garçon, sans autre caractère que
d'aimer son frère Jean. Je les ai connus tous deux, et je
leur ai dit souvent ce qui leur arriverait. »

De nouveaux visiteurs venaient d'arriver et la voix d'un
enfant appela le sacristain pour les recevoir.

« Voulez-vous m'attendre un moment ici, gentilshommes, nous dit-il, pendant que je vais voir ce qu'on veut de
moi ?

« — Bien, dit le capitaine ; » et nous nous assîmes sur
une pierre carrée en face des momies.

« Tout le monde en Irlande et en Angleterre, conti-

8.

nua O'Mealy, sait que les frères *Sheares* ont organisé avec
le pauvre Emmett, la conspiration des *Irlandais-Unis* ; ce
qu'on ignore, ce sont les ressorts mystérieux qui ont mis
en mouvement l'âme ardente de Jean, et ébranlé un moment le pouvoir dont l'Angleterre nous enlace et nous
accable.

» A dix-huit ans Jean Sheares se trouvait à Paris. Votre
Révolution qui marchait à pas de géant s'enflammait par la
violence de sa course. Tous les enivrements populaires ont
leurs Bacchantes ; les femmes sont nées pour absorber,
exalter et reproduire ce qu'il y a dans une époque d'influences ardentes et orageuses. La Bacchante de votre Révolution se nommait Théroigne de Méricourt : belle, effrénée,
éloquente, précipitée par la débauche des sens dans la débauche de l'âme, cette furie orgiaque avait embrassé la liberté pour la souiller. Douée du tempérament nerveux qui
touche à la démence et la propage ; sans arrêt, sans raison
et sans pudeur, Pythonisse de la destruction sociale et sé-
duisante par l'éclat passionné de sa beauté orientale et la
saillie impétueuse de sa déraison ; — Jean Sheares la vit
et l'aima. Cette femme possédée d'une fureur démoniaque,
après s'être donnée à tous sous l'impulsion du vice et de la
faim, n'usait plus de sa beauté que pour créer des fanatiques.
Elle fit jurer à Jean Sheares, adolescent au charmant visage
et éperdu d'amour, qu'il verserait pour la liberté la dernière
goutte de son sang. On vit cet enfant aux boucles blondes
la suivre quand, la pique à la main et les cheveux épars,
elle conduisit à Versailles la foule de ses Thyades échevelées.
Avec elle il prit part au siége de la Bastille ; puis elle le
força de s'enrôler dans l'armée du Nord, où il fut blessé
sur le champ de bataille ; et comme un chevalier de l'ancienne Europe, le pauvre ensorcelé revint près de Théroigne

demander sa récompense. Jean Sheares qui avait alors vingt ans voulait absolument épouser la Bacchante. Elle refusa. « Soyez mon amant, lui disait-elle ; mais je ne veux » pas de maître, moi la prédestinée de la liberté ! »—« Eh ! » bien, répondait le malheureux, point de liens si vous » voulez, mais que votre parole me réponde de vous ! »— « J'appartiens, répliquait-elle à tous les amans de la li- » berté ! »—Un jour Sheares, apprenant que Théroigne et Chénier étaient sortis ensemble, attendit la Bacchante chez elle. Elle rentra vers minuit. Le pauvre fou lui montra un pistolet armé et chargé, qu'il avait placé sur une table. — « Voilà, lui dit-il, à quoi vous me réduirez, »Théroigne ! »— Elle s'avança vers lui, prit le pistolet, en fit jouer la détente, et lui dit : — « Lâche que vous êtes, » et âme basse ! j'ai honte de vous voir vous occuper » d'une femme, au lieu de songer à la République. Sortez, » ou je vous tue ! Jamais je ne serai à vous. » — Il sortit en effet pour ne plus reparaître chez elle, et il partit pour l'Irlande. Je le vis alors. Il m'avait écrit tous les détails que je viens de vous raconter.

« C'était en 1795. Notre malheureux pays était plus agité qu'il ne l'avait été depuis trente ans. Je ne vous ferai pas l'histoire de la conjuration irlandaise. Ce serait reprendre les annales de toutes nos misères. Par son tempérament et ses idées, par sa longue éducation révolutionnaire, par son opiniâtre audace, Jean Sheares était un conspirateur redoutable. Bientôt, entraînée dans le complot par Jean Sheares, une multitude courageuse et étourdie prêta le serment de l'Association. Des espions anglais furent lancés au milieu des conjurés. Henri Sheares, que son frère avait initié au complot, homme indiscret et faible, confia un beau jour à un traître qui s'était emparé de sa con-

fiance le secret de Jean et de leurs amis. Tout fut
perdu. On les arrêta ensemble, et on les conduisit dans les
cachots de Dublin. Curran, célèbre orateur (1) que notre
pays place immédiatement après Burke et Shéridan, fut
chargé de défendre les deux frères Sheares. Alors se dé-
ploya tout ce qu'il y avait de grand et de généreux dans
l'âme de Jean. Il ne songea qu'à sauver son frère et à séparer de sa propre cause la cause de ce Henri qui avait
ruiné ses espérances, et le poussait à la mort. Son plai-
doyer ne fut qu'un éloquent appel aux juges en faveur de
ce frère, entraîné, disait-il, par *son exemple et innocent
de toute intention, comme de tout acte séditieux.* Ils
moururent tous deux, l'homme faible et l'homme énergique, sur le même échafaud, élevé devant le King's
Prison (2). Ah! quelle âme c'était que l'âme de Jean
Sheares! Et pourquoi faut-il qu'à dix-huit ans, se soit
rencontré sur sa route le démon lui-même, la torche en
main, sous la figure de cette femme! Mon ami, continua
le capitaine, prenez garde! La première femme que nous
aimons décide de notre vie; on retrouve chez Rousseau
la sensualité vulgaire de madame de Warens; et les actri-
ces que Byron a courtisées dans la jeunesse ont laissé leur
empreinte chez ce fat au désespoir. Pendant que Jean
Sheares mourait en prononçant le nom de Théroigne, la
Bacchante devenait folle; je l'ai retrouvée à l'époque de
la paix d'Amiens, dans un des cabanons de Charenton.
Tout à côté d'elle, dans un appartement fort élégamment
orné, logeait un autre fils de notre sophistique époque;
M. de Sade que Napoléon venait d'y faire enfermer. Ces

(1) V. nos Études sur le xviiie siècle en Angleterre.
(2) Prison de Dublin.

exécrables produits du XVIIIe siècle se trouvaient placés
côte à côte, et quelquefois le directeur de l'hospice les faisait dîner ensemble : l'un, professeur de l'athéisme
d'Helvétius qu'il poussait aux conséquences dernières ;
l'autre enivrée de ce paganisme renouvelé que Mably et
Anacharsis avaient mis à la mode ; deux fanatiques qui
s'entendaient fort bien, à ce que m'a dit le directeur. La
négation de Dieu avait ramené le gentilhomme libertin aux
fureurs obscènes d'Héliogabale et la courtisane blasée aux
rites Orgiaques des Corybantes. Plaignez le jeune et infortuné Jean Sheares qui aimait son pays ardemment, et que
cette femme précipita vers le gouffre où son frère le fit
tomber. Il n'y a pas d'histoire plus déplorable. Les voilà,
les deux frères, enfermés dans le cercueil des criminels,
dans ce tronc de chêne grossièrement creusé dont la loi d'Irlande fixe les dimensions et la nature. »

Tel fut le récit de l'Irlandais ; le sacristain qui était
revenu avait posé sa lanterne auprès des deux frères et
s'était tranquillement assis sur cette terre qui couvrira
bientôt ses restes obscurs. Ensuite comme son tour de
parler était venu, il reprit en faisant le signe de la croix
le fil de son panégyrique, roulant sur la sainteté du lieu
et sur le miracle continu qui s'y opère, grâce à l'interven-
tion de saint Michan.

L'analyse chimique de cette espèce de prodige, démon-
tre que c'est à l'absence de toutes les parties aqueuses, à
la sécheresse éternelle des murs et du sol qu'on doit l'attri-
buer. Les parois enduites de carbonate de chaux et de
terre argileuse ; le sol imprégné des mêmes substances,
absorbent l'humidité et neutralisent la putréfaction. La
matière animale déposée dans ces caveaux, au lieu de
pourrir, se dessèche ; la chair et les ossements changent de

nature ; l'une devient semblable à du parchemin, les autres blanchissent sans s'amollir, et les proportions des cadavres restent les mêmes.

Quelques-unes des chapelles latérales qui sont fermées
par des grilles servent de lieu de sépulture à plusieurs familles nobles. Des profondeurs de l'un des caveaux, je vis
briller deux ou trois couronnes posées sur les cercueils ;
symboles héraldiques des baronnets et des comtes. Le métal
étincelait comme si l'ouvrier l'eût poli la veille même. Le
sacristain nous apprit que, depuis cinq ou six ans, personne n'était entré dans ces chambres mortuaires, et pour
prouver son assertion, passant la lanterne à travers la grille,
il nous fit voir la voûte couverte d'un grand tissu de toiles
d'araignées tombant sur les cercueils ; elles occupaient un
espace de quatre pieds de haut sur huit de large ; cette
énorme dentelle tissue et brodée par des milliers et des générations d'insectes formait au-dessus des couronnes étin-
celantes un dais singulier et vulgaire, espèce de draperie
railleuse du plus singulier effet.

Quand nous sortîmes de cette petite église, O'Mealy me
dit :

« Vous êtes, je crois le premier français qui ait visité ces
caveaux ; quant aux Anglais et aux Allemands, jamais ils
n'y manquent. Les populations septentrionales aiment la
mort ; chez les gens du midi c'est le sentiment de la vie
qui l'emporte. Un tombeau grec est toujours caché sous les
fleurs, et dans quelques-unes des Antilles chaque enterre-
ment est l'occasion d'un festin suivi d'un bal. Vous autres,
aimables Français, vous avez rendu la mort coquette.
Quand pour la première fois, sur une charmante colline qui
domine Paris, je vis scintiller aux rayons de votre doux
soleil une foule de tombes, obélisques, statues, colonnes,

cippes, aiguilles, autels, bustes, temples et tourelles de marbre ; l'idée d'une fête vint me saisir : c'était le Père-Lachaise. Même dans les catacombes parisiennes, le contraste des soins puérils de l'homme et de l'éternel travail de la mort qui toujours détruit pour créer toujours, devient absurde à force de recherche exagérée. Cette combinaison fantastique et artificielle qui se joue des débris humains ressemble à un mélodrame que l'on jouerait par de-là l'éternité ; j'abhorre cette coquetterie d'ossements et de squelettes, ces myriades de tibias classés, rangés, croisés symétriquement, disposés avec l'élégance d'une devanture de mercière. Vos aïeux du temps de Louis VI, vos gens de la Ligue, du parti de Bourgogne ou d'Armagnac, vos dévots ancêtres, vos bourgeois goguenards, vous les forcez de composer avec leurs ossements des décorations de théâtre ; tant le joli vous plaît ! »

Je ne répondais à ce bon capitaine O'Mealy que par des monosyllabes approbatifs. Ces idées étaient bien différentes de celles qui avaient nourri mes premières années. Je pensais aussi à ces morts couverts de leur peau noire ; — moines et abbesses, assassins et buveurs, victimes politiques, — courageux et lâches, ne servant plus qu'à faire vivre des générations de sacristains. — Les morts survivaient aux épitaphes ; les cercueils détruits étaient devenus cendre autour de leurs maîtres ; enfin un pauvre guide imbécile et endormi redisait machinalement et perpétuellement devant les momies son élégie traditionnelle.

UNE HEURE

A BORD DU SWALLOW.

UNE HEURE

A BORD DU SWALLOW.

~~~~~~

Le hasard m'a fait rencontrer en 1819 un pauvre être,
dont les aventures, dans leur simple réalité, forment un
roman pathétique. C'était un vrai sauvage, ou plutôt un
demi-homme. Rien de plus poétique et de plus touchant
que sa vie et sa mort.

Q'on ne me reproche pas de m'occuper si attentivement
d'un pauvre Irlandais insensé. N'y a-t-il pas des révélations curieuses et de grands secrets à découvrir dans cette
ligne à peine perceptible qui sépare la raison de la folie ?
Des sujets précieux d'observation ne se cachent-ils pas dans
les contrées demi-sauvages où le perfectionnement social
ne peut pénétrer encore ? Enfin la vie bourgeoise qui nous
enserre est-elle donc assez amusante et assez douce, pour
que nous effacions rigoureusement tout ce qui dépasse ce
cercle de Popilius, la triste enceinte où nous voici emprisonnés ?

Ce n'est pas sans une sorte de crainte que j'essaie de re-
tracer ici un souvenir dont la singularité touchante pour
moi peut n'avoir pas à tous les yeux le même caractère. Nous
avons tort de préjuger les sensations d'autrui d'après les
nôtres. L'individualité des émotions ne suffit pas aux œuvres
de l'art. Poète, peintre ou conteur, que votre sensation soit

vive et vraie : c'est le premier devoir ; qu'elle trouve son
unisson dans d'autres âmes, c'est aussi la grande condition
de l'art.

Ce que j'ai cru profond serait-il vulgaire ? Ce qui m'a
frappé comme poétique serait-il bizarre ? Le lecteur jugera.

Pendant les gros temps de décembre 182..., un paquebot anglais, sorti du port de Dept... et qui devait traverser la Manche, fut cruellement maltraité par une bouras-
que qui le rejeta en pleine mer, loin de sa destination.
La traversée, ordinairement douce et rapide, fut périlleuse
et longue ; nous passâmes onze jours en mer, au lieu d'un
seul jour , et nous étions fort avariés , quand un brick de
guerre anglais, le *Swallow*, nous hêla, recueillit l'équipage
et les passagers que portait le paquebot, et traîna avec lui
le cadavre flottant du petit navire avec son mât rompu et
tous ses agrès en débris.

Il y avait sur le paquebot un curé irlandais nommé
Murphy O'Leary, homme âgé, d'une physionomie respectable et d'un esprit distingué ; un pauvre enfant l'accompagnait ; le sourire machinal de Moran Shillelah (c'était
son nom) annonçait le vide de sa pensée. Idiot depuis sa
naissance, Shillelah avait dix-huit ans et n'avait pas conquis une seule idée ; tout son talent consistait dans une
imitation très-exacte des mouvements qu'il voyait faire ;
il aidait les matelots au milieu de la tempête et accompagnait leurs chansons nautiques d'un certain refrain
bizarre, qui se composait de la syllabe *la* deux fois répétée, à peu près semblable à la chanson berceuse de la nour-
rice qui endort son enfant. Il fallait entendre cette monotone cantilène, modulée dans tous les tons, selon que les

émotions de Moran s'élevaient jusqu'à la joie ou s'abaissaient jusqu'à la tristesse et à la terreur. En faisant sa
prière (Moran, élevé par le curé, était dévot), en grim-
pant le long des mâts, en partageant la ration des matelots,
soit qu'un verre de grog ou une prise de tabac lui fussent
donnés par ses nouveaux camarades, ou qu'une remon-
trance manuelle châtiât la maladresse de ses efforts, c'était
toujours le même refrain, varié par des intonations qui
en déterminaient l'expression et le sens. Pauvre être à
peine formé, il faisait peine à voir ; espèce de Caliban
sans malice, corps humain sans intelligence humaine, organisation vivante sans instinct. Il venait le soir se coucher
aux pieds du curé, s'endormant au bruit des vents, aux
mouvements du tangage et du roulis, sans rien craindre,
sans rien espérer, sans rien prévoir.

Quand nous fûmes en danger, Moran Shillelah se conduisit très-bien ; les matelots l'aimaient. Il nous suivit sur
le Swallow, dont l'équipage ne lui fut pas moins favorable.
Un jour il tomba du haut du mât, se brisa la tête sur une
écoutille et mourut à l'instant. Le curé O'Leary fut très-
affligé, et les gens de l'équipage voulurent l'ensevelir
comme un de leurs camarades. Le corps de l'enfant idiot
fut donc cousu dans un hamac, entouré d'une toile à voiles,
et étendu sur un treillis qui sert ordinairement à cet usage.
Deux boulets de canon furent placés aux pieds du cadavre, et l'on déposa cette espèce de momie entre deux des
affûts de l'entrepont.

Ce pauvre Moran ! Je crois que plus d'un homme de
talent et d'importance fut moins sincèrement pleuré que
lui. Les mousses qui souriaient quand il passait, les officiers qui lui avaient donné de l'eau-de-vie, les vieux matelots qui avaient répété son *la-la* monotone, le regrettè-

rent; mais surtout le curé, l'homme le moins intolérant
que j'aie connu. Il ne s'opposa pas à ce qu'on rendît au
défunt les honneurs funèbres selon le rite protestant, sous
la condition néanmoins qu'il prononcerait de son côté,
pendant la cérémonie, les prières latines du rituel romain,
car Moran avait été élevé dans la religion catholique.
Moran Shillelah, l'enfant imbécile allait au ciel sous l'influence et la protection de deux cultes différents.

Ordinairement c'est à onze heures que ces cérémonies
ont lieu sur les vaisseaux anglais; le mauvais temps força
le capitaine à différer l'ensevelissement du cadavre. La
brise soufflait violemment, la nuit vint, obscure, orageuse,
lugubre; on alluma des fanaux, qui attachés de distance en
distance aux garde-fous des hamacs scintillaient dans l'obscurité. Le grand mât, tout illuminé par des lampes jusqu'à
la hauteur de la vergue, ployait avec son fardeau de clartés
sous le vent qui fraîchissait de moment en moment. La
grande cloche rassembla l'équipage; toutes les têtes se dé-
couvrirent, la pluie battait ces fronts nus, et l'écume allait
jaillir jusque sur les restes mortels de l'idiot.

Qui de nous n'a pas suivi un convoi ? qui n'a pas entendu le bruit rauque et sourd de la terre qui tombe sur
la dernière demeure de l'homme ? Qui n'a pas vu la
spéculation mercantile assise sur des restes vénérés et
ces idées de lucre et de marchandise poursuivant les funérailles les plus déchirantes pour le cœur ? — J'ai suivi
des cercueils où des noms glorieux ou célèbres étaient
gravés; j'ai vu ces cérémonies pompeuses, théâtrales,
folles ou révoltantes, grâce à l'esprit de parti, au mensonge de la douleur hypocrite et de la vanité posthume.
Mais un service mortuaire, sur un navire, la nuit, et dans
l'orage, écarte toute idée triviale; des funérailles de grands

hommes sont moins touchantes que les funérailles de ce
misérable enfant. Imparfait, imcomplet, le plus dénué des
êtres, cet idiot était encore quelque chose qui s'appelait un homme; et voilà deux religions devant son cadavre, le vent d'orage pour chanter l'hymne funèbre, et une
foule de braves aguerris découvrant leur tête, non devant
ces dépouilles, mais devant une idée, — celle qui renferme le secret de la vie, et la plus féconde de toutes, —
la mort !

La mer était très-grosse, le livre de prières du vieux
curé s'humectait du rejaillissement des lames et de la pluie
du ciel : O'Leary murmurait sa liturgie solennelle.

Comme il n'y avait pas de chapelain anglican à bord, le
capitaine se chargea de lire à haute voix le service de l'é-
glise réformée. La grande cloche cessa de retentir; tous
les matelots pressés sur le pont et trempés de pluie gardaient un silence profond. Il y a pour eux si peu d'espace
entre la vie et la mort, et cette idée sublime d'une éternité
prochaine gronde si lugubrement sous la quille et dans les
voiles du navire, que la plupart d'entre eux, malgré leur
apparence grossière, cachent des sentiments très-religieux.
Mille superstitions règnent sur un vaisseau; la mer a ses
fantômes, ses enchantements, ses croyances spéciales.
Dans les temps de calme, on siffle pour appeler la brise.
Comme le cultivateur attribue à la musique le pouvoir de
rassembler les abeilles, tel officier croit à la puissance de
certaines paroles magiques. Rien de plus attentif, de plus
respectueux, que cette troupe de matelots assemblés sur le
pont devant le cadavre de l'enfant.

Le capitaine, éclairé par le fanal que tenait le contre-
maître, lut d'une voix haute ces paroles du service protestant :

« Attendu que Dieu tout-puissant, dans sa miséricorde,
»a voulu ramener à lui l'âme de notre cher frère décédé,
»dont voici le corps, nous confions le dépôt de ces restes
»à la mer profonde (the deep), qui les tournera en corrup-
»tion ; et nous demeurons dans l'attente de la résurrection
»des morts, du jour où la mer rendra ces cadavres, où la
»vie éternelle commencera ! »

J'entendis à peine ces mots prononcés au milieu du
bruit de la mer, du froissement des cordages, du bruis-
sement des câbles, du brisement des flots, du sifflement
de la brise. Le capitaine fit un signe : un vieux loup de
mer, qui s'était constitué l'ami particulier de l'enfant, lança
le treillis dans les flots ; le corps, entraîné par le poids
d'un double boulet, s'engouffra, et le treillis, retenu par
une corde au garde-fou, resta suspendu. Tout fut terminé ;
la nuit, fort orageuse, fit place à un jour plus calme, et
nous allâmes débarquer à Ostende.

Le père Murphy O'Leary, qui n'avait jamais visité le continent, et qui venait de recueillir la succession d'un parent
ecclésiastique comme lui, mort à Paris, rue des Postes, accepta mes bons offices. C'était un digne et vénérable prêtre. Le jour qui suivit notre débarquement, il me conta
l'histoire de Moran Shillelah. Je répéterai, non peut-être
toutes les paroles du curé, mais le sens exact de sa narration.

« La mère de Moran Shillelah, me dit O'Leary, était
une pauvre veuve qui habitait, il y a quelques années, un
faubourg de Dublin. Un petit étal, sur lequel étaient exposés
en vente des pommes et quelques gâteaux, composait
sa fortune. Son mari, après avoir exercé sans succès
le métier de tourneur, était mort lui laissant cet enfant

idiot. Jamais être placé aussi bas dans l'échelle des vivants
ne fut honoré du nom d'homme. Moran Shillelah ,
vous le savez, ne pensait pas, parlait à peine ; la nature avait ébauché son intelligence, et, mécontente de son
œuvre, l'avait rejetée loin d'elle sans la terminer. Il occupait entre ses semblables la place intellectuelle que la
brebis occupe entre les animaux. Je le voyais tous les
jours assis aux pieds de sa pauvre mère, chantant ou plutôt fredonnant ; les jeunes gens des écoles venaient le tour-
menter : il n'avait ni la force ni l'esprit de se défendre. Sa
confiance en sa mère était le seul instinct qui le rappro-
chât de l'humanité. Ce balancement continuel du corps,
que vous avez remarqué, et l'insignifiante répétition des
syllabes *la*, *la*, constituaient son existence et son éloquence. Quand on lui jetait des pierres, il se pelotonnait,
se ramassait et s'attachait à sa mère ; impuissant à protéger même sa faible propriété que les écoliers lui dérobaient,
il répétait ce cri plaintif, ce bêlement monotone. Le soir,
quand la mère pliait son étal et retournait se coucher, l'étal
sur la tête, tenant Moran Shillelah d'une main, une troupe
d'enfants des faubourgs suivait l'idiot, qui cachait sa tête
dans le vieux tablier noir et cherchait protection dans le
sein maternel.

»Moran Shillelah était une honte pour cette pauvre
femme, qu'on n'appelait plus autrement que « la mère de
l'idiot ; » les tours d'espiègles dont notre vieille fut victime seraient longs et inutiles à raconter. Il est vrai qu'elle
était laide, infirme, souffrante, et que son cri de rage contre les assaillants qui la persécutaient ressemblait moins
à une voix humaine, qu'à la plainte nocturne du hibou.
J'avais occasion de passer presque tous les jours devant
elle ; d'abord le spectacle de cet enfant, demi-animal, de-

mi-homme, m'avait révolté ; il avait fini par éveiller ma
pitié.

» Si cette tête plate, au front bas et oblique, à la mâ-
choire et aux lèvres pendantes, aux yeux proéminents et
fixes, qu'un regard vide et stupide animait à peine, faisait
horreur à voir, Dieu, le Dieu puissant dont les œuvres
sont incompréhensibles, avait mis un cœur dans cette poitrine, — sous cette rude et grossière enveloppe, une âme
tendre qui s'ignorait elle-même. Moran était au-dessous de la brute pour l'esprit, au-dessus de l'homme par la
faculté d'aimer. Moran ne savait rien et ne raisonnait pas,
mais il sentait que sa mère était sa protection unique et son
seul recours. Elle était pieuse ; à force de l'entendre prier,
il répétait à demi ses gestes et ses prières. Le soir, quand la
vieille femme s'était couchée sur la natte de son grenier,
l'enfant idiot s'agenouillait : il baisait, en murmurant une
litanie inachevée, les pieds de sa mère ; des sons inarticu-
lés, oraison mentale dépouillée de paroles humaines, s'é-
chappaient de sa bouche. Certes l'idée de Dieu n'était pas
entrée dans ce cerveau étroit ; et pourtant je ne sais quel
hymne de reconnaissance et de tendresse s'exhalait ainsi.
C'était une piété instinctive et machinale envers sa mère
et envers Dieu ; il entrevoyait Dieu à travers sa mère ; elle
représentait pour lui religion, morale, vie sociale, poésies, passé, présent, avenir. Le matin, à cinq heures,
lorsque sa mère allait prendre sa place accoutumée au
coin de la rue du Collége, il s'avançait un peu, regardait
de toutes parts pour reconnaître si l'ennemi commun n'é-
tait pas en embuscade, si l'écolier persécuteur ne se cachait pas dans quelque encoignure , et dès qu'il avait
aperçu cet objet de terreur, il se rejetait en arrière, tirait
violemment le tablier de la marchande, chantait d'une voix

plus haute et plus émue le *la-la* éternel, et lui donnait ainsi
l'alarme.

»Ces pauvres êtres, qui vivaient l'un pour l'autre, me
touchaient, monsieur. Je cherchais quelquefois à soulager
leur misère ; cet amour maternel, si profond, si désintéressé, m'allait au cœur. Je trouvais chez la vieille marchande la réfutation de La Rochefoucauld ; — quelle jouissance Moran promettait-il à sa mère ? La moitié des gains
de la pauvre marchande, l'idiot les absorbait, et cette
femme âgée passait une partie de son temps à soigner le
malheureux qui ne pouvait ni s'habiller ni pourvoir aux
besoins ordinaires de la vie. Un soir qu'elle fut obligée
de quitter pendant quelques moments son étal, l'idiot disparut : elle revint et ne le trouva pas. Quel désespoir,
monsieur ! elle l'aimait de tout le mal qu'il lui donnait.
Elle le retrouva au milieu de la grande route, fuyant une
troupe de petits bandits qui le poursuivaient, et chantant
ses deux syllabes ordinaires avec une force qui révélait sa
détresse.

»Un jour je fus étonné de ne voir au coin de la rue du
Collége ni l'enfant ni la mère. J'avais donné quelques secours de religion et quelques schellings, de temps à autre,
à la pauvre femme. Son absence me surprit. J'allai chez
elle. Vous n'avez pas vu, monsieur, un grenier des faubourgs de Dublin ? Pour peu que l'on ait de cœur, on
ne supporterait pas aisément ce spectacle ; et je ne veux
pas vous affliger d'un tel tableau. Je la trouvai morte sur sa
couche indigente ; l'enfant, étendu sur le grabat, tenait le
cadavre étroitement embrassé. Il se balançait comme à
l'ordinaire et chantait en mesure sa chanson lugubre, d'une
voix plus plaintive que jamais. Incapable de former des
phrases entières, il avait cependant quelquefois l'air de

comprendre une partie de ce qu'on disait. En me voyant
entrer, accompagné des autres personnes de la maison, il
porta vers nous ses yeux humides ; il se releva ; sa main
serra vivement la main du cadavre, l'intonation de son
chant devint plus sourde, et il continua de le répéter en
nous regardant :

> « *La! la!*
> « *La! la!*

« On le souleva ; il se laissa faire, se dessaisit de son
étreinte, et alla s'asseoir par terre dans un coin obscur.

» — Que ferons-nous de lui ? demanda le propriétaire de
la maison.

» L'idiot ramassa par terre une poignée de la poussière épaisse qui couvrait le sol, répandit sur ses cheveux cette cendre, comme s'il eût voulu nous dire que la
terre le réclamait aussi, et recommença à chanter d'une
voix plus claire, plus aiguë, plus poignante :

> « *La..... la !.... — la..... la !....*

» Vous auriez eu le cœur déchiré de voir tant d'affection
chez la brute, tant d'imbécilité chez cet être plein de
cœur. Je le pris en pitié, je fis enterrer la vieille femme, et
je conduisis Moran dans mon presbytère ; je ne l'ai pas
quitté depuis. Vous avez vu ses derniers moments ; je l'ai
pleuré.

» J'eus d'abord de la peine à consoler Moran. Une année
se passa, pendant laquelle il répétait chaque matin les syllabes dénuées de sens avec lesquelles il éveillait sa mère
autrefois. Le soir il la cherchait et pleurait. Les cérémonies
du culte catholique parvinrent à le distraire. Il imitait
les gestes des paysans, s'agenouillait avec eux, se tenait à

l'église avec décence. Écouter les cantiques, respirer
l'encens, allumer les cierges, suivre les processions, voilà
les seuls plaisirs de Moran Shilielah. Je ne crus pas
devoir l'en priver ; c'eût été barbarie. A force de voir
servir la messe, il parvint à s'acquitter assez bien de ces
fonctions peu difficiles à remplir. Enfin il s'attacha à moi,
qui le protégeais, comme l'avait protégé sa mère. Quand
j'étais malade, Moran restait au chevet de mon lit; si
je m'absentais quelques jours, Moran s'accroupissait dans
un coin du presbytère et ne mangeait pas. Cette fidélité
machinale et dévouée que le chien porte à son maître
m'attachait à l'enfant, que je vis grandir et se développer,
et qui, malgré sa stupidité incurable, m'était devenu
cher.

    » Je fus nommé à une cure dans le canton de Munster ;
la nature y est riante et sauvage ; c'est un paradis de verdure ; on n'y voit que mousses brillantes, rocs tapissés de
fleurs, paysages gracieux. Mon presbytère était situé près
des bords de la Suir, à un quart de lieue du village de
Golden, dans le canton de Tipperary ; une espèce de grotte
embellie par la main de l'homme me servait d'habitation.
Vous trouverez en Irlande beaucoup de presbytères de cette
espèce ensevelis dans la mousse et taillés dans une caverne.
Si la beauté de la nature et la paix profonde de ma solitude
me charmaient, je trouvais dans la barbarie de mes ouailles
bien des sujets de chagrin. Il était impossible de découvrir
précisément pourquoi ils se battaient, mais ils ne cessaient
point de se battre. Il y avait chez ces hommes une ardeur
de meurtre, une rage de se tuer, sans qu'ils eussent aucun
avantage à en attendre. Les mauvais élémens de l'espèce
humaine, le sceau de Caïn, étaient en eux et sur eux. Ils
ne se plaignaient de rien, n'articulaient aucun grief, mais,

se groupant sous des chefs différens, ils s'entregorgeaient comme on boit, comme on joue, comme on dort, pour passer le temps, pour sentir la vie, pour avoir un spectacle et un intérêt. Ces factions qui ne prétendaient et n'aboutissaient à rien trouvaient des chefs; ces guerres, qui n'avaient pas de but, avaient leurs trophées de cadavres. Les parties de plaisir étaient des combats horribles, et la vengeance, se perpétuant de génération en génération, allumait dans l'avenir de nouvelles et impérissables fureurs. Ces gens, qui n'avaient rien à perdre, si ce n'est leur vie, la risquaient en se jouant. Sans patrie (l'Irlande n'est plus une patrie), sans espoir, sans bien-être, ils donnaient l'essor à cette bravoure innée, à ce besoin de mouvement et de danger qui les enflammaient. Leur ardeur étouffée se frayait un passage; la double exaspération des haines politiques et religieuses ajoutait son aiguillon à cette sauvage violence, et des scènes tragiques, hideuses, souvent mêlées, selon la mode irlandaise, d'étourderie, de folie, de gaieté même, composaient l'histoire de ces paysans.

»Moran Shillelah et moi nous vivions au milieu de cette population sauvage; j'étais aimé, Moran était peut-être plus vénéré que moi. Il ne parlait jamais; son immobilité s'associait à toutes les idées et à toutes les images d'une religion poussée jusqu'au fanatisme. Moran, aux yeux des paysans de Tipperary était comme un saint de pierre qui serait descendu de son pilastre gothique. Aucune des passions humaines ne l'agitait. Comme dans le sanctuaire de ma petite église il n'avait rien à craindre, sa timidité naturelle s'était effacée avec le sentiment de sa faiblesse; quand il passait, vêtu de cet habit d'enfant de chœur qu'il se plaisait à garder, on le saluait respectueusement; il répondait par le signe de la croix. Vous ne sau-

riez imaginer, monsieur, l'influence de Moran Shillelah !
son silence, son chant mesuré, sa présence dans l'église,
son pas lent, son œil sans regard, son regard sans idées, le
séparaient de tous les hommes ; c'était pour ces aveugles
un envoyé de Dieu, un être au-dessus de notre espèce,

»Il y avait environ six mois que j'étais établi dans mon
presbytère : la réputation de sainteté du jeune homme s'é-
tait répandue à plus de vingt milles à la ronde. Un matin
je ne le trouvai plus ; il avait quitté la maison dès le point
de jour, et toutes mes recherches furent inutiles. Trois
semaines se passèrent sans que j'eusse aucune nouvelle de
lui. Vous saurez bientôt quelle étrange circonstance nous
rendit l'un à l'autre.

»Le canton de Tipperary était en proie aux divisions de
deux partis acharnés, les *caravats* et les *shanavests*, ou si
vous voulez que je traduise ces deux mots irlandais, les *cravates* et les *vieux habits*. Des deux côtés, des héros avaient
été pendus, et les pendus avaient subi l'apothéose populaire. Vous dire pourquoi ils étaient ennemis, je ne le
pourrais ; ils semblaient se haïr par instinct. Les jours de
foire étaient ceux où leur fureur martiale se déployait spécialement ; alors mon autorité de pasteur restait sans influence. Le pouvoir civil et militaire venait échouer contre
leurs habitudes.

»C'était le trois août 1816, un jour de foire. Le ciel
resplendissait de toute sa gloire, et la belle vallée de la
Suir offrait un aspect ravissant. Je sortis de mon presbytère, affligé, je vous l'avouerai, de l'absence de cet enfant,
Je gravis le sommet de la colline couronnée des ruines
d'une forteresse, dont les degrés intérieurs ont résisté au
temps ; là je m'assis. Je me plus à suivre de l'œil les longs
détours de cette rivière si claire et si profonde, si rapide et

si paisible, qui faisait mouvoir dans son cours des moulins
nombreux, et, sans déborder sur ses rives, remplissait
d'une onde abondante le lit verdoyant que la nature lui
avait tracé. Voilà, me dis-je, le vrai symbole du génie et
de la vertu ; — énergie sans violence, — profondeur
dans le calme et richesse sans excès. Au milieu de ces
méditations, mes regards se portèrent sur le village de
Golden, que la Suir traversait pour aller se perdre dans
des champs couverts d'épis et de houblon. Près du village
une foule nombreuse était rassemblée. Le silence qu'elle
gardait m'étonna ; les uns restaient assis au bord des fossés de la route, d'autres formaient des groupes épars sur
la place du marché.

»Un bruit de chevaux et d'armes se fit entendre ; je
me retournai, et j'aperçus vers la gauche, au bas de la
colline , un détachement de cavalerie accompagné de
magistrats à cheval et d'un bataillon d'infanterie. Il était
évident qu'on s'attendait à un mouvement, que les fonctionnaires civils avaient été prévenus, et qu'une scène de
tumulte et de désordre allait avoir lieu : je me hâtai de
descendre, le cœur rempli de tristes prévisions. La foire
finissait ; on s'était hâté de conclure l'achat et la vente des
bestiaux ; personne n'avait songé à marchander et à sur-
faire. On reployait les tentes, et les paysans, ramenant
au logis leurs vaches et leurs brebis, semblaient impa-
tiens de laisser champ libre aux deux partis. Alors la trompette sonna ; les troupes défilèrent ; je me trouvais au milieu de la foule. Il me semblait que ces soldats, appelés pour
comprimer l'émeute, et ne l'ayant pas rencontrée, battaient en retraite beaucoup trop tôt. Il y avait de lourdes massues entre les mains de quelques hommes gigantesques et demi-nus, des couteaux et des dagues à demi-

cachés dans la jaquette brune des paysans ; partout des
regards de haine et de fureur. Je vis un vieux *caravat*
embrasser son enfant les larmes aux yeux ; j'entendis de
sourdes malédictions.

»A peine les soldats furent-ils éloignés d'un quart de
mille, un long hurlement sortit de cette multitude. A ce
cri succèda une pause redoutable. Les rangs se formè-
rent. Les deux troupes ennemies, fortes de quinze
cents hommes au moins chacune, mais qui depuis longtemps s'étaient privées, pour obéir aux prédications de leur
curé, du plaisir de s'entregorger, s'avancèrent dans la vallée.
C'étaient des hommes à demi-nus, vêtus du costume ordi-
daire des paysans, brandissant de lourdes massues, ou agi-
tant des couteaux, des poignards, des glaives et des faux. Un
petit enfant qui traînait un sac sur la terre et criait de
toute sa force « vingt livres sterling pour la tête de la *vieille
veste !* » précédait la troupe des *caravats*. En moins d'une
minute la troupe ennemie débusqua des buissons voisins,
et l'enfant qui servait de hérault à la troupe des *caravats*
tomba frappé d'une pierre.

» A ce spectacle mon sang se glaça. Je m'élançai vers
ces forcenés que j'espérais contenir par les idées religieuses.
Les pierres volaient autour de moi ; je fus frappé à l'épaule
d'un caillou énorme qui me renversa. Je tombai entre les
deux troupes. On ne me reconnaissait pas, et mes vêtements laïques n'inspiraient aucun respect à ces furieux,
dont la plupart venaient des villages voisins et ne m'avaient
jamais vu : j'aurais infailliblement été foulé aux pieds et
écrasé. Étourdi un moment par la violence de ma chute,
je rouvris les yeux.

» Les deux armées étaient à genoux ; il sortait du sein
de ces masses, non un gémissement ni un cri, mais un

long et profond sanglot. C'était chose merveilleuse que ce
remords subit de tout un peuple. Je sentais une main protectrice qui s'était placée sur moi, et près de moi un être
inconnu, couvert d'une étole blanche, à genoux lui-même,
un crucifix à la main, et qui murmurait des prières : c'é-
tait l'idiot. Moran Shillelah, que je n'avais pas vu depuis
trois semaines, avait fait avec d'autres dévots un pèlerinage
à Saint-Patrice. Il revenait, les pieds nus, le bourdon attaché au bout d'un bâton, le chapelet pendu à la poitrine.
Une énorme croix dont il s'était armé dans ma sacristie
surmontait son bâton.

» M'ayant vu au milieu de ces furieux, et prêt à périr,
il s'était avancé sans crainte, étendant son crucifix sur les
deux armées. Nul ne douta que Moran Shillelah ne fût un
céleste médiateur. Tous se taisaient, fixant sur l'idiot des
regards émus et surpris. Il y avait plus de trois mille hommes réunis dans la vallée, et pas le plus léger bruit ne se
faisait entendre. Moran était là, qui me protégeait ; le chef
des *caravats* baisait le bas de sa ceinture. Le chef des *shanavests* était mort. L'enfant, après avoir redit sa prière obscure, se remit à entonner joyeusement son refrain d'idiot :

    « *La! la!*

» On m'emporta dans mon presbytère, et les deux armées se dispersèrent. Quand je voulus faire un voyage en
France, Moran s'attacha à mes pas.

» Cher Moran ! — L'affection de votre mère indigente,
votre vie religieuse et simple, votre mort au milieu de l'O-
céan, votre service funèbre sur le pont du navire, et
votre sépulcre dans la mer, vous ont rendu poétique jusqu'au grandiose, — pauvre être ébauché par Dieu et dé-
laissé par les hommes ! »

ÉTUDES

SUR

LA SOCIÉTÉ IRLANDAISE

AU XIXe SIÈCLE.

ÉTUDES

LA SOCIÉTÉ IRLANDAISE

AU XIXe SIÈCLE.

~~~~~~

§ Ier.

Quelques types irlandais. — Le *Middleman.* — Le gentilhomme populaire. — L'abbé jovial. — Le docteur O'Driscol. — L'hydrophobe. — Anecdote.

———

« En Irlande, me dit O'Mealy, tout ce que l'Angleterre
estime est méprisé ; tout ce qu'elle repousse est adoré. Entrez dans nos cabanes de jonc, sans toit, sans porte et sans
cheminée, à demi-couvertes par quelque vieille draperie
en lambeaux, et où se pressent cinq ou six misérables,
nus comme leur asile : laissez-vous servir des fragments
de ce pain que l'on cuit tous les six mois et que l'on
coupe avec une hache. Cette famille d'hommes, de femmes et d'enfants, qui s'assied sur le sol humide, comme
les bêtes dans leur tanière, et dévore les pommes de
terre mal cuites, seul aliment réservé à leurs jours de fête,
non-seulement ne porte pas envie aux petits propriétaires
anglais, qui debout depuis cinq heures du matin, gagnent
leur indépendance à la sueur de leur front ; mais ils les
regardent comme de vils esclaves. Et en effet ce Saxon qui
se dit libre est serf de la coutume et du labeur. Le pauvre
Kelte de nos bogs est libre comme l'habitant des bois.

» Quand vous aurez bien observé le fond populaire et douloureux de notre société redevenue sauvage, vous la retrouverez sous une autre écorce, mais toujours la même, avec son indépendance étourdie, au concert, au théâtre et au bal. Vous comprendrez le sens pathétique des mélodies plaintives et étranges de Thomas-Moore ; peut-être entendrez-vous se mêler au bruit des instruments, au murmure des danseurs, à l'écho de leurs pas, les gémissements de nos Parias d'Irlande éternellement révoltés — quelquefois, battus de verges sous le balcon du gouverneur, ainsi que cela est arrivé en 1811, pendant le bal donné par lord Castlereagh.

» Je vous initierai à ce monde extraordinaire ; je vous ferai connaître quelques individus qui vous mettront au courant de la nationalité irlandaise si mélancolique et si passionnée. Un siècle de théories ne vaut pas un jour d'observation réelle, c'est-à-dire de sensations animées. Quand vous aurez étudié la trame douloureuse dont se composent nos misères matérielles et morales, misères dont le contre-coup double et permanent frappe l'Angleterre par l'Irlande, l'Irlande par l'Angleterre, vous n'accepterez plus les dires des philosophes et des politiques.

» L'état de nos propriétés, la subdivision de notre territoire en petites parcelles qui suffisent à peine à nourrir celui qui les occupe sont les causes matérielles de la ruine du pays.

» Le propriétaire anglais ou irlandais de vingt mille acres de terrain se garde bien d'habiter une contrée, où le moindre fermier ou tenancier mécontent va le frapper au coin d'un bois, au détour d'une haie, d'une balle de pistolet ou d'un coup de massue. Il ne prend aucun soin de son domaine, dont il abandonne la gestion au *middle-man*, agent qui lui paie une rente ;

puis il s'en va en pays étranger toucher le revenu brut du
sol qu'il possède. En son absence, on divise et subdivise
encore ce territoire ; le *middle-man* y trouve son intérêt.
Grâce à une multitude de sous-locations, le terrain déjà trop
morcelé nourrit bientôt une horde de misérables êtres qui
pullulent en proportion de leur détresse : vraie garenne
d'animaux sauvages, dont chacun se nourrit à peine pendant les temps ordinaires en cultivant un ou deux pouces
de terrain ; à la première année de disette, la fièvre et la
faim les emportent par milliers. Quand je visitai Donegal
je reconnus que, plus la terre était divisée plus les paysans
sont misérables. A Raphoe spécialement l'extrême misère avait réduit hommes et femmes à l'état de squelettes, et beaucoup d'entre eux se tenaient au lit, n'ayant
pas de vêtements pour se couvrir. Cette vie affreuse
a des charmes pour nos malheureux sauvages ! Ils goûtent
dans leur indépendance affamée une jouissance farouche
qu'ils ne veulent échanger contre aucune liberté raisonnable ; on leur arracherait plutôt la vie que ce coin de terre
qui fait leur orgueil et qui les tue au lieu de les nourrir.
Ils mettent le feu aux maisons du magistrat qui essaie
d'organiser leurs domaines et de les cadastrer d'après un
plan moins déraisonnable. Pourvu qu'ils aient leur petit
skibberlen ou jardin de trois pieds carrés, qu'ils maudissent les Saxons à leur aise, qu'on leur fasse l'aumône et
qu'ils puissent aller à la messe sans pratiquer aucune des
vertus que le catholicisme commande, ils se soumettent en
aveugles à la fatalité.

» Les classes supérieures et privilégiées, comme je vous
l'ai dit, ne sont ni moins étourdies ni moins imprévoyantes.
Je vous ferai connaître des types qui ne se trouvent plus
que parmi nous ; les meilleurs et les pires de ces personna-

ges sont également hardis, brillants, spirituels et sans principes. Le prêtre jovial Martin Doyle, abbé joufflu, semblable aux abbés du temps de la réforme, vous apparaîtra
dans sa gloire à la fin d'un repas, lorsqu'il quêtera au nom
de la Vierge, en haine des Saxons, les schellings et les guinées des convives repus. A la même table vous trouverez
assis Lanty Lawler, marchand de chevaux qui vend les secrets du gouvernement aux conspirateurs et les projets des
conspirateurs au gouvernement. Vous y verrez le vieux Tom
Heffernan, maquignon politique des consciences, ancien ami
de lord Castlereagh, celui qui apportait à son maître l'ap-
point de douze votes dans une matinée ; jouant ce jeu pour
s'amuser, froidement, sans intérêt, ainsi qu'on joue une
partie de billard ; — aussi immoral que le voleur Fresney,
qui rançonnait les riches pour donner aux pauvres. Notre
société est hors de ses gonds ; la notion du bien moral a disparu, et cette société est perdue. Nos héros sont les destructeurs ; la négation hardie est seule honorée ; une
fureur folâtre contre les institutions sociales ravit toutes les
âmes. L'idole populaire est en général quelque gentilhomme musculeux, vingt fois ruiné, que ses créanciers
n'osent pas saisir, toujours ivre, toujours lucide dans son
ivresse, Hercule intelligent, ami du peuple avec lequel
il boxe et se grise ; grand joueur, aristocrate renforcé,
prodigue d'aumônes, de coups de poing, de générosités et
de coups d'épée, et dont la vieillesse n'affaiblit ni la fougue invincible ni la popularité joyeuse. Le célèbre O'Connell joignait à ces quailtés une ruse profonde, un grand
savoir, une redoutable éloquence ; — grâce à ces qualités, O'Connell a été notre roi pendant vingt années. »

Je commençai donc sous la direction du capitaine

O'Mealy, cette étude amusante des caractères irlandais,
étude qui dura près de trois mois. Toute la série d'étranges personnages que les auteurs de romans irlandais ont
essayé d'exploiter passa sous mes yeux. J'admirai cette diversité excessive de l'espèce humaine, si peu semblable à
elle-même dans une région si limitée. Le singulier contraste qui oppose l'Irlandais à l'Écossais et au Saxon, me
faisait pressentir confusément cette permanence de la race,
cette puissance du sang transmis, — la « *Fuerza de la
sangre* », comme disent les Espagnols, loi qui fait que le
Madgyar et le *Slave*, le Dalmate *Roumain* et le descendant *Gypsy* des castes Hindoues sont partout recon-
naissables.

Parmi mes nouveaux amis irlandais, je dois signaler
un sous-lieutenant fort étourdi, aux aventures duquel personne ne voudrait croire; je n'ai vu personne pousser aussi loin la vivacité, la bravoure et l'inconséquence.
Il se met en route aujourd'hui dans une chaise de poste
et fait cinquante lieues sans prendre haleine, sous l'o-
rage, pour rattraper une diligence qui n'est pas encore partie. Demain, jouant le rôle d'Othello pour l'a-
musement de ses amis, il se couche sans se débarrasser
de l'enduit dont il a noirci sa figure, et à six heures du
matin il apparaît à la revue devant son colonel et tout l'é-
tat-major, revêtu de son uniforme, l'épée en main, orné
d'une physionomie et d'un visage mauresques. Courant
sans trêve et sans relâche de mariage manqué en mariage manqué, il finit par échapper malgré lui-même à une
soixantaine de liens matrimoniaux; cette vivacité d'écu-
reuil, l'exposant à mille mésaventures, le balance éternellement du succès à la défaite. Toujours sur la grande route
du succès, il reste toujours en route. Il ne pense à rien, se

jette dans un guêpier, en sort par miracle, touche un but
inespéré, le manque, recommence, espère toujours, fait
encore naufrage et remet à la voile. Enfant par la naïveté
du caprice et l'adoration de l'imprévu, cet invraisemblable
Irlandais était le frère cadet de mon guide le capitaine
O'Mealy.

Nous nous rencontrions à une certaine table d'hôte de
Dublin, où je faisais récolte d'originaux. Raffinement, indolence, étourderie, grossièreté, luxe, pauvreté, folie, tout
y était ; ce petit coin de l'Europe, placé en dehors de la
sphère du commerce anglais et des splendeurs aristocratiques, réunissait et concentrait toutes choses. J'y voyais
des officiers qui n'avaient servi qu'au Mexique, des chanoi-
nes qui faisaient courir et pariaient, des coquettes qui se
prétendaient religieuses, des chanoinesses qui jouaient un
jeu d'enfer, et des savants qui savaient mieux le kelte que
l'anglais. Là je connus aussi un certain docteur O'Driscol, l'ami de Charles O'Mealy le cadet, un docteur qui n'a
pas eu, je crois, son pareil au monde.

A trente-cinq ans, O'Driscol ne s'occupait que de fa-
céties plus dignes de Figaro que de la gravité de sa profession ; honnête cependant, brave, spirituel, babillard
comme une pie, fécond en histoires de toutes les espèces, il ne disait pas un mot de vérité quand il plaisantait, pas un mensonge dans la vie sérieuse. Avec ses cinq
pieds, ses cheveux crépus, sa figure ronde, son air riant,
ses joues fraîches, sa repartie vive, il se connaissait assez
en chirurgie, et ses concitoyens abusaient de cette habileté ;
il ne se passait pas huit jours qu'il ne servît de témoin
utile dans quelque duel. Résolu d'ailleurs à s'amuser de
tout, descendant évidemment d'Ulysse *(Odusseus)* dont
son nom, disait-il (O'Driscol) n'était qu'une forme altérée,

il ne paraissait jamais que vêtu de noir, et ne prononçait rien qui ne fît rire aux éclats cette société d'hommes enfants. C'est lui que Lever a mis en scène sous le nom de Finucane.

On sait que le duel, non le simulacre du duel, mais le combat à mort est un événement de chaque jour dans la vie du véritable Irlandais, qui n'y pense pas plus qu'à s'en aller dîner en ville. Le métier D'Odriscol était de raccommoder les bras et les jambes endommagés par cette habitude. Comme il entrait certain soir vers neuf heures dans le salon dont j'ai parlé :

« D'où venez-vous, docteur ? demandèrent simultanément deux ou trois voix au moment où tout couvert de poussière il pénétrait dans la chambre enfumée où les convives de la table d'hôte prenaient le thé. Quel nouveau *fun* avez-vous à nous raconter ?

— La vie est triste ! s'écria le docteur du ton le plus dégagé et le moins mélancolique ; le pauvre O'Flaherty, cet officier que vous avez tous vu souvent, est mort d'un grand coup d'épée que lui a donné Curzon. Je l'ai soigné trois jours ; impossible de le sauver. »

Ces paroles furent suivies d'une lamentation générale, oraison funèbre de nature à satisfaire les mânes du défunt :

— Il avait bu tant de bouteilles de claret! si bon écuyer! entendant si bien la plaisanterie et comprenant si admirablement la théorie des dettes dans toutes leurs ramifications ! »

Alors on se mit à raconter les aventures d'O'Flaherty ; ce fut une légende à n'en pas finir.

— A propos d'aventures, s'écria le jeune Charles

O'Mealy, vous connaissez sans doute celle dont j'ai été le héros avec O'Driscol.

— Non, non ! s'écrièrent tous les assistants ; racontez, sous-lieutenant, racontez. Prenez une tasse de thé, et dites-nous cela.

— Ce n'est pas trop à mon avantage, et vous rirez peut-être de moi ; je le permets aux dames, en l'honneur du beau sexe ; quant à ces messieurs, je ne ris pas..... ils me connaissent.

— Allez toujours, sous-lieutenant, et que Dieu vous bénisse ! Ce serait votre vingtième duel pour votre compte.

— J'en ferais alors mon quatre-vingt-douzième pour le compte des autres, reprit le docteur en se redressant. Parlez, mon cher O'Mealy.

— C'était donc en 1839. A cette époque où, grâce aux querelles des orangistes et des non-orangistes, les balles sifflaient d'un bout à l'autre bout de l'Ile-Verte, je fus appelé par un ami qui demeurait à Naas et qui allait avoir une affaire d'honneur. Pas un moment à perdre. Je me trouvais à Dublin quand je reçus la lettre, et je n'eus que le temps de courir à l'hôtel des malles-postes, ma petite valise sous mon bras. Hélas ! la malle-poste était partie ! Manquer à l'amitié était impossible ; vous me connaissez. Par la pluie battante et par l'orage, me voilà donc avec mon parapluie et ma valise, roulant en chaise de poste à travers les chemins (et quels chemins !), jurant après le le postillon et finissant par atteindre le petit village de Konoby, où la malle-poste venait de s'arrêter. C'était mon affaire ; je reconnus d'un coup d'œil le vieux conducteur de la malle-poste, à son grand chapeau tellement trempé de pluie, que l'eau jaillissait de tous les bords comme de la vasque d'une fontaine antique, et à sa figure rouge, enseve-

lie dans une énorme cravate de même couleur. Jamais tri-
ton ou naïade ne représentèrent plus complétement la
pluie, l'humidité, le déluge. Il essayait de se réchauffer
devant le feu de l'hôtellerie, et quand il me vit en-
entrer :

— Vous venez avec nous, monsieur ? me dit-il. Voilà
un temps abominable et qui durera. Vous ne comptez pas
prendre une place d'extérieur ?

— D'extérieur! allons donc! Combien de voyageurs
avez-vous dans la voiture ?

— Un seul. C'est un drôle de corps, s'il en fut. Il m'a
demandé deux cents fois si je mettrais quelqu'un à côté de
lui... l'œil inquiet, la figure jaune. Je crois qu'il est malade.

— Savez-vous son nom ?

— Pas de nom. Il n'a pour bagage que deux paquets de
papier gris, sans étiquette et sans adresse ; il ne les quitte
pas un instant, et ne les perd pas de vue.

« Je m'attendis à passer la nuit en compagnie d'un de
ces désagréables personnages qui sacrifient à leurs convenances ou à leurs caprices tout ce qu'ils rencontrent sur
leur route. Après tout, comme la pluie tombait à torrents et
que la voiture était excellente, ce voisinage de mauvaise humeur n'était qu'un petit malheur accessoire, et je montai
d'un pied leste dans la malle-poste. La première chose que
je rencontrai, ce furent les jambes de mon compagnon de
route.

— Voulez-vous permettre ? lui demandai-je. — Il ne
répondit pas ; mais se penchant vers l'oreille du conducteur qui allait fermer la portière :

— Comment diable a-t-il fait pour venir jusqu'ici ? J'a-
vais pris mes précautions.

10.

— Il nous a suivis en chaise de poste, répondit le conducteur.

« Il ferma la portière vivement, et la voiture nous emporta.

» L'inconnu poussa une espèce de grognement sourd et me tourna le dos, à moi nouveau venu ; j'étais intrigué par cette obstination et ce silence. J'essayai de vaincre l'une et l'autre et d'entamer la conversation.

— Voilà un horrible temps ! lui dis-je. — En effet, la grêle et la pluie battaient les glaces des portières.

— Horrible ! grommela le voyageur sans se retourner.

— Mauvaise route !

— Très-mauvaise, et j'ai soin de ne jamais m'y hasarder sans armes.

« En disant cela, l'inconnu fit retentir un bruit d'armes froissées qui semblait provenir d'un paquet placé près de lui.

— Ce monsieur m'a l'air d'avoir l'âme belliqueuse, pensai-je... et après quelques minutes, gagné par le sommeil et vaincu par la fatigue, j'oscillai de manière à retomber sur l'épaule gauche de mon voisin.

— J'ai là un paquet important, me dit ce dernier en me repoussant d'une façon brutale ; faites-moi le plaisir de ne pas tomber dessus.

« Je reculai sans mot dire, et dans ce mouvement de retraite un petit pistolet que je portais toujours dans ma poche de côté tomba sur le genou de mon compagnon, qui tressaillit. — Diable ! vous êtes armé aussi !

— Jamais je ne sors sans armes.

— Je l'avais deviné, soupira l'inconnu en poussant un gémissement concentré.

« Ne comprenant rien aux discours et aux manières de

mon compagnon de route, qui, au bout de quelques minutes, se mit à gémir de nouveau comme s'il eût été dans
une angoisse inexprimable, je repris :

— Vous êtes malade, monsieur ?

—Oui !... Ah ! si vous saviez à qui vous parlez... On me
connaît dans le pays... — Et il soupira encore.

— Je serais désolé, monsieur, sans vous connaître, que
vous fussiez malade dans cette voiture.

— Ce qui arrivera, Dieu le sait, Dieu le sait ! Je suis
Barnay Covyle, monsieur !

— Très-bien, monsieur.

— Vous n'avez pas lu les journaux ? Il paraît que vous
êtes étranger dans le pays ; il n'y est question que de moi.
Je viens de passer dix-huit semaines dans la maison de
santé du docteur Berry et six autres au grand hôpital ; cela
ne m'a fait aucun bien.

— Vraiment ! répliquai-je... — Je commençais à me
douter de quelque circonstance peu agréable.

— Hélas ! monsieur, si vous saviez qui je suis, vous ne
seriez pas content de voyager avec moi.

— Mais c'est un plaisir sur lequel je ne comptais
guère.

— Plaisir si vous voulez. Quand je mordis le pouce de
ce pauvre Thomas Owen, cela ne lui fit, je crois, pas
grand plaisir.

— Mordre un pouce ? demandai-je épouvanté, en recu-
lant jusqu'au fond de la voiture, et pourquoi cela ?

— Ah ! pourquoi ! pourquoi ! ils ne sont point d'accord
là-dessus. Les uns disent que c'est le foie, les autres le cé-
rébellum, ceux-ci l'épine dorsale, ceux-là le péricarde ;
moi je crois qu'ils n'en savent pas plus les uns que les
autres.

— Et il y a un nom à votre maladie ?...

— S'il y en a un !

— Lequel ?

— J'aime autant ne pas vous le dire. Si j'avais un accès cette nuit... Mais je tâcherai de n'en pas avoir.

— Comment ! des accès ? Et l'on vous laisse sortir et prendre une place dans la malle, quand vous êtes dans un état pareil !

— Ah !... on ne le sait pas. Je suis sûr que le vieux Rouney aboie et hurle maintenant comme un malheureux chien qu'il est.

— Rouney ?

— Oui, le chien que j'ai mordu.

— Ah çà ! est-ce que vous seriez hydrophobe, par hasard ?

— Exactement monsieur.

« Il y eut un grand silence ; je ne respirais plus, tremblant de tous mes membres et regardant la portière, pendant que les chevaux emportaient la voiture au grand trot. L'hydrophobe continua:

— Il n'y a que huit jours que j'ai commencé à mordre, dit-il avec une gravité imperturbable ; je suis dans mes bons moments.

— Mais vous ne devriez jamais sortir ! interrompis-je en élevant la voix.

— Ne parlez pas si haut, je vous en prie, cela m'excite.

— Monsieur, repris-je du ton le plus bas et le plus doux, il y a de l'imprudence, dans votre état, à vous mettre en route par un temps pareil.

— Oh ! si je ne rencontre ni rivière, ni fontaine, ni eau courante d'aucune espèce.... cela ira..... C'est l'eau, monsieur, c'est l'eau que je ne puis pas supporter; cela me dérange tout-à-fait.

« Cependant la voiture approchait rapidement du pont de Leighlin, et moi qui le savais bien, je frissonnais de tout mon corps. L'œil fixé sur mon redoutable collègue, surveillant attentivement tous ses mouvements, l'oreille au guet pour saisir les moindres nuances de sa respiration, je maudissais l'heure, la fantaisie et la chaise de poste qui m'avaient jeté dans cet absurde et cruel péril. Enfin, je l'entendis ronfler. Est-ce un symptôme précurseur de l'accès ? me demandai-je. Et étendant doucement la main du côté de la portière, faisant tomber lentement et silencieusement la glace, dégageant peu à peu mes jambes de dessous la banquette, je finis par ouvrir lentement la portière et me glisser jusqu'au marche-pied, d'où je criai de toute ma force au conducteur :« Arrêtez! je monte sur la voiture! » La pluie et l'orage étaient plus violents que jamais. Ce fut une grande surprise pour le conducteur de voir un jeune homme en petite redingote et sans paletot d'aucune espèce venir s'exposer au plus horrible temps qu'on puisse imaginer. Enfin, grelottant et tout transi, je m'arrêtai avec l'équipage devant l'hôtel du Trèfle, à Naas.

» Quelque satisfait que je fusse d'avoir échappé à l'hydrophobe, un autre sentiment, la curiosité me pressait ; je voulais savoir ce que devenait cet insupportable voyageur, et, si cela était nécessaire, mettre la police à ses trousses. Je descendis donc lestement, et je vis l'hydrophobe, portant sous ses deux bras deux paquets de papier brun qui sans doute renfermaient ses armes, entrer du pas le plus paisible dans l'hôtel du Trèfle.

— Arrêtez cet homme ! criai-je au conducteur.

— Qui cela ?

— L'enragé, l'homme à la redingote verte.

« Cependant l'hydrophobe déposait ses deux paquets sur
la table de l'hôtel, et, après s'être défait tranquillement de
la redingote, se plaçait devant le feu, où il chauffait ses
bottes. Trois ou quatre cravates de flanelle et de soie, qui
protégeaient sa figure et son cou tombèrent successivement;
et quand, suivi de la foule ébahie, je pénétrai dans l'hôtel,
l'hydrophobe se retournant :

— Comment cela va-t-il, depuis que nous avons dîné
ensemble, me dit-il ? Je ne vous avais pas reconnu, ni vous
non plus, n'est-ce pas ?

— Quoi ! c'est vous, docteur O'Driscol, qui vous amu-
sez à jouer la comédie pour me faire passer la nuit sous la
pluie battante?

— Un mot à l'oreille, s'il vous plaît, répondit O'Driscol
en se levant. Vous voyez bien ces deux petits paquets? ils
contiennent à eux deux cent cinquante mille livres sterling, le fidéi-commis du jeune Nelson, tué en duel sous mes
yeux. J'étais seul dans la voiture, on savait que j'emportais
cet argent ; je vous ai pris pour un voleur et je me suis dé-
barrassé de vous comme je l'ai pu... »

---

§ II.

Mélange des races Kelte et Milésienne en Irlande. — Effets de ce
mélange. — État du pays.

Ces puérilités m'amusaient singulièrement, et j'étais trop
jeune encore pour comprendre ce qu'elles renfermaient et
cachaient de tragique; ce qu'il y avait de douloureux dans

cette étourderie charmante; — ce qu'il y avait de désespéré
dans la situation morale d'une race déplacée et dépareil-
lée que sa position géographique et son génie propre mettent sans cesse à deux doigts de sa perte. Pendant que l'on
s'amusait ainsi, les balles de pistolet sifflaient, les maisons
brûlaient, les paysans se tuaient et se mutilaient. Aucun
bien-être; l'héroïsme partout, le bon sens nulle part. Le
drame débordait, et la vie n'était pas sérieuse. On cons-
pirait par désennui, on assassinait par passe-temps.

A force de s'étourdir au sein de cette ivresse morale,
la surexcitation devenait nécessaire aux Irlandais. Une de
leurs plus curieuses inventions, c'était, quand un grand
personnage visitait leurs villes, et que cette ville était sans
porte, d'en faire une pour avoir le plaisir de la lui ouvrir
et l'honneur de lui en offrir les clés. En Irlande, comme
en France, les masses sont théâtrales; amies des décorations et des costumes; — elles suivent l'instinct, — elles
manquent de principes.

J'avais vu en Angleterre des âmes dures, des esprits re-
belles, qui, pliant sous la loi, contribuaient à la grandeur du
pays. Ici la barbarie renaissait du sein de la civilisation, —
une seconde barbarie, enfance en cheveux blancs, énervement sans grâce, férocité décrépite, perdant le sens divin
et moral, retournait aux instincts brutaux et se courbait
vers la terre; elle me fit horreur.

Dans une telle contrée la justice n'était plus respectée.
Aux assises, quand la liste des prévenus était plus chargée
qu'à l'ordinaire et que le peuple s'intéressait à certains
d'entre eux, la force militaire était convoquée; le village
devenait un camp. Les gens des hameaux voisins essayaient
de délivrer les condamnés; on se ruait sur les troupes pour
arracher à la justice les victimes infortunées. Bientôt le

combat s'engageait, femmes et enfants s'en mêlaient ; les
rues se remplissaient de morts et de blessés, souvent les
maisons brûlaient au milieu du combat. Enfin le juge de
paix, quelque conspirateur émérite, qui mécontent de ses
complices les avait tous livrés un beau jour, venait châtier
les coupables et appliquait le châtiment avec la cruauté
d'un renégat.

La situation réelle de l'Irlande a donc toujours été mal
peinte et mal analysée par les philosophes, les orateurs, les
publicistes et les hommes politiques. Ils ont jeté l'anathème sur l'Angleterre, sur Cromwell, sur O'Connell, sur
la religion catholique, sur les orangistes, sur le fanatisme,
sur les ministres, sur les conspirations ; le vrai mot de
cette situation fatale est la mauvaise éducation du peuple.
Les Irlandais, comme les Français, ne sont point une race
politique. Le trait rapide de leur esprit, la saillie ardente
de leurs âmes, la générosité admirable de leurs habitudes,
la charmante facilité de leurs mœurs sont autant d'éléments de ruine ; cette population n'a été élevée ni au travail, ni à l'abnégation, ni à la persévérance.

Chaque nation a son rôle et sa mission propres dans la
grande harmonie des peuples. Toute race tient sa partie spéciale au milieu de ce grand concert; et la destination de l'Irlande a été splendide, elle a préludé à la civilisation moderne.

Vers le commencement du moyen-âge, cette île du Nord
tournée vers le Midi recueillait et répandait sur les îles
voisines et sur une partie du continent les rayons de la civilisation à son aurore. Héritière aujourd'hui de la barbarie
keltique et de celle de l'Orient, elle se trouve en proie aux
abus comme livrée aux excès de l'une et de l'autre.

On ne comprend pas l'Irlande quand on ne mêle pas
ces deux éléments contradictoires, le keltisme et l'orien-

talisme, dans les proportions que les événements politiques
ont étrangement amalgamées. Le génie méridional et même
asiatique de la race, affaibli sans être dompté par la prudence écossaise et l'activité saxonne, confiné loin des centres du progrès européen, entre des forêts et des lacs déserts et les flots de l'Atlantique, y fermente avec une exaltation capricieuse et étourdie, un pétillement d'esprit et
une écume de toutes les actions extravagantes. Aucun
historien n'a reproduit le bouillonnement de tant de spectacles insensés et de personnages non-seulement excen-
triques, mais impossibles. Une paresse plus qu'espagnole, une férocité plus que sauvage, souvent une saillie
et un élan de verve dignes de la France, des générosités
et des héroïsmes sans limites et sans causes, partout des
grotesques, souvent des traits sublimes, toutes les fautes de politique et de morale accumulées, l'instinct et la
spontanéité des peaux-rouges de l'Amérique joints à un fanatisme digne de l'Espagne au XIIIe siècle, le mépris de la
loi, l'instinct de la grandeur, l'horreur de l'industrie,
l'impuissance des vertus modestes, la facilité pour les
grands exploits et l'entraînement vers tout ce qui brille :
voilà les traits qui, réunis dans un étroit espace, sans issue
vers la réalisation d'une société nouvelle, font de l'Irlande
un pays unique. Le chaos de l'imprévu y tourbillonne sur
l'abîme. Mille éclairs d'esprit et de courage s'y jouent
comme des clartés folles. Tout le monde s'y bat, s'y ruine,
s'y grise, y fait l'amour ; les conspirations abondent et
les coups de bâton pleuvent ; on s'amuse à outrance et
l'on déraisonne à perte de vue : bacchanale éternelle dont
la gaieté est bien refroidie par les misères de la réalité irlandaise et la pensée de ces générations ardentes et déses-
pérées qu'un tel état social a englouties. »

Je ne laissai point de repos à O'Mealy qu'il n'eût organisé une tournée que je voulais faire avec lui sur les côtes
d'Irlande et dans les provinces les plus sauvages de ce
malheureux pays. Je vis se préparer de loin et couver lentement la crise de 1847, qui n'était pas seulement une
famine, mais une révolte, prélude des catastrophes que devaient subir les peuples européens en 1848. L'Irlande
était placée à l'avant-garde de nos misères ; elle devait
pousser le cri de guerre des sauvages avant la bataille.
Elle souffrait plus vivement que nous des mêmes maux que
nous, — beaucoup d'iniquités sociales, une population sans
principes et sans pain ; le matérialisme sensuel distribuant
une civilisation inégale et une éducation fausse ; la barbarie
renaissant hideuse du sein des corruptions ; une mauvaise
répartition du travail et du capital, surtout de grands vices
moraux, surexcités par les affres de la faim.

Poussée depuis des siècles en sens contraire du mouvement européen ; — condamnée à l'assimilation avec l'Angleterre, et ne voulant pas la subir ; l'indépendance que
cherche l'Irlande est sa ruine. Elle organise sa destruction
par sa fierté, et sa fierté s'accroît de sa misère. Ne voulant pas rester membre de la communauté britannique,
l'Irlande devient province mécontente et province détachée du centre, envieuse, haineuse, ennemie de la métro-
pole. L'esprit de clan la domine, les prétentions hostiles la
rongent, les individualités révoltées la dévorent. Pleins de
sagacité, de courage et de génie, malins, moqueurs et bons
enfants, les Irlandais, au lieu d'entrer dans le concert social
le dérangent. Supérieurs à leurs voisins par l'esprit, la saillie, la facilité, la grâce et l'ardeur, mais toujours battus dans
la vie pratique, ils se vengent par la haine. Ils voudraient
être républicains et sont monarchiques, riches et sont pa-

resseux, maîtres et ne savent pas se gouverner. Toujours enfants, ils poursuivent la chimère avec une ardeur de vivacité héroïque, et cette recherche de l'impossible à travers les chances de l'imprévu absorbe leurs ressources, anéantit leurs forces, détruit leur avenir et extermine leurs générations.

Si je parle ainsi sans pitié de cette charmante et triste race que j'ai vue de près, c'est que tous les vices qui la perdent sont les nôtres ; c'est encore parce que les philanthropes, tartufes dangereux qui nous ont trompés, ont représenté l'Irlande sous les couleurs les plus fausses. Pour l'Irlande comme pour nous, la question que l'on croit politique est toute morale. Rendez l'activité saine à ces âmes envieuses et orgueilleuses, elles vont diriger des bras actifs. Relevez les principes détruits, et vous verrez ces vives intelligences reconstruire la société. En vain leur donnerez-vous des formules. Si l'on examine les plaies de la France depuis cent ans, on reconnaîtra que les formules ou constitutions politiques, essais renouvelés sans cesse d'organisation et de guérison impossibles, touchent à peine au fond des choses, et qu'en dépit des philosophes spéculatifs, la question va plus loin. Vous créerez un parlement ou deux parlements, vous ferez l'aumône sur une grande échelle, vous tracerez des chemins de fer, vous protégerez l'agriculture et le commerce, vous proclamerez des lois favorables au pauvre ; en vain. A moins de changer les âmes, vous n'empêcherez pas que le paysan n'aime mieux mourir de faim dans son haillon et se battre avec le voisin après boire, que vivre honnêtement et laborieusement sous un toit d'ardoise, à côté d'un champ pénible à cultiver. Travailler est une dure chose ; épargner est une occupation pleine d'ennui : allez donc proposer ces compensations froides et

insuffisantes à des hommes qui depuis cinq cents années
s'enivrent de tous les hasards de la vie sauvage, et dont le
génie essentiellement méridional répugne aux vertus mo-
dérées.

_____

§ III.

Paysage irlandais. — Caractère mélancolique et riant de ce paysage. — La *Chebine.* — Le château. — Les Bogs. — La vie à
Dublin.

Le génie irlandais offre donc un des plus singuliers mélan-
ges que la civilisation et les migrations des races aient produits. Keltes-Milésiens, ces Gascons du Nord, jetés par les
chances politiques dans les cadres du teutonisme anglo-nor-
mand, gardent du génie oriental l'indolence sujette à de terribles réveils, et du vieux keltisme la rapidité d'action. Comme
nous, ils passent vite de la pensée à l'acte. A la véhémence,
à la crédulité, à l'apathie orageuse et ardente de l'Asiatique l'Irlandais joint la souplesse et la versatilité du Kelte.
L'amour et la guerre lui sont nécessaires. Sa nullité politique et son infériorité commerciale le repoussent souvent
dans l'ivresse et l'orgie, qui sous un autre soleil et dans
une autre situation ne le séduiraient pas. Un éternel
combat lui sert de distraction et de soulagement. Quand il
ne se bat pas, il crie et simule ainsi la lutte dont il ne peut
pas jouir. La conversation des gens du peuple est un
drame et un tapage perpétuels. Jusqu'aux enfants qui sortent du collége et vont à la promenade trouvent l'occasion
d'attaquer les passants ; le peuple s'en mêle ; on s'attaque,
on se défend à coups de pierres. Sans but pour son acti-

vité et étouffant sous sa destinée, l'Irlandais reste fidèle à sa triste patrie ; c'est le beau côté de son caractère. Le sillon irlandais ne s'efface pas ; il est partout reconnaissable dans les sphères de l'art, de la poésie et de la politique. La jeune fille d'Irlande, aux yeux bleus et aux cheveux noirs, pleine de séductions et de caprices, chante ses mélodies nationales, folâtres et farouches, mélancoliques et joyeuses, qui des mouvements lents et douloureux s'élancent sans transition aux rhythmes les plus vifs. Enfin, une vieille civilisation du Midi se cache au fond de cette barbarie du Nord, un rayon de soleil apparaît sous les nuages, un éclat de poésie orientale sourit à moitié sous les larmes et les haillons. Étrange et triste grandeur ! la politique même est un peu folle en Irlande, ce dont personne en France n'a droit de s'étonner ; tout en prenant ses grelots et secouant sa marotte, elle excite les émeutes, casse des têtes , affame gaiement des populations, met les villages au niveau du sol et se perd en frais d'éloquence qui ruinent le pays et enrichissent le pays voisin. Ce n'est pas à nous, hélas ! qu'il appartient de la blâmer.

Telle est l'infortunée Irlande qui représente deux races mortes : le keltisme, écrasé et étouffé par les Teutons et les Romains, et les vieux Phéniciens ou Ibères. On dirait que les Irlandais, dans leur extravagance désespérée, comprennent leur situation, et qu'ils entendent le *bannchie* planer en gémissant sur l'île Verte et lui annoncer la mort. Quand le *bannchie* (*banshee*) se lamente au-dessus d'une maison, quelqu'un y mourra ; le bannchie est le génie des races anciennes, l'âme totale de la famille et du clan.

Cette désolation semble respirer même dans le paysage irlandais, qui ne ressemble à aucun autre. Les lignes des montagnes y sont bizarres et brisées. Dans les cavités pro-

fondes de ses blocs superposés, le granit fait place aux bruyères de couleur écarlate et à la verdure sombre des fougères.
Sur les flancs des collines serpentent et tombent à plis si-
nueux des milliers de cours d'eau qui écument sur les arêtes
des rocs, et vont se réunir en gémissant, dans le creux des
vallées. Le long des côtes, il y a des *glens* ou ravines de
plusieurs lieues de longueur, où vous ne rencontrez d'autres êtres vivants que quelques moutons qui n'ont pas
même de bergers. La plainte éternelle des vents, le long
murmure des vagues et la hutte sauvage du paysan cachée
sous les yeuses, ajoutent encore à ce caractère douloureux.
Il semble impossible qu'un être humain habite sous ces
morceaux de granit placés debout sans ciment, ou qu'il se
contente de ces murailles de torchis surmontées d'un toit
de paille, et qui n'ont pas coûté 10 shellings. Du côté de
l'Océan, au sommet du promotoire, la silhouette d'un enfant qui garde une ou deux chèvres, et dont les membres
nus sont à peine garantis par un mauvais morceau d'étoffe
trouée, se dessine sur le bleu du ciel ; il chante quelque
vieil air gaëlique dont il ne sait pas les paroles, ou quelques
paroles dont il ignore le sens. Depuis sa naissance, il n'a
vu que les nuages qui passent dans le ciel, les lueurs errantes sur le marécage et les rêves superstitieux que sa
mère lui a répétés. Tout ce qu'il connaît de la civilisation,
c'est qu'il y a là-bas une petite chapelle, et plus loin entre
deux murailles de rochers à pic, une cabane couverte de
chaume adossée au granit, et dont l'enseigne se balance
sous l'orage : c'est une *chebîne* ou auberge qui n'est guère
visitée que par les contrebandiers, et dont l'unique chambre est à la fois cuisine et salon, salle à manger et chambre
à coucher. On s'y réunit pour maudire les *Saxons* et chercher le moyen de les battre. Souvent une galerie souter-

raine pratiquée dans les flancs du roc sert de réceptacle à des barriques d'eau-de-vie, à des ballots de dentelles, à des fusils et à de la poudre que l'on vend dans l'intérieur, ou qui alimentent les insurrections périodiques du pays. La maîtresse du lieu, Irlandaise de race pure, se laisserait tuer plutôt que de trahir ses complices, matelots et pirates, maquignons et repris de justice, unis par un lien commun, la haine de l'Anglais.

> L'Irlandais vaut son pesant d'or
> Et le Saxon n'est bon qu'à pendre !

Ce refrain, rédigé depuis des siècles en deux vers gaéli-ques et chanté en chœur dans la *chebîne* par les buveurs de whiskey, n'a pas cessé de retentir d'un bout de l'Irlande à l'autre. Vous l'entendez dans les rues de Dublin et au mi-lieu des *bogs* qui couvrent les parties centrales de l'île : c'est le résumé complet du sentiment national, la pensée indélébile de l'Irlande et tout son code politique.

Si vous faites quelques lieues de plus et qu'il vous soit permis d'entrer dans ce château féodal, reconnaissable à ses deux tours carrées et crénelées que rejoignait autre-fois une muraille maintenant détruite, vous y trouvez exac-tement les mêmes mœurs : même animosité, même étour-derie, même fureur impuissante contre l'étranger et le Saxon. Toutes les misères morales et matérielles s'y mon-trent sur une plus grande échelle. Manoir délabré, ferme dilapidée et forteresse en ruine, ce singulier château est ouvert de toutes parts ; tout y parle de négligence séculaire et d'indolence invétérée. Une forêt d'ormes inégaux a poussé sans culture sur les parapets et dans les fossés. Un ou deux bâtiments à toits pointus, couverts d'ardoises bri-

sées, s'élèvent, plantés de travers, à la place de la tourelle
du centre ou de la salle de réception. Des charrues en
mauvais état et des herses rouillées sont jetées pêle-mêle au
milieu des écussons armoriés et des débris d'ogives ; moutons, bœufs et chiens de chasse se promènent lentement
le long des terrasses écroulées qui descendent vers la mer ;
les bassins et les viviers sont encombrés de plantes parasites qui répandent au loin leurs miasmes putrides. Enfin si
vous pénétrez sous la voûte dont les pierres se détachent
et tombent, vous ne trouverez personne pour vous recevoir, et vous pouvez traverser sans encombre une vaste
cour aux dalles brisées, obstruée de ronces et de débris. De
grands corridors déserts vous montrent à droite et à gauche les portes ouvertes d'appartements abandonnés et qui
n'ont plus même de meubles. Toute la famille, qui porte
un nom plus antique que celui des Coucy, s'est réfugiée
dans une tourelle à demi-conservée. Là elle vit *sans nul
pensement,* comme dit La Fontaine, sur les débris de sa
gloire et de sa fortune. Le feu brille dans la grande cheminée ; souvent le chorus de l'orgie se mêle au bruit de l'o-
céan voisin ; le patriarche goutteux, dont la veste brodée et
fanée a vu de meilleurs jours, et dont l'œil pétille encore
sous son front large couronné de boucles blanches, n'est
pas le dernier à maudire le Saxon ; demi-paysan et demi-
gentilhomme, il porte des bas de laine noire, une vieille
culotte de velours tanné, des boucles qui simulent le diamant, le jabot du temps de Louis XV et l'habit à la française. Il a passé sa vie à vendre bon marché et acheter
cher, et à « brûler la chandelle par les deux bouts, »
comme dit Panurge. Son jeune fils, lieutenant de cavalerie,
et son fils aîné, qui doit hériter du titre, marchent dans la
même voie. Le patrimoine ayant disparu tout entier, on n'a

plus souci de rien, et il y a cent à parier contre un que
tous conspirent ensemble ou isolément contre les oppres-
seurs. Bien que le domaine et le château en ruines soient
hypothéqués ou engagés pour le double de leur valeur, et
que l'inextricable labyrinthe des créances usuraires qui ont
englouti le patrimoine remonte à six générations au moins,
personne n'ose faire déguerpir la famille. Ses vassaux,
tout aussi pauvres qu'elle, chasseraient les envahisseurs
à coups de fusil ou de bâton. La nécessité ou le hasard
amènent-ils un Anglais dans ces parages déserts, on ne lui
indique pas sa route ; des essaims de mendiants déguenillés
l'entourent en pleurant et en riant pour lui demander l'aumône, et le dernier paysan de la montagne est mieux accueilli que cet étranger saxon.

En redescendant vers la partie centrale de l'île, vous
trouverez les *bogs*, terrains marécageux et incultes, dont
l'aspect plus triste et plus sombre n'est pas moins sauvage.
Plus loin encore de vastes domaines sont semés de taniè-
res qui renferment une population innombrable de bêtes
à figure humaine et à deux pieds, presque nues, toujours
placées entre l'ivresse et la faim, entre le sommeil de la
brute et le combat sanguinaire.

Dublin, celle des capitales de l'Europe que l'on visite le
moins, n'est pas moins étrange. Des équipages aussi splendides et aussi élégans que ceux de Londres et de Vienne circulent dans les rues, et des quartiers tout entiers sont remplis
de cette population affamée dont j'ai parlé tout-à-l'heure. Il y
a des caves peuplées de gueux et de mendiants plus pittoresques que ceux dont la cour des Miracles se remplissait
autrefois. C'est là que les moteurs de troubles vont recru-
ter leurs soldats, et que, pour 1 ou 2 shellings, on enré-
gimente des bataillons formidables. Les jours ou plutôt les

nuits de grande assemblée, quand il s'agit d'élire un chef
d'émeute ou de faire marcher ces troupes du désordre, on
suspend devant le repaire un transparent qui représente
une demi-lune et que l'on éclaire de l'intérieur : ce signe
vénéré défend aux profanes l'accès de la taverne. Cependant les bals du château, les séances des clubs, les courses
de chevaux, les paris extravagants continuent; les intrigues
et les conspirations politiques ne cessent pas, et le bonheur
de l'une des races les plus intéressantes qui soient au
monde se perd dans ce dédale de luxe et de douleur.

---

§ IV.

Causes de la démoralisation de l'Irlande et de sa misère. — Remèdes à cette misère.

Je ne suis pas de ceux qui prennent parti pour les op-
presseurs ; le droit du plus fort n'est que le droit de Caïn ;
et je n'admets pas davantage le droit de la ruse. L'Angleterre, depuis le règne d'Élisabeth, s'est conduite avec l'Irlande comme une maîtresse égoïste et une fanatique ennemie. Dieu la punit. Il faut qu'elle supporte maintenant la
plaie qu'elle a envenimée de ses mains. Elle a d'abord méprisé l'Irlande comme sauvage , et en effet les tribus aus-
traliennes le sont moins aujourd'hui que ne l'était l'Irlande
du XIVe siècle. Au commencement du XVIIe, quand l'envoyé de l'un des petits rois d'Érin se présenta devant Jacques Ier couvert d'un drap de laine pour costume de cérémonie , les prières des chambellans ne purent l'engager
à dormir dans un lit. Il se coucha sur les cendres mêmes
du foyer, dans la cheminée. Ce mépris de l'Angleterre pour

l'Irlande s'aggrava de haine à l'époque de Cromwell, quand les sauvages catholiques d'Irlande refusèrent d'abdiquer leur foi et se battirent à outrance contre les hérétiques leurs maîtres. De 1620 à 1830, le calvinisme le plus intolérant a été, on le sait, le pivot de la politique anglaise, et les iniquités de la Grande-Bretagne envers l'île voisine furent les crimes d'une haine religieuse et d'une intolérance calviniste plutôt que ceux d'un pouvoir oppressif. Aujourd'hui même les protestans souffrent que l'on entasse sur des vaisseaux mal gréés qui font voile pour l'autre monde des milliers de malheureux papistes irlandais, hâves, nus et affamés, dont les Saxons puritains se débarrassent ainsi. En 1847, trois cent mille Irlandais catholiques quittèrent leur île natale pour aller chercher aux États-Unis du pain ou la mort. Les nouvelles villes de l'Amérique septentrionale se remplissent de ces malheureux, qui non-seulement accroissent la puissance déjà formidable d'une nation ennemie, mais répandent dans le Nouveau-Monde la contagion de leur haine.

Aujourd'hui que l'esprit anti-papiste s'efface en Angleterre, elle voudrait moraliser cette race négligée trop longtemps, dénuée de principes, et fléau de ses tyrans. En vain l'Angleterre donne du pain aux Irlandais qui la gênent ; dès que les pauvres ont compris qu'ils étaient gênants et que l'aumône était une prime accordée à l'embarras qu'ils causaient, ils sont devenus plus paresseux et partant plus pauvres : — « On ne peut pas, dit la *Chronique de Limerick* d'août 1846, se procurer de moissonneurs ; ils aiment mieux aller tendre la main sur les grandes routes ou quêter les aumônes de la paroisse. C'est en vain que depuis mercredi dernier les plus beaux épis de blé nous sourient de toutes parts, courbant la tête sous leur glorieux fardeau ; il n'y a personne pour les recueillir, pas de faucille pour les abattre. Encore une semaine d'un temps pareil, et nous perdrons la moisson tout entière. Il est impossible d'arracher ces gens-là au plaisir de la mendicité et au bonheur de leurs haillons. Quand ils auront bien souffert, ils s'embarqueront pour l'Amérique avec quelques pommes de terre, pour voir du pays, bien plutôt que pour échapper à la famine. »

C'est ainsi que l'Angleterre est punie de la mauvaise éducation qu'elle a donnée à sa jeune et sauvage sœur. Les Irlandais jugent-ils que les aumônes qui doivent remplacer le travail ne sont pas suffisantes, ou que le travail lui-même, quand ils l'acceptent, est trop pénible, ils s'assemblent et se révoltent, brûlant et pillant tout sur leur passage. Quelquefois ils instituent les travaux qui leur conviennent le mieux, travaux la plupart du temps factices et dérisoires, qu'ils se réservent le droit de faire payer ensuite. « En septembre 1846, dit la même *Chronique de Limerick*, une centaine d'hommes se rassemblèrent à Coonagh, armés de bêches et de pioches, et pratiquèrent un grand fossé au milieu de la route. Au milieu de ce fossé, ils plantèrent une borne, et sur cette borne ils placèrent un drapeau auquel était affiché le document suivant, trop curieux pour ne pas être rapporté : « Sachez bien que la suzeraine de
» Currafin (symbole des ouvriers et laboureurs du can-
» ton) est venue visiter l'arrondissement de Thenorth, et
» qu'ayant vu que de ce côté il n'y avait pas de travaux publics
» assez bien payés, elle nous a commandé de faire ce que
» nous faisons, ajoutant que, si on lui donne la peine de
» revenir une seconde fois, on en verra les conséquences.
» Que personne ne s'avise de combler ce fossé, ou d'inter-
» rompre notre œuvre présente, ou d'empêcher qu'on nous

» la paie ; terribles et puissantes seraient les vengeances par
» la vie et la mort ! » — Il fallut obéir.

Quand après notre tournée, nous revînmes à Dublin,
je demandai au capitaine O'Mealy ce qu'il espérait de
l'Irlande et si elle pourrait sortir de cette barbarie.

« Les formules politiques n'y suffiront jamais, me ré-
pondit-il ; il faut changer le fond des mœurs. Un parlement ne
nous sauverait pas. L'Irlande s'est longtemps enthousiasmée
en faveur d'un parlement spécial, d'un parlement irlandais,
qui, au lieu de lui porter bénéfice, l'a mise à deux doigts
de sa perte. On y discutait beaucoup ; les métaphores les
plus éclatantes et les apostrophes les plus hardies y tombaient par cataractes ; les intrigues n'y manquaient pas
plus que l'éloquence et la saillie. L'Irlande n'y gagnait
rien.

» La démoralisation s'opère aisément, la désorganisation
et la ruine sont rapides ; la réorganisation est pénible et
lente, et il n'y a pas de problème plus difficile au monde
que la résurrection d'un peuple. Quelques personnes pro-
posent de secourir l'Irlande par l'aumône universelle.
On fait valoir le « droit à l'assistance, » et l'on veut introduire en Irlande la *taxe des pauvres* en vigueur depuis
Élisabeth. « Je l'ai vu à l'œuvre, dit un rapporteur anglais,
M. Conwell, ce droit à l'assistance, et je me sens aussi
incapable d'en donner une idée juste que de donner l'idée
complète de la peste et des effets qu'elle produit. J'ai
causé avec des pauvres que le système actuel a faits ce qu'ils
sont. Je les ai examinés et questionnés. On les a conduits,
par cette assistance, à la dernière dégradation et à la dernière misère. » Ce moyen serait donc détestable.

« Il n'y a qu'un remède véritable : métamorphoser la vie

morale du pays et le rattacher au groupe britannique dont
il fait partie. L'Irlande ressemble à ces fils ou à ces femmes qui veulent se détacher de leur famille et ne peuvent
prospérer que par elle : esprits indépendants, qui, pour
un peu de vanité satisfaite, compromettent leur existence
entière. L'intérêt vital de l'Irlande est de rester unie à la
famille, c'est-à-dire au groupe anglais et écossais, keltique et saxon, qui compose la Grande-Bretagne. Il ne s'agit
pas pour elle d'avoir un parlement, mais de vivre, de cultiver son champ et de posséder du numéraire. Il lui faudrait pour cela toutes les qualités qu'elle n'a pas et tous
les défauts qui lui manquent. Elle n'est pas patiente, per-
sévérante, économe, laborieuse ; elle estime peu le capital
et ne sait pas créer d'économies ; elle cultive mal la terre,
et n'a point de goût à la bien cultiver ; elle joint l'imprévoyance du sauvage au goût pour le luxe et aux vaniteuses
dépenses de l'homme civilisé. Fermiers et seigneurs, paysans et bourgeois aiment la ruine et l'extravagance. La vie
calme et paisible est un fardeau que personne ne supporte ;
on ne donnerait pas une journée de paresseuses délices,
d'orgies, de combats et d'aventures, pour dix années de
richesse hollandaise et de bien-être laborieux. Le civilisateur ou plutôt le réparateur de l'Irlande aurait donc à lutter contre les vertus inutiles et les brillantes qualités de
cette race extraordinaire ; il aurait à combattre et à dompter un sol laissé en friche depuis des siècles et couvert de
marais stagnants.

» Il y a chez nous trois millions d'acres anglaises de
marécages ou de terres en friche (1). Dessécher les ma-

(1) Voyez M. R.-M. Martin : *Ireland before the Union and after
the Union.*

récages et les convertir en cultures serait évidemment le premier pas vers la résurrection du pays. Sur ces trois millions d'acres, les terres marécageuses occupent à elles seules deux millions huit cent trente mille acres, et appartiennent généralement aux grands propriétaires anglais. On a calculé que chaque acre coûterait à dessécher environ 10 shellings, ce qui ferait 1,500,000 livres sterling pour achever l'entreprise entière. Le gouvernement pourrait sans aucun doute racheter ces terres inutiles, émettre des billets hypothécaires qui en représenteraient la valeur, et, en augmentant la richesse territoriale, créer des habitudes d'activité. Un système de banques populaires d'après les excellents principes des banques d'Écosse coïnciderait avec ces améliorations agricoles. La culture du chanvre, à laquelle le sol irlandais est particulièrement favorable, est indiquée par plusieurs agronomes comme de nature à alimenter le marché anglais. Le développement de toutes ces ressources combinées ne pourrait pas manquer, dans un espace de temps donné, de ramener l'Irlande de la barbarie à la civilisation.

» L'exploitation du charbon de terre et des mines, qui constituent une des richesses spéciales de l'Irlande viendrait après ; mais la métamorphose morale est avant tout nécessaire. Comment procéder à cette exploitation, quand, d'une part, on ne souffre pas la présence d'ouvriers étrangers, et que d'autre part on a trop d'orgueil pour travailler soi-même ? Comment obtenir le capital nécessaire si l'on se croit déshonoré en prenant la hache et la bêche, la pelle et le hoyau pour remuer la terre ! Notre race endormie répugne à incendier les bruyères, à dessécher les étangs, à s'emparer des chutes d'eau pour en appliquer la puissance aux manufactures et aux fabriques, à fouiller les montagnes qui

renferment le cuivre et la houille, à tirer de l'Océan une
alimentation abondante et saine. L'exercice des droits po-
politiques les plus étendus ne ferait donc qu'enveniner sa
misère ! »

« La tâche du civilisateur de l'Irlande est sublime :
les plus beaux éléments se trouvent sous sa main, une foi
commune, un sol fertile, une race vive, spirituelle, courageuse. Qu'il prenne leçon des terribles fautes commises
depuis un demi-siècle par les civilisateurs matérialistes de
votre France, et qu'avant de procéder à la réorganisation
matérielle, il y réveille le principe de vie, — la Notion Divine du bien moral (1). »

(1) Les idées émises dans ce chapitre, dont une partie a paru en
1848, sont précisément celles que le grand homme d'État sir Robert
Peel a essayé de faire prévaloir, et sir John Russell d'exploiter en
1849. Il nous semble indubitable qu'elles sauveraient l'Irlande.

UNE

DÉPORTÉE A BOTANY-BAY.

UNE DÉPORTÉE A BOTANY-BAY.

~~~~~~

Ce que c'était que Marguerite Catchpole. — Le Chaudron du Loup.
— Will Laud. — Les contrebandiers. — Les Douaniers. — Le
cheval volé. — Botany-Bay.

———

Nous traversâmes de nouveau le détroit. Je laissai le capitaine O'Mealy à Anglesey, d'où je repartis pour Londres.
L'été suivant, le désir me prit de connaître un nouveau repli
de l'Angleterre ; un jeune homme nommé Boyce, poitrinaire
et poète, intéressant et doux comme tous ceux qui sentent que la vie leur échappe, et qui aspirent à un monde
meilleur, allait voir sa famille qui habitait le petit village
de Nacton, dans le comté de Suffolk ; il me proposa de
l'accompagner. J'y consentis avec plaisir. Ce nouveau point
des côtes d'Angleterre à visiter me séduisait ; je suivis mon
ami Boyce. Pendant mon séjour à Nacton j'eus occasion de
recueillir les détails d'une idylle populaire que je raconterai
tout-à-l'heure. Née dans la vie réelle la plus basse et la plus
sauvage, cette idylle commence au bruit de l'Océan germanique et finit par s'éteindre au murmure de la mer Pacifique. Les faits en sont authentiques, avérés, attestés par
les journaux du temps et les registres de l'autorité judi-
ciaire ; la justice, qui se mêle assez volontiers des romans
du peuple, a pris grande part à celui-ci (1).

(1) M. Cobbold, ministre anglican, a écrit une romanesque et
emphatique histoire de Marguerite qu'il a connue, Londres. 1845.

Le petit village de Nacton, dans le comté de Suffolk, est composé d'une seule rue qui dort sur le penchant d'une ravine obscure. Quand vous l'apercevez ainsi couché au creux de sa vallée boisée et solitaire, vous vous demandez si c'est un village vivant ou mort; et la nuit, en traversant cette rue déserte, vous vous étonnez bien plus encore du long et perpétuel mugissement qui vous poursuit : c'est la mer, que l'on ne voit pas, mais qui parle.

En effet, la mer n'est pas loin; elle reçoit dans son sein, près de là, le Stour et l'Orwell, rivières qui forment à leur embouchure des alluvions dangereuses, recouvertes d'herbes et de sable. Entre l'Orwell et Nacton se trouve cette vaste étendue de terrain dont une partie est renommée aujourd'hui pour sa fécondité, et qui doit le nom de Wolf-kettel (*chaudron du loup*) à la bataille sanglante livrée par le duc saxon Wolfkettel ou Ulfkettel contre les Danois. Il paraît que le sang des humains engraisse prodigieusement la terre, ou que Dieu veut nous payer en bienfaits les douleurs et les violences que notre race s'impose, car presque tous les champs de bataille, et celui-ci entre autres, sont devenus célèbres par l'opulente beauté de leurs moissons. Au milieu de l'aridité de cette triste grève, couverte de galets accumulés et roulés, une portion du *Wolfkettel's tract*, qui avoisine l'Orwell, est cultivée avec succès depuis dix siècles par une population de fermiers, la plupart descendants des envahisseurs danois. Une vaste chevelure jaunâtre flotte sur les épaules de ces hommes de taille gigantesque et à large carrure que l'on aperçoit la main appuyée sur des chevaux du Nord aussi énormes qu'eux, les dirigeant du matin au soir avec une gravité imperturbable et une dignité de héros dans le sillon parallèle au sillon voisin. Les bêtes et les hommes se ressemblent ; la crinière d'argent de la jument robuste au garrot musculeux, au vaste poitrail, à la robe bai-clair, flotte au vent de la mer avec la chevelure blonde de celui qui la conduit. Le patois de ces paysans est d'un autre temps et d'un autre monde ; lorsque le cheval a fini le sillon, le cri *wourrah !* rappelle le vieil accent de guerre. Quand il en recommence un autre, le paysan crie *wourrhie !* Les fortes gutturales du Nord sortent de ces poitrines colossales et rendent des sons aussi inintelligibles pour l'Anglais de Londres que le langage des îles Caraïbes. Quelquefois, sur le dos de l'un de ces chevaux, il y a quelque petite fille saxonne, blonde et transparente, avec ses petites jambes toutes nues qui vont se perdre dans les poils de la crinière. Les femmes, au surplus, montent à cru les chevaux de leurs pères, et dans les rencontres fréquentes des contrebandiers et des garde-côtes, on les voit, ou plutôt on les a vues, car ces mœurs commencent à s'éteindre, manier résolument l'épée courte du matelot et le pistolet d'abordage. Les noms comme les habitants de ces parages (North-Folk, *Norfolk ;* — South-Folk, *Suffolk ;* — East-Saxon, *Essex*) sont encore aujourd'hui sans mélange de race et de sang normands. Cracknell, Catchpole, Wringnell, Springtree, vrais noms roturiers, ont traversé les siècles sans déroger, sans se mêler à la noblesse des Beauclerc (Beauclerck) et des Courcy (Churchill) de Normandie.

La ville d'Ipswich, bâtie presque à l'embouchure de l'Orwell, est le centre du mouvement agricole et commercial de tout ce canton. Le voyageur l'aperçoit du haut de la colline de l'Évêque (*Bishop's-Hill*), après avoir passé Nacton ; et s'il tourne le dos à la mer, il découvre et domine une vaste et gracieuse étendue de pays. Un amphithéâtre inégalement boisé, d'où s'élèvent comme par étages des forêts et des prairies semées de douze bourgades ou villes annoncées par les aiguilles de douze clochers gothiques, borne l'horizon à plusieurs milles de distance. Au loin serpente l'Orwell, qui s'élargit en se rapprochant de la mer, pénètre dans plusieurs vallées, disparaît et reparaît sous la lumière et dans l'ombre, décrit une courbe élégante, et après avoir entouré de son arc de cercle la jolie ville d'Ipswich, située au pied de la colline, forme les marécages dangereux dont nous avons parlé, et se précipite dans le Stour. Souvent ces rives ont servi d'études favorites aux paysagistes anglais, qui recherchent curieusement le contraste assez rare du mouvement maritime et des beautés agrestes, le mélange d'une culture riante et des sauvages aspects d'une côte désolée.

Vers la fin du dernier siècle, une vieille superstition attachée à l'un des points les plus élevés et les plus stériles de la plage, qui se nomme *Bawdsey Cliff* ou Pic de Bawdsey, subsistait encore et semblait même se raviver. Les garde-côtes (la plupart Irlandais), stationnés de distance en distance derrière les pyramides de pierres sèches et de débris maritimes, pour faire le guet et découvrir les embarcations des contrebandiers, toujours errantes ou cachées dans les échancrures du rivage, n'avaient pas peu contribué à entretenir cette terreur populaire; rien n'est plus superstitieux qu'un Irlandais. Le gouvernement les employait cependant de préférence; ils étaient braves, gais, actifs et vigilants; leur vivacité, leur vigueur, leur amour de la bataille, cette bravoure étourdie qui les distingue, ces ruses de sauvages qu'ils emploient merveilleusement, en faisaient des adversaires redoutables pour les ennemis de la douane. Ils bravaient la pluie et le vent, l'orage et la chaleur, l'épouvantable bise qui siffle sur ces sables, et même, sans la rendre à personne, la haine violente à laquelle leur triste métier les exposait. Ils se faisaient tuer et ils tuaient avec une bonne humeur imperturbable. Les paysans, amis de la contrebande, pardonnaient à ces Irlandais, qui souvent s'asseyaient à leur table et leur contaient des histoires merveilleuses, — par exemple, que du côté de Bawdsey Cliff une légion de fantômes habitait, que ces fantômes étaient ceux des contrebandiers d'autrefois, que leur apparition était du plus mauvais augure, qu'ils disparaissaient à volonté dans les sables, et que tout officier du gouvernement assez hardi pour les suivre était infailliblement perdu et englouti dans les régions souterraines. Voici la cause de cette croyance, qui, grâce à la facilité oratoire des Irlandais et à la crédulité de leurs auditeurs, s'était répandue assez loin.

Une cabane de pauvre apparence, avec un petit verger entouré d'un mur en pierres sans ciment, occupait le sommet de Bawdsey Cliff. Près de la cabane, derrière le mur du verger, se trouvait un puits sans margelle, d'une structure grossière, remarquable seulement par la grosseur du câble et la largeur du seau de bois qui servaient à puiser de l'eau. L'orifice de ce puits était protégé par un amas de tessons et de fragments de bouteilles qui empêchaient d'en approcher ; ce n'était pas sans motif que l'on en avait ainsi défendu les abords ; à douze pieds environ du sol, dans la paroi du puits, bâtie des pierres ou galets qui couvrent la côte, s'ouvrait une petite arcade surbaissée ; elle servait de porte à une grotte singulière et longtemps ignorée de tout le canton, dont c'est une des curiosités naturelles.

La forme de cette grotte est circulaire ; elle présente un entonnoir immense, aussi parfait que si le compas et l'é-

querre en avaient achevé l'exécution. Des sillons réguliers,
s'élargissant et s'espaçant davantage à mesure qu'ils se rapprochent de la voûte, tracent autour de la grotte leurs
cercles concentriques, et attestent le séjour d'une masse
d'eau, qui, se frayant à travers les sables un passage vers
la mer, a longtemps tourbillonné dans cette cavité dont
elle a creusé l'argile, pour se frayer une autre issue.
Les contrebandiers de ces cantons avaient depuis longtemps mis à profit cette ressource naturelle; ils avaient
détourné le cours d'eau en lui donnant une voie vers
l'Océan; ils avaient voûté la grotte, pratiqué dans la voûte
un trou qui, aboutissant à la cheminée de la chaumière,
confondait la fumée de celle-ci avec la fumée du feu allumé dans le souterrain; enfin, pour compléter le succès
de tant d'inventions ingénieuses, ils avaient meublé avec
quelque recherche ce domicile où l'on ne pénétrait que par
le puits, c'est-à-dire par le seau qu'une main amie, celle
du paysan habitant la chaumière, ou de sa femme, arrêtait
juste devant la petite arcade servant de porte à la grotte.
Le mur cachait le puits à ceux qui remontaient le Cliff du
côté de la mer, de sorte que tout contrebandier vivement
poursuivi tournait le mur, s'élançait dans le seau, qu'il entraînait par son poids, s'arrêtait lui-même devant la porte
de la grotte, au moyen d'un grappin qu'il se tenait prêt à
jeter et qui lui servait d'ancre, et s'élançait, malgré toutes
les recherches, dans une chambre obscure, ronde et voû-
tée, étroite par le bas, large par le haut, d'ailleurs aérée et
saine, où il trouvait des aliments, du feu et un abri. La
disparition fantastique des contrebandiers s'était répétée si
souvent, que de Nacton à Ipswich l'existence des fantômes
était devenue un article de foi.

Il y eut cependant un Irlandais nommé *Pat O'Brien* que

cette explication surnaturelle ne satisfit pas. Ce Pat était
malin, et il voulut en avoir le cœur net. Il avait remarqué
ce mur et ce trou, par où s'opérait régulièrement l'esca-
motage des contrebandiers poursuivis, et il lui prit une envie extrême de savoir ce que contenait l'intérieur du *Puits
des Fantômes*. Cela pouvait lui coûter cher, comme on va
le voir.

La cabane était habitée par la famille d'un vieux laboureur dont les contrebandiers s'étaient fait un ami fidèle. La
population presque entière de ces grèves était pauvre. Plus
d'un ballot de dentelles, plus d'un châle de haut prix, sans
compter les barils d'eau-de-vie, de rhum, de genièvre, et
les pipes d'écume de mer, passaient du pont des bricks chez
ces paysans, qui n'avaient aucune envie de prendre parti
contre une illégale industrie qui leur fournissait à très-bon
marché des objets précieux. La plupart fermaient les yeux
lorsque les capitaines de bricks débarquaient la nuit ce
qu'ils appellent encore la cargaison du *clair de lune*. Dans
tous les pays, dès que l'homme peut attester son ancien
droit à la liberté sauvage, il s'y rejette avec grande joie, et
les gens des frontières, comme les habitants des côtes, s'arment volontiers contre la loi pour le contrebandier de terre
ou de mer. La femme du laboureur était dans ces sentiments; elle avait reçu plus d'un cadeau des capitaines de
bricks, et leur était dévouée. Pat, le garde-côtes, s'adressait
donc on ne peut plus mal quand il avoua le désir de
voir un peu ce qui se passait dans ce fameux puits à la
femme du laboureur, une des maîtresses-femmes dont j'ai
parlé. Elle consentit, sans trop se faire prier, à l'y descendre, « puisqu'il avait la singulière fantaisie d'aller
là; » puis elle le laissa se placer à son aise dans le baquet,
et, la chaîne se déroulant avec plus de rapidité qu'il ne s'y

12

attendait, il se trouva précipité dans une eau assez profonde, plongé, replongé, baigné à plusieurs reprises et balancé par la main de la villageoise. En vain ses cris plain-
tifs essayèrent d'attendrir son bourreau féminin. *Jwelh !
H'angel! d'harling !* criait-il avec son aspiration orientale…
Elle ne cessa de descendre et de remonter alternati-
vement la corde que lorsqu'elle n'entendit plus rien. Pat
reconnut son étourderie, se cramponna à l'anneau de fer
du seau et ne bougea plus ; il espérait, en faisant le mort,
échapper à sa persécutrice et grimper le long du câble
avec cette agilité que les hommes de mer exercent souvent à leur bord. Il avait affaire à des ennemis acharnés,
aussi adroits, mais plus vigilants que lui. L'avantage leur
appartenait.

Il lève la tête, n'entend plus de bruit, regarde, appelle,
on ne lui répond pas ; il saisit la corde, s'aide des mains et
des pieds et se trouve bientôt en face de l'ouverture du
puits. Au moment où il s'arrête pour respirer un peu, se
croyant sauvé, ses deux jambes sont saisies par une pince
de fer qui les serre inhumainement ; ses mains lâchent prise, il tombe la tête en bas et se trouve attiré vers la porte
de la grotte, où un matelas amortit le coup terrible qui lui
aurait brisé le crâne contre la paroi du puits. Enfin , jeté
dans la cave même, le pauvre Pat entendit de longs éclats
de rire retentir à ses oreilles, et vit une douzaine de matelots que la mésaventure du garde-côtes trop curieux jetait
dans une gaieté extraordinaire et bruyante.

Pat était en effet tombé au milieu d'une réunion complète de ses mortels ennemis, et si nous avions un roman
à écrire, ce serait ici le lieu de peindre l'intérieur de la caverne, les torches flamboyantes, les moustaches des contrebandiers, l'effroi de Pat l'Irlandais, et la persuasion où

il devait être que l'enfer venait de s'ouvrir pour lui ;
nous sommes historiens : ne trouvant rien de tout cela
dans les *Reports* et les *Judiciary Documents* de l'année 1790, où ces événements eurent lieu, nous dirons seulement, et sans empiéter sur le domaine des romanciers,
que nos fraudeurs se trouvèrent aussi embarrassés de leur
prise que Pat de sa personne. On ouvrit plusieurs avis ; la
résolution qui réunit le plus grand nombre de voix fut très-
dure. Elle n'allait à rien moins qu'à se défaire du pauvre
Pat, seul moyen d'assurer son silence éternel et de ne plus le
craindre. Pat maudissait trop tard sa curiosité excessive et
aventureuse ; il avait découvert le secret de ces gens qui
voyaient leur vie compromise, et qui ne reculaient devant rien. On commença par prier l'Irlandais de boire un
verre de gin pour se réconforter et se préparer au grand
voyage, puis on lui donna le choix de la porte par laquelle
il aimerait le mieux sortir de la vie. Noyé dans le puits ou
achevé à coups de sabre ? lui demanda-t-on. Il répondit
qu'il aimait mieux *ni l'un ni l'autre ;* au moment où personne ne riait, le capitaine entra, si l'on peut appeler une
entrée cette descente par le seau du puits que nous avons
déjà décrite.

Will Laud, c'était son nom, et il paraîtra souvent
dans notre histoire, était un jeune homme de vingt-cinq
ans, reconnu pour chef par ces hommes. Il fit bander les
yeux du pauvre Irlandais, le fit placer au fond du baquet
fatal, enveloppé d'une toile à voile, et la corde du puits se
mit à jouer. Pat, qui s'était recommandé à saint Patrick,
et qui avait cru descendre au fond du gouffre, suivait un
mouvement d'ascension ; quand il ouvrit les yeux, il se vit
à bord d'un fort joli brick, celui même du capitaine Laud ;
on le promena quelque temps le long des rivages, et l'on

finit par le déposer sur un point désert de la côte orientale, en lui donnant quelque argent pour son voyage, et en lui recommandant le silence pour prix de la vie qu'on lui accordait.

On peut juger, d'après le fait très-réel que nous venons de rapporter, des ressources dont disposaient les fraudeurs de la côte de Suffolk, et des vastes bases sur lesquelles ils opéraient. Profitant des circonstances favorables, et surtout de l'intérêt qu'ils inspiraient à la plupart des laboureurs et des paysans, ils avaient leurs espions, leurs forteresses, leurs lieux de plaisance , leur trésor, leur marine, leurs arsenaux, et jusqu'à leurs relais préparés d'avance. Souvent il leur arrivait de saisir et d'employer pour une nuit tous les chevaux d'un propriétaire ou d'un fermier, qui ne s'inquiétait point de la disparition momentanée de ces animaux ; il savait que le lendemain matin ils seraient renvoyés à l'écurie en bon état, et accompagnés d'une rémunération généreuse.

Ainsi s'établissait une organisation complète, qui , grâce à la connivence des uns et à l'audace des autres, détruisait une partie des revenus de l'État. Les employés du gouvernement avaient à lutter à la fois contre les intempéries des saisons et des tempêtes, la mauvaise volonté des gens du pays, la ruse expérimentée de leurs adversaires et l'asile toujours ouvert que l'Océan leur offrait. Aussi mettaient-ils dans cette lutte inégale une sorte de point d'honneur acharné qui faisait de cette partie de la côte anglaise un des lieux les plus dramatiques de l'Europe. Ce ne fut que plus tard , lorsque la guerre permit de détourner au profit du service public l'activité des plus audacieux et des plus habiles parmi ces fraudeurs, et de les enrôler sur les vaisseaux de l'État, que le gouvernement parvint non pas à détruire, mais à renfermer la contrebande dans des bornes plus modestes et à réduire les bénéfices de ce trafic, dont les principaux résultats vinrent d'ailleurs se concentrer dans les mains d'un seul homme.

En 1841 mourut à Londres un personnage bien connu sur toute la côte de Suffolk et d'Essex, auquel la loi n'avait jamais pu adresser de reproche, et qui n'avait pas cessé de la braver. Il était maître de douze bricks et propriétaire de quatorze maisons ou magasins sur divers points. Les contrebandiers le reconnaissaient pour roi, et jamais royauté ne trouva de sujets plus fidèles. Aucune preuve suffisante ne s'élevait contre lui, rien ne prouvait ou même n'indiquait sa complicité, encore moins sa situation et son rang. Armateur et commerçant patenté, il possédait à ce titre trois navires consacrés au commerce légal, et qui servaient de couverture à la portion illégale de son trafic. Les mauvaises chances tombaient sur les gens qu'il mettait à la tête de ses expéditions ; chaque brick avait son capitaine auquel des gains considérables étaient assurés en cas de succès, des lieux de repaire et des abris ménagés en cas d'insuccès; ces agens avaient intérêt à cacher soigneusement la main qui pouvait leur être utile en toutes circonstances. Ce capitaine Barwood mourut riche, sans avoir affronté une seule fois la mer, qu'il ne cessait pas d'exploiter. Il était hardi, fin, rusé, sans principes, sans foi, et connaissait les hommes.

Will Laud, que nous venons de voir si généreux, un de ses principaux instruments, avait été bercé au bruit de la lame, dans le bateau de son père, toujours debout sur un bac, devant Harwich et le fort Langer. La mer, qui pénètre fort avant dans les terres, entre la côte d'Essex et la côte de Sussex, forme là une échancrure dont l'un des

bords est couronné par le fort Langer, et l'autre par la
ville de Harwich ; le père de Laud, payé par le gouvernement pour le service des dépêches entre Harwich et le
fort, dirigeait le bac, aidé par son jeune fils Will Laud ; — et
c'était une rude besogne. Le capitaine Barwood remarqua
ce jeune homme vigoureux et adroit, capta sa confiance,
et fit de lui, à vingt-deux ans, l'un de ses capitaines, le
maître de l'un de ses plus beaux bricks.

Il n'était pas étonnant que Laud, malgré le désir de son
père, le batelier de Harwich, eût écouté les avis et cédé
aux séductions de cet homme habile. La vie des fraudeurs
passait pour une vie héroïque et glorieuse ; pendant que la
mer brise ses lames sur les rochers et les sables, les journaux de Londres et de l'intérieur de l'île viennent chaque
jour murmurer aux oreilles de ces paysans pauvres et
ignorants des bruits de triomphe, de gloire, de combats,
de guerre, de pays vaincus, de richesses bien ou mal
acquises, et tout invite les habitants de ces plages à tenter
la fortune et à courir la mer de leur côté, pour se créer
aussi de l'illustration et de l'aisance. Un motif puissant
avait surtout déterminé le jeune Laud à choisir la périlleuse carrière qu'il parcourait ; il était pauvre et amoureux.
Il avait vu et il aimait la jeune Marguerite, fille d'un fermier de Nacton, nommé Catchpole, une charmante fille
qu'il voulait épouser, et à laquelle il n'était pas indiffé-
rent. Comment assurer à sa fiancée cette indépendance si
désirée ? La route de l'industrie régulière etait longue, celle
de la mer et de la contrebande lui était ouverte.

Il partit donc sans avertir Marguerite, s'empara du brick
qui lui fut offert par le capitaine, et ne cessa plus d'aller
et de venir de Hollande en Angleterre et d'Angleterre en

Hollande. L'un des plus audacieux et des plus heureux
parmi ces écumeurs de mer , il se fit une réputation dans
son genre. « Will Laud, dit le révérend Richard Cobbold,
qui l'a connu et qui l'excuse volontiers , était le véritable
type de sa race et de son état. Grand, le front haut et
droit, l'œil bleu, les cheveux blonds et bouclés, la courbe
du nez impérieuse et puissante, les lèvres fortes et le menton massif, sa physionomie était celle qui convient à la résolution devant le péril, à l'amour ardent des entreprises,»
à cette vie même que sans doute avaient suivie ses ancêtres,
pirates venus dans ces contrées pour labourer une terre
plus fertile que la leur. Marguerite Catchpole offrait un
type absolument contraire, « le teint basané et chaud de la
bohémienne, les cheveux d'un noir mat, les yeux brillants,
bruns , intelligents, les joues rondes, la taille déliée. »

Tels sont les personnages de ce drame, personnages vulgaires assurément par leur condition et leur fortune, sympathiques dans leurs contrastes, et qu'un autre destin
aurait pu mener à ce que les hommes appellent l'héroïsme.
Il y avait de la bravoure et de la générosité chez Laud, comme
sa conduite envers le pauvre Irlandais l'a prouvé ; quant à
Marguerite Catchpole, qui tiendra la première place dans
ce récit, sa nature était plus distinguée. Donnons leur
rang et leur prix aux énergies populaires ; plaçons dans
leur cadre véritable chacun des fils de Dieu ; que l'âme humaine soit honorée partout où éclate sa force, et que l'individu garde sa valeur en dépit des circonstances et des accidents. Or, cette Marguerite Catchpole , fille de fermier,
servante condamnée aux travaux forcés, qui est morte
avec un demi-million de fortune , près de la ville de
Sidney , et dont le fils est aujourd'hui un des hommes dis-

tingués de son pays, n'était point, malgré sa déportation, une criminelle, mais une touchante héroïne.

J'aurais voulu que le révérend biographe ne cherchât point à grandir et à embellir ce personnage. Il lui arrive de faire de temps à autre du sentiment, ce dont on le dispenserait volontiers, et de semer de points d'exclamation la simplicité du récit. Margaret Catchpole ne savait pas lire, et c'est ainsi que je l'aime. A treize ans, apprenant que sa maîtresse, la fermière de Nacton, est malade, elle détache le petit poney dans l'écurie, saute à cru sur son dos, sans selle et sans bride, descend la *Colline de l'Évêque* au grand galop, et finit par arriver sur la grande place d'Ipswich, chez le chirurgien, tout étonné de la visite. Elle répond, comme on le voit, au signalement que j'ai donné plus haut des femmes du pays, de leur énergie audacieuse et de leur activité passionnée.

Non-seulement nos deux personnages étaient merveilleusement préparés pour ce qu'il y a de plus fatal au bonheur, et même à la vertu, pour le roman dans la vie réelle; mais par une singulière harmonie, le paysage qui les entourait et que j'ai déjà indiqué, était digne des acteurs pour la singularité pittoresque. Aucun des poètes paysagistes anglais n'en a parlé, ni Thompson, ni Spencer, ni Cowper, ni Shenstone, pas même Crabbe, qui a séjourné sur un autre point de la côte d'Angleterre, côte plus stérile, moins fréquentée, qui ne vit pas de contrebande et dont il a décrit les mœurs sauvages avec une minutieuse énergie. Les localités dont je parle sont plus dignes du poète et du peintre; quelques paysages ravissants se dérobent dans les replis de ces collines situées à quelques lieues de la mer.

Une ferme nommée Alneshbourne, par exemple, réfu-

giée et comme recluse dans les ruines d'un vieux couvent
de frères augustins, eût fait les délices de Gray ou de
Cowper. Le fossé est détruit, l'eau qui le remplissait en
baignant les murs du monastère, continue de bruire librement autour de la ferme ; la tour est renversée, le clocher
abattu, la charpente de la toiture à nu, et les armes féodales de Michel de la Pole, tué par nos Français à la bataille d'Agincourt, apparaissent massivement sculptées au-
dessus d'une porte gothique, arche triomphale qui ne laisse
plus passer que des meules de foin et des gerbes de blé. A
droite, une pente douce et insensible, couverte du tapis le
plus fin et le plus vert que puisse fournir le gazon anglais,
descend de la colline qui domine la mer, et aboutit à l'ancien fossé ; à gauche, un petit bois de chênes verts remonte doucement la pente opposée, et boise la colline parallèle ; d'énormes chênes, contemporains des moines,
et favorisés par l'humidité de ce terrain creux, s'élèvent
comme de gigantesques colonnades, étendent leurs bras
noueux par-dessus les eaux murmurantes, et, se courbant en voûte au-dessus de la ferme qu'ils semblent protéger, vont rejeter l'extrémité de leurs rameaux noirs
de l'autre côté de l'édifice en ruine. Dans les interstices de
leurs feuillages, et entre les deux collines, vous apercevez
une clairière étroite et lointaine, et tout au fond de cette
perspective sans bornes une étincelle bleue qui est la mer.
C'était dans la ferme d'Alneshbourne que la jeune villageoise était en service.

La résolution de William avait été blâmée vivement par
elle ; elle s'était même refusée à recevoir les présens de rubans et de dentelles que de temps à autre le contrebandier avait essayé de lui faire parvenir. Le cours des choses
ne tarda pas à justifier les prévisions de la jeune fille et ses

conseils, car le métier choisi par William n'était pas sans
dangers. Un jour, le passeur de Harwich, son père, que le
gouvernement venait de priver de sa petite place pour le
punir des déportements de son fils, rapporta ce dernier sur ses
épaules, le crâne horriblement fracturé dans une rencontre. Édouard Barry, chef des garde-côtes sur la plage de
Bawdsey, s'était battu corps à corps avec le jeune contrebandier. Marguerite veilla pendant un mois son fiancé, guérit sa blessure, et lui fit promettre qu'il ne jouerait plus désormais un jeu si terrible et si dangereux ; mais William
avait donné une promesse difficile ou impossible à tenir.
Une fois que l'on a goûté de la vie bohême sur la terre ou
sur les eaux, on est attiré sans cesse vers la volupté terrible de cette indépendance. William, après avoir quitté
la cabane de Nacton et les soins de Marguerite, n'eut
rien de plus pressé que de remonter sur son brick, de
prendre le nom inconnu de capitaine Hudson, et de continuer le cours de ses exploits. Il trouvait à cette ruse
l'avantage de passer pour mort et de tromper la recherche
d'Édouard Barry le garde-côtes, celui-là même qui lui
avait porté cette terrible blessure.

Les Barry, et cela peut charmer les esprits systématiques qui tiennent à la théorie des races, ne ressemblaient
en rien à William Laud ; on sait que le nom de Barry n'est
autre que celui des Barré normands, nom métamorphosé par
leur séjour en Angleterre et provenant des moines *barrés*,
c'est-à-dire de certains ordres qui portaient des manteaux
bariolés de blanc et de noir. Les Barry étaient braves, mais
parfaitement soumis à la loi du pays, ennemis jurés des
fraudeurs et de leurs habitudes. Édouard Barry, lieutenant
des garde-côtes, avait eu avec le jeune homme cette alter-
cation violente dont nous avons vu le sanglant résultat. Son

frère, John Barry, plus doux de caractère et plus paisible
de mœurs, était employé chez le fermier d'Alneshbourne,
à côté de Marguerite, dont il s'éprit. Le caractère de Ralph,
si merveilleusement imaginé et dessiné par madame Sand
dans son roman d'*Indiana*, rappelle celui de Jean Barry,
dont nous verrons plus tard s'accomplir la destinée singulière. Il savait quel sentiment remplissait le cœur de la
jeune fille et se gardait bien de lui demander un amour
qu'il ne pouvait obtenir ; mais il restait près d'elle comme
le héros dont nous avons parlé, silencieux, plein d'atten-
tions délicates, triste et résigné. Le bruit de la mort de
Laud s'étant répandu, il eut un moment d'espoir, et l'ex-
prima naïvement. Marguerite, qui avait foi dans son fiancé,
le croyant au service légal d'un capitaine de vaisseau hollandais, répondit à Barry qu'elle était engagée, que William vivait encore ; et notre Ralph, dont la figure douce,
les traits délicats et le teint rose n'avaient pu vaincre chez
Marguerite l'idée fixe d'une résolution antérieure, reprit
sans se plaindre la position douloureuse que le sort lui as-
signait.

Cependant le capitaine Hudson, dont Marguerite ne
soupçonnait pas l'identité avec William, faisait grand bruit
sur la côte. C'était le plus hardi et le plus heureux parmi
les lieutenants du *roi de la mer*, le capitaine Barwood.
Lorsqu'un attelage de huit chevaux vigoureux emportait
vers l'intérieur des terres, sous le coup de fusil des douaniers, auxquels l'équipage des fraudeurs répondait, ces cargaisons « du clair de lune » qui se transformaient en *bank-
notes* et en guinées, c'était lui qui dirigeait l'expédition.
Toutes sortes de ruses étaient employées pour mettre sur
une autre piste et pour décevoir le garde-côtes Edward
Barry, et l'on y réussissait souvent, grâce aux efforts com-

binés de William et de son contre-maître Luff, homme
de fer que le chef, selon son habitude politique d'avoir un
affidé sans scrupule, chargé surveiller et de diriger sans
en avoir l'air, les actions du capitaine nominal, avait placé
auprès du jeune William. Luff ne craignait rien, ne respectait rien, et ne s'arrêtait devant aucune difficulté.

C'était moins un humain qu'une bête de proie nourrie et
élevée sur la mer. William lui avait dit souvent que tout
son désir, quelque bonne capture une fois accomplie, était
d'épouser Marguerite ; le nom de la jeune fille, qui se
représentait à travers les expéditions, les périls et les plaisirs de ces deux hommes, fatiguait l'oreille de Luff. « Parbleu ! dit-il à son capitaine, vous voilà bien embarrassé.
Puisque vous voulez cette fille, mettons-la à bord du brick,
et tout sera dit.

— Luff, je veux qu'elle soit ma femme.

— Votre femme, soit. Il y a des églises en Hollande et
partout. »

Les deux hommes s'entendirent pour qu'un rendez-
vous fût donné à Marguerite sur les bords de l'Orwell, près
de l'embouchure, à côté des derniers chênes de ce grand
parc de Wolverhampton, dont les racines noueuses apparaissent sous le gazon velouté qui leur sert de lit et vont se
baigner après de longues sinuosités dans le flux et le reflux
de la mer. Le brick à quelque distance, une chaloupe qui
devait remonter avec le flux et emporter Marguerite avec
le reflux, tout fut préparé par les deux contrebandiers ; enfin Luff se présentant au prieuré d'Alneshbourne comme un
matelot hollandais, parlant patois afin de mieux tromper la
servante, la prévint que son fiancé, qui n'avait que deux
heures à passer à terre, l'attendait au lieu indiqué. Cinq
heures du soir sonnaient. Il y avait huit mois que Margue-

rite n'avait entendu parler de William; on peut imaginer sa joie.

John Luff arrivait au milieu de l'une de ces vieilles coutumes saxonnes qui se maintiennent obstinément dans cette partie de l'Angleterre. Tels sont l'*yule-log*, ou bûche de Noël, sur laquelle les antiquaires disputent encore, et l'*harvest-home*, dernier jour de la moisson, dont le nom même remonte à plus de mille ans. L'*harvest-home*, dont on s'occupait au moment que je signale, est accompagné, dans ces parages, du *hallow-largess*, qui appartient exclusivement aux provinces du midi de l'Angleterre, et offre un mélange singulier de deux souvenirs du moyen-âge; le cri chevaleresque *largesse!* s'y joint à la clameur joyeuse du *hallow* des Saxons. John Barry assistait au repas, et au milieu de la gaieté rustique que les brocs d'ale entretenaient, son amour secret pour Marguerite devenait l'objet de plaisanteries qui blessèrent cette âme délicate. Il se hâta de fuir pour aller se coucher chez son père, pendant que Marguerite, le cœur palpitant et tout embarrassée de trouver un prétexte ou une occasion de sortie, plaçait sur sa tête à la hâte le petit chapeau de paille, et sur ses épaules le petit châle rouge, sans lesquels la plus humble fille d'Angleterre ne se croirait pas *respectable*.

C'était le 29 septembre 1792, car mon ami Boyce dont la famille a eu de grands rapports avec les Catchpole, a eu soin de marquer les dates avec la minutie d'un historiographe; la lune commençait à paraître à travers les chênes du prieuré, et les paysans continuaient leur *harvest-home* à grands renforts de chansons et de rasades, lorsque deux hommes, dirigeant une petite barque à voile latine, remontaient l'Orwell avec la marée montante en s'encourageant mutuellement. Ils côtoyaient le rivage et semblaient se cacher, pendant qu'une embarcation étrange, oblongue, et plus semblable à une boîte ou à un cercueil qu'à un bateau, les suivait à la piste. Elle était surmontée d'une draperie flottante et de couleurs variées, et conduite par un être bizarre que certes aucun romancier n'eût fait éclore de son cerveau, et dont en Angleterre presque tous les ports de mer possèdent l'analogue. C'était un vieillard à peu près idiot, qui vivait sur l'Orwell dans une vieille barque trouée et rapiécée, ornée d'une voile de toutes couleurs. Son grand bonnet pointu, fait d'un manchon de vieille femme, sa longue perche, au moyen de laquelle il dirigeait sa pauvre embarcation chancelante, et les fragments de calicot rouge, de velours vert et de soie fanée qui formaient sa voile d'arlequin le signalaient moins encore à la risée des petits enfants et à l'étonnement du peuple que les amulettes innombrables dont sa personne était surchargée. On le nommait Robinson, et peu s'en fallait qu'on ne le prît pour un sorcier de la mer. Il passait sa vie à recueillir des crabes et de petits poissons qu'il vendait ; ce n'était pas sans une sorte de terreur superstitieuse que la population des côtes regardait ce pauvre vieillard. Il semblait épier la direction du bateau et les actions des deux hommes qui le montaient, auxquels il adressait de temps à autre des paroles incohérentes.

Dans ce même moment, le mélancolique et doux Jean Barry, le Céladon du village, passait tristement la planche jetée sur le vieux fossé du prieuré, et Marguerite dont le cœur battait fort descendait vers la mer, sur laquelle une ligne rouge signalait à l'horizon le départ du soleil. Son entrevue avec William fut longue et passionnée, très-longue surtout au sentiment de Jean Luff, couché dans la barque et immobile, selon les ordres du capitaine, en attendant le

coup de sifflet qui devait préluder à l'enlèvement. L'échancrure circulaire que forme la mer sur ce rivage, bordée
d'un sable fin régulièrement accumulé par le reflux, et
couronnée d'un épais diadème de chênes noirs et touffus,
donnait un intérêt nouveau et une couleur toute romanesque à la situation de ces trois embarcations diverses : le
brick en occupait la pointe occidentale; dans le canot plat
de l'idiot, amarré au centre, Robinson se tenait debout
comme pour observer ; enfin la chaloupe renfermait John
Luff. Une petite maison de briques rouges, celle de Barry
le père, garde-forestier , apparaissait à demi-ensevelie sous
les arbres, au-dessus desquels brillait la lune dans son plein.

Marguerite aimait William de toute son âme, et on le
verra bien plus tard ; mais il n'y avait pas de volonté plus
obstinée que la sienne dans les résolutions qu'elle jugeait
bonnes. La résistance de la jeune fille, que William engageait à le suivre, était donc énergique et invincible ; elle
alléguait qu'il serait facile à William, devenu, comme il le
prétendait, un honnête matelot, de se faire sur la terre
ferme une situation au moins équivalente à celle qu'il occupait à son bord ; elle ne lui cachait pas son amour, mais
elle ne voulait point céder. William crut la déterminer en
lui avouant qu'il n'avait pas changé de vie, qu'il était le fameux capitaine Hudson, et qu'il fallait ou le suivre ou renoncer à lui. Cet aveu, loin de triompher des résistances
de Marguerite, les rendit plus vives. Alors elle parla d'un
jeune homme qui l'aimait, et dont les propositions pourraient être écoutées par elle, si William ne voulait pas renoncer à la contrebande. La pauvre enfant essayait, par ce
moyen violent, d'attirer à elle son fiancé, et de briser ses
habitudes dangereuses ; elle ne faisait qu'allumer chez lui
une irritation ardente, qui augmenta lorsque le nom de

Jean Barry fut prononcé. Après ce combat singulier qui avait laissé Laud baigné dans son sang, ce dernier avait gardé la plus profonde rancune contre le garde-côtes Édouard Barry frère de Jean.

On s'était donc promené sur la rive pendant une heure de conversation pénible et passionnée, et la lune montait dans le ciel, lorsque William, décidé par les derniers mots de l'imprudente Marguerite, porta la main à ses lèvres, et le long sifflet de manœuvre, retentissant le long de la côte, fit sortir de leur cachette deux hommes, le musculeux John Luff, qui s'avança à grands pas vers son capitaine, et le vieux maniaque de l'Orwell, qui resta debout dans son bateau; ce dernier, la perche à la main, longeant les derniers chênes du parc dont l'ombre le cachait, marcha lentement, l'œil fixé sur l'endroit où Marguerite, les deux mains dans celles de son fiancé, repoussait une dernière fois ses prières.

Certes Walter Scott, Crabbe ou Godwin n'eussent pas dédaigné cette figure originale que je n'invente pas; on peut lire la biographie complète du maniaque dans une feuille périodique du comté de Suffolk, à la date du 8 novembre 1811 (1), et tous les faits de cette narration, il faut bien le répéter, n'ont d'intérêt que par l'authenticité même de leur bizarrerie.

Ce maniaque de l'Orwell était comme animé d'une secrète divination des événements funestes; les passions l'attiraient, ainsi que les catastrophes; il les pressentait, il ac-

(1) The ancient fisherman whose character is here portrayed is not a mere creature of the imagination, but an eccentric being, once resident in the parish of Saint-Clement, Ipswich, by name Thomas Colson, but better known by the appellation of Robinson Crusoe..., etc. *Suffolk Garland*, 8 9ber 1811. Harwich.

courait, il était là, sans malveillance, sans rapacité, sans méchanceté, uniquement pour assister à l'incendie, au naufrage, aux scènes de violence; il disait, en secouant ses amulettes, qu'il voyait le démon sur la figure du meurtrier ou dans la flamme qui dévorait les poutres. Robinson Crusoë arrivait à temps, car John Luff ayant saisi à bras le corps, sur un signe de William, la pauvre Marguerite, cette dernière qui se débattait avec une énergie violente entre les mains des deux hommes, poussa un de ces cris aigus de l'extrême détresse qu'on entend à plusieurs milles de distance. Cependant Luff l'emportait vers la chaloupe, et William essayait de la calmer, pendant qu'un nouveau personnage, attiré par cette clameur, débouchait du plus épais du bois, et franchissait en courant tout l'espace qui séparait le parc du rivage. C'était Jean Barry, que ses camarades avaient banni de la table de l'*harvest-home* par leurs plaisanteries rustiques, et qui s'était dirigé, comme nous l'avons vu, du côté du parc de Wolverhampton, dont son père était garde-forestier. Ce cri de désespoir vient jusqu'à lui; il s'élance, s'arme d'un des pieux fichés dans le sable pour marquer la ligne de la marée, et se précipite vers le point où se trouvaient Marguerite et ses ravisseurs. Alors commença un combat inégal et plein de fureur entre Jean Barry, le contre-maître Luff et William Laud, armé de deux pistolets.

William avait reconnu dès le premier moment le frère du garde-côtes, celui qui prétendait à la main de sa fiancée; Luff savait bien qu'il y allait pour lui de la vie et du gibet; des motifs plus généreux, mais non moins violents, précipitaient les coups de Barry, qui avait affaire à deux hommes déterminés. Les passions les plus terribles animaient ce combat; Luff, renversé d'un coup de pieu que Barry

lui asséna sur la tête, tomba sans mouvement, pendant que
le corps presque inanimé de Marguerite tombait avec lui,
et, glissant sur le sable, allait se baigner dans les dernières
vagues de la grève. Cet incident accrut la fureur de William, qui, voyant Luff hors de combat, visa son adversaire
au bras gauche, et le renversa complétement désarmé. Cependant le vieux Robinson accourait, la perche à la main,
et la jeune fille revenue de sa première frayeur se relevait pour fuir du côté de la forêt, où les deux ravisseurs,
inquiets de leur propre sort, ne pensèrent plus à la suivre.
Ils ne tardèrent pas à faire force de rames vers le brick,
mécontents de leur soirée, et comprenant bien qu'il n'y
avait pour eux de sûreté que dans un prompt départ.

Barry, transporté dans la petite maison de son père et
ensuite dans la ferme d'Alneshbourne, devint l'objet des
soins assidus de Marguerite, qui, après avoir été la
garde-malade de son amant, devenait celle du rival de
Laud. La blessure était grave et dangereuse ; il semblait
à Marguerite que son devoir fût de sauver celui dont la
fureur de Laud avait mis la vie en danger : elle ressentait
tout ce combat de la passion et de la raison si souvent
exploité par l'art dramatique ; mais elle ne dit à personne
l'angoisse qu'elle éprouvait ; seulement, comme il arrive
aux êtres passionnés, elle fut plus silencieuse, plus concentrée, plus distraite que jamais. On commençait à rire
d'elle parmi ses égaux, et ceux dont elle avait repoussé les
offres de mariage se vengeaient. Barry revint peu à peu à
la vie sous les yeux de Marguerite, et seul il eut la générosité de la défendre ; il avait failli perdre la vie pour elle, et
c'est une grande raison d'aimer davantage que de s'être sacrifié.

Cependant il se tramait sur la plage une conspiration

des Barry et de leurs amis contre William, et des fraudeurs contre les Barry. L'identité du capitaine Hudson
et de Laud se trouvait ébruitée; celui qui l'attestait de
la manière la plus positive était Robinson, que sa curiosité
idiote avait attiré sur la scène du drame que nous venons
de raconter. Force fut encore à William de renoncer au
nom de Hudson pour y substituer celui de Cook; un
voyage au Canada, entrepris pour s'emparer d'une portion
du commerce des fourrures, lui parut devoir effacer le souvenir de ses tragiques violences et pouvoir dépister ses ennemis. Laud devint donc un véritable corsaire; la destinée
inévitable de ces sortes de vies étant de se précipiter, sans
pouvoir s'arrêter, sur la pente même de leurs propres fautes.

Marguerite ressentit bientôt les effets de sa liaison avec
Laud. Les protecteurs qui étaient venus en aide à sa jeunesse se retirèrent; la misère, la faim, le froid pénétrèrent
dans la chaumière de Nacton. On n'entendit plus parler de
Laud, dont les expéditions lointaines accrurent l'audace
déjà si fougueuse et si violente. Un jour, la jeune fille vit
entrer dans sa cabane Jean Barry, prêt à s'embarquer, et
qui regardant William comme à jamais perdu pour elle
renouvela sa proposition de mariage. Elle refusa, disant
qu'elle avait promis sa main à un autre. La tête de Laud
était mise à prix; une proclamation offrait cent guinées de
récompense à qui le livrerait mort ou vif. Le hardi corsaire
reparut cependant, et, dans une entrevue qu'il trouva
moyen de se ménager avec Marguerite, voyant que la dé-
termination de la jeune fille était inébranlable et qu'elle
n'épouserait jamais le contrebandier, il promit de s'engager dans la marine royale, exécuta sa promesse, obtint sa
grâce et se distingua.

Tout allait bien alors ; l'espérance renaissait avec l'honneur, et une famille d'Ipswich, celle du révérend Richard Cobbold, prenant en pitié la détresse des Catchpole, accueillit la jeune fille, qui mérita l'estime et l'affection de ses protecteurs. Un jour que le jeune Richard Cobbold, muni de son fusil de chasse, de poudre et de plomb, était monté sur un bateau appartenant à son père, pour faire la guerre aux sarcelles et aux canards sauvages dont ces parages abondent, le ciel se couvrit, l'orage s'annonça, et sept heures du soir avaient sonné, la pluie tombait à torrents, sans qu'on le vît revenir. Ce fut une grande désolation dans la famille. Sur un espace de plus d'un quart de mille, le confluent du Stour et de l'Orwell est bordé de ces alluvions de boue et de sable que recouvrent des plantes marines. Rien n'est plus dangereux que ces rivages où viennent s'enfoncer et se perdre dans les gros temps les petites embarcations. — A la nuit qui tombait se joignait l'obscurité de la tempête. On s'arma de torches, on courut sur le rivage, on héla à grands cris le jeune homme, dont aucune trace ne paraissait. Le vieux maniaque pêcheur, qui n'avait pas manqué cette occasion de se trouver à son poste, rapporta qu'il avait vu le jeune chasseur côtoyer le rivage dans un bateau, pendant une partie de la journée ; puis il secoua la tête en homme convaincu non-seulement du danger, mais de la perte du bateau et de celui qui le montait. Plusieurs matelots stationnés dans le port prirent part aux recherches malgré le péril, car la mer était terrible et remontait en gémissant jusqu'à l'Orwell, qu'elle refoulait dans son lit. Laud qui venait d'arriver après une campagne heureuse était l'un de ces matelots ; ces plages, si souvent visitées et reconnues par lui lorsqu'il était le capitaine Hudson, ne re-

célaient pas un seul bas-fond, ou une seule crique, dont les
abords ne lui fussent familiers. Il monte un canot, s'arme
d'une longue perche, le seul instrument qui pût lui servir
à se diriger, et pénètre lentement dans cette boue profonde
que l'orage et la marée achevaient de détremper. La quille
d'un bateau enfoncé dans cette vase lui indique l'endroit où
le jeune homme a disparu, et d'où il parvient à le tirer,
privé de connaissance, défiguré, quoique vivant encore. On
imagine aisément la joie de la mère, celle de Marguerite,
et les liens de tendre reconnaissance qui attachèrent désormais la famille au sort de Laud et de sa fiancée. Laud n'avait
que quelques jours de congé; il lui fallut repartir, mais
il promit à Marguerite de l'épouser à son retour, lorsque
sa paie de matelot et l'argent de ses prises (*prize-mo-
ney*) lui permettraient de s'établir avec elle à Ipswich ou
à Nacton.

Pendant les huit mois qui suivirent cet événement,
plusieurs matelots, chargés par William d'apporter à Marguerite des nouvelles de son fiancé, frappèrent à la porte
des Cobbold, et furent accueillis avec une bienveillance
qu'il est facile de comprendre. Cette hospitalité n'était pas
sans inconvénient : le bruit se répandit parmi les marins
de la côte qu'on se procurait aisément un bon repas et un
broc d'ale, pourvu qu'une veste de matelot et le nom de
William Laud servissent de recommandation à celui qui se
présentait. Mistriss Cobbold fut obligée d'opposer une digue à cette invasion maritime, et de supprimer dorénavant
des visites importunes et dangereuses. La jeune fille en fut
affligée.

Marguerite était une admirable sauvage, chez laquelle
un instinct de générosité et de grandeur se développait par
saillies; il lui manquait cette réflexion des actes honnêtes que

donne la culture civilisée, lorsque, perpétués par le raisonnement ils se transforment en règle générale pour
la vie. L'absence prolongée de William lui fit perdre sa
bonne humeur ; on la vit inquiète, ennuyée, distraite.
Le lendemain même de cette injonction qui la désolait, sur
les neuf heures du soir, on ouvrit la porte de la blanchis-
serie, et une petite fille cria : « Marguerite, encore un
matelot qui vous demande ! » Marguerite, d'un ton vif et
mécontent, se hâta de répondre : « Dites à cet homme que
l'on ne veut point de matelots ici, et qu'il s'en aille ! »
Alors un paquet assez gros, enveloppé d'une toile à voile,
vint tomber aux pieds de Marguerite. La main hâlée qui
l'avait lancé par la porte entr'ouverte la referma avec colère, et l'homme disparut. Cet homme était Laud lui-
même ; Laud revenait apporter à Marguerite le *prize-
money*, tout ce qu'il avait gagné sur mer.

Elle regarda la suscription du paquet : elle ne savait pas
lire ; mais un pressentiment secret lui apprit que quelque
événement fatal s'annonçait, et elle sortit précipitamment,
cherchant du regard l'homme qui s'était enfui. La nuit
était obscure. Au détour d'une rue, elle reconnaît le costume d'un matelot debout et qui paraît attendre. Elle s'approche, il saisit les mains de Marguerite sans prononcer
un mot ; ce n'était point Laud, mais son ancien contre-
maître John Luff, qui, mécontent de la nouvelle vie embrassée par son capitaine, et voulant le retrouver à tout
prix, exigea de la jeune fille qu'elle lui révélât ce qu'elle
ignorait, la retraite de William. Une scène de violence
eut lieu alors. Luff essayait d'étouffer les cris de la jeune
fille, et celle-ci se débattait sous les étreintes du contre-
maître, jusqu'à ce que les habitants des maisons voisines
accourussent à son secours. Le coupable avait disparu.

Cependant le mauvais accueil de Marguerite avait ébranlé et changé d'un seul coup les résolutions de William, qui se croyait oublié. Il reprit son ancien métier, pendant que le désespoir le plus amer et le plus vif remords s'emparaient de Marguerite. Le bruit de toutes ces aventures s'était répandu dans le comté, renommé, comme nous l'avons dit, pour l'élève des chevaux, et où le vol de ces animaux s'était organisé à côté du braconnage et de la contrebande. Un des hommes du nouvel équipage de William, nommé Jean Cook, ayant jeté un œil de convoitise sur un des plus beaux chevaux de M. Cobbold, imagina un singulier moyen de s'en emparer. Il parvint jusqu'à Marguerite et lui lut une prétendue lettre de William, dans laquelle ce dernier lui donnait rendez-vous à Londres à une heure fixe et dans un délai très-bref. « William était, disait-il, sur le point de repartir. La voiture publique eût été trop lente, et Marguerite, bonne écuyère, comme nous l'avons vu, devait se servir de la jument bai-brun de M. Cobbold, revêtir les habits d'écurie du groom, et partir à l'instant même. » Elle n'hésita pas, et partit au grand trot sous ce costume, ne s'arrêtant qu'à l'auberge du Taureau, dans Aldgate, à Londres, où John Cook espérait bien se saisir de sa proie. Mais la police était déjà instruite ; Marguerite fut prise, enfermée dans Newgate, puis transférée à Bury, jugée aux assises, et, selon la cruelle loi du temps, condamnée à mort pour vol domestique. Elle se défendit à peine et écouta la sentence avec humilité. L'influence de la famille Cobbold fit commuer la peine en sept années de déportation ; mais, comme il fallait attendre le départ du prochain vaisseau, elle passa trois mois dans la prison de Bury, où, aimée et respectée de ceux qui l'approchaient, elle fut chargée du soin de la lingerie.

William désespéré avait affronté le péril et bravé la loi
avec plus de témérité que jamais ; enfin, les douaniers le
saisirent, et on le conduisit dans la prison de Bury, où se
trouvait la condamnée, et où ces deux personnes si longtemps séparées se reconnurent. Les bons services qu'il
avait rendus à bord des vaisseaux de l'État militaient en faveur de William ; sa grâce lui fut accordée, et, malgré la
sévérité du régime de la prison, il trouva moyen d'avertir
Marguerite que le lendemain à midi son écrou serait levé,
et que le soir à dix heures il l'attendrait derrière l'église,
si elle pouvait effectuer son évasion.

Les longues et cruelles luttes soutenues par la jeune
fille contre son amour avaient vaincu sa force ; déjà
elle avait donné une fois sa vie pour William ; peu lui
coûtait de la hasarder une fois encore. Elle trama donc
sa fuite avec une adresse et un sang-froid extraordinaires, et parvint à exécuter son entreprise de la manière la plus étrange et la plus hardie. Des chevaux de
frise plantés dans un rouleau de bois horizontal couron-
naient la muraille de briques de la prison. L'une des pointes de fer était brisée. Au moyen d'une longue corde et
d'un nœud coulant qu'elle fixa à l'une de ces pointes, elle
se hissa la nuit jusqu'au sommet de la muraille, et
se cramponnant aux pointes de fer, tourna sur elle-même,
saisit de nouveau la corde, et glissa jusqu'à terre les mains
en sang. Elle alla retrouver Laud, et tous deux se dirigè-
rent vers le rivage. Les anciens amis de Laud lui avaient
promis de sauver Marguerite, et de les conduire en Hollande l'un et l'autre. La chaloupe se fit trop longtemps attendre ; au moment où les contrebandiers accouraient,
il s'engagea entre eux et les garde-côtes un combat qui
coûta la vie à William. Frappé de deux coups de feu, il

tomba sur le corps de Marguerite, qui, restée sans connaissance sur la plage et ramenée dans la prison, fut définitivement condamnée à la déportation pour la vie.

Marguerite avait vu la mort de près; l'homme sur lequel elle avait fondé toutes ses espérances n'existait plus; elle était résignée. Elle partit paisiblement pour Botany-Bay, lieu d'exil et de honte qui devait lui donner la considération et la fortune. L'apaisement de son unique passion la rendait à elle-même. Elle arriva au port Jackson le 20 décembre 1801; le capitaine de vaisseau qui l'y avait conduite, touché de la modestie et de la douceur de la jeune fille, la recommanda particulièrement au gouverneur. Elle ne travailla que deux journées dans les ateliers du gouvernement, et fut demandée, comme c'est la coutume des colonies pénales, par un M. John Palmer, colon fort riche, dont la femme venait de fonder un asile pour les orphelins du pays. Cette dernière trouva dans Marguerite Catchpole, à qui elle apprit à lire et à écrire, une habile ouvrière et une bonne surintendante pour cet établissement de bienfaisance. Une femme à qui une autre femme inspire de l'intérêt veut toujours la marier; mistriss Palmer y pensa pour Marguerite, qui n'avait jamais été belle dans la véritable acception du mot, mais dont la vivacité, la grâce et l'élégance naturelle refleurissaient dans cette vie libre d'orages intérieurs. L'occasion faisait quelquefois reparaître en elle les qualités qui avaient distingué l'héroïne des côtes de Suffolk; dans une de ces inondations violentes communes à la Nouvelle-Galles, elle sauva plusieurs enfants qui allaient périr, dirigea elle-même le bateau, et ne fit pas le moindre bruit de son dévouement. En dépit de cette réserve ingénue, elle devenait un personnage dans l'Australie.

La pauvre Marguerite n'était pas fière de ses aventures, son roman ne l'enorgueillissait guère ; elle avait supplié sa maîtresse de cacher son nom qu'elle lui avait avoué , ses antécédents qu'elle lui avait brièvement contés ; et elle gardait son humble rang sans s'informer de ce qui se passait dans la colonie. L'asile même dont elle était l'inspectrice comptait, sans qu'elle le sût, parmi ses fondateurs un des hommes qui s'étaient trouvés mêlés aux incidents de sa vie. C'était ce même Jean Barry, frère d'Édouard et rival de Laud. Une fois guéri de sa blessure, il avait compris que l'amour obstiné de Marguerite ne céderait jamais, et s'était fait nommer inspecteur du cadastre à Botany-Bay, chargé de la répartition des terres entre les colons. Débarqué à Sidney à la fin de 1794, sur la frégate de transport la *Bellone*, cette exactitude dans les relations et cette douceur de caractère qui ne l'abandonnèrent pas assurèrent sa fortune et lui valurent une estime méritée dans ce pays de brigandage et de châtiment, où notre civilisation corrompue de l'Europe se montre plus sauvage encore que la vie sauvage des forêts.

La paisible carrière de Barry se couronnait déjà d'honneur et de fortune, quand il vint à perdre sa sœur cadette, appelée par lui d'Angleterre, et qui s'était chargée du gouvernement de sa maison. Resté seul et fatigué des détails d'une grande administration, ce fut à mistriss Palmer qu'il s'adressa pour trouver une personne de confiance entre les mains de laquelle les soins de son ménage pussent être remis. En recommandant la condamnée Marguerite Catchpole, mistriss Palmer se crut obligée de ne cacher à M. Barry aucun des faits relatifs à la vie antérieure de sa protégée. M. Barry reconnut donc à la fois ses propres aventures, les douleurs de sa jeunesse, et celles de la femme

qu'il avait inutilement aimée. Sa conduite fut belle et
simple. Il alla voir le gouverneur, avec lequel il était dans
les termes d'intimité, demanda la liberté complète de Marguerite, sa radiation définitive des registres des condamnés,
et obtint l'un et l'autre. Le *free pardon* de la pauvre fille,
acte qui lui rendait tous les droits civils, fut donc la première nouvelle et la première parole que Jean Barry eut à
porter à Marguerite dans l'entrevue que lui avait ménagée
mistriss Palmer.

A l'époque où, dans la ferme d'Alneshbourne, Marguerite veillait les nuits du blessé, il lui avait juré de ne pas
avoir d'autre femme qu'elle, et il avait tenu parole. Maintenant la déportée recevait de Jean Barry plus que la vie,
et restait ainsi maîtresse de refuser ou d'accepter l'offre qui
lui était faite de partager le sort et de porter le nom de
Barry. Elle accepta, devint *mistriss Barry de Windsor
près les Collines vertes d'Hawskesbury*, une des plus riches propriétés de ce nouveau monde, passa quinze années
dans cette situation, eut de son mari deux filles et un fils,
et reçut les derniers soupirs de Jean Barry, qui mourut,
le 9 septembre 1827, entre ses bras. Elle-même expira le
10 septembre 1841, à soixante-huit ans, léguant au révérend Richard Cobbold, dont Laud avait sauvé la vie, ses
lettres et ses papiers.

Le révérend en a fait un Roman médiocre; il a inventé des dialogues, poussé des soupirs et prodigué de
très-inutiles détails, laissant de côté la portion réelle et
poétique de cette pastorale singulière; la plupart des hommes laissent passer sans les voir les éléments de poésie qui
abondent dans la vie réelle. Le révérend n'a compris ni la
sensibilité silencieuse et profonde de la jeune fille, ni l'ardente témérité du jeune homme, ni la sympathie invin-

cible qui les enchaînait par un de ces liens redoutables dont il faut bien avouer la puissance. Pour moi j'ai vu de près et j'ai été à même d'apprécier les mœurs et les caractères qui servent de base à ce récit, et je dois convenir que la réalité des faits était mille fois plus intéressante que le roman du révérend Cobbold. Il y a dans son histoire de la jeune déportée, des extases indicibles de sentiment, jointes à des passages dignes des plus vulgaires et des plus microscopiques peintres flamands ; il y a des pages où le révérend parle des cuillers avec un respect poétique, des fourchettes avec une vénération mystique, et descend avec un imperturbable sérieux jusqu'au panégyrique des *skewers, teapots, iron-spoons, washed and wiped, saucepans, gridirons* (jusqu'au gril), *placed in their proper places.*

En 1842, deux hommes, l'un vêtu de noir et jeune encore, l'autre portant des insignes d'une misère qui voudrait se dérober aux regards, entrèrent dans le musée d'Ipswich. L'un, le plus jeune, se rendait à Kentwell-Hall, beau domaine du comté qu'il voulait acheter : c'était le fils aîné de Marguerite ; l'autre dont la figure était pâle, la chevelure rare et blanche, l'œil vif encore et triste, le front ridé, le teint jaune, avait couru des chances de vie aussi diverses et aussi bizarres que Marguerite elle-même, dont il était le frère. A l'époque où les rapports de sa sœur avec Laud faisaient le plus de bruit dans le comté, ce jeune homme avait disparu, mécontent sans doute de la notoriété que sa famille avait à subir. Il s'était engagé, était parti pour l'Hindoustan, où il avait servi dans les troupes anglaises, et où le marquis de Cornwallis l'avait distingué.

Une rare souplesse d'organes et une extrême facilité à apprendre les langues et à se conformer aux mœurs des populations l'avaient fait employer comme espion, et il avait réussi dans plusieurs entreprises difficiles. Une de ces aventures communes aux Européens qui visitent ces contrées l'avait rapproché d'une fille de nabab qu'on lui avait donnée en mariage, et qui bientôt, animée contre lui de je ne sais quelle jalousie féminine, le força de fuir le pays. Sous le nom de Collins Jaun, il traversa la péninsule à pied, et reparut à Calcultta, que son protecteur, lord Cornwallis, avait quitté peu de jours auparavant; puis il revint en Angleterre, où, rencontrant le fils de Margaret Catchpole, sa sœur, il obtint une petite place du gouvernement. Le frère et le fils de Marguerite, après avoir parcouru le musée, s'arrêtèrent devant une des curiosités qui le décorent et la contemplèrent longtemps en silence ; c'est un magnifique faisan doré, dont la queue chatoyante se développe et s'arrondit au-dessus de sa tête et en forme de lyre. Au-dessous on lit ces mots :

MANURA SUPERBA,
LYRA, FAISAN DE BOTANY-BAY,

« donné par Marguerite Catchpole, convaincue, en 1797, à Bury, du vol d'un cheval, condamnée à mort, et, par commutation de la sentence, à sept années de déportation. Une tentative d'évasion la fit condamner de nouveau à la déportation pour la vie. »

Le fils et le frère de Marguerite essayèrent inutilement de racheter ce singulier monument de la condamnation et de l'exil de leur mère et de leur sœur. Les directeurs du musée s'obstinèrent à garder le faisan doré que le musée d'Ipswich conserve encore, et grâce à M. Cobbold et à moi, les erreurs de Marguerite et ses souffrances se dirigent aujourd'hui vers cet horizon obscur et inconnu qu'on appelle la postérité.

Telle est la trace vive et singulière laissée en deux pays éloignés par cette personne remarquable, dont la condition était humble. De l'aveu de ceux qui l'ont connue, elle n'eut d'autres torts que ceux de sa passion, rendue plus énergique par cette puissance de caractère qui la distinguait. Il est certain que l'amour, chez nos plus délicates héroïnes, est égalé ou dépassé par les sacrifices de Margaret. Elle ne fait pas une faute, elle ne se départ pas de la droite ligne, si ce n'est pour celui qu'elle aime. C'est la fille la plus pure, c'est l'esprit le plus juste, c'est le cœur le plus honnête; seulement, dès qu'il paraît, tout est dérangé, tout est renversé. Il lui a jeté un sort, disent les paysans. Une attraction positive s'opère, celle du fer vers l'aimant, de la fleur vers la lumière, et Marguerite est emportée loin d'elle-même.

J'aimais à étudier sur nature et dans une condition de vie toute naïve, chez Jean Barry et chez Marguerite, cette portion de l'amour étrangère à l'esprit, au raisonnement, à la naissance, — cette force profondément cachée dans les secrets de Dieu et de la création, — analysée dans sa nudité corrompue par l'auteur de *Manon Lescaut*, — que Racine a voilée par tant de délicatesse et de traits enflammés dans *Bérénice* et *Phèdre*, — dont les énervés ont fait une vertu, les dévots un vice; — ce pouvoir enfin, adoré comme une force démoniaque et invincible par les anciens, qui ne se trompaient pas.

———

DEUXIÈME PARTIE.

—

ÉTUDES SUR LA FRANCE

AU XIXᵉ SIÈCLE.

ESPRIT ET ERREURS

DE LA

SOCIÉTÉ FRANÇAISE DE 1827 A 1840.

~~~~~~

§ I.

Retour en France. — La France de la Restauration. — Souffrances. — Jouy, Benjamin Constant, Étienne, etc. —

J'éprouvai, je l'ai dit, des sentiments bien contradictoires quand je revis la France après sept ans de séjour à l'étranger ; l'enivrement d'une séduction puissante agissait sur moi comme une magie, et la répulsion la plus austère de ma raison me faisait subir un cruel supplice. J'aimais ce ciel, ces hommes, ces champs, ce soleil, ces villes si gaies, ces causeries charmantes, ce langage rempli de délicatesses imprévues et de nuances exquises ; je détestais ces familles divisées, ces principes absents, ces affectations sans nombre, ces mœurs sans accord avec les lois, ces lois sans rapport avec les mœurs, ces discours sans actes, ces actes sans bon sens, et toute cette déperdition insensée des forces vitales et viriles de la France.

Je trouvais que l'on prenait pour neuves des théories vieilles et décrépites, pour sensées des imaginations ridicules, pour fécondes des exagérations destructives. Je voyais la décadence imminente. Comme j'avais perdu ma famille et que je n'avais d'attache nulle part, je tombai dans un désespoir

véritable et profond, l'état de l'oiseau sous la machine
pneumatique. L'air me manquait.

Appuyer sur cet affreux souvenir, et décrire com-
plaisamment cette souffrance qui se résume en deux mots :
— adorer comme une mère, la patrie que l'on blâme
comme une coupable ; — ce serait manquer à ma résolution
et céder à l'égoïsme sentimental de la biographie personnelle. Passons rapidement sur ces années abominables et
désertes. Je dois dire seulement que ceux qui me rencon-
traient me détestaient. Cela devait être. Mon silence était
une critique et ma tristesse une insulte. Ce que je laissais
voir de ma mélancolie ne me faisait guère aimer. Quand
même la société serait à l'agonie, elle ne voudrait pas qu'on
vînt lui dire : *Vous expirez.*

Le sort qui m'avait jeté en Angleterre au milieu des Coleridge, des Hazlitt et des Southey, me plaçait dès mon retour en France au milieu des Jouy, des Béranger, des
Benjamin Constant, des Étienne et de tous ceux qui détruisaient de fond en comble la vieille société renouvelée.
J'avais vu ailleurs les grandes intelligences ardentes à
créer ; ici je voyais l'activité des gens d'esprit occupée à
tout abattre. Ils avaient trop raison ; ce qu'ils détruisaient
ne valait rien ; ils vivaient dans l'espoir d'élever, à force
de ruines, une civilisation étincelante des splendeurs de
l'humanité déifiée ; cette idée brillait comme une hache qui
reluit dans des mains acharnées. Que cette arme, vigoureuse pour renverser, ne saurait rien construire, je m'en
aperçus aussitôt.

La profonde douleur que me causèrent l'aspect et le
bouillonnement de la société française, entre les années
1825 et 1835, ne pourrait être décrite ou analysée qu'au
moyen de ces détails personnels, si séduisants pour les va-

nités malades, détails que je n'ai aucune peine à me refuser ; le commérage de l'amour-propre qui se raconte me
semble à la fois une faiblesse personnelle et un vice social ;
c'est une fièvre qui affaiblit le malade et qui tue le voisin.
Ma vie avait été si douloureusement frappée que je n'avais
plus pour mobile réel qu'une curiosité aiguisée et le besoin
de comprendre ceux qui m'entouraient. En effet, je les
compris et ils ne s'en doutaient guère : ils s'en doutaient
d'autant moins que la gloire, la fortune, l'intrigue et l'ambition leur donnaient des occupations excessives. Pas un
des personnages célèbres ou fameux de ce temps étrange
et faux ne fut soustrait à mon observation, et j'approchai
fort intimement certains d'entre eux et les plus célèbres de
leurs ennemis. Mon insignifiante adolescence continuait de
me protéger. Combien de fois le spirituel auteur de la *Ves-*
tale, un des brillants débris du Directoire, fatigué de mon
extrême indifférence pour une époque où la jeunesse pouvait tout espérer, s'écria-t-il avec une charmante et bien-
veillante colère :

« Non, mon cher, vous n'aurez jamais d'*avenir* ! »

D'avenir ?... quand je l'entendais parler ainsi, comment
ne pas sourire ? L'avenir tel qu'il le voyait s'arrêtait à 1830.
Un espoir halluciné animait cette cohorte de libéraux, ou
du moins les plus honnêtes d'entr'eux ; c'était l'espoir d'une
civilisation que l'on allait inaugurer prochainement, — libre, heureuse, industrielle, industrieuse, riche, puissante,
un peu sensuelle pour les uns, un peu érudite pour les autres ; — pour tous, constituant l'apothéose définitive de
l'*Humanité*, — abstraction faite de Dieu.

J'entendais chaque jour le panégyrique de cette civilisation splendide qui allait éclore ou plutôt apparaître comme
la *fée* Morgane ; aurore Boréale rayonnant sur un monde

rajeuni. Je n'y voulais pas croire. Ces fanfares qui annonçaient un avenir si mal préparé ne me séduisaient pas; je n'y voyais que la prolongation stérile de Jean-Jacques et d'Helvétius. Les échos multipliés de ces avant-dernières vagues du XVIIIe siècle, qui allaient encore détruire deux trônes, avaient cent fois et vainement retenti à mes oreilles attentives et incrédules, — quand deux catastrophes redoutatables, l'émeute de 1830 et le choléra de 1832 vinrent éveiller ceux qui dormaient à Paris.

§ II.

L'émeute et le choléra à Paris. — Vrai caractère des journées de Juillet. — Comment la vie sauvage renaît du sein de la civilisation.

Quelle double leçon! Et combien il est étrange que nos contemporains en ayent oublié les enseignements! Ils ont même négligé d'en reproduire le tableau exact.

La révolution de Juillet n'a pas été mieux peinte que l'invasion du choléra. Quels que soient le nombre, la fougue et la précipitation des plumes teintes d'encre qui s'agitent à Paris, je n'ai retrouvé dans aucun livre ma nuit du 28 juillet, cette terrible nuit d'été; cette chaleur lourde et mate, ce ciel pâle et bleu, ce grand silence et ces grandes clameurs de Paris révolté, ces intervalles de bruit et de repos, maintenant un coup de canon, puis une pause; puis la mousqueterie irrégulière des citoyens, puis le silence encore; les éclairs de chaleur à l'horizon, un nouveau tonnerre des gardes suisses, quelques cris dans l'éloignement, des coups de fusil rares, tirés de quatre à cinq heures du matin par des mains lasses, mais furieuses; enfin le lever

du soleil : les quais déserts, les colonnes brisées, les femmes reconnaissant sur le bord de la Seine les cadavres qui
leur appartenaient, et les dernières vedettes suisses, déses-
pérées et sombres, ajustant le premier passant venu pour se
venger du passé d'hier et de l'avenir de demain. Nous avons
vu cela. Et personne ne l'a dit; nos enfants ne retrouve-
ront qu'ici le souvenir de cette nuit; — nuit si dramatique, que la Saint-Barthélemy, autre drame joué la nuit sur
le même rivage, l'était à peine autant.

Pour préparer ces matériaux de l'histoire et de la poésie,
il faut les comprendre. La frivolité des impressions est générale parmi nous. C'est cette incurable frivolité qui pré-
pare la frivolité de nos œuvres; c'est elle qui entretient les
évolutions contradictoires et perpétuelles de nos jugements
et la misérable oscillation de principes et d'idées où nous
vivons, hélas! — nation plus spirituelle qu'énergique et
plus brillante que forte.

Le vrai caractère de l'émeute de Juillet n'a pas été signalé. Ce n'était pas une révolution. C'était simplement
une des cataractes inévitables du grand torrent révolutionnaire qui nous emporte. Il y avait là un reste de l'ardente
sincérité de 1789; les appétits et le besoin du pillage n'y
étaient pour rien; les masses populaires se trouvaient encore sous l'hallucination et le prestige de cette religion
nouvelle qu'on voulait enfin établir, religion de l'humanité.
Les meneurs eux-mêmes étaient moins des intrigants cu-
pides ou des conspirateurs ambitieux, que des « sceptiques
convaincus; » deux mots qui hurlent de se rencontrer ensemble et qui cependant expliquent seuls la situation des
esprits; ils doutaient de tout, excepté de la grandeur
de l'homme. Ils comptaient bien que sans roi absolu,
sans prêtres puissants, sans aristocratie prépondérante, en

14

respectant les intérêts matériels de la nation et en multipliant ses jouissances, tout s'arrangerait pour le mieux. —
Voilà leur erreur.

Après tout, cette nouvelle religion du bien-être n'était
que le corollaire définitif des idées mises en mouvement
depuis 1750. Ni le fanatisme spartiate de 1793, ni les voluptés athéniennes de 1797, ni l'ardeur conquérante de
1805 n'avaient pu réussir. Il restait à essayer le règne de
l'intérêt, la construction d'une société critique et sensuelle
sans enthousiasme et sans foi, sans doctrine et sans amour,
armée de puissantes ressources matérielles. Le genre humain n'avait-il pas fait assez de progrès pour se servir de
Dieu à lui-même ?

Les terribles scènes du choléra à Paris, en 1832, vinrent
apprendre au philosophe que le Dieu était encore bien
imparfait. C'était un étrange Paris que celui-là. Le
choléra avait tout absorbé, politique, émeute, théâtre, intrigue ; il était la société entière, la morale, le dogme,
le but de toutes les pensées , le centre de toutes les actions. Pauvre Paris ! Et qu'il était hideux , quand la lie
et la boue sociale, agitées dans leurs profondeurs, remontaient à la surface, fermentaient, écumaient, menaçaient de joindre leurs vagues folles à celles des partis
et des ambitions, et remplissaient la ville des plus mons-
trueuses clameurs que l'on puisse entendre ou imaginer !
Vous vous souvenez de ce qu'était alors la capitale du plaisir et des lumières : point de résignation sous le fléau ;
point de prudence dans les classes infimes, de toutes les
plus exposées; sacrifices méconnus ; de généreuses aumônes calomniées ou payées d'ingratitude. La maladie morale de la nation paraissait plus digne de pitié que son mal
physique. Ce qui me serrait l'âme, ce n'était pas tant le

spectacle du commerce paralysé, des théâtres fermés ou
vides, des cercueils portés à bras, faute de chevaux et de
voitures, des femmes en deuil, de la ville abandonnée par
trente mille étrangers en huit jours, de la Chambre repré-
sentative déserte, des travaux délaissés, — que celui de la
tourbe ignorante et déçue, poussant dans les rues ses cris
de rage et de meurtre, arrêtant un corbillard par des blasphêmes, enivrée de désespoir, de fureur, de terreur, de
vengeance, de faim et de sédition ; rebelle à la science,
inaccessible à la persuasion, incapable d'une abstinence nécessaire et d'une pieuse force d'âme. Qui a vu ces baccha-
nales de sang et de mort ne les oubliera jamais. Qui a vu
l'émeute et le choléra s'embrasser comme frère et sœur, et
courir la ville échevelés, ne les oubliera pas.

On avait tant dit que la civilisation s'était insinuée
dans les dernières classes ! On avait si savamment réfuté
les pessimistes , et convaincu leurs doctrines de folie et de
calomnie envers notre espèce ! On avait tant vanté la puissance des lumières et la souveraine sagesse qu'elles répandent ! On avait renversé un trône pour prouver la sainteté humaine ! Et voici un affreux mélange d'énervement
chez les puissants, de férocité chez les pauvres, d'incertitude chez les savants, de préjugés et de superstition dans
les classes moyennes. A quoi donc ont servi vos progrès,
philosophes, vos conquêtes et tout votre orgueil ?

Et pour ne pas entrer dans une déclamation trop facile,
n'est-il pas vrai que le Caire, Alep, Jessore, ces *villes de la
peste*, ne nous ont point surpassés en ingratitude, en fré-
nésie et en déraison ; que des crimes inouïs se sont révélés;
que la plus absurde incrédulité s'est mêlée à la crédulité la
plus puérile; que les plans les plus baroques et les plus
anti-rationnels de guérison ou de précaution contre le fléau,

ont séduit nos hommes instruits, tandis que les ignorants
et les indigents se livraient à d'autres chimères, auxquelles
ils sacrifiaient des victimes vivantes?

Voici un peuple éminemment civilisé, une nation à la
tête des nations, armée de cinq ou six cents journaux, toute
sillonnée de lumières et toute effervescente de raison. Elle
ne fait nul doute que ses rues si bien pavées, sa voirie soigneusement administrée, ses mœurs si douces, son progrès
dans les arts industriels ne doivent amortir ou éteindre la
foudre cholérique. Le temps est magnifique; la terre fleu-
rit; le ciel bleu sourit; le printemps naît; et cependant le
choléra se montre... On l'apprend, tout s'émeut aussitôt;
les hautes classes tremblent : le gamin de Paris se prend
à rire : la bourgeoisie a peur ; la foule des artisans et
des hommes de labeur se révolte contre les privations
qu'on veut leur imposer; l'intensité du fléau s'accroît.
On s'aperçoit enfin que ces ruelles étroites, ces immondices
entassées dans des égoûts, ces quartiers habités par des
populations maladives et sales, ces étages superposés servant de repaires à quinze, vingt et trente familles, ces pavés
dont les interstices conservent la boue putride et la font
cuire au soleil, ces petites boutiques, ces tristes loges de por-
tier, où nous plaçons comme sentinelle avancée une vieille
femme ou un cordonnier, espions de nos actes et échos
de nos sottises ; — que ces couloirs sombres et méphi-
tiques des théâtres, que ces officines empestées des restau-
rateurs; que toute l'organisation de notre capitale splendide
multiplie les foyers de corruption et offre un conducteur
à la peste. Ensuite des intérêts se soulèvent contre la
croyance au choléra; des professions anathématisent cette
croyance; les partis politiques placent la peste sur leur en-
clume et veulent en faire quelque chose qui leur serve. La

fange de la grande ville est remuée, et le crime s'en exhale.
On reconnaît un peu tard que, dans cette civilisation, tor-
turée par dix révolutions en quarante années, ce qui règne
après tout, ce qui constitue le fond et la base, c'est l'égoïsme.

On avait dit qu'une grande et active industrie, sans moralité, suffirait à tout; qu'une civilisation, qui a ses *Cuvier*
et ses *Berthollet* ou leurs équivalents, ne peut rien craindre; qu'il est peu important que la vie morale, sa lumière
et sa chaleur pénètrent du bourgeois à l'artisan, de l'artisan
au manœuvre, du manœuvre à ces classes non décrites et
qui ne peuvent pas l'être, phénomènes de vice et de
misère, tapis dans les recoins poudreux des vieilles sociétés. On avait cru cela, mais le choléra prouvait le contraire; il apprenait à se défier des apparences extérieures de
bien-être et de progrès moral que les livres des écono-
mistes, les chiffres des philanthropes et les complaisantes
paroles des orateurs nous signalent; à se rendre un compte
moins inexact de la situation sociale; à se demander sé-
rieusement si les arts de la vie, si les moyens d'existence
se perfectionnent et s'augmentent comme on le pense;
si la condition du peuple, sa moralité, ses principes,
ses lumières, son bien-être s'améliorent, tandis que les
chemins de fer se creusent, tandis que la guirlande de
fumée lancée par nos bateaux à vapeur couvre la Loire, le
Rhône et la Seine; si nos expériences sur le corps social,
notre enthousiasme pour les nouveautés, nos constitutions
dont nous changeons comme de chemises, notre façon de
tout remettre en question, de déplanter, de replanter, de
déraciner, d'émonder, de greffer et de mutiler l'arbre des
institutions publiques, n'est pas profondément nuisible à
ces classes laborieuses (1) dont nous avons l'air de prendre si

(1) Écrit en 1838. *Journal des Débats.*

fort les intérêts à cœur ; — si enfin le règne des intérêts matériels inauguré en 1830, non par la volonté d'un homme,
non par le choix d'un monarque, mais par les doctrines
même la société française, devait aboutir à ces sommets de
prospérité inconnue qu'on espérait, ou à un abîme d'inexprimable misère.

<hr>

§ III.

Morale de l'intérêt et du bien-être. — Elle annonce la fin d'une
civilisation. — Vues sur l'avenir.

Quelque chose m'étonnait profondément, c'est que la
France imputât à ses chefs les torts ou les vices de ses
propres doctrines qui avaient porté ces chefs au pouvoir.
En 1830, après avoir renoncé successivement à l'idéal d'une
monarchie légitime et constitutionnelle, à celui d'une omnipotence guerrière, à celui d'une oligarchie voluptueuse
et au terrible essai d'une démocratie spartiate, la France
fatiguée voulut inaugurer enfin une république monarchique du bien-être; le roi d'Yvetot était devenu l'idéal universel. Béranger l'avait chanté ; Courier avait consacré au
bonnet de coton de ce monarque pacifique ses pages les
plus goguenardes et les plus charmantes. Jouir, railler, mé-
dire, s'enrichir, s'amuser, cultiver et agrandir tous les domaines de l'industrie et du commerce, ne rien négliger de
ce qui rapporte un bénéfice ou un plaisir matériel, ne songer à rien de ce qui impose un sacrifice ou un dévouement ;
la France par une série de degrés naturels et logiques, et
sans rien perdre de sa verve, de son esprit, de son éloquence, de son courage même, était arrivée à cet idéal.

La diffusion du bien-être a toujours été le résultat du

progrès, ou, si l'on veut, de la vieillesse des sociétés.
Rome, jeune et active, avait tout sacrifié à ses efforts héroïques et à son avenir ; elle se battait alors, rendait les nations esclaves et professait le stoïcisme de l'action. Devenue vieille, elle donna droit de bourgeoisie et assura une
certaine dose de bien-être aux Germains, aux Ibères, aux
Gaulois, aux Carthaginois, aux Parthes et aux Gétules. En
même temps la passion héroïque, le goût du sacrifice, le
dévouement de l'individu à la communauté s'affaissèrent,
et la société elle-même se mourut. Ce fut pour remplacer
cette destruction, que Dieu envoya une autre théorie, une
autre société, qui s'appelait la société chrétienne, et qui,
reconstituant le sacrifice, divinisant le dévouement, atta-
qua le bien-être, et des cendres de la vie antique, fit jaillir l'étincelle de la vie moderne. Pendant dix-huit siècles,
la communauté chrétienne a fait de très-nobles et de très-
grandes choses, et la civilisation est arrivée par elle à ce
point, que le bien-être est redevenu, dans des proportions bien plus vastes, la préoccupation universelle de cette
même communauté. Cette tendance au développement
de la vie matérielle n'est donc qu'un phénomène prévu,
nécessaire, historique, résultant de la marche normale des
sociétés.

Il est impossible d'arrêter ce progrès. Les sociétés usent
leurs formes comme nous dépensons nos facultés ; elles
vieillissent aussi bien que nous ; la discipline qui les a
maintenues pendant quelques siècles, a besoin de se renouveler et de se transformer. Malheureusement à la religion du bien-être se joint toujours la destruction de la morale. La société s'en va, quand chacun se fait une morale à
sa guise. Il n'y a plus que des individus ; ces fragments du
faisceau rompu manquent de force. Un bon administrateur

comme Vespasien, une tête puissante comme Constantin, un cœur honnête comme Marc-Aurèle peuvent seulement les maîtriser, les resserrer enfin, suspendre la décadence; c'est tout ce que l'on doit espérer du plus habile ou du plus vertueux des hommes qui gouvernent alors.

Cependant le monde ne périt pas. Les destinées humaines suivent leur cours et obéissent à leur progrès. Lorsque Rome dort dans sa léthargie, Byzance essaye de vivre un peu; lorsque Byzance achève de s'éteindre, les tribus du Nord acceptent le christianisme et commencent la Chevalerie : lorsque l'Allemagne végète dans la confusion de ses guerres féodales, les républiques italiennes étincelent. La civilisation est une flamme errante qui ne s'efface jamais partout, et qui ne brille jamais sur toutes les zônes. La Chine et l'Inde connaissaient l'astronomie, l'architecture, la sculpture, peut-être l'imprimerie, quand nous étions des barbares couverts de peaux et semblables aux nomades de la Polynésie actuelle. Peu à peu les hommes de l'Orient se sont affaissés, et nous avons grandi, nous hommes de l'Occident, instruits par eux, éclairés par l'anneau lumineux que la Grèce suspendit entre les deux mondes; nous reportons maintenant du côté de l'Asie notre expérience et nos lumières. Une fois cette communication achevée et ce magnétisme exercé, je ne sais si les Européens ne verront pas leur étoile pâlir et leur rôle s'effacer. Après avoir joué tant de comédies et de drames, pourquoi ne rentreraient-il pas enfin dans la coulisse? Cela est arrivé aux Grecs, civilisateurs qui nous valaient bien, et qui, après l'avénement de Rome au trône du monde, n'ont plus paru sur la scène qu'à titre de comparses. Il y a là-bas, du côté de l'Amérique, et vers les limites asiatiques de l'Europe, des personnages tout prêts à entrer sur

le théâtre; ils ont la fougue et la volonté de jeunes acteurs; ils ont débuté brillamment, ils demandent à grands
cris des succès. Quand les États-Unis seront peuplés,
quand la Crimée et la Sibérie regorgeront d'hommes, il
se passera d'étranges choses dans ces régions : il leur faudra des Thucydides et des Joinvilles; j'ai peur que les vieux
peuples d'Europe n'aient alors besoin que d'un Procope ou
d'un Jornandès.

L'Europe, dites-vous, gardera son industrie; l'industrie
est-elle la civilisation? Quelle industrie ne possédaient
pas les Chinois lorsque leurs conquérants les accablè-
rent! Il y avait à Constantinople des buffets d'orgues,
des horloges à eau, des lits de nacre et d'or sous le règne des eunuques. Byzance mourante faisait un bien plus
grand commerce que Rome ou la Grèce dans leur beau
temps. La force morale d'une nation, sa discipline forte et
reconnue, la sympathique énergie qui la fait marcher
comme un seul homme; voilà la vraie civilisation. Cette
faculté de concentration et d'ordre, cette activité réglée
qui domine et dompte les vices humains, cette servitude
des volontés de chacun à la gloire et au bien-être de tous,
valent mieux que le *sauve qui peut* des égoïsmes, seule liberté des temps anarchiques et incertains.

— « Prenez garde, disait en 1833 un philosophe modeste; si vous laissez les hommes courir à la recherche des
jouissances, vous verrez le groupe de la société se détruire;
quelques riches, beaucoup de pauvres; tous les pauvres
animés de colère contre les riches; tous les riches resser-
rant leurs bourses et tendant leurs verres; par intervalles
des coups de fusil tirés par les ambitions souffrantes ou les
douleurs affamées; l'indifférence pour la société dominant
la société; la force brutale tranchant les questions, enfin

un triste retour à l'état sauvage, par la voie d'une civilisation excessive, qui, ayant usé sa vieille discipline, ne sait comment s'y prendre pour s'en faire une nouvelle. (1) »

« En ralentissant, à force de soins et de labeur, ce délabrement fatal, on peut avoir encore quelques bons siècles devant soi. Il faudrait laisser la Russie et l'Angleterre se disputer l'Asie; perfectionner ses ressources acquises; prendre l'habitude d'une liberté réglée; perdre celle de l'éternelle négation et de la destruction systématique; penser aux provinces écrasées, dont l'éducation morale et politique est fort inégale, et aux prolétaires qui s'arment chaque jour d'une instruction sans moralité, arme dangereuse qui tue son maître et qui blesse les autres. Il faudrait pour cela, non-seulement le repos matériel, mais le repos moral, surtout l'état normal et religieux des intelligences et des âmes. »

Celui qui parlait ainsi immédiatement après l'établissement de Juillet (le plus répandu des journaux français (2), osait imprimer ces paroles mêmes), ne trouvait dans cette franchise ni honneur, ni profit; ses amis contrariés dans leurs doctrines ne l'en aimaient pas davantage; il recueillait les seuls résultats naturels de cette lutte naïve contre le courant des idées générales, un grand tourment d'esprit et peu de sympathies.

La question entre lui et la société du XIXᵉ siècle était celle-ci : — « L'intérêt de tous et de chacun, cultivé religieusement par l'individu, peut-il conduire la société au bonheur et à la prospérité? Sans le sentiment religieux, sans le dévouement, sans la souffrance acceptée et bénie, y a-t-il une force sociale possible ? »

(1) Écrit en 1833.
(2) Le *Journal des Débats*, 10 décembre 1840.

« La souffrance est sainte, dit l'Évangile », et l'Évangile a raison. Relisez donc l'histoire. Elle vous montre une foule de bourreaux qui jouissent de tout, et de victimes qui pleurent. C'est une mystification ridicule de nous entretenir des remords d'Ali Pacha, qui vivait fort heureux ; des chagrins de Séjan ou de Tristan-l'Ermite, qui n'étaient pas de bonnes gens et qui n'auraient pas troqué leur condition contre celle d'un mendiant homme d'honneur. Admettons donc ce que le simple bon sens nous crie, c'est-à-dire, que le devoir impose la souffrance, à des degrés divers ; que le roi qui veut bien gouverner doit souffrir, et que le père de famille dévoué aux siens, paysan ou riche, rencontre ou plutôt affronte mille douleurs poignantes ; qu'il faut nommer toute chose par son nom, et que la morale de l'intérêt est un leurre ou une chimère, inventés par les tartufes modernes et par les géomètres rêveurs d'un monde impossible.

Vouloir argumenter comme les philosophes du XVIIIe siècle, et prétendre que le dévouement et la souffrance constituent une sorte de bien-être, — c'est chose absurde. Rien de plus puéril que cette morale de l'utilité. Il n'est pas utile personnellement à l'homme de mourir pour sa mère, de se battre pour son pays, de s'exposer à la contagion pour sauver des pestiférés qui meurent. Il n'est pas vrai que nous soyons heureux matériellement de nous priver de nos ressources pour nos semblables, et de sacrifier notre personnalité à autrui. Quiconque a voulu raconter ces folies aux hommes et les nourrir de ces billevesées les a pris pour des sots ou des hypocrites. Il est très-vrai, au contraire (et toute l'histoire est là pour le prouver), que l'exercice des vertus les plus sublimes et l'emploi des plus grands talents font peu de chose pour le bien-être actuel de la vie ;

que ce bien-être dépend de l'adresse, du hasard, souvent de la ruse et de la violence ; qu'il faut se résigner à voir des hommes qui *fruuntur diis iratis*, comme disaient les anciens, et dont le succès est une insulte à la Providence; que les remords du coupable et les consolations de la conscience ne sont pas des faits généraux, mais un lieu-commun inventé précisément comme consolation et explication de ce triomphe insolent des mauvaises qualités sur la terre; que la conscience s'endort souvent, et que chaque coupable se fait une conscience personnelle d'une élasticité très-complaisante ; — enfin les philosophes, au lieu de parler systématiquement du vice et de la vertu, devraient aller visiter l'un dans les bagnes, quand il est maladroit, l'autre dans les greniers, lorsqu'elle est malheureuse. L'humanité est chose si légère et si vaine que, selon ses besoins ou ses caprices, elle excuse tout, même le vol et le meurtre. Dans les classes supérieures nous voyons les devoirs interprétés si diversement, les règles tellement souples, la morale si fractionnée et si incertaine, qu'il n'y a pas de lien dont une conscience expérimentée ne sache se défaire. On a écrit des codes qui effacent tour-à-tour et à l'envi toutes les restrictions, et justifient, qui le meurtre, qui l'injustice, celui-ci le vol, celui-là le parjure, cet autre l'adultère.

Où donc est le devoir ? Comment le comprendre et l'interpréter dans ces temps de sophisme universel ?

Les âmes les mieux faites pour en embrasser le culte se sont égarées. Fatiguées de l'ancienne règle, elles ont créé pour leur usage des formules romanesques et trompeuses. On a inventé de faux devoirs, en dehors des devoirs naturels. Rousseau, madame de Staël, Gœthe, Byron, sans compter leurs pâles imitateurs, sans compter les talents qui voulaient briller, Kotzebue, Diderot et mille autres, ont multiplié à l'infini les nuances des faux devoirs. C'est un *devoir* de placer son fils en apprentissage chez un menuisier, de se tuer comme Werther, faute d'occupation ; d'être ridiculement emphatique comme Corinne, ou impérieuse et insupportable comme Delphine ; un devoir d'adopter l'enfant adultérin de sa femme, comme dans *Misanthropie et Repentir*, ou de bénir les deux amants, comme ce bon mari qui se nomme Jacques ; un devoir de se conformer aux mœurs d'Otahiti selon Diderot, ou de se moquer du monde en le maudissant, comme Byron. Le Code de moralité que l'on pourrait extraire des œuvres de ces hommes de génie ou d'esprit renfermerait tous les vices, tous les ridicules et toutes les sottises.

L'exaltation du sentiment du *moi*, l'adoration de nos propres penchants, l'enthousiasme même pour la nature considérée comme l'instrument et l'esclave de nos plaisirs, ont développé ce sentiment effroyable que la langue moderne a cru digne d'un mot sauvage, *l'individualisme*. Ce n'est pas autre chose que la société brisée. Tandis que nos ancêtres prenaient tant de peine pour relier les intérêts et unir les hommes, nous faisons de l'énergie individuelle et de son développement libre une espèce de théorie, voulant créer par la destruction, disséminer ce que nous prétendons consolider, et grouper ce que nous fractionnons. Ce contre-sens est absurde. Les forces éparses qui se détruisent par leur combat ne sont plus des forces ; rien ne résulte d'une série de négations, et vous multiplieriez les zéros, vous en couvririez des pages, sans exprimer aucune valeur.

« — Mais, me disaient mes amis, vous professez une »misanthropie ridicule et inutile. »

« —Je me contente d'observer. Regardez donc autour de

vous. Voyez ce que produisent tous ces petits codes de
morale isolée, dont chacun de nous suit la loi commode,
et qui flattent l'orgueilleuse faiblesse des amours-propres. Dans les livres, les arts, la politique, le langage, la
société, devant les Cours d'assises, à la Chambre des Députés, partout apparaît le dogme réel de l'ère où nous
vivons, religion secrète et fatale; — c'est que chacun est
son propre juge et que, de notre individualité personnelle
rayonne sur le monde une lumière, émanée de notre volonté.

« Pourquoi commettez-vous ce crime, demandez-vous
au criminel; cette action coupable et étrange, qui paraît
née d'une âme morte et d'un cerveau malade? » — « Pourquoi? Je l'ai voulu; mon jugement diffère du vôtre; nos
codes individuels n'ont pas d'analogie; je vois le monde
autrement que vous; vous me condamnez, je vous récuse;
vous me blâmez, je vous condamne. » — Le pinceau de l'artiste n'a plus d'école; la plume du poète n'a plus de loi;
le discours de l'orateur n'a plus de modèle. On entend dans
le Sénat tous les dialectes qui passent pour éloquence, depuis le limousin jusqu'au basque; et dans les livres, tous
les solécismes appuyés d'une théorie. Chacun justifie par
sa volonté personnelle son mode d'écrire, de juger, de parler, de penser; c'est le nivellement de tous les caprices et le
tumulte produit par une multitude de fractions équivalentes qui refusent de se soumettre à un dénominateur commun.
Chacun place sa volonté au centre d'un Panthéon et la
multiplie pour en faire ses Dieux. Il arrive que ces divi-
nités se battent à force d'être libres et que l'anarchie ne se
contente pas d'opposer les groupes aux groupes, les hommes aux hommes, mais nous oppose à nous-mêmes. La
volonté déifiée par chacun devient indécise et partagée.

C'est là le plus étrange phénomène du temps actuel. L'esprit de chacun contient deux ou trois théories qui se battent. Tel veut la liberté, qui voudrait aussi le despotisme ; tel désire la guerre, qui voudrait aussi la paix ; tel professe les opinions religieuses, qui en détruit les derniers vestiges ; et il y a des hommes d'esprit, même des hommes de caractère, qui soutenant le pouvoir d'une main, l'attaquant de l'autre, vivent dans la profonde ignorance de cette contradiction illogique et perpétuelle qui les secoue et les annule.

L'époque n'est que critique, c'est-à-dire destructive. Tous les talents sont descendus dans le cirque bruyant du journal, et tous oublient qu'ils sont journalistes ; ils dénigrent les juges du camp, comme si eux-mêmes ne s'étaient pas placés vingt fois sur ces mêmes siéges. Leurs systèmes critiques bâtissent un trône en l'air, d'où ils se moquent de tous les autres systèmes également critiques ; ce sont les Nuées d'Aristophane. Chaque nuage brillant est une chaire de morale, de poésie et de politique qui fait un peu de bruit et qui crève ensuite. Ce grand Aristophane avait deviné comment s'en vont tous les peuples qui ont de l'esprit, de la vigueur et une sève puissante à dépenser.

« — Tout cela, dira-t-on, est bien austère ; vous revenez donc à la morale chrétienne qui est si triste et si contraire à la poésie ? Renoncez à cette sévérité cruelle ; nous voulons, nous, une morale riante et poétique. »

Le mot *poésie*, transporté de la littérature dans la morale, a des inconvénients graves : cette qualification singulière ne remonte pas au-delà de notre siècle. On a vanté la *poésie* « de *l'amour*, du *paysage*, de la *peinture*, de la *musique*, de la *religion* et même celle de la *réalité*. » Que voulait-on dire ? qu'il y a sans doute, dans tous les objets

qui exercent l'esprit de l'homme, une partie supérieure et
idéale, inaccessible aux sens, divine pour ainsi dire, s'élevant vers le ciel et prête à tomber en rosée poétique si le
génie veut s'en emparer et la transforme en beaux vers.
Cette portion idéale et vaporeuse, sublime et colorée, ne
touche pas la terre. Elle émane de la passion de l'amour,
et elle n'est pas l'amour ; elle s'exhale comme un par-
fum léger de la peinture et de la musique, elle n'est pas
l'une ou l'autre ; on ne peut lui demander ni règles, ni
principes, ni exemples ; elle ne sait que plaire et émouvoir.
Laissez-lui ses attributions ; qu'elle plane sur nos têtes,
comme un voile de vapeurs odorantes. Mais la morale, règle de la vie, la pratique des devoirs pénibles ; l'accom-
plissement du dévouement et du sacrifice, la force de
l'homme contre la dure adversité, — ont besoin d'un appui
plus solide. La grande majorité des hommes ne connaît
de ce mot « poésie » que la portion la plus grossière et la
plus sensuelle ; c'est la danse du dimanche pour le paysan,
le son des cloches pour le pâtre, un jour de repos pour le
marchand, une chanson de table pour l'ouvrier ; dans un
ordre plus relevé, le sourire de l'enfant pour la mère pauvre, peut-être une harmonie de Beethoven pour l'administrateur préoccupé. Hélas ! la vie a trop de chaînes qu'il
faut traîner, même dans la jeunesse, et ces chaînes pè-
sent trop, pour que les émotions poétiques doivent usur-
per un grand espace dans nos destinées. J'ajoute qu'il
y aurait danger. L'action s'affaisserait sous la rêverie et
l'habitude d'une jouissance idéale énerverait la mâle énergie
que réclame le combat éternel auquel nous sommes condamnés. Le petit nombre d'intelligences privilégiées que
Dieu a choisies comme interprètes du sentiment poétique,
saura bien trouver sa voie et embrasser le culte de la

Muse : pour la plupart, c'est une source de faiblesse et d'oisive douleur que la recherche voluptueuse de ce que le monde intellectuel a de plus subtil et de plus vague.

N'appliquons donc pas la poésie à la morale, ce serait donner à cette dernière une base de nuages. Dans le conflit des intérêts humains, tous armés et vigilants ; au milieu des exemples de l'histoire qui décourage et parmi le chaos des doctrines qui s'entredétruisent, la morale ne peut avoir qu'un principe, le principe religieux. Elle ne peut reposer que sur un fondement, celui du devoir imposé par Dieu dans les épreuves d'une vie passagère. Elle ne peut promettre sans mensonge le bien-être terrestre, à ceux qui veulent l'écouter ; elle ne doit pas les séduire par cette autre fiction d'une poésie morale, dont le prestige s'évanouirait bientôt. Ni la morale de l'intérêt, ni la poésie de la morale ne suffisent à l'humanité ; l'une conduit à l'égoïsme, l'autre engage à rêver ceux qui doivent agir. Tout homme qui veut mal faire répondra aux moralistes : « Je suis in- »sensible à ce que vous me dites ; mon intérêt à moi, c'est »de vaincre, de dominer et de me satisfaire. Si je suis »adroit je jouirai de ma conquête. Ma poésie saura bien »trouver ses plaisirs, quand la richesse que je veux me »couronnera et quand les hommes plieront sous moi. »J'aurai alors la poésie du luxe, celle des sens, celle de »l'orgueil heureux, celle d'une civilisation admirable et toute »à mon service. Je laisse à qui voudra la prendre la poé- »sie du dévouement en haillons et de la sublime misère. »Allez, moraliste : si vous vous conduisez d'après vos maxi- »mes, vingt ans ne se passeront pas avant que votre poésie »du devoir demande l'aumône à ma poésie du succès. »

Ces réflexions furent jugées bien arriérées par mes contemporains ; elles ne pouvaient convenir ni aux esprits

jeunes qui essayaient de s'élancer vers je ne sais quel
monde de poésie inconnue, ni aux fils légitimes du
XVIIIe siècle attachés aux intérêts positifs, aux réalités pal-
pables, à la morale de l'intérêt.

———

§ IV.

**Vices sociaux et erreurs des doctrines. —Impuissance des Chartes et
des Constitutions. — De l'*organisme* social opposé au *mécanisme*
social. — De la politique d'expédients et de la nécessité de former
en France des hommes politiques.**

Les esprits positifs, c'est-à-dire sceptiques ou matérialistes, portaient nécessairement dans leurs théories de gouvernement leurs idées fondamentales. Ils croyaient aux
Chartes, c'est-à-dire à l'efficacité de certaines lois qui devaient à elles seules et par leur action matérielle transformer les mœurs, métamorphoser les esprits, conduire le
genre humain à la perfection définitive; c'était l'erreur de
1789, c'était celle de 1793 et de 1815. En vain toutes les
Constitutions avaient croulé sur leurs bases, personne n'é-
tait encore détrompé.

Je ne pouvais m'empêcher d'être d'un avis différent.
Je ne voyais aucune force intime dans chacun de ces
documents proclamés à si grand bruit et nés de certaines théories problématiques. Toute Constitution, me disais-je, fabriquée pour les besoins du moment et arrangée
à priori d'après certaines données, tout effort pour soumettre les hommes à une loi *mécanique*, sont condamnés
comme n'ayant pas les conditions de la durée et ne répondant pas aux nécessités de la nation et de l'époque. J'ad-

mettais au contraire comme bonnes les Constitutions spon-
tanées, nées d'elles-mêmes , créées par la puissance de la
nécessité, non par la prétention scientifique des hommes ;
les défauts que l'on y découvre, défauts apparents plutôt
que réels, sont destinés à sauver des inconvénients bien
plus graves, et le despotisme même de l'Orient a sa raison dans les caractères, les mœurs et les habitudes de ceux
qu'il domine.

Ici l'on peut soulever cette objection, que les pires gouvernements auront ainsi leur excuse. Voici la réponse : « les
pires gouvernements, les pires États, sont ceux sous la loi
desquels l'humanité est souverainement malheureuse, et
elle ne l'est jamais autant que lorsqu'elle se trouve sans
lien naturel, sans communauté de sentiment et de pensée,
sans unité, par conséquent sans pouvoir ; lorsque chacun
ne voit autour de lui que des ennemis, lorsque la force
centrale d'une sympathie universelle ne lie et ne domine
pas tous les éléments politiques. Dans le lien des hommes,
dans leur sympathie active, et là seulement, se trouvent la
vie des peuples et comme le sang de leurs veines. Ce qui
constitue cette vie , ce ne sont ni les citadelles, ni l'océan ;
ni les armées, ni même la richesse ; on se trompe quand
on se fie à toutes les puissances qui sont *mécaniques*, elles
se brisent bientôt d'elles-mêmes si elles ne sont soutenues
par le *dynamisme* intérieur. »

La communauté ne doit pas subsister comme une machine composée de ressorts qui peuvent se détraquer ou
s'altérer, mais comme un arbre dont quelques branches
périssent, qui a ses maladies et nourrit des insectes dangereux, sans que le principe de la vie soit atteint, sans que la
sève vivifiante et fécondante cesse de circuler des racines
au tronc et du tronc dans les rameaux. L'*organisme* est

le seul état social durable et réel. Le *mécanisme* n'est qu'une situation factice et mauvaise qui ne peut durer ; périlleuse expérience, tentative éphémère et artificielle.

Les Constitutions théoriques et les lois qui, privées de rapport intime avec les populations qu'elles régissent, n'émanent pas de leurs vœux, de leurs passions, de leurs souvenirs, de leurs besoins, ne durent donc jamais. Les révolutions nées de théories sont infécondes. La situation réelle des sociétés n'est pas la *révolution*, c'est-à-dire la ruine ; c'est l'*évolution*, c'est-à-dire le développement de leurs principes, la mise dehors de ce qu'elles portent dans leur sein. On ne guérit rien par la destruction. Pour résister à des forces désorganisatrices, il faut qu'une société possède la vie morale, le feu central ; ce feu détruit, elle sera bientôt vaincue. Douée du feu central et vital, elle opposera aux efforts extérieurs et aux influences destructives des efforts et des influences intimes qui ne manqueront pas de triompher. Ne croyez pas qu'une succession perpétuelle de révolutions puisse réformer la société ; des séries de destructions ne reconstruisent rien ; une sage évolution conserve en accroissant.

On court grand risque aussi toutes les fois que l'on néglige ce qui est intérieur et réel pour ce qui est extérieur et apparent.

Le philosophe n'est donc ni monarchique ni républicain. Il n'a point de théorie spéciale sur le mode de gouvernement qui approche le plus de la perfection. Il pense que chaque groupe d'hommes réunis en corps de peuple possède sa formule de gouvernement nécessaire, particulièrement appropriée à ses besoins ; mais là où les individualités règnent seules, où tous les intérêts s'isolent pour se combattre ou s'observer, où nulle formule n'est unanimement et

généralement adoptée et reconnue comme bonne, il ne veut
pas convenir qu'une société subsiste. Il nie cette société
comme sans lien, manquant de centre, de base et de force.

Alors les fonctions du gouvernement se multiplient à
l'infini, le gouvernement n'ayant plus affaire qu'à des individus et non à des corps. Chaque individu isolé espère
que le gouvernement se chargera de lui et lui donnera le
bien-être. Comme cette espérance est une illusion, le
mécontentement devient immense. Le gouvernement sur
lequel tout le monde compte ne peut satisfaire personne,
et il est obligé de se défendre contre tout le monde.
Il perd même dans ce cas la grande ressource du crédit ; car on sent qu'il est peu stable ; et le crédit s'attache aux corps stables, non aux individus mobiles. Dès que
l'État ne possède que des atomes flottants, au lieu de centres énergiques et fixes, il perd tout mouvement vital et
utile ; il ne peut s'occuper avec zèle et avec succès du bonheur individuel. Il ne peut même faire profiter l'argent
qui se trouve entre ses mains ; il inspire trop peu de confiance. La division de la propriété morcelée à l'infini achève
de le ruiner. C'est une erreur grave en effet de croire
que cent louis, dans les mains de cent personnes, soient
équivalents à cent louis dans les mains d'une seule personne.

Cette erreur consiste à prendre le métal mort et insensible qui représente la richesse, pour la puissance vitale qui
produit la richesse ; il faudrait se rappeler que les pouvoirs
de production lorsqu'ils s'unissent, ne se combinent pas,
par la simple addition, comme des éléments morts, mais
par multiplication, comme c'est la nécessité pour les éléments vivants et sympathiques. Isolés, ils n'ont qu'une
valeur d'addition ; combinés, ils prennent un pouvoir de
multiplication. Ainsi le produit de 2, multiplié quatre fois

15.

par lui-même, est de 32, tandis que le produit de ces mêmes valeurs additionnées n'est que 8. En les séparant vous
leur avez fait perdre 24.

C'est la différence d'une société *mécanique* à une société
organique. La première additionne ses forces ; la seconde
les multiplie l'une par l'autre.

Mes contemporains ne pouvaient pas plus que moi fermer les yeux sur les défauts d'une société toute mécanique, régie par une Constitution de fabrique récente ; mais
ils espéraient se tirer de tous les dangers et de tous les
embarras à force de finesse et d'expédients. C'est ainsi que
l'on avait vécu depuis 1815 et l'on ne concevait pas d'autre politique. Une très-fausse idée, résultat de nos derniers troubles, avait fait regarder la politique comme un
jeu d'adresse, un déploiement de ressources, l'emploi
d'une dextérité évasive, l'exercice journalier de la finesse
mise au service de la force. Je n'admettais point ces idées,
nées du Directoire et de ses corruptions.

— « Non, disais-je, je ne crois pas que les destinées
des nations se corrigent ou s'exploitent par un peu de ruse
seulement et d'à-propos ; on ne se tire pas d'affaire toutes
circonstances données ; il y a autre chose à savoir, que
l'art de duper les oreilles et de tourner les événements.
Cela peut servir un jour ; ce qu'il faut craindre, dans l'histoire privée comme dans l'histoire publique, ce n'est pas
le jour, c'est le lendemain.

» Toutes les professions humaines, ajoutais-je (1), demandent un apprentissage ; parmi nous il est étrange que
l'on ait oublié l'art politique. Vous ne serez pas instruc-
teur primaire si vous manquez de certaines conditions in-
dispensables ; vous serez homme politique et ministre

(1) *Journal des Débats*, 25 novembre 1842.

tout-à-l'heure, pour peu qu'il convienne à trois hommes
d'État de vous agréer. Le bois dont se fait l'homme politique pousse de lui-même dans tous les terrains; étonnez-
vous si les masses le voyant si commun le traitent avec
peu de respect. Dans les pays septentrionaux (je parle
seulement de l'Allemagne et de l'Angleterre) vers lesquels
la civilisation du monde moderne incline toute entière, on
pense avec raison que la vie politique mérite et exige une
éducation spéciale, et la plus élevée de toutes les éducations. La Prusse et l'Autriche ont sous ce rapport
d'excellents principes, et personne ne peut douter que
M. de Metternich et M. de Gentz, par exemple, ne comp-
tassent parmi les hommes les plus réellement instruits de
leur époque et de leur nation. Il y a dans les deux pays
que je cite un certain cours d'épreuves à subir, une certaine route à suivre, avant d'obtenir ces situations qui as-
surent l'influence politique; le droit des nations, leurs
constitutions, leur histoire diplomatique, leurs relations
mutuelles, les évolutions et les variations de leur commerce sont mieux connus des aspirants aux faveurs administratives, dans ces pays despotiques, qu'ils ne le sont en
France de presque tous nos honorables Députés. Quant à
l'Angleterre, personne n'ignore ses habitudes; l'éducation
politique y commence sur les bancs du collége; un *de-
bater* fait ses premières armes à Oxford; il continue dans
les clubs; il étudie les rapports parlementaires; s'il a du
talent, il écrit pour l'*Edinburgh Review* ou le *Quar-
terly* ces articles qui sont des livres, qui soulèvent toutes
les questions difficiles, et qui font la renommée d'un
homme. Cela nuit-il, je vous prie, au talent des affaires,
à la promptitude du coup-d'œil, à la résolution, à l'éloquence, à la dexterité? Tout au contraire; depuis le pre-

mier Chatham jusqu'à M. Canning, les hommes d'État
de Westminster ne furent pas si malhabiles, et ce n'étaient
pas des pédants ridicules, quoiqu'ils citassent Homère un
peu souvent.

» Il serait oiseux de faire remarquer l'utilité ou plutôt
la nécessité de cette connaissance approfondie des intérêts
de tous les peuples, de leur situation, de leurs forces, non
pas statistiques, mais morales, non pas seulement finan-
cières, mais commerciales et guerrières. C'est assurément
une très-grande étude; elle n'est pas fixée dans quelques
livres et rudiments dont tout le monde peut faire usage;
elle change perpétuellement; elle flotte, elle se modifie; il
faut la saisir, dispersée dans les rapports des voyageurs
et dans les documents officiels ou parlementaires de chaque
pays. Tous les jours plus essentielle et plus vaste à mesure
que les rapports des peuples entre eux se multiplient, elle
demande une sagacité infinie, une patience et une lecture immenses. — « Allons donc, diront les gens frivoles !
tant d'érudition pour un homme d'État ! vous vous moquez ! » — C'est vous qui vous moquez, d'espérer mener
le monde, sans savoir où en est le monde. Sachez que cette
érudition qui vous effraie, au lieu d'écraser l'esprit, le soutient. Elle ne compromet que les esprits débiles. C'est un
aliment fait pour les estomacs vigoureux, un poison qui ne
tue que les gens morts d'avance. Richelieu, Napoléon et
Chatham étaient des érudits de cette espèce.

» Les hommes qui ont tenu ou qui tiennent, depuis
quelques vingt années, ce triste et brûlant levier de nos
destinées politiques, comptent dans leurs rangs des noms
remarquables par l'étendue et la variété des connaissances;
mais je m'occupe de l'avenir, je demande ce qui a été fait
pour organiser et développer cette éducation politique

devenue nécessaire ; où est la pépinière des hommes d'État qui succéderont aux conducteurs de notre monde ; comment on s'y prend pour les nourrir des connaissances rares et spéciales dont j'ai parlé ; où se recruteront les maîtres de l'avenir, et comment se formeront ces habitudes de vie politique qui nous manquent tout-à-fait. Imagine-t-on qu'il suffira des cours de l'École de Droit, quelque bons qu'ils puissent être, et de l'Université, avec ou sans études allemandes ou britanniques ? Pense-t-on que les élections les plus populaires vont combler cette lacune ? Pense-t-on enfin que la France ne soit pas intéressée à voir ses gens d'État si instruits ? On se tromperait fort. D'une part l'activité croissante des affaires et l'incertitude des conditions s'augmentant chaque jour par le morcellement de la fortune et la destruction des grandes familles, ne permettront plus à personne de sacrifier son temps à des études improductives ; d'une autre, à mesure que les effets de la fusion actuelle des peuples se feront sentir davantage, les intérêts de la patrie se trouveront mêlés à des intérêts beaucoup plus lointains et plus complexes. Il n'y a plus de pays éloignés ; toutes les nations sont limitrophes ; la prise d'une bicoque indo-chinoise est un événement pour la Suède et le Danemark. Les Pyrénées ne se sont pas abaissées, comme l'espérait Louis XIV ; mais tous les océans sont franchissables et toutes les distances sont impuissantes. Nous dépendons aujourd'hui de la Syrie. Demain le pouvoir ou le néant de la Grande-Bretagne peuvent dépendre du roi de Népaul et du successeur de Runjet-Sing.

» Cette connexité gigantesque d'intérêts qui, sous nos yeux, finit par amalgamer dans un phénomène d'expérimentation si étrange l'Orient et le Nord, l'Asie et l'Europe, exige que les hommes qui se mêlent de politique n'ignorent aujourd'hui rien des choses, lointaines en apparence, voisines en réalité, qui exercent sur nous une action si vive. Sans une véritable école d'hommes politiques, et le mot école doit être accepté dans le sens le plus large, je ne sais comment on s'y prendra. Dès que les portes du pouvoir s'ouvrent à une capacité ou à une ambition, la lutte contre les résistances intérieures absorbe toute leur énergie; le mouvement constitutionnel le veut ainsi.

» Ce n'est donc pas trop, c'est à peine assez d'une longue préparation ; et cette préparation, je la cherche. L'aristocratie, vouée dans d'autres pays à ces travaux de son loisir et de son orgueil, n'existe plus pour nous que comme une ombre. Notre nouvelle aristocratie industrielle, financière et législative, perpétuellement éveillée et excitée pour ses propres combats, se groupant autour de tel chef ou de tel autre, s'embarrasse médiocrement de ce qui se passe entre la Chine et le Pundjab, ou entre la Perse et le Caucase. Voyez cependant à quel résultat bizarre le cours des affaires humaines nous a conduits. L'événement le plus grave, le plus européen et le plus menaçant de tout un demi-siècle, ce n'est plus la bataille de Waterloo, c'est le débarquement d'un ou deux vaisseaux anglais sur une plage à peine habitée de la Syrie. Un fait qui peut changer la face de l'Europe, ce n'est plus la prise d'Alger, c'est le changement de je ne sais quelle dynastie hindo-chinoise, les Baroukzyes par exemple succédant aux Souddozies, dans les principautés inconnues d'Ava ou du Kandahar. On se bat en Circassie sans que l'Europe s'en mêle; et les résultats de ce combat nous importent; car ils reculeront ou avanceront de quelques siècles la grandeur de la Russie. Tous les bons esprits ont vu que le problème du monde actuel n'est plus ici, dans cette vieille sphère épuisée, mais là-bas, au pied de l'Himalaya, du Caucase et des montagnes Rocheuses. Ainsi la science politique sera devenue colossale au moment même ou le temps de l'apprendre manquera aux hommes politiques, et où, entraînés dans la mêlée des petits intérêts quotidiens et urgents, ils se verront forcés d'abandonner au philosophe sans action, à l'observateur oisif, une tâche malheureusement inféconde entre les mains de ces derniers. »

---

§ V.

La France devenue industrielle en 1825. — Esprit des affaires. — Venise et la Hollande. — L'Angleterre. — La France était-elle préparée à son nouveau rôle?

Ce fut par un concours de doctrines, d'antécédents et d'habitudes que je viens de décrire, mais non comme on l'a dit, par la volonté de quelques hommes que la France fut amenée, en 1830, à devenir exclusivement industrielle. Elle continuait ainsi ses expériences politiques, après avoir négligé son éducation politique. Était-elle dans les conditions nécessaires pour devenir une grande puissance industrielle? Non certes.

Tout ce qu'on aurait pu lui dire à ce sujet eût été inutile. L'homme du Bas-Empire eût été mal reçu, s'il eût montré à ses contemporains la certitude de l'avenir dans les enseignements du passé; une société vieillie a des susceptibilités étranges. Allaitez d'espérance ces esprits crédules, c'est le seul moyen de leur plaire. Ouvrez-leur la perspective d'une jeunesse éternelle qui va naître après une adolescence disparue; telles sont les séductions qui flattent les peuples, accessibles à la flatterie comme les rois.

Pour plaire à la France du XIXᵉ siècle, il fallait lui répéter que son avenir était assuré, que rien ne lui manquait, qu'elle marchait fière dans une voie de progrès incontestable ; — il fallait surtout affirmer qu'elle entendait les affaires, qu'elle était devenue industrieuse, commerçante et habile. Je ne sais quelle femme d'esprit me disait : « de toutes les flatteries, les plus menteuses sont meilleures. » Ne louez donc de la France, ni son audace, ni son génie militaire, ni ses œuvres d'art ; attribuez-lui les vertus d'organisation, de stabilité et d'industrie.

Depuis longtemps l'esprit de sociabilité vit en France ; génie qui groupe et réunit les hommes pour leur commun plaisir, non pour leur utilité commune, et qui fait naître une sorte de démocratie de l'amusement. Quiconque vous plaît est votre égal. La sociabilité mêle toutes les classes, caresse les vanités, polit les intelligences, fait rouler doucement sur leurs gonds la conversation, l'intrigue et le monde.

Le génie des affaires n'est pas cela. Il donne la richesse, étend les vues, multiplie les énergies sociales ; il fait converger vers un centre tous les efforts et toutes les puissances ; il crée l'esprit d'association ; il a des audaces calculées et irrésistibles ; il néglige l'amour-propre, méprise les petitesses, écrase la vanité ; il a un grand but, et ce but absorbe tout ; il n'est pas vertu, il s'accommode de l'égoïsme, mais jamais de la sottise et de la légèreté.

Le génie des affaires s'est développé à Venise, à Gênes et en Hollande. Appliqué jadis à la conquête par Rome, il a soumis le monde entier. Le génie des affaires a créé l'An-

gleterre ; les États-Unis n'auraient pas vécu trois années
s'ils ne l'avaient hérité de leur mère.

Ce génie ne sait pas détruire, mais fonder ; sa mission
est vitale et organisatrice ; essentiellement producteur,
sa fécondité jette au loin et même sur des ruines les rameaux vigoureux d'une prospérité nouvelle ; il aime la
propriété et l'acquisition, veut la puissance et réclame l'u-
nité. Génie d'avenir et non d'improvisation, d'ordre, non
de trouble, il procède par créations, non par ébranlements
fortuits. C'est un génie positif, et qui s'inquiète peu d'abstractions. Examinez Venise pendant les dix premiers siècles
de son existence, la Hollande depuis les premiers stathouders jusqu'à la ligue anséatique, l'Angleterre sous le règne
de la dynastie hanovrienne ; ces États développent l'énergie
individuelle par l'esprit des affaires et relient la communauté en une masse triomphante qui marche de prodiges en
prodiges.

Le génie des affaires possède Venise ; travail, persévérance, économie, patience ; des vices, mais qui ne tuent
pas. Le pouvoir est brutal ; la nation se maintient grande.

Un autre génie, celui de la conquête s'est emparé de
l'Espagne. Là, esprit d'aventures, enthousiasme, héroïsme.
L'Espagne meurt en un siècle et demi. La petite aristocratie
vénitienne si pauvre de ressources vit six siècles ; la grande
monarchie des Philippes marche en deux pas du berceau à
la tombe. L'esprit d'association, père du patriotisme, soutient Venise ; les Croisés qui arrivent au bord de la mer,
couverts d'airain et avides de conquêtes, ont besoin de
vaisseaux ; les Vénitiens frètent leurs navires qui s'élancent
sur l'Orient et l'Europe entière est forcée de compter avec
les marchands négociateurs. Depuis l'an 446 jusqu'en 1499,

le progrès est incessant, la splendeur toujours croissante. Venise prend la Dalmatie, fait flotter sur la moitié de Constantinople l'oriflamme du Lion de Saint-Marc, s'empare de la Morée et de l'île de Négrepont : de toutes les parties du globe ses navires lui rapportent d'immenses trésors ; les principales villes d'Italie lui payent tribut et ses marchands gagnent quarante millions par année, somme énorme pour l'époque. Est-ce l'esprit républicain qui la fait grande ? on sait que le mot république donné à Venise est une raillerie. Sous le joug d'airain de quelques nobles le groupe social demeurait puissant et compact, les citoyens étaient unis dans un même esprit ; la même âme enveloppait tous les rangs : une discipline forte les soumettait à l'obéissance ; — belle existence de peuple, guerrier et savant, poète et artiste, commerçant et navigateur.

Pour abaisser une poignée d'hommes, à peine trois millions, il a fallu que les musulmans se jetassent sur les possessions du Levant, que les Portugais détruisissent par leurs découvertes le commerce de l'Inde par la Méditerranée, la mer Rouge et l'Euxin ; que Colomb transformât le commerce du monde ; — il a fallu le prodigieux accroissement des forces militaires de toute l'Europe et les guerres d'invasion en Italie, enfin la ligue de toutes les puissances contre Venise par le traité de Cambrai. Pendant dix siècles le même esprit a soutenu cette machine dont le monde respecte les débris.

L'Espagne et le Portugal au contraire, sont maîtres au xve siècle, du Mexique, du Pérou, du Brésil, de Ceylan, d'Ormuz, de Goa, de Malacca ; quel Empire, si ces conquérants eussent possédé le génie de conservation ! Ils savaient vaincre et non maintenir. C'est un éclair que ce pavillon glorieux du Portugal et de l'Espagne, brillant depuis

le cap Vert jusqu'à la Chine, en Afrique et en Asie; un
éclair dans l'histoire, car il expire après cent cinquante
années; — l'Espagne meurt, Philippe II emprunte à des
orfèvres, le tombeau de la monarchie espagnole s'ouvre,
les galions du Mexique ne la sauvent pas.

Un petit pays est situé dans des marécages et des sables
stériles; tous les fleuves dont l'embouchure se déverse
dans la mer du Nord, la Meuse, le Rhin, l'Escaut,
l'Yssel le submergent tour-à-tour; il n'a pour espoir que
ce génie social dont ses ancêtres lui ont laissé la tradition
et l'héritage; — là chacun se respecte comme homme libre,
et se soumet volontairement à la loi suprême de l'État.
Voici la mer à combattre, la pauvreté à vaincre, l'indigence
du sol à corriger. La nécessité du commerce, celle de l'é-
conomie et de la bonne foi se font sentir. Les gouvernements le favorisent, car ils suivent toujours la route que les
peuples leur indiquent. A Middlebourg en 1222, Guillaume Ier comte de Hollande accorde des franchises et des
libertés aux commerçants. En 1241, la ligue anséatique est
fondée; Amsterdam, Brême, Bruges, Hambourg, nourrissent dans leurs murailles une bourgeoisie habile à maintenir ses libertés. Attaquée tour-à-tour par Philippe II,
le duc d'Albe et Louis XIV, luttant contre la tyrannie de
l'Océan et celle du grand roi, forcée de faire reculer la mer
et de se battre contre le monde, cette petite aristocratie
bourgeoise qui s'est intitulée république chasse les Portu-
guais d'une partie de leurs domaines, disperse au xve siècle
les flottes espagnoles et anglaises, plus tard les flottes françaises; fonde les colonies les plus belles et les plus solides;
place un de ses stathouders sur le trône d'Angleterre;
— enfin demeure encore après mille pertes compacte
et puissante. Au xixe siècle, lorsqu'une convulsion univer-

selle a tout ébranlé, elle conserve Java avec neuf millions d'habitants.

Tel est cet esprit de production et de puissance que, faute d'un mot parfaitement exact, j'ai nommé *esprit des affaires*; qui peut remplacer toutes les qualités et que nulle ne remplace. Pour durer, il demande la sainteté du serment, c'est-à-dire l'esprit religieux; l'ordre, la bonne foi, la patience, la fermeté, les affections de famille, les principes fixes, les vertus privées. Il change en qualités les défauts inhérents à notre espèce, fond les intérêts privés dans un centre commun, remplit les ports de navires et les manufactures d'ouvriers laborieux et établit la richesse de l'État sur le bien-être du citoyen.

Quant à la France, le premier germe de son existence n'est pas l'esprit des affaires, c'est la gloire; vous n'entendez parler des Keltes dans l'ancien monde, que comme d'aventuriers brillants. Leur glaive qu'ils agitent avec une redoutable ardeur brille partout et les fait apparaître en Orient et en Occident, comme le plus remuant et le plus étourdiment brave des peuples. Tel est le caractère gaulois. Le Gallo-Romain à peine modifié par vingt siècles va sous Bonaparte aiguiser son sabre à la base des Pyramide; ce fils des soldats de Brennus fait trembler le Capitole et ne le fait trembler qu'un moment. Facilité, rapidité d'esprit, promptitude de courage, ardeur d'imitation, le ressort le plus élastique et le plus puissant à se redresser après le malheur, ce sont des caractères qui n'ont pas faibli dans la Gaule. Malgré les affiliations des diverses Gaules du Nord et du Midi qui sont venues se grouper par la conquête autour du pays central, n'est-ce pas le même pays? Aller en troupe, vivre avec les autres et pour les autres, être plus sensible à l'honneur qu'à la fortune,

plus sensible à la vanité qu'au pouvoir ; — ce sont encore
là des éléments ineffaçables. Nous sommes devenus Romains, comme les Russes sont devenus Français. Orateurs
romains, poètes romains, ce que nous empruntons avant
tout à nos maîtres, ce n'est pas leur discipline, mais leur
élégance, leur obéissance, leur éloquence et leur poésie.
Le christianisme amène ensuite parmi nous les douces cha-
rités ; le charme de la vie sociale augmente. Enfin l'irrup-
tion germanique place sur le pavois la puissance de l'épée.
Ainsi croît une sociabilité guerrière, facile et gaie, dont les
premiers efforts se révèlent dans la causerie de nos chroni-
ques et dans l'ironie de nos fabliaux. Nulle place pour l'esprit des affaires.

La chevalerie, sérieuse ailleurs, devient pour nous une
parade charmante et délicieuse ; dès l'époque des croisades, nos seigneurs mettent leurs châteaux en gage ; au XVIe
siècle, François Ier qui dépense tout en beaux costumes n'a
pas de quoi payer sa rançon ; sous Henri IV, les comtes
vendent leurs biens et portent *leurs métairies sur leurs
épaules*, comme dit Fœneste ; sous Louis XIII, la gravité
espagnole nous prête sa courtoisie, sa galanterie, ses
romans dramatiques et son drame romanesque. Le même
génie s'agrandit sous Louis XIV, époque merveilleuse pour
l'esprit français ; alors tous ces éléments anciens acquièrent
un degré magnifique d'intensité et d'éclat ; la sociabilité devient générale ; l'intelligence est en honneur, le clergé
civilisateur obtient pour récompense ce pontificat dont
Bossuet est le roi. Les beaux arts satisfont la vanité nationale et nos défaites mêmes se parent d'une teinte généreuse qui console un peuple facile à consoler. On ne peut
qu'admirer cette efflorescence complète et splendide des
qualités et des défauts français.

Quant à la bonne gestion des finances, aux progrès de l'industrie, au développement de l'esprit d'affaires en France, je les cherche inutilement. Des efforts partiels et des élans peu soutenus semblent trahir chez notre brillante nation peu d'aptitude à ce genre de succès modeste. L'histoire financière de la France se compose d'une série de spéculations insensées. En vain Louis XIV et Colbert prétendent faire naître l'industrie : elle ignore ses premières conditions ; fille de l'indépendance, elle essaye ses forces dans la servitude. Colbert la soumet à l'esprit réglementaire ; entourée de cette protection tracassière, les dragonades, l'invasion de la France, la guerre de la succession, la corvée, les levées d'hommes, la folle révocation de l'édit de Nantes l'étouffent dans le berceau.

Il y avait alors une secte hérétique et tolérée ; secte morale comme toutes les sectes persécutées, active et industrieuse comme on l'est après les épreuves du sort et devant les menaces de l'avenir. Les protestants avaient créé partout des foyers d'industrie. Ces foyers acquéraient de la puissance, car l'industrie prospère par la moralité ; la révocation de l'édit de Nantes anéantit tout. Cinquante mille fabricants et ouvriers quittent la France, noyau d'une population industrielle qui fait aujourd'hui la prospérité de l'Angleterre et qui a commencé celle de la Prusse. Pas une ville industrielle de la grande Bretagne que la faute de Louis XIV n'ait fécondée. Les émigrés portent ailleurs leur richesse, leurs capitaux, leur travail et leur intelligence.

Le régent apparaît ensuite avec Law, qui semble remuer dans sa poche les trésors du Pérou. L'industrie veut renaître, des sociétés de colonisation se forment, la compagnie des Indes expédie ses galions, le Gouvernement est victime et compère du jongleur qui se dupe en dupant les autres.

Une martingale universelle triple les fortunes ou les ruine
sans ressource ; le Mississipi et Chandernagor servent d'enjeu à ce pharaon effréné. Voilà ce qui a lieu en France,
pendant que l'Angleterre fonde son crédit et que Guillaume III consacre les libertés des corporations, au moment où la compagnie des Indes jette les bases de sa conquête. Plus tard les sages enseignements de Turgot restent
inutiles ainsi que les spéculations de Quesnay; alors les
lois rigoureuses de l'ordre, de l'économie, de l'accumulation, de la combinaison des richesses et du travail ne
peuvent rien. Les spirituels destructeurs du XVIIIe siècle,
Voltaire, Diderot, d'Alembert ne songent qu'à renverser
ou à dissoudre ce monde pourri ; 1789 et 1793 justifient
leurs prévisions et répondent à leurs efforts; bientôt viennent les quatorze années de la République, le maximum
et la guillotine. Rien de tout cela ne peut créer une industrie florissante. Cependant les capitaux reçoivent une application nouvelle ; les spoliations tournent au profit d'hommes énergiques; on entrevoit quelque apparence d'industrie ; aussitôt le Directoire et les assignats les dévorent.

Napoléon règne; il croit se soutenir par la guerre, la
guerre va le tuer. Pitt en Angleterre, et Napoléon en France,
soumettent l'industrie à de rudes épreuves; quelle est
sa destinée dans les deux pays ? En la privant des ressources de l'extérieur, nous la forçons à subvenir par des
moyens artificiels à tous les besoins de la France. Pitt en
décuplant les impôts, oblige la Grande Bretagne à produire
outre mesure, mais à assez bas prix pour que les provenan-
ces anglaises puissent envahir tous les marchés : problème
difficile, que Berthollet, Chaptal, Darcier, Fourcroy,
Monge, Lavoisier ne résolvent pas en France, tandis que
Watt, Arkwright et Davy plus pratiques le résolvent en

Angleterre. Pendant quinze ans même opiniâtreté chez les
deux maîtres du monde ; pendant quinze ans, l'industrie
anglaise remplit avec une précision surprenante le rôle
difficile qu'on lui avait assigné ; et tandis qu'au retour de
la paix, l'Europe consternée jette un regard d'effroi sur
les immenses richesses que la lutte a dévorées, l'industrie
de l'Angleterre s'occupe à créer encore de nouvelles ressources pour réparer tant de désastres. Elle y parvient ; par
elle seize milliards sont payés pendant le conflit ; d'elle
toutes les armées de l'Europe reçoivent nourriture et solde,
armes et munitions.

L'industrie anglaise avait pour atelier le globe, pour
marchés les cinq parties du monde. L'industrie française
au contraire, esclave inutilement active, était de toutes parts
protégée par des lignes de douanes. Notre génie guerrier,
en développant l'esprit inventif des chimistes, oblitéra l'esprit des affaires ; comment concevoir de grandes entreprises, spéculer sur les produits du nouveau monde, établir
des marchés au loin, combiner des spéculations hardies,
quand on est accoutumé au système facile des licences,
c'est-à-dire à la permission de faire entrer ou sortir des
marchandises prohibées ? Une licence créait la fortune
d'une maison de commerce ; c'était un brevet de monopole. La Restauration, à quelques exceptions près, continua ce système, cette habitude de protection, de primes et
d'encouragement, si bien d'accord avec les vieilles coutumes de dépendances sous lesquelles la France avait fait la
déplorable éducation de sa jeunesse.

---

§ VI.

État moral de la France, entre 1825 et 1835. — Défaut de lien moral. — Religion de l'égoïsme. — Symptômes de décadence intellectuelle et littéraire.

Tels sont les faits que l'on peut recueillir sans beaucoup de peine à la surface de notre histoire. Il est impossible de ne pas reconnaître que les antécédents de la France
opposaient aux développements de cette nouvelle phase sociale fondée sur l'industrie de graves obstacles. L'industrie
ne peut conduire à la fortune individus ou peuples, que
sous certaines conditions morales ; la France les possédait-
elle ?

Elles renfermait tous les éléments contraires.

Fusion de tous les états, chaos de toutes les situations,
amalgame de toutes les idées, destruction de tous les principes, anéantissement des bases sociales, mort des convictions, ennui profond et universel : telle était la France.
La société manquait de centre et de point d'appui, l'individualité régnait, chacun se faisait centre, quand il pouvait et comme il pouvait : à peine une individualité était-
elle parvenue, soit par la richesse, soit par le crédit ou
par le bruit, à réunir autour d'elle quelques autres individualités qui formaient groupe, à peine ces dernières
s'étaient-elles imprégnées de ses principes, une fois leur
apprentissage fait, elles se détachaient de leurs planètes,
pour se faire centres à leur tour ; — elles appelaient cela

16

de l'indépendance; c'était de la dissolution. Il y a liberté
aussi, quand les éléments du cadavre s'éparpillent dans le
tombeau. De 1825 à 1840 la spécialité était partout; partout de petits centres sans force, sans attraction suffisante,
sans rayonnement énergique.

A ce malheur se rattachait le génie dévastateur de l'opposition critique, sans autre but que la critique; pas d'esprit léger ou faible qui ne critiquât selon sa portée l'esprit
le plus haut et le plus fort. La capacité de critique et de
dénigrement était commune et vulgaire comme la poudre
des chemins; la capacité d'union et de centralisation ne se
montrait nulle part. L'acide qui dissout coulait à torrents
dans le corps social, l'harmonie qui constitue l'ensemble
manquait; grande négation, vaste suicide, où mille volontés
se tiraillaient et s'annulaient. Tout le monde disait que cela
ne pouvait durer ainsi, que la société ne pouvait continuer
de vivre de cette manière, et elle continuait de mourir.

Il ne s'était pas élevé depuis Napoléon un seul centre
politique, littéraire, intellectuel, moral, qui eût la moindre
solidité. Où étaient les grandes entreprises? les grandes
choses? les théories adoptées? les écoles durables? Chaque nouveau point d'attraction apportait avec lui une vitalité fugitive, sortait de terre, se posait, appelait à lui
le monde entier. Voilà le nouvel axe sur lequel la société
va rouler : toutes les vanités sont invitées à le servir, tous
les intérêts à le secourir. On l'environne, on le presse, le
désir devient espérance, on salue avec joie le nouveau ciment qui reliera la société; chimère! deux années seulement, et le colosse disparaît. D'autres hérésies passagères
vont bercer encore ce vieux monde qui se croit enfant; la
procession des espérances destinées à périr, s'avance en
longue farandole. Une thèse qui se tînt debout, un sys-

tème avoué qui groupât cent hommes, un prosélytisme
fécond, une politique réelle, un drame vivant, une théorie qui ne fût pas un squelette, une opinion qui fût
complète, une nuance qui ne fût pas indécise, une lumière qui ne fût pas vacillante; — cela n'existait nulle
part.

Je ne sais si je dois aborder les symptômes littéraires.
La littérature de ce temps-là était ce qu'elle devait être.
La poésie devenue extérieure et sensuelle frappait l'œil et
les sens, reproduisait des formes, groupait des draperies
et faisait contraster des couleurs. En choisissant des teintes
chaudes, en multipliant la saillie et le relief, elle solici-
tait l'attention physique. L'histoire aussi se faisait matérielle; chaque jour elle tendait plus directement et plus
exclusivement à recueillir des documents sans philosophie,
sans lien, sans point de vue; l'histoire empilant des archi-
ves sans philosophie, devenait une greffière.

Cette littérature, il ne s'agit pas de la maudire, mais de la
comprendre. Elle est fille d'un temps blasé; on se surexcite
parce qu'on est faible. Si la société augmente par des lectures ardentes la somme de sa vie sensuelle, est-ce un
crime? non, c'est une nécessité de son ennui; l'intelligence publique, devenue *mangeuse d'opium*, veut un
monde au-dessus ou au-dessous du monde, une ivresse
peuplée de fantômes. C'est une jouissance toute matérielle
que cette titillation et cet éréthisme de la pensée; on se livre
éperduement à la volupté âcre dont certaines lectures pénètrent toutes les cavités du cerveau, dont elles excitent
les lobes, saturent les replis, l'enivrant pour l'abattre en-

suite. Des talents réels se laissent entraîner au cri public;
ils donnent l'excitation dont tout le monde est avide;
voici le poison que l'on aime et qui tue.

C'était là qu'en était venue une société bien fatiguée
d'elle-même, dont les principes étaient ébranlés, dont les
autels étaient en poudre, qui avait du mépris pour tous
les dieux et respectait le *Veau d'Or*. Le pouvoir même
ne s'obtenait que par l'argent, puisque la propriété était
la seule route possible vers les hautes positions politiques. C'étaient une matérialisation et une poussière infinies : la société, battue comme le blé sur l'aire par
un immense fléau, sable friable, se composait d'individualités sans cohésion qui cherchaient leur intérêt propre. Rien de lié, rien qui se tînt. Suspendus dans le vide
entre un état de mœurs détruites et un état de mœurs qui
demandaient à se former, nous cherchions la force et ne la
trouvions pas. Une formation de Cabinet était chose presque
impossible et l'on ne pouvait grouper trois hommes pour
leur donner le gouvernement. Comment se fier à ces institutions tremblantes qui ne permettaient à personne de se
lancer dans les opérations qui ennoblissent le trafic et
font du négoce une politique grandiose. L'inquiétude des
esprits ne désirait pas même le repos; on avait besoin d'ê-
tre bercé par l'orage. Ce terrain mobile semblait une fatigue nécessaire, on se serait ennuyé s'il avait cessé d'être
mobile. Les esprits arrivaient à ce résultat, que toute révolution est nécessairement bonne.

Ainsi l'armée du mécontentement grossissait et harcelait
l'armée des possesseurs. Tout homme qui possédait plus
était considéré comme l'ennemi des hommes qui possédaient
moins; nulle raison pour que le grand combat se terminât
ou s'apaisât. Le sentiment de l'égalité chez un peuple vain,

contrariait le besoin d'acquérir chez un peuple qui veut jouir vite. Pour amener une égalité réelle, il aurait fallu détruire l'ardeur de la distinction ; pour donner aux prolétaires la faculté d'acquérir, il eût fallu leur apprendre à ne pas cher-cher la sensation de chaque jour, la jouissance de chaque moment qui absorbant le gain détruit l'avenir. Voici quatorze théâtres à Paris, et le plus grand nombre destiné aux classes inférieures ; que leur apprennent ces théâtres ? quelle surexcitation ajoutent-ils à l'excitation générale ? quelles leçons d'aventure, de gain rapide, de liaisons vo-luptueuses donnent-ils ? De quelle espèce de lumières pé-nètrent-ils l'ouvrier en blouse et l'apprenti aux bras nus que Robert Macaire amuse et qui voient jeter, des secon-des loges dans le parterre, le gendarme malencontreux, pauvre représentant de la morale publique ?

Voilà les idées qui me frappaient vivement et que du fond de ma solitude j'exprimais sans crainte, bien sûr qu'on les écouterait en riant, comme les boutades innocentes d'un humoriste rêveur (1). C'était la sévère et naïve pro-phétie de cette aventure étrange qui en février 1848 est venue réveiller en sursaut les esprits frivoles ; — non qu'une sagacité particulière m'avertît des dangers de l'avenir, mais parce qu'isolé de tous les intérêts par la naissance et l'édu-cation, j'étais dépourvu de tous les préjugés.

(1) Les vingt pages précédentes et suivantes ont paru en 1833 dans le *Journal des Débats.*

§ VII.

Le sentiment du devoir est nécessaire à l'ouvrier et aux populations industrielles. — De la bureaucratie et de son influence.

En face des misères morales que je viens de signaler, les âmes honnêtes et les esprits spéculatifs cherchaient des remèdes aux maux présents et aux catastrophes futures.

« Donnez du travail, encouragez le travail, disaient les »plus sensés ! » — Ils avaient raison. — « Que l'homme produise et consomme, ajoutaient-ils. »

Si au lieu d'enfermer leurs pensées dans le monde matériel, ils eussent aperçu le monde moral qui pèse sur lui, l'embrasse et le domine, voici ce qu'ils eussent dit :

« Une population d'industriels sans principes constitue une population de machines furieuses. Le travail matériel exerce une action abrutissante, s'il n'a pour modérateurs l'esprit de famille et le respect de la dignité personnelle. Il faut du courage pour accomplir cette carrière sans gloire, dont les résultats passent inaperçus. Ne vantez plus les travaux et les faits d'armes des héros romains, l'abnégation de quelques martyrs : voici une résignation de toute la vie, une abnégation continuelle, non pas de quelques individus, mais de millions d'hommes. Leur vie est perpétuellement en question, ils doivent travailler ou périr. Gare à celui qui s'écarte des rangs ! malheur à qui se détourne du chemin ! la roue tourne et le broie. L'industrie, que vous croyez paisible, est inexorable : conquérante dont les victoires coûtent du sang, chacune de ses évolutions agrandit les ressources des populations à venir et chacune d'elles engloutit la génération présente. Toute population industrielle a besoin d'une moralité spéciale et d'un héroïsme particulier, chaque pas en avant est un danger pour elle. On invente la *machine à vapeur*, le *Mull-Jenny*, les *métiers à tisser* mécaniques, la production manufacturière de la Grande-Bretagne est centuplée ; mais que de larmes ces inventions font couler ! que d'existences détruites ! que de bien-être anéanti dans les chaumières où ces industries s'exerçaient ! quel sinistre pour l'ouvrier ! Il ne peut échapper à ces désastres qu'à force d'économie, de moralité, d'énergie, et par un austère sentiment du devoir.

« Des artisans qui vivent au jour le jour, des ouvriers prodigues, des filateurs ivrognes forment une armée d'ennemis vigoureux, affamés et frénétiques. Si l'industriel se relâche et se montre imprévoyant ; s'il ne met à profit le vent qui enfle sa voile, s'il se néglige, n'épargne pas, vit pour le présent et pour la jouissance, sa ruine est certaine ; un concurrent, une invention, une mode nouvelle l'anéantissent. »

Voici quelques exemples. Les cordons de souliers substitués aux boucles d'acier enlèvent le pain à six mille ouvriers de Birmingham ; *les tondeuses hélicoïdes* produisent les mêmes effets. En étendant les ressorts de l'industrie, le génie créateur ôte le pain à ceux qui l'exercent. Pas de faiblesse ; une seule faute de l'ouvrier est payée de sa vie ; elle le frappe de dégradation morale, et la patrie est bien plus punie que lui ; il devient son ennemi. Elle le châtie, il se venge ; elle l'écrase, il corrompt ses enfants et ses voisins ; au premier jour d'émeute, il se lève et tue. On le tue à son tour. Il laisse derrière lui une race solidaire de ses fautes et de ses angoisses, de ses vengeances et de ses animosités. Ce levain de haine fermente dans les capitales. La justice accomplit son œuvre. Les capitales se dégorgent dans les bagnes; ces derniers se dégorgent à leur tour dans les campagnes et dans les cités. Le criminel rapporte au sein d'une société déjà malade la poésie du forçat, la gloire du bandit et le drame des argousins. Le bagne qui déteint sur la société et lui rapporte son argot comme élégance de langage, fait de nouveaux élèves recrutés dans les classes supérieures qui s'ennuient : échange atroce de vice et de malheur. Avant de dire que je calomnie mon époque, il faudrait se souvenir des scènes de prison et de bagne que la publicité nous a révélées. L'autre jour les Anacréons de Bicêtre et les Tyrtées du carcan chantaient la gloire, l'amour et la liberté en strophes que tous les journaux ont reproduites.

Une société qui a l'industrie pour base ne peut donc se passer d'une moralité sévère. Le marquis et le lieutenant de carabiniers étaient jadis imprévoyants et légers sans danger pour l'État; un ouvrier immoral, fléau, bourreau et victime est le plus infortuné des êtres. Il faut que l'ouvrier gagne peu et économise pour les temps de maladie, qu'il vive simplement et maintienne l'énergie de son corps et de son âme; une santé débile et une conduite vicieuse le jetteraient dans l'abîme. Sous les latitudes méridionales il doit plier les passions du climat, la paresse profonde, l'ardente indolence à cette vie d'horloge, à ce calcul perpétuel dont le moindre faux mouvement devient une calamité; dans le Nord il doit braver le froid, soutenir la fatigue, épargner et attendre. Au Midi comme au Nord l'imprévoyance et l'étourderie sont meurtrières pour lui.

La façon de mille épingles se paie quelques centimes, et chaque épingle passe par vingt-cinq mains différentes. Un compositeur d'imprimerie reçoit 50 centimes pour placer et déplacer mille lettres et pour corriger les fautes qu'il commet en les combinant entre elles ; sa main doit exécuter six mille mouvements dans une journée, et sa tête est obligée de concevoir à la première vue douze cents combinaisons différentes. Que cette tête s'appesantisse par l'abus des liqueurs, que cette main tremble sous la fièvre de la débauche, que l'émeute l'enlève à son atelier ; — l'habitude se perd, l'agilité des doigts disparaît ; cet ouvrier est perdu. Chaque vice moral entraîne un vice physique correspondant ; chaque progrès industriel repousse une masse d'ouvriers vers la misère. A mesure et en proportion des progrès de l'industrie, la force morale doit donc devenir plus énergique et le lien social plus puissant. Je demande ce qui arrivera, si l'industrie s'accroît et que le lien social se relâche ; si le besoin de la production est immense et la force morale nulle ?

L'Angleterre elle-même a de la peine à lutter contre les forces productrices qu'elle met en jeu. Ce problème difficile n'a été résolu que par certaines populations placées dans des conditions spéciales ; par les ouvriers du Locle, de la Chaux-de-Fonds ou des forêts de la Franconie, riches de peu, industrieux, énergiques, jouissant de la nature et de l'industrie. A Manchester l'industrie se montre dévorante et brutale ; l'usage des liqueurs fortes est la seule consolation de ces misérables que le labeur frappe de torpeur et d'animalité. La mortalité de Manchester est de un sur quarante-cinq individus, tandis qu'elle n'est que de un sur cinquante-huit pour la totalité de l'Angleterre. Copper, dans les recherches sur les populations manufacturières,

avoue qu'on ne peut rien concevoir de plus hideux que le
peuple de Manchester : l'ivrognerie, la malpropreté, le
vice y déciment la vie par coupes réglées. Personne de
ceux qui ont traversé Lyon n'a vu sans pitié le rachitisme
de cette nation ouvrière, nation infortunée et courageuse,
qui signale par une explosion de fureur et des coups de
fusil chaque nouveau mouvement commercial, c'est-à-dire
chacune des phases qui lui ôtent le pain de ses enfants.

Je montre la question sous toutes ses faces, j'en aborde
tous les écueils. Ces faits qui n'attaquent pas l'industrie
elle-même la présentent telle qu'elle est, avec ses misères
et ses périls. Plus la loi donne de liberté à un peuple, plus
il a besoin d'une sévère discipline ; plus il prétend à la richesse, plus son travail doit être intelligent et moral. Que
l'on finisse donc par comprendre l'inutilité des théories
matérialistes ; que l'on inaugure avant tout dans les classes
ouvrières la religion et la sainteté du devoir. Un commerce
sans patience et sans persévérance, une politique sans
prévoyance et sans cohésion, une industrie sans moralité
populaire, accomplissent le suicide d'un peuple.

Le Nord fournit plus aisément que le Midi les héros de
cette lutte contre la nature. L'homme du Nord est homme
de combat ; fils d'une nature âpre, souvent triste et cruelle,
il s'assouplit à une vie réglée et économe ; religieux, il se
résigne ; prévoyant, il économise. Les ouvriers de l'Angleterre possèdent dans leurs caisses d'épargne un capital de
trois cent millions de francs ; en France, nos ouvriers ont
à peine soixante millions de francs ainsi déposés.

L'ouvrier français, plus actif et plus prompt, plus adroit
et plus intelligent, est plus étourdi et plus distrait. L'ouvrier
anglais ne perd jamais de vue l'œuvre qu'il veut accom-

plir ; attentif avant tout, il *est à son affaire*. L'ouvrier français se montre plus *monsieur ;* l'ouvrier anglais
est moins faraud. Qu'en résulte-t-il ? En Angleterre tous
les ouvrages aux pièces, qui se font également aux pièces en France, sont payés un cinquième, un quart ou un
tiers de moins qu'en France ; et à la fin du jour. l'ouvrier
anglais a toujours gagné plus que l'ouvrier français, malgré cette infériorité de prix.

C'est ce qui a été observé par les statisticiens des deux
pays :

Chez les terrassiers qui travaillent à la toise cube,

Chez les imprimeurs en taille douce qui travaillent à
tant la pièce,

Chez les fileurs de coton qui filent à tant la bobine,

Chez les ouvriers en poterie qui font des vases à tant la
pièce,

Chez les cloutiers qui font des clous à tant le mille.

Une activité soutenue, patiente et habituelle peut beaucoup ; une demi-seconde gagnée par mouvement assure la
prééminence d'une branche d'industrie, fait triompher un
pays tout entier, crée des milliards pour l'avenir et des
millions pour le présent. Une fraction imperceptible de la
durée, un point du temps, un peu d'attention et de patience, c'est la fortune d'un pays. Avant de créer les industries, créez les habitudes.

La France fille de la guerre et de la gloire, avait beaucoup à faire pour que son éducation politique et industrielle s'accomplît. Non-seulement il lui eût fallu jeter une
nouvelle sève de moralité dans les rangs de ses ouvriers,
et leur apprendre à protéger leur bien-être par la prudence, la patience, le respect du devoir, la discipline, l'a-
mour de la famille ; mais il eût été nécessaire que les

membres des classes moyennes et supérieures parvinssent à se faire une idée plus exacte de l'art de se gouverner soi-même, de ce qu'ils doivent à l'État et de ce que l'État leur doit. C'est chose curieuse, on pourrait dire ridicule si elle n'était triste, que l'indépendance des discours mêlée chez la plupart des hommes à la dépendance des actes; et l'acharnement dans l'opposition, allié à la passion pour les faveurs. La nation la plus généreuse de l'Europe ne sait pas que cette alliance est sans dignité. Mieux vaudrait respecter la hiérarchie et ne rien demander à l'État; mieux vaudrait ne solliciter aucune faveur, et traiter avec plus de ménagement les pouvoirs. Cela serait moins servile et plus loyal.

Madame de Staël rapporte que Bonaparte, en devenant consul, fut épouvanté de la cohue de solliciteurs qui encombraient ses antichambres. Il vit dès-lors que le despotisme était facile et que la France lui appartenait; il favorisa cette tendance et opéra l'amortissement des hommes et de leur capacité au moyen des bureaux, devenus la principale espérance d'une multitude de familles. — « Mon fils sera employé; il aura une place. » — Mais cette place, ce n'est pas la liberté, ce n'est pas l'activité, ce n'est pas le travail. Dans ces casernes de la plume oisive végètent beaucoup d'hommes honorables; cependant le plus détestable pli que l'âme puisse devoir à une monarchie absolue, c'est la dépendance absolue; là elle vient se combiner follement avec les idées d'égalité, de jalousie, de détraction et de critique que l'état social actuel nourrit et suscite. Les yeux restent fixés sur ceux qui possèdent davantage; l'envie, la haine, l'inquiétude augmentent; il faut vivre, les enfants naissent; on s'immobilise, on se tait, on courbe une tête mécontente sous un joug que l'on a sollicité.

Avec une opposition sourde dans le cœur, un petit revenu à conserver, une jalousie permanente, une critique secrète et une dépendance nécessaire, les caractères se faussent et s'altèrent. Tel est le résultat de l'institution que j'analyse et qui invite tous les Français à venir s'abreuver à la source commune des faveurs. Depuis que le Directoire, entourant le pouvoir d'une armée de commis, a offert à quiconque voulait entrer dans ses bureaux et se taire du pain et du vin, le cri simultané de trente ou quarante mille plumes administratives a labouré le papier à travers toute la France, donnant pour résultat des protocoles. L'œuvre exécutée par vingt personnes, deux personnes la feraient aisément. On a beaucoup ri, mais inutilement, de cette armée à plumes occupée à formuler des correspondances et des registres : il faut qu'elle accroche son chapeau, taille sa plume, se pétrifie devant sa table, tire des millions d'écus du coffre l'État et lui rende une masse de tautologies sur papier tellière. Les ponts-et-chaussées, les mines, quelques autres administrations échappent à ces reproches. Comment déraciner cette habitude de donner sa vie, d'inféoder son existence, de rédiger des circulaires et d'attendre paisiblement la retraite?

Je concevrais un tel système dans ces pays où toute critique exercée contre le pouvoir est un parricide que la loi frappe. Mais là où l'opposition passe pour la vie commune et normale d'un bon citoyen; en France, où l'on aurait presque honte d'avouer que l'on penche pour l'autorité, cette anomalie est flagrante. Chacun ne sachant pas se pourvoir soi-même espère exploiter, non le sol, l'industrie ou le commerce, mais le Gouvernement. A entendre les citoyens, le Gouvernement est le débiteur universel. On se rue sur la moindre place. Il y a dix solliciteurs

17

pour un emploi, ce qui constitue neuf mécontents lorsque
l'emploi est donné. Tout en protestant de son indépendance, chacun n'attend rien de soi, mais seulement du Gouvernement que l'on attaque. La France compte un million
de places grandes et petites ; à dix hommes par place, c'est
une armée de dix millions de solliciteurs, escortés de leurs
femmes, de leurs enfants, de leurs pères, le placet à la
main ; neuf millions de mécontents inévitables, les uns
furieux, les autres prêts à le devenir ! Plus du tiers de la
France qui sollicite ; plus du cinquième frémissant de rage.
La France va-t-elle ressembler aux républiques de l'A-
mérique du Sud? Le Mexique dont les généraux tacticiens
n'ont pu résister aux bandes du Texas compte cinq cent
cinquante-trois généraux, dix-huit cents colonels, et douze
mille capitaines, lieutenants, sous-lieutenants ou enseignes;
le chiffre effectif de son armée ne dépasse pas dix mille
soldats.

Il vaudrait mieux, je le répète, que chacun, retrouvant le sentiment de sa puissance personnelle et de son individualité énergique, libre et morale, choisît pour point
d'appui une activité bien entendue ; personne ne se plain-
drait du Gouvernement. Forcer un mauvais Gouvernement à bien faire est chose aisée aujourd'hui ; un ministère ne tient pas contre la Chambre des Députés ; une loi
ne tient pas contre les pétitions. Ressources, moyens, armes, trésors, tout est dans les mains de la communauté ;
c'est elle qui est réellement le pouvoir.

———

§ VIII.

Recherche folle d'une égalité chimérique. — L'esprit d'égalité détruit l'esprit de communauté. —Erreurs du commerce français.

Faute de moralité, de bon sens et de raison politique, la France courait après une égalité chimérique; au lieu d'établir une liberté puissante avec une forte hiérarchie, au lieu de reconnaître la nécessité d'une discipline et de préférer la liberté à l'égalité; — elle embrassait l'idole ridicule de l'égalité complète, triste mensonge qui remplit l'âme de fiel. Richesse, talent, activité, persévérance, bonheur, chances, beauté, rien n'est égal dans le monde. Le sentiment de l'égalité jalouse, isolé de celui de la liberté puissante, ne produit que des esclaves frémissants, les pires des esclaves, haïssant leurs maîtres et se détestant entre eux.

Les vieilles institutions de l'Angleterre, contraires à l'égalité, favorisaient trop l'aristocratie; mais elles consacraient un précieux et inestimable trésor, la liberté d'action chez l'homme, la dignité de l'individu, son énergie propre. J'aime mieux voir les comptes des corporations municipales de l'Angleterre un peu moins bien alignés, leurs chiffres un peu moins exacts, leurs protocoles un peu moins bien formulés, et la Municipalité elle-même conserver toute la dignité populaire qu'elle représente et que la féodalité lui a léguée; rendre des décrets souverains, accorder aux troupes du roi, si bon lui semble, la permission d'entrer dans un bourg, ou même fermer au roi la porte de sa ville. Dans cette école municipale se forment des hommes excellents pour les grandes affaires : ils savent

comment on fait mouvoir les masses, comment on entre-
prend de grandes choses utiles ; ils apprennent à gérer leurs
affaires privées et les affaires publiques. La même observation est applicable aux communes de l'Amérique du Nord.
Qu'on ne s'y trompe pas, tout ce que les États-Unis ont
d'excellent émane de la liberté anglaise. Moins lettrés et
moins spirituels, moins taquins et moins brillants que nos
conseillers municipaux, les *squatters* eux-mêmes, souvent
grossiers, finissent par concevoir des travaux d'utilité publique admirables. M. de Tocqueville, qui approuve leur
système et blâme le nôtre, a bien raison. Les *fueros y li-
bertades* de l'Espagne ont résisté aux siècles et conservé la
dernière étincelle de sa flamme héroïque. En Angleterre,
l'esprit de corporation, d'association, le génie des affaires
ont présidé à toutes les phases de la vie nationale. Grâce
à une enquête perpétuelle, à la plus active surveillance des
intérêts communs, le Gouvernement a pu marcher à de
hautes destinées, s'occuper de politique extérieure et tirer
profit des situations les plus constamment périlleuses. Dans
les dernières crises cette prudence héréditaire a seule protégé le trône et le peuple : on a compris l'intérêt commun, et le soubresaut fatal des révolutions s'est amorti.

Chez nous les petites passions et les petites vanités
de la société défunte se combattent sur le berceau de la
société qui voudrait naître. Nulle éducation politique,
point d'esprit de corporation, nul groupe social ; les
franchises municipales négligées et oubliées ; l'aristocratie
méprisée ; nulle éducation industrielle ; peu d'éducation
commerciale ; des capitaux nombreux qui s'emploient mal ;
des industries actives qui pourraient et devraient engrener
leurs rouages pour le bien commun, mais qui se traver-
sent, s'entravent, et, faute d'accord, suspendent leurs

mouvements réciproques. Imprévoyance, timidité, inha-
bileté : la plupart du temps on établit des usines, sans
songer à faire un chemin pour expédier les produits, sans
prévoir si des débouchés se trouvent dans les environs.
Nous avons une banque de France, qui sert spécialement
les banquiers de Paris; Lyon, notre deuxième ville, a établi une banque l'an dernier (1) au capital de 2,000,000
de francs; création timorée pour cette ville qui en 1500
possédait une banque de plus de 4,000,000 de capital.

Un incendie a compromis la fortune de plusieurs maisons
de commerce de New-York; les négociants anglais, au lieu
de se réjouir de ce sinistre, ont compris qu'il fallait aider
les malheureux, seconder leur énergie, prouver qu'entre
le commerce anglais et américain la solidarité existe. Les
premières maisons de Londres ont senti cette nécessité;
générosité ou prudence, sympathie ou politique, la chose
s'est exécutée. Le pacte d'alliance a été scellé entre l'Amérique et l'Angleterre commerçantes. C'est là faire ses affaires. En France, dans de telles circonstances, les écus se
verrouillent à double tour dans le coffre-fort; conduite maladroite. Quand la flamme a détruit un million
de produits de la librairie parisienne et ruiné plusieurs individus, les huit cents honorables libraires de la capitale
n'ont pas eu le courage de se réunir pour faire cause commune, pour relever leurs frères des sinistres qu'ils venaient
d'éprouver. Il leur eût été facile, en se réunissant, d'éteindre le foyer de contrefaçon de Bruxelles, de s'établir à la
fois éditeurs à Bruxelles et à Paris. On a essayé : mais on
s'est brouillé; les Français ne s'associent que pour se brouil-
ler. Que font les Anglais pour vaincre l'Amérique, foyer
actif de contrefaçons? ils vendent leur «copyright; » ayant

(1) 1840.

des succursales ou des agents à New-York, à Boston, à Philadelphie, ils tirent double moisson de leurs produits, et les écrivains doublent leurs gains. Le désir du bénéfice, assez commun en France, a rarement recours à ces utiles et généreux moyens.

Ces faits sont le résultat inévitable de la vie antérieure de la France ; elle reste encore sous la loi de ses anciennes mœurs. Il lui faut encore un Gouvernement protecteur, des subventions, des secours, des brevets, des autorisations et des monopoles. Le propriétaire de troupeaux veut être protégé pour vendre sa laine à un prix très-élevé. Le fabricant de draps veut être protégé pour acheter ses laines bon marché, et vendre ses draps aussi cher que possible. Écoutez le filateur ; les machines anglaises qu'il veut employer doivent être exemptes de droits, et les cotons filés étrangers doivent être prohibés. Si le Gouvernement accorde ces demandes intempestives, il a tort ; s'il les repousse, il est haï. Contre cette lutte d'égoïsmes qui n'ont pour centre qu'eux-mêmes, le consommateur devrait seul être protégé ; il est au contraire abandonné ; on l'oublie, il paie triple tous les objets qui lui sont nécessaires. On fait beaucoup de lois ; qui changera les âmes ? qui viendra donner la leçon aux commerçants et leur apprendre que leur intérêt réel est souvent le sacrifice de leur intérêt apparent ?

On a vu le commerce français entre 1825 et 1840 devenir joueur, se précipiter dans les piéges de hasard que la ruse déguisait sous le nom de primes ; on l'a vu, lui dont la patience et la circonspection font la force, oublier que l'espoir d'un lucre incertain, sans activité, sans travail, sans mise de fonds, au moyen du seul jeu des chances, est destructeur du négoce véritable.

Il y a plusieurs années, une masse d'argent énorme est
allée se perdre dans la construction des filatures de coton.
Sans ouvriers habiles, sans savoir quels débouchés ces marchandises pourraient trouver, on s'est mis à filer le coton ; les manufacturiers ont été punis de leur imprévoyance par la ruine. De 1825 à 1827, de nouveaux quartiers sortis de terre par enchantement ont agrandi et
étonné Paris ; croyait-on que la population allait doubler en
six mois ? Les constructeurs ont été ruinés ; leurs bâtisses
apparaissent encore au voyageur comme les débris de
Pompéia. On a creusé des canaux qui sont des impasses ;
ces canaux ne relient aucun ensemble, ne se rapportent à
aucun centre commercial ou industriel. On veut faire aujourd'hui trois chemins de fer pour aller de Paris à Versailles, où quelques curieux se rendent attirés par les souvenirs et le vieux palais. Les deux moyens de locomotion
intérieure, les chemins de fer et les bateaux à vapeur,
n'ont pas atteint le degré de perfection que l'Angleterre et
surtout l'Amérique leur ont donné. Sur les trois ou quatre
échantillons de chemins de fer qui existent en France (1),
un seul fournit des dividendes ; les constructions ont été
partout si vicieuses, les calculs si fautifs qu'ils n'offrent
que des pertes. L'Amérique possède aujourd'hui six cents
lieues de chemins de fer en activité, et l'Angleterre trois
cents : on voit que la différence, quant aux lignes de par-
cours et quant aux résultats, est immense.

Si la France fabrique admirablement, elle ne songe
guère aux débouchés. Peu de négociants connaissent les
véritables besoins de leurs consommateurs du dehors. Les
Anglais envoient des agents en Afrique et dans l'intérieur
de l'Inde ; ils les chargent d'étudier les mœurs et les usa-

(1) 1840.

ges des peuples; puis, sans s'inquiéter beaucoup de la grâce du dessin, de l'élégance des formes ou même de la qualité de l'étoffe, ils fabriquent ce que l'on veut et ce qui se vendra. Ils satisfont le besoin de leurs chalands, se prêtent à leurs caprices et à leurs exigences et réussissent. Sans doute nos belles impressions de Mulhausen, nos riches brochés de Lyon, nos modes élégantes et pleines de goût, nos souliers de satin confectionnés à Paris ont la vogue dans les salons de Londres, de Calcutta, de Boston et de Rio; mais comptez les consommateurs de ces objets de luxe et comparez-en le nombre à celui des pauvres hères, des millions de pêcheurs, planteurs, défricheurs, marins, matelots, artisans, qui ne portent que de la cotonnade et de la bure : voilà les gens que le commerce anglais habille. Réunissez les quelques centimes de bénéfice que l'on peut faire sur chacun de ces vêtements bon marché : additionnez; et comparez-en le total avec les vingt ou cinquante francs par robe que nos commerçants réalisent : de quel côté penche la balance? A Buenos-Ayres nous fournissons des éventails et des peignes en écaille à toutes les merveilleuses des Alamedas; les Anglais fournissent le *puncho* aux Gauchos et la *manta* aux Péons.

Les articles de luxe, s'adressant à une masse restreinte, rapportent nécessairement beaucoup moins; et le but du commerce est de produire. Les cachemires français, quelle qu'en soit la beauté, ne nous ouvrent pas une source de richesse équivalente au travail et aux capitaux que ce labeur absorbe. Depuis un temps immémorial, les habitants du Caboul et de la vallée du Cachemire fabriquaient des tissus précieux; la main-d'œuvre était à bas prix; la matière première se trouvait pour ainsi dire sous les pieds. Les Français ont voulu imiter ce travail, asservir

leurs ouvriers à un labeur mécanique, assimiler l'Européen
sensuel, actif et exigeant, à l'Hindou qui ne vit que de riz
et qui est heureux de gagner deux sous par jour. En
France où un travail soutenu peut rapporter quatre francs
par jour, nos ouvriers ont élaboré péniblement des copies
aussi bizarres que le sont les dessins hindous originaux.
Cette production de cinq à six millions de francs, lutte
sans but, a été couronnée d'un succès stérile ; nos ouvriers
ont fait aussi bien que les parias de l'Inde.

Les spéculateurs britanniques au contraire ont vu que
les fabriques indiennes, même celles du Caboul et du Cachemire, ne peuvent pas livrer les cachemires à un prix
assez faible pour que ces derniers se trouvent à la portée
des basses classes, des classes nombreuses qui individuel-
lement consomment peu, mais dont la consommation
prise en masse est immense. Le riche, partout en mino-
rité, veut des objets de luxe ; ces objets sont chers, il
marchande souvent et paie tard ; il n'est pas assez nombreux
pour favoriser une grande production. Les Anglais se sont
donc mis en mesure de desservir le peuple proprement
dit, la majorité. Ils ont imité par l'impression, avec du
coton et de la laine, de fort mauvais petits châles de cachemire. En moins d'un an la Perse, le Caboul, le Kur-
distan, les Khirghiz, le Cachemire même ont été assaillis
de millions de petits châles : pas une femme des dernières
tribus qui n'ait eu son châle d'imitation, pas un esclave qui
n'ait enveloppé sa tête d'un cachemire, pas de chamelier
qui n'ait pu s'en faire une ceinture ; en moins de deux
ans plus de 20 millions de francs de ces produits ont été
absorbés.

Nous avons dédaigné ces moyens ; l'agrément nous
charme encore ; fidèles à la vieille frivolité de notre mo-

narchie, les articles de luxe nous séduisent; c'est à cette
production que notre talent se consacre. Sous le rapport
de l'élégance et du bien-faire nous laissons loin derrière
nous les Allemands et les Anglais, qui ne peuvent rien
opposer à nos belles impressions de l'Alsace et à nos étof-
fes brochées de Lyon. Artistes et non commerçants, nous
travaillons mieux et nous gagnons moins.

Le système indispensable et fécond des échanges est à
peine compris chez nous : souvent une extrémité de la
France réclame vainement les produits dont elle a besoin,
et qui, attendant le consommateur, demeurent inutiles à
l'extrémité du pays. Ces vins dont le Midi ne tire aucun
parti se placeraient avantageusement dans les provinces du
Nord où ils pénètrent avec peine; ils se vendent plus cher
à Lille, Strasbourg et Paris, qu'à New-York, la Guade-
loupe ou Calcutta.

Plus on examine les détails de ce sujet si intéressant
pour nous et si peu connu, plus on s'effraie des misères
qu'ont fait naître une mauvaise éducation politique et
ce mélange d'une démocratie mal comprise et d'un vieux
levain de servilité qui nous mène sans cesse au ridicule.
Ces menus détails que la Chambre des Communes anglaises a soin de laisser aux comités d'enquêtes, aux comités des «voies et moyens,» et dont elle rougirait de sur-
charger ses séances, notre Chambre des Députés (1) se les
attribue : elle aime à verser une pluie d'éloquence et une
grêle de chiffres pour savoir si les singes sont bien logés
au Jardin-des-Plantes, si la volière est convenablement
exposée, et autres questions de même valeur.

Que dire de la tendance misérable de nos représentants
et d'une grande partie de nos concitoyens, à ravaler l'In-

(1) 1835.

telligence, à lui disputer le prix de ses travaux, à l'ap-
pauvrir sans cesse, au risque de déshonorer la patrie ?
Un des résultats nécessaires de cette fausse religion du
bien-être, de cette industrie sans moralité, de ce commerce
sans grandeur, c'était de rabaisser, d'amoindrir et d'avilir
les travaux de l'esprit. Il fallait pour se classer, devenir
homme politique ou bureaucrate, manufacturier ou spéculateur. L'exercice désintéressé de l'intelligence pure con-
servait à peine une obscure place, aux pieds de la Finance
radieuse et du Crédit politique ; elle n'était reconnue et
redoutée que si devenue athlète elle montait sur la scène
et s'emparait violemment de sa place. Il lui arrivait aussi
de se mêler au commerce, d'ouvrir boutique de phrases,
de tenir fabrique de mots, de spéculer sur l'abondance des
produits de l'esprit ; le talent littéraire perdait sa force en
perdant son honneur.

Tel était l'amas de petitesses qui pesait encore sur le génie français, à peine capable de faire quelques pas chancelants dans la science des intérêts positifs. La tendance démocratique suscitait une foule de vanités et de jalousies
nouvelles qui se surajoutaient aux vanités et aux jalousies d'autrefois. Ce qu'on détestait le plus, c'était une supériorité quelconque : mais comment concevoir de grand
commerce sans existences puissamment fondées, sans quelques grands centres de vitalité ? Morcelez les propriétés et
la fortune, réduisez en parcelles les entreprises et les intelligences, fractionnez le monde moral et physique, réduisez
tout à l'étroite mesure des individus ; vous obtiendrez
la petite monnaie courante du commerce, jamais de grosses pièces d'or ou de lingots. Dans les vastes entreprises
l'ordre, la distribution des forces, la division du travail
s'opèrent mieux et avec plus d'avantage que dans les peti-

tes usines; en France c'est toujours par le morcellement
qu'on procède. Le pays républicain par excellence, l'Amérique, sent bien toute la valeur des masses. Là se fait un
mouvement immense de civilisation industrielle; là se
trouve en face d'une démocratie puissante une aristocratie
spéciale, celle d'un terrain illimité que l'on exploite avec
grandeur. Tout ce qui est mesquin est ruineux. Par les
grandes entreprises les ressorts se simplifient : par le morcellement des petites entreprises la dépense de mise en œuvre est doublée ou quadruplée. Le brasseur qui récolte le
houblon sur ses propres champs, qui emploie ses chevaux
pour le transport, qui fait sa bière dans une cuve de deux
cents pieds de diamètre, qui nourrit et élève dans ses
pâturages les races de chevaux massifs dont il a besoin,
qui distribue ses produits dans les cinq parties du monde;
ce suzerain d'une région du commerce livre à meilleur
marché, paie mieux ses ouvriers, donne une meilleure li-
queur, fait une plus grande fortune, est un million de fois
plus utile au pays que s'il possédait une petite culture et
une petite usine, assorties à une petite clientèle.

Ainsi, pendant qu'une société matérialiste courait à perdre haleine vers la richesse espérée, la fausseté de ses doctrines détruisait la possibilité du succès.

Si l'on évalue par des chiffres ce que possède la France
et ce qu'elle pourrait produire, on saura combien elle reste
au-dessous de ses ressources. Son agriculture produit quatre milliards : le savant agronome et statisticien M. Mat-
thieu de Dombasle affirme qu'elle pourrait en produire plus
de dix, si les terres étaient convenablement réparties, si
les amendements nécessaires étaient introduits, si un système rationnel remplaçait l'empirisme, si la folie des ja-
chères disparaissait partout, si les grands propriétaires ac-

cordaient à leurs fermiers des baux de plus longue durée; si les capitalistes, au lieu de consacrer leurs fonds à enclaver dans leurs propriétés des forêts existantes, les affectaient à peupler d'arbres les versants de nos montagnes aujourd'hui stériles, à planter les landes, à dessécher les marais. Même observation quant à l'industrie; un tiers seulement des forces productives de la France est convenablement employé. En général les moteurs sont insuffisants, les machines mal entretenues, les ouvriers inappliqués. La division du travail s'opère imparfaitement : il est rare que les capitaux se trouvent en rapport avec l'importance des entreprises. Les machines à vapeur qu'emploie aujourd'hui la France ne représentent pas une force de plus de quinze mille chevaux : celles de la seule ville de Birmingham équivalent à deux mille chevaux; Manchester en a plus du double, ainsi que Newcastle; la puissance totale de la vapeur employée en Angleterre dépasse la force de cent mille chevaux, et remplace plusieurs millions de bras. Enfin les produits manufacturés exportés par la France s'élèvent à peine à quatre cents millions; la valeur de ceux de la Grande-Bretagne dépasse *douze cents millions de francs.*

En Angleterre un lord est un agriculteur; il hasarde des cultures, introduit des plantations, ne se contente pas de faire briller sa nullité et se regarde comme citoyen, comme chargé de mille obligations strictes envers le pays. Pas de perfectionnement agricole qui n'ait eu pour promoteur un noble. Le lord a ses parcs, ses chasses, ses réserves; il mène une vie quelquefois oisive, corrompue ou vicieuse, il est peut-être inexorable pour le braconnier; mais souvent aussi sa vie est élégante, littéraire et honorée; il sait qu'il a des devoirs à remplir, et la vigilante taxe des pauvres est là pour les lui rappeler. Sa grande existence est une source féconde où tout ce qui l'environne va puiser.

Nos idées d'égalité chimérique exercent-elles la même influence ? Non ; elles nous apprennent seulement que nous avons des droits ; en nous poussant à la République , elles nous enlèvent jusqu'au germe des vertus nécessaires aux institutions républicaines.

***

§ IX.

Inutilité des remèdes employés contre ces vices. — La Presse. — Le Gouvernement représentatif.

Telle était la singulière voie dans laquelle la France s'était engagée ; ce n'était point la volonté des gouvernants, ni celle du nouveau roi qui l'y jetaient ; c'étaient la nécessité même des choses , l'état des esprits, l'enchaînement des faits, la suite logique des doctrines, l'appétit universel de la jouissance rapide et du bien-être matériel. Les erreurs de la nation, ses erreurs de pensée et de théorie se traduisaient en un système que le Gouvernement ne pouvait ni créer, ni détruire, qui l'entraînait malgré lui, qu'il pouvait à peine modérer ou activer ; ces erreurs menaient la France à une situation dangereuse, factice et violente, où une oligarchie étroite et sans bases, devait se trouver, sans grandes fautes, exposée à toutes les haines,

où une aristocratie mobile de l'argent, créée par la volonté
même de la nation, devait porter la peine de la corruption
universelle; où le système prétendu constitutionnel, si mal
imité de l'Angleterre, devait crouler, faute des ressorts nécessaires à son action. En permettant à quelques hommes
de s'enrichir, on n'aboutissait qu'à rendre ces riches odieux
au peuple. « Maîtres de l'argent qui faisait tout et qui était
tout, ils absorbaient et ne rendaient rien; ils envahissaient
au moyen de l'or, et l'État s'appauvrissait de leur opu-
lence »; — du moins les classes populaires le jugeaient
ainsi.

Pour parer à tout, on avait grande confiance en deux
choses : la forme du Gouvernement représentatif, et la
Presse libre. L'un et l'autre appellent la discussion, et multiplient les débats; ils n'ont d'aucune manière l'influence
toute-puissante dont on se plaît à les doter. Les inconvénients qu'entraînent ces deux institutions ont besoin d'être
corrigés par de fortes habitudes d'organisation sociale. Le
Gouvernement représentatif est la critique sur le trône;
la Presse est la critique de la critique. Pour contre-poids
à l'un et à l'autre, il faut donc un esprit national bien
constitué et une moralité sévère. Le contrôle exercé par
les Chambres coûte plus à lui seul que les Gouvernements
absolus ne dépensent pour l'exécution de grands desseins;
il est peu raisonnable à qui parle tant d'économie de tout
dépenser pour se critiquer soi-même; un propriétaire doit-
il sacrifier au plaisir de bien tenir ses comptes cinq millions sur six qu'il possède? Une nuée d'employés, teneurs
de livres de l'État avec de minces appointements, font
mouvoir des rouages nombreux et compliqués. Quels résultats donne cette machine qui coûte si cher? Le budget
de nos quarante mille communes, budget qui ne s'élève

souvent pas à deux francs, est parfaitement en règle ; les comptes sont arrêtés, à un centime près. Le maire, le conseil municipal, le sous-préfet, le conseil-général, le préfet, les commis du ministère, les chefs de bureaux, les chefs de divisions, le ministre, la Chambre des Pairs, celle des Députés s'efforcent d'arriver à la répartition de quelques centimes additionnels ou à la révision de quelque dépense municipale ; voilà des forces bien mal dépensées. Il vaudrait mieux qu'elles fussent employées à notre éducation politique, qu'elles eussent une action réelle, spontanée et vive. Dans chacune de nos communes rurales, les vingt capacités de l'endroit sont à peine jugées capables de tracer un chemin vicinal, de jeter un pont, de creuser un abreuvoir, d'étayer un clocher chancelant. Il y a des critiques partout ; où sont les citoyens ?

Osons parler de tous les pouvoirs comme nous pensons d'eux ; ne redoutons pas même la Presse, compagne inséparable du Gouvernement représentatif. On dit qu'elle représente la supériorité intellectuelle ; erreur. Elle ne représente que la foule et son degré moyen d'intelligence. On dit que tout ce qui s'imprime est utile et produit un effet réel sur le public ; erreur. On assure qu'une vérité, pour être acceptée, n'a besoin que d'être publiée ; erreur plus capitale. Tous les grands écrivains, sans exception, ont été en dehors, en avant et au-dessus de leur siècle ; ils ont souvent lutté avec désavantage ; la presse contemporaine les a battus et ruinés autant qu'elle a pu : Bacon, Montesquieu, Montaigne et Locke dictèrent l'opinion de l'avenir, non celle du présent. La Presse représente en général la médiocrité de l'intelligence.

La lumière de la raison est toujours odieuse. Il est vrai que la supériorité finit par l'emporter, mais assez tard. Considérée abstraitement et en elle-même, dans son action présente, politique, de chaque matin, la Presse n'est qu'un moyen de transmission; elle communique le bien et propage le mal; féconde comme l'air vital, elle peut devenir contagieuse comme lui. En elle-même elle n'est ni salubre ni bienfaisante; quatre-vingt-dix mille journaux ne sauveraient pas un peuple, de même que quatre-vingt-dix mille canaux ne féconderaient pas un territoire; l'eau que ces canaux distribuent doit avant tout être salubre et bonne. Les canaux bien distribués répandent la santé, la vie, le commerce, le bien-être, la richesse; chargez les d'un liquide délétère, ils répandent la mort.

Quand nous avons parlé tout-à-l'heure des routes et des canaux comme d'admirables moyens de civilisation, nous avons demandé que ces routes et ces canaux fussent reliés, centralisés, disposés avec intelligence, sous peine de manquer leur but. Il en est de même de la Presse, gigantesque moteur de la civilisation intellectuelle. Pour avoir une Presse virile et noble, créez un peuple noble et viril. A l'exception de quelques hommes rares et sublimes qui domptent la pensée publique par la lutte, les talents qui desservent la Presse, vont puiser leurs idées dans le grand réservoir de l'opinion et se constituent organes de la pensée publique; c'est leur condition d'existence. L'activité de la Presse est l'activité d'un écho répétant les idées en vogue pour en accroître l'intensité. Un pays de commerce veut dans ses journaux des nouvelles commerciales; il veut savoir quelle influence le temps exerce sur la récolte de la Chine et d'Odessa; un pays indolent, comme l'Italie l'était en 1820, se nourrit de billevesées d'archéologie et de poésie mortes; un pays déchiré par les partis veut des combats de tribune et des paroles sans fin. La Presse est le

pilote, si vous voulez ; mais la route qu'elle doit suivre est
tracée.

Quand la Presse a le droit de tout dire , il faut que les
hommes qu'elle endoctrine aient le talent de tout discer-
ner ; plus elle étend son action, plus elle exige chez le
lecteur une capacité de jugement inébranlable, un sens
droit et vigoureux. C'est une loi des choses humaines, que
chaque liberté demande pour contre-poids une vertu ; chaque droit oblige à un devoir.

Je doute d'ailleurs que la Presse française ait acquis le
degré d'influence auquel elle prétend. Elle s'est trop souvent montrée ou vénale ou factieuse. Quelle différence entre le nombre des lecteurs de France et d'Angleterre !
Toute Revue anglaise compte ses abonnés par milliers ; une
Revue française , par centaines. En France les écrivains,
fugitifs et mobiles ainsi que les lecteurs, instables comme
le pays même, se groupent rarement autour d'un centre ;
leur existence intellectuelle est nomade ; ils sont toujours
prêts à changer de drapeau , de même que le lecteur est
prêt à se laisser séduire par un nouveau titre ; nulle consistance de part et d'autre. Toute bonne famille anglaise
a ses journaux et ses Revues de fondation ; une confiance
mutuelle s'établit entre l'écrivain et le lecteur : l'un appartient à l'autre et l'union est sincère. Ainsi se groupent
les hommes ; ainsi l'exercice de la pensée devient un élé-
ment utile, une puissance de fondation.

Grâce à cette stabilité , à cette solidité, à ce groupe de
lecteurs fidèles et d'écrivains fidèles , les Revues anglaises
jouissent en Europe et en Amérique, même en Orient, d'une
consistance et d'une considération qui n'appartiennent ni
à nos Revues , ni même à nos livres. Un article du *Quar-
terly* retentit dans l'Europe. Si nos intelligences sont en

France plus étendues, plus faciles et plus vastes, le place-
ment de leurs produits est mal entendu. Le nombre et
l'éclat des talents disséminés, n'aboutissent à rien de central ; actifs, incohérents et ambitieux, sans lien, sans tenue
et sans but commun, ils suivent l'exemple du lecteur qui
ne sait ce qu'il veut et demande des remèdes ou du désennui à la première publication peu coûteuse et ornée
d'un nouveau titre.

Mais, dira-t-on, les Revues anglaises sont fondées sur
un régime aristocratique et presque féodal ; j'en conviens.
Il y a de l'orgueil et une individualité égoïste dans cette
habitude anglaise qui ne veut pas qu'un riche prête
son livre au voisin, qui le réserve pour le propriétaire
et pour lui seul, comme on garde ordinairement sa
femme ou même son cheval. Mais aussi cette habitude té-
moigne plus de considération pour soi-même et des appétits intellectuels plus développés : on ne veut pas admet-
tre chez soi le livre souillé par les mains du cabinet de lecture et l'on est aise de procurer à sa famille une lecture
agréable, variée, actuelle. Pas de petit *cottage* qui ne possède sa Revue Tory ou Whig : c'est le *Fraser*, le *Black-
wood*, le *London*, le *Monthly*, le *New-Monthly*, le
Sporting Magazine, l'*Horticultural*, l'*United-Service*, l'*A-
siatic*. La ville d'*Edinburgh* consomme douze cents exem-
plaires de Revues, *Glasgow* deux mille, *Belfort*, en Irlande,
cinq cents ; chaque régiment a sa bibliothèque et reçoit
les Revues. Dans l'Inde, un chameau ou un éléphant sont
affectés au transport de la bibliothèque spéciale du bataillon et un sergent porte le titre de bibliothécaire. En Angleterre l'homme du monde aime les livres ; il en fait
collection, les relie magnifiquement et se plaît à montrer
dans sa bibliothèque deux mille volumes. En France la lit-

térature n'a pas cet honneur. On envoie quérir le roman
à la mode, flétri par l'usage, et sur lequel les habiles du
lieu ont consigné au| crayon leurs remarques estétiques.
Dans les salons et les maisons de campagne, peu de livres, peu de Revues, peu de gravures, étalés, comme à
Londres et dans les châteaux anglais, sur les tables de marbre et les chiffonniers de palissandre. On vous offre pour
menus-plaisirs le piano, le billard, la promenade, le bateau
ou la balançoire; toutes les récréations et tous les amusements du corps : l'esprit devient ce qu'il peut.

Telle sont nos idées et nos mœurs littéraires; la pire
nourriture nous suffit. Nous redoutons même l'aristocratie
de l'esprit; sans doute l'aristocratie de la naissance, celle
de la force, celle de la richesse sont des despotismes
dépravés; mais il y a une bonne aristocratie, l'aspiration
au mieux possible, à la perfection de tout ce qui constitue
l'État. Sans elle, où vont les arts? où, les vastes industries?
où, les colossales entreprises? que faire de grand et de puissant, si l'on ne trouve quelque part ces vastes lacs d'argent et de considération où l'on peut puiser sans craindre
de les mettre à sec?

Que l'on ne cite pas l'exemple de l'Amérique septentrionale, neuve encore et dominée par l'aristocratie de la
nature : dans un tel pays l'homme est petit en face de domaines illimtés et de richesses inconnues. La constitution
définitive de l'Amérique septentrionale ne datera que de
l'époque où l'exploitation totale du sol se trouvera accomplie. Elle n'a pas achevé sa charpente sociale, la France a
détruit la sienne; toute comparaison entre les deux pays
est donc oiseuse et ridicule. Si les Américains continuent
l'excellente éducation dont les Anglais leur ont fourni les
éléments, on peut croire qu'ils dépasseront leurs pères;

toute la puissance d'action du monde civilisé semble destinée à se transporter chez eux dans un ou deux siècles.

Pendant que l'Europe se décompose, l'Amérique se
forme.

---

§ X.

Symptômes de décadence littéraire. — Variété et singularité de ces
symptômes. — Vie des gens de lettres. — Abaissement de l'esprit.
— Métier de sophiste.

La confusion de la société, importée dans la littérature ;
nulle critique, nulle bonne foi, le talent ou perdu ou pros-
titué, les prétendus grands homme s'environnant d'une
foule de petits grands hommes qu'ils constituent *sublimes ;*
le public acceptant tous les produits sur la même ligne et
avec le même dédain ou la même admiration ; le beau nom
d'*écrivain* devenu commun et trivial comme le pavé des
rues, une excitation de nerfs et de sang regardée comme
le seul but littéraire ; les bonnes et les mauvaises œuvres
lues ou parcourues, puis rejetées et méprisées avec une
égale insouciance : voilà ce qui a détruit peu-à-peu la
puissance de la Presse. Je cherche l'inspiration sentie, je
trouve une affectation pénible qui se bat les flancs pour
produire ; je demande à l'historien de la bonne foi et de la
pensée, je rencontre l'esprit de parti. Je voudrais que
l'on eût une idée à soi, quand on est prosateur grave ; ou
un sentiment à exprimer, quand on est poète ; ou une
observation à communiquer, lorsque l'on fait des romans ;

je voudrais plus de conscience dans l'œuvre et moins d'arrogance à se *poser génie*; plus de sincérité dans les professions de foi, moins de rapidité dans les travaux importants, moins de bravade et de fanfaronnade de vices dans les œuvres d'imagination.

Des esquisses sans but étant faciles à ébaucher, l'imitation du mal étant commode, une certaine immoralité outrée et pimpante se retrouvant à tous les coins de rues, tous les styles depuis celui de la cuisinière jusqu'à celui de Trissotin pouvant prétendre à l'originalité du génie; il est résulté de cette situation confuse et absurde que la littérature est devenue un métier ouvert à quiconque prend une plume. Enfin la parfaite indifférence du public achevant l'œuvre, il ne s'est plus trouvé de place pour le talent; la cohue a encombré les routes, et c'est à peine si l'on a établi la moindre différence entre tout ce qui écrit, si en fait de génie on a distingué le premier du dernier, le sublime de l'idiot.

Le néant de la critique s'est aggravé par la publication d'une multitude de productions *populaires*, qui au lieu de populariser la science, popularisaient l'ignorance. La compilation a été plus estimée que la création; et la littérature s'est faite à coups de ciseaux. Ce débit immense de demi-notions, de demi-connaissances a porté un coup mortel à l'art d'écrire et à la pensée; on a marché droit au dernier mépris de la littérature et du littérateur; et cela par l'abus et l'excès, la France est ainsi faite.

Notre pays a des flatteurs en abondance, de vrais amis en petit nombre. On lui redit sa gloire sans lui montrer son avenir dans le terrible miroir de son passé. En 1830 les gens de lettres ont vaincu; la Presse est la triomphatrice de juillet; les prêtres de la Presse ont ceint le diadème.

Depuis cette époque, la triomphatrice s'est enivrée, la Messaline a couronné ses mille favoris qu'elle a ruinés en se perdant. Ainsi notre gloire militaire, portée à son comble en 1810, s'est dévorée par ses excès en 1813 et 1814. Ainsi l'amour de la liberté, sublime en 1789, frénétique en 1793, est allé s'évanouir entre les bras du plus grand des despotes. Prophète sans mérite, je répétais en 1840 que la puissance conquise par la Presse et la littérature s'anéantirait par l'abus.

Faut-il citer tous les écrivains dont l'orgie perpétuelle a concouru à cette dépravation? La liste en serait trop longue. C'est par cette pente que l'art d'écrire est descendu au niveau du bagne et est devenu matière de cour d'assises. Le premier de tous les états, celui de l'homme de génie ou de talent s'est ainsi dépravé. Puissance énorme que vous dissipez. En l'accordant à tout le monde, vous ne la donnez à personne. L'alphabet n'est pas l'intelligence, l'intelligence sans la moralité est une arme détestable; en ouvrant vos rangs à toutes les médiocrités comme à toutes les bassesses, vous déshonorez la plus belle couronne de l'humanité.

« Comment auriez-vous une littérature, disais-je en 1830, quand la critique n'existe plus? elle avait eu ses scandales et ses injustices, mais elle éliminait les sots et bannissait les immoralités grossières. Que nous servent tant de lumières, si le vice et l'égoïsme sont chaque jour prêchés de si haut par ceux qui doivent répandre le savoir? Si tout le monde se mêle d'écrire et que nulle distance ne s'établisse entre la sottise et le génie, si l'écolier réforme Copernic et que les cabanons de Bicêtre jugent Shakspeare ou Jean-Jacques, si les filoux plaident en vers, si l'on escamote une bourse en répétant la tirade du dernier drame, si la cour d'assises a ses Gilbert — que prouve cela? que le talent d'enchaîner des phrases n'est rien et qu'il faut séparer l'écrivain de l'homme qui répète un jargon convenu. Sans cela nous allons droit à la littérature de ce Bas-Empire, (1) où tous les rhéteurs étaient médiocres, riches, rampants, parasites, avilis, également honorés, également déshonorés, où ils gagnaient de l'argent, adulaient le peuple, adulaient le pouvoir, se plongeaient dans les voluptés, rivalisaient de luxe et mouraient obscurs et dédaignés, après avoir vécu inutiles.

Là vient toujours aboutir la prépondérance ridicule donnée au métier de *littérateur* c'est-à-dire de sophiste. Avant le XVIᵉ siècle, le *littérateur* proprement dit n'était pas inventé. Parler de tout, discuter sur tout, remuer toutes les idées sans en éclaircir une seule, n'était pas encore métier et marchandise. On était homme d'État ou philosophe, astronome ou médecin, peintre ou sculpteur, professeur ou moine. Si l'on avait puissance dans l'intelligence et que l'on se sentît né pour répandre des idées nouvelles, fonder une école, créer un système, réveiller la poésie endormie, on écrivait, on trouvait de l'écho dans son siècle. Dante, Machiavel, Pétrarque étaient ambassadeurs et hommes politiques, Shakspeare était acteur, Bacon chancelier, Cervantes homme de guerre : chacun avait sa profession distincte et ses devoirs sociaux à remplir. Per-

(1) V. dans ce recueil nos Études sur l'Antiquité et sur le Moyen-Age.

sonne n'était *littérateur* proprement dit, ayant patente pour dire tout et ne rien dire.

Quand les lumières se répandirent sur la foule, quand tout le monde sut un peu de tout, et que les génies devinrent rares, on se mit à parler, à discuter, à discuter, à critiquer au hasard, doctement, satiriquement, frivolement, sans fin et sans trève. On écrivit des traités de belles-lettres et de rhétorique, on professa l'art de faire sonner les phrases. Ainsi s'étaient distingués les professeurs de diatribe et panégyrique dont la décadence de Rome pullula. Ainsi avaient péroré, sans fruit pour le présent, sans utilité pour l'avenir, les littérateurs de l'école alexandrine. On s'accoutuma donc à vendre la phrase, à trafiquer des mots cadencés, des métaphores dorées et polies, des contes milésiens brillamment remaniés, de l'histoire hachée en déclamations subtiles et en amplifications éblouissantes. Quand les intelligences vieillissent, ce malheur arrive toujours. La littérature romaine finit avec ses panégyristes d'empereurs ; la belle littérature grecque, avec ses commentateurs alexandrins ; et Rivarol l'homme d'esprit qui n'avait de force que pour écraser des vermisseaux vous apprendra, dans son *Almanach des grands hommes*, combien le petit métier du littérateur universel, de l'homme de lettres *omnivore*, avait trouvé de prosélytes et d'adeptes sous les débris de la monarchie croulante que la révolution allait achever. De tous ces noms à peine un ou deux sont-ils parvenus à maturité de renommée.

Littérateur, dans l'acception que le dix-huitième siècle donnait à ce mot, n'est-ce pas une misérable chose ! Un homme qui veut professer tout ce qu'il ne sait pas et juger tout ce qu'il ne se donne pas la peine de comprendre ! qui se débat dans une atmosphère de mots convenus et de

pensées d'emprunt! Vous demanderez des places et de
l'argent pour le *littérateur ;* — et cela proportionnellement
à son talent? Très-bien; mais ce classement des capacités,
qui se chargera de l'accomplir? Qui donnera des pensions
de 5000, 4000, 3000 fr. aux talents de diverses classes?
Qui se fera l'appréciateur de tous ces mérites rivaux qui se
pressent? Il y a telle époque où l'homme qui passe pour
un splendide génie est précisément l'homme qui n'a pas de
génie. Je me souviens à ce propos d'un certain *M. de
Guibert*, dont les salons de 1775 raffolaient. Voltaire lui
écrivait très-humblement, mademoiselle de l'Espinasse le
persécutait de son amour, les rois lui envoyaient des taba-
tières d'or ; son arrivée à Paris faisait événement, son absence laissait un vide ; c'était un engouement sans exemple. On ne l'appelait que *notre* Guibert, *notre* héros, *notre*
grand homme. Les femmes étaient, comme de coutume,
les folles prêtresses de cet engouement général. Sur la foi
de ces éloges donnés à M. de Guibert, je voulus le lire.
Vide profond! enthousiasme froid! philosophie absurde!
Les salons du XVIIIᵉ siècle auraient décerné d'une voix
unanime à ce M. de Guibert quarante mille livres de rentes,
et à l'abbé Prévost homme de génie qui vivait obscur, rien ;
à Gilbert, homme de génie haï des philosophes, peu de
chose; à Jean-Jacques, brouillé avec les dictateurs des
salons, un morceau de pain !...

    La manie d'être *littérateur* universel éparpille les facul-
tés, leur enlève leur verdeur, leur originalité, leur puissance, les empêche de se réunir et de se féconder. On croirait faire preuve de faiblesse en se livrant à une seule idée,
à un seul travail. Il s'agit d'être à la fois journaliste, spéculateur, soldat, poète, député, historien, homme de salon ; les facultés s'atténuent en s'épanchant sur tant d'ob-

jets, en essayant de satisfaire à tant de vanités qui ont soif
de gloire. L'habitude de l'esprit devient, si l'on me passe
un mot expressif que les Allemands ont adopté, *discursive*
et légère; mille reflets, mille nuances chatoient à l'œil
et l'eblouissent; la grande et vive lumière ne se montre
plus.

Voici comment s'est établie cette malheureuse puissance
du sophisme. La constitution de l'ancienne Europe, fondée
par le christianisme et par la guerre, établissait autrefois
deux grandes classes de puissances : les illettrés portant les
armes, héroïques ignorants; les lettrés, voués là plupart à
l'Église. Les premiers se chargèrent de conquérir la terre
et les seconds de la gouverner; leur lutte constitue l'intérêt dramatique de tout le moyen-âge. Les siècles, en s'é-
coulant, prouvèrent que savoir est aussi pouvoir ; et les fils
du marchand, du vassal, du serf saisirent avec avidité cette
force qui les réhabilitait en les portant à une situation honorée, peut-être à une abbaye, à un cardinalat, qui sait ?
à la papauté. Les autres lettrés, poètes, romanciers, dra-
maturges, amuseurs de la société, recevaient le reflet de ce
grand honneur accordé aux lettres. Plus le tiers-état grandissait en Europe, plus le savoir et le talent acquéraient
de crédit et lui en prêtaient.

Malheureusement il n'y avait pas en France, comme en
Angleterre, un mouvement perpétuel et rénovateur qui fît
pénétrer sans cesse le talent et la richesse dans le sein de
l'aristocratie, et qui vînt enrichir cette dernière d'une
puissance toujours active et toujours jeune. Ce défaut de
place pour le talent, cette absence des luttes avouées et légitimes devinrent les causes les plus effectives et les plus
impérieuses du bouleversement politique de 1789. Le talent et le tiers-état se firent place *par effraction*, comme

M. Saint-Aulaire l'a dit avec beaucoup d'esprit et de vérité.

Dès lors les lettrés régnèrent, et parmi eux, les plus hardis et les plus souples, c'est-à-dire les sophistes ; il n'y eut plus de lettrés dans les mansardes, ni de gouvernants dans les palais. On gouverna de la mansarde ; on fit des livres dans les boudoirs. La révolution française ne fut trop souvent que le règne furibond d'une littérature mal entendue et de souvenirs classiques mal digérés. Aujourd'hui tout s'est si bien mêlé, que je vois sans doute des gens qui écrivent et des gens qui gouvernent, mais point de *classe lettrée* ou de classe *gouvernante*. Hommes de lettres et hommes politiques, ces noms représentent des choses d'autrefois. La faculté d'écrire bien ou mal, d'imprimer et de gouverner de même, appartient à tous. Il n'y a plus que des citoyens ; et plût à Dieu que ce mot fût entré non-seulement dans l'usage de la langue, mais dans le fait de l'éducation française !

La destruction des castes, la distribution égale et universelle de l'éducation, les livres ouverts à tous et feuilletés par tous ont si bien fait que, de l'échoppe au palais, tout ce qui existe peut prétendre — et prétend — à éclairer ses semblables et à les gouverner.

Les inconvénients de cette situation, qui ne les voit ? Les intelligences s'affaissent ; il devient difficile de reconnaître les intelligences-maîtresses ; la prétention et la violence possèdent des chances nombreuses de succès ; la règle du goût se détériore et descend ; on forme des partis de troupes légères pour enlever la gloire et pour escamoter la renommée. Dans un temps où tout le monde écrit, où tout le monde gouverne, et où personne n'estime que soi, les prétentions souveraines éclosent comme les *fungi* en temps de pluie ; puis tous ces petits trônes tombent en poudre au soleil couchant.

Tout homme politique est né homme de lettres, et tout homme de lettres a dans sa poche le portefeuille ministériel. Comment l'homme de lettres s'y prendra-t-il pour échapper à la vie politique ? chose impossible. Qu'il se réfugie dans les solitudes les plus austères et les plus escarpées de la philosophie abstraite ; qu'il fasse du roman ou du dame ; la politique le poursuit ; il est, comme le serpent du déluge, atteint jusque sur les plus arides sommets de la pensée par ces grandes eaux de la politique. Le conte et le roman ne lui offrent pas de retraite, la critique ne lui ouvre point d'asile. S'il essaye le portrait exact d'un ridicule qui appartienne à un parti, il sera aussitôt classé ; et comme tous les partis ont des ridicules, s'il les ménage tous, personne ne lui pardonne ; s'il n'en ménage aucun, tous le traitent de *flatteur*. Un des meilleurs traits comiques de l'époque où nous sommes, c'est celui-ci : un grand respect de toutes les faiblesses pour toutes les sottises et de toutes les sottises pour toutes les faiblesses.

Cette indifférence générale, née d'un matérialisme et d'un esprit sceptique universels, s'étend jusqu'aux régions les plus élevées de la philosophie et de l'histoire et dédaigne la pensée pour le fait. On en est venu jusqu'à publier des documents bruts en guise d'histoire ; matériaux qui restent entassés comme des décombres et des pierres de taille, ruines désagréables à l'œil, inutiles pour tous, attendant la main de l'architecte. De là beaucoup de volumes et point d'histoire ; des renseignements et nulle clarté. On s'est laissé envahir par cet amour des documents historiques qui sans doute ont leur prix ; c'est le chaos où les élé-

ments dorment dans l'espace ; un jour l'intelligence viendra les couver de ses ailes ; vous verrez jaillir la lumière ;
mais la lumière jaillit d'en haut, non d'en bas ; — de la
pensée, non du chaos.

On s'est épris d'un étrange amour pour ce qui est
matière inerte, détail mort et document brute. Cet entassement de sable paraît un trésor ; il ne faut qu'un souffle
pour le dissiper. Cet ordre que vous établissez au milieu de
lettres, d'anecdotes, de souvenirs indifférents, je ne le
blâme pas ; c'est l'ordre d'un herbier ou d'un cabinet d'a-
natomie. Ne le prenez pas pour la vie qui organise ou le
génie qui construit. Dans les intelligences faites pour dissiper les nuages, créer la vérité, simplifier les questions, en
tracer nettement le cercle et les limites, vous apercevez
une certaine lutte obscure qui est la lutte de la force et le
travail même de la pensée agissant sur la matière ; dans les
esprits bornés un certain ordre clair n'élimine rien et se
contente de classer, n'ayant pas l'énergie de transformer
et de dominer les faits. Montesquieu et Tacite, esprits de
clarté supérieure, pétrissaient l'histoire et les documents,
pour obtenir des résultats lumineux ; aujourd'hui l'on additionne les pièces historiques, on les coud l'une à l'autre
et l'on s'applaudit de son œuvre. De quel côté est l'ordre ?
de quel côté le désordre ? Les grands hommes cités plus
haut ont pu commettre des inexactitudes de détail qui ne
changent rien à la suprême exactitude de leur pensée. Je
crois voir, d'une part, une âme héroïque qui fonde un
Empire, ou sacrifie sa vie à une découverte scientifique,
mais qui oublie d'écrire la date exacte au bas de ses lettres
et de régler tous les mois le détail de son ménage ; et d'une
autre, une âme ignoble, qui ne négligeant pas un détail de
sa vie privée ne fait pas un acte héroïque, désintéressé, ou

seulement honnête. Où est la vertu ? où est la grandeur ?
En littérature comme en morale, nous faisons trop beau
jeu à la sottise mariée à l'ordre et prétendant aux honneurs
du génie; l'hypocrisie, qui vous montre ses comptes en
règle et ses billets payés, en disant : « Je suis la vertu; »
est trop bien accueillie de nous.

À la fin du XVIIIᵉ siècle, une génération brûlante, qui
voulait s'élever aux principes et tout réédifier *à priori*,
pardonnait les erreurs du génie; l'exactitude des détails
était méprisée. Le vice contraire mine notre génération de
commerce, qui veut tout refaire par les bas-côtés et qui
n'eût point pardonné à Montesquieu de s'être trompé sur
la loi salique. Il se fait en France tous les cinquante ans un
revirement de défauts et de qualités, qui prouve à la fois
la rectitude innée de l'esprit français et l'impétuosité folle
de ses retours; on court risque, en procédant par réactions, de fuir la vérité qui les abhorre. La passion pour les
documents inexpliqués et les dates sèches succède aux
prétentieuses emphases du chevalier Guibert et aux paradoxes de Boulanger, — de même que les péripéties inter-
minables du drame castillan remplacent aujourd'hui la
simplicité fade de La Harpe et de Colardeau. A côté de
cette histoire sans philosophie, entassant ses résultats
comme un notaire ses dossiers, sont venus se placer,
contrepoids nécessaires, le roman furieux, le drame éche-
velé, les Mémoires apocryphes. Voici comment un satirique allemand, d'esprit vif et sévère a décrit en termes
burlesques cette situation littéraire de la France : « —
C'est (dit-il dans son style à la Jean-Paul), que le public s'ennuye; on lui sert pour le guérir, toutes les espèces de ragoûts possibles; Mémoires scandaleux, Mémoires
politiques, Mémoires pour servir à l'histoire, Mémoires

pour servir aux romans, Mémoires des rois écrits dans des
arrière-boutiques, et Mémoires du seizième siècle, en langue du trente-huitième siècle ; bons procès criminels, em-
bellis de la faconde des avocats et ornés, comme des hures
de sanglier, de frais lauriers poétiques et de fleurs d'éloquence ; des monstres en foule, se jouant dans les drames
comme dans des lacs de boue et de sang ; des bourreaux
qui tranchent sur la scène, de par le roi, la tête blonde de
leur bien-aimée ; beaux massacres de réputations, tous les
cinq ans, par coupes réglées : mystifications de gloires
nouvelles, plaisanteries sérieuses dans le langage et dans la
religion, églises germant partout, des costumes inouïs, des
barbes merveilleuses, de petites aspirations essoufflées et
comiques, vers l'idéal, vers la lune, vers le soleil, vers
l'orgie, vers le moyen-âge, vers la régence, vers la terreur.

» Le pauvre peuple voyait ces efforts, et il s'ennuyait ;
il comprenait bien que tout cela c'était synonyme d'impuissance ; que c'était pour rire, comme disent les enfants :
il demandait, au nom du Ciel, quelque chose de sérieux ou
quelque chose d'amusant. Tout le monde prétendait être
sérieux et amusant à la fois, et personne n'était ni l'un, ni
l'autre ; — celui-ci montrant ses fortes passions, celui-là sa
large poitrine, ce troisième ses fautes de français, celui-là
les plaies de son âme, cet autre les ulcères de son génie,
cet autre montrant les dents au public bénévole, cet autre
exhibant ses menottes de forçat, cet autre son feutre, ou
son velours, ou sa jaquette, ou son système, ou sa traduction (pleine de contre-sens), ou ses barbarismes hardis,
ou son drame, ou son duel, ou son taudis, ou son arsenal
gothique, ou sa forteresse ; que sais-je ? — Et ce peuple
français ne s'amusait pas du tout !

» En vérité, je ne le blâme pas; il avait vu de grandes
choses; on lui en montrait de petites. Il avait fait de l'héroïsme et du drame jusqu'à en être las; ce qu'on lui
donnait pour de l'héroïque, était pauvre, non de mots,
mais de pensée et d'âme : indigent jusqu'à la dernière
mendicité, en fait de sentiment intime et d'étude profonde. L'adjectif et la couleur abondaient merveilleusement;
le tailleur taillait et le décorateur décorait. Mais la pauvre
pensée diminuait tous les jours et se cachait épouvantée au
bruit de tout ce fracas; elle, si modeste, divine qu'elle est
et qui veut se jouer libre et pure, comme un rayon de
soleil dans le feuillage silencieux et solitaire! La céleste
fille s'effarouchait au bruit de tant de clochettes discordantes, et fuyait ivre de bruit, détestant ces furieux.

» C'est, aussi, continue l'humoriste, qu'il y avait trop
d'hommes de génie en France; ce que je reproche surtout
aux Français, c'est de nous avoir donné trop d'hommes de
génie. M. Jacques a beaucoup de génie, cela est convenu; il écrit admirablement. Mais M. Pierre écrit comme
M. Jacques et à s'y méprendre; M. Claude comme M. Pierre;
M. Jean comme M. Claude; M. Abraham comme M. Jean,
et ainsi de suite à travers tous les noms du calendrier. Entrez dans les cabinets de lecture français, pauvres musées de
la littérature moderne; descendez l'un après l'autre tous
ces volumes gras et souillés, des tablettes qui les suppor-
tent; ouvrez-les, lisez quelques pages de chaque ouvrage
nouveau : ne diriez-vous pas qu'il n'y a qu'un même auteur pour tous ces livres? un seul père, et quel père!
Partout la même originalité, la même énumération, la
même accumulation, la même hyperbole; partout la même
couleur, noire et blanche, blanche et noire, de la fumée et
de l'or, par plaques, par paquets, un doigt d'empâtement

sur la toile : ici du rouge, là du vert, sans nuance, sans
transition ; notre auteur s'en garde bien, la transition est
timide, elle est preuve de faiblesse et de labeur : fi du labeur ! vive le génie ! Notre auteur a toujours du génie !

» Il vous apprendra l'art d'en avoir autant que lui-même ;
vous saurez en peu de temps comment s'échelonne la longue file des adjectifs, comment se fouette l'écume des
comparaisons , comment se place le mot brutal qui donne
à la période un air de naïveté farouche. Une fois que
vous aurez le moule, tout sera dit. Les Français changent
de moule tous les trente ans. En 1810, leur moule était
classique; la ligne droite dominait ! Le moule classique
qui avait beaucoup servi, ayant fini par s'user , on l'a mis
au rebut. Alors on a changé le mode de la phrase et restauré la période ; au lieu de la faire droite, on l'a bâtie
en spirale, on l'a tordue. Le nouveau moule a eu horreur
de la ligne droite. Comme c'était très-facile, on vit un
nouveau grand homme naître tous les matins; il en pleuvait tous les soirs ; on n'était jamais sûr de ses admira-
tions ; il fallait en changer à chaque instant; les dynasties
de grands hommes se marchaient sur les talons et se
culbutaient. On se serait volontiers enfui vers l'autre monde
pour échapper à cette presse de grands hommes et à cet
abominable tapage de métaphores, de synecdoches, de
contes, d'histoires, de polémique, de critique, de lyrique,
de dramatique, d'amphigourique, de journaux utiles, inutiles, pour les épiciers, pour les enfants, pour les fermiers,
pour brûler sa maison, pour marier sa fille , pour les procès, pour les amours, pour Vénus et Mercure, pour les
joueurs de roulette, pour les malades, pour les voluptueux ,
quotidiens, bi-quotidiens, hebdomadaires, mensuels, depuis un louis jusqu'à six blancs; et tout cela plein de gé-

nie, étincelant de génie, flanqué de génie, escorté par des
génies protecteurs, patentés et passés à l'éprouvette. Juste
ciel! »

Ce dithyrambe burlesque dont l'exagération est évidente,
reproduit néanmoins tout un côté de la situation morale où
se trouvait la France entre 1825 et 1840. Le métier
d'homme de lettres, objet de vénération et presque d'idolâtrie depuis le milieu du XVIIIe siècle, était devenu le but
de mille ambitions impuissantes. C'était un grand mal,
comme on va le voir.

----

§ XI.

Vie des gens de lettres. — Malheurs d'une époque et d'un peuple
trop littéraires. — Surexcitation des âmes et des esprits. — Industrie littéraire et littérature industrielle.

Le métier de littérateur ne convient qu'au petit nombre.
Certains hommes que les Orientaux appellent « les in-
cendiés de l'âme, — hommes rares et malheureux, sont
nés pour les arts et les lettres. — « Ces fils de la Passion
» (dit le poëte turc Galib), s'abreuvent de flammes, habi-
» tent le désert, sèment l'incendie et recueillent l'angoisse.
» Ils donnent aux mortels la puissance et l'esprit. Ils ne
» se nourrissent pas de mets humains, mais de la rosée de
» feu qui tombe du ciel. Leurs paroles pénètrent l'âme
» comme la lame d'acier entre dans le cœur. Les draperies
» de leurs vêtements sont les rayons du soleil d'été. Ils ap-
» portent au marché de la vie le courage ; ils achètent le
» malheur et le rapportent, ainsi que le désir ardent, la
» torture intérieure et cruelle, et l'énergie de la pensée. »

Ainsi parle Galib-Dede, poète mystique, scheikh des dervisches mewlevis. Ses vers sont une admirable peinture de l'éternelle alliance de la volupté et de la douleur, de la vie orageuse réservée aux artistes, de la passion même qui les fait vivre, et qui accélère la combustion de leurs forces vitales.

L'artiste véritable, le poète, le savant, le musicien, le peintre, sont les victimes du sacrifice dont ils sont les prêtres. Ils apportent la vie dans les âmes humaines ; mais cette vie, c'est la leur, ils la donnent. Mozart et Raphaël, Dante et Rousseau, Byron et Shakspeare n'ont-ils pas offert à l'avenir le plus pur de leur essence, et nourri, si je puis le dire, leurs descendants du sang même de leur pensée ? Le bonheur de la création n'est que souffrance ; il y a du dévouement dans cette joie ; sublime prodigalité. Vous les payez ; qu'est-ce qu'un peu d'or et de bruit donné en échange de tant de voluptés et de progrès, de leçons et de plaisirs ? Encore meurent-ils souvent sans avoir touché leur salaire.

On ne peut lire sans être ému le livre qu'a écrit sur les gens de lettres un médecin habile, M. Réveillé-Parise (1) ; il est plein de sympathie pour le talent et ses souffrances, la célébrité et ses angoisses, l'intelligence et ses maladies. C'est avec passion qu'il étudie les hommes éminents ; de quel œil inquiet et attentif il suit leur déplorable carrière ! Il les aime pour eux en dépit de leurs fautes, il souffre de leurs maux ! Il est frappé de tout ce qu'il y a de maladif, de dangereux et d'enivrant dans l'exercice de la pensée. Que de tendresse pour ces *rois du monde moral*, rois esclaves de l'occasion, jouets du sort, vassaux de la misère, enfants gâtés de Dieu, et traînant le boulet

_____
(1) *Des maladies des hommes livrés aux travaux de l'esprit*, etc.

de leur gloire ou de leur obscurité. Il les plaint, soit que leur héroïsme lutte contre tout un siècle, marche inconnu vers l'avenir inconnu et dompte les douleurs présentes; soit que leur faiblesse l'emporte, et que n'osant pas braver le monde ils échangent la virginité du génie contre la prostitution de l'esprit.

Il pleure au chevet de Byron mourant ; il lit sur ce front pâle et orgueilleux les douleurs enviées, les douleurs fécondes, les sarcasmes déchirants, le besoin d'immortalité, la soif d'action, le malheur enfin, l'existence usée, la mort dans la jeunesse. On le voit remplir le même office près de Raphaël et de Milton, près de Beethoven et de Bonaparte. Partout où il s'est fait de grandes choses, le bon docteur accourt, observe, examine et note les ravages de la pensée ; il y a donc tant de péril à penser, à aimer, à vivre trop à la fois ! Oui ; et une observation plus triste encore s'offre à nous ; on peut en certains temps se donner les douleurs de la gloire sans posséder la gloire, et les misères du génie sans avoir du génie.

Voici en effet une époque de surexcitation générale, où toutes les capacités s'enflamment, où toutes les médiocrités s'allument, où les adeptes des professions libérales se heurtent et se pressent, où tous les pères veulent avoir un médecin, un avocat, un homme de lettres dans leurs familles ; où l'on ne sait trop si les menuisiers et les serruriers nécessaires à la construction de nos édifices voudront bien manier encore le rabot et agiter le soufflet de forge ; où l'irritation du cerveau, l'excitation des désirs, l'intensité des rivalités, l'angoisse des amours-propres, le besoin de paraître, le besoin de jouir prêtent à tous les membres de la société un excès de vie factice. Alors le génie est adoré ; mais qui mesurera le génie? Le talent doit arriver à tout ;

19

mais quelle toise déterminera les proportions du talent?
Dans une telle époque chacun se dit génie, c'est-à-dire
dieu. Les uns courent aux jouissances sensuelles avec une
âpre violence; les autres se donnent pour des génies méconnus; quelques-uns s'entourent fièrement d'un petit
cercle d'admirateurs jurés; d'autres plus habiles profi-
tent du désordre général pour s'assurer la vogue, la considération et la fortune. Tous ces talents sans principes, ces
fragments de coteries sans unité, cette ardeur sans passion, cet éréthisme sans conviction, ces efforts stériles ont si
bien usé les âmes, détendu les esprits, fatigué les corps,
énervé les intelligences, blasé le public, dépravé la masse,
qu'après vingt ans de surexcitation pareille il ne peut plus
y avoir de société, mais je ne sais quels haillons, je ne sais
quelle poussière, débris de tant de travaux, de tentatives
et d'espoirs! (1).

Ici de malheureux jeunes gens ayant entendu dire qu'il est
beau d'être poète, veulent étendre au-delà des limites de leur
cerveau une capacité médiocre, devancer les années, conquérir le génie sans étude et la gloire sans labeur ; puis, à
peine nés à la société qui les environne, ils meurent dans
les vapeurs de ce charbon moins embrasé que leur vanité ;
là des couples demandent à l'amour cette immense somme
de bonheur que d'autres demandaient à l'exercice de la
pensée, et se heurtant aux limites du possible, ils se réfugient dans la mort. On voit de fausses vertus et de faux
crimes éclore de la même cause. Le philosophe apercevant
le mensonge des vices et le mensonge des talents, est alors
tenté de croire que l'organisation sociale repose tout entière sur le mensonge. Pendant que ces phénomènes ap-

(1) *Journal des Débats*, août 1839.

paraissent dans le monde moral, pendant que la sphère
intellectuelle est remplie de larves et de chimères, feuille-
tez les statistiques médicales, elles vous apprendront que la
surexcitation cérébrale entre pour moitié dans les causes des
maladies mortelles; que sur trente décès il y en a vingt-
cinq causés non par asthénie ou défaut de forces, mais par
hypersthénie ou excès de forces factices; que les maladies
inflammatoires, les désorganisations des viscères, les fièvres
adynamiques, les congestions du sang, les pulmonies, les
gastrites, les névroses emportent les trois quarts de la population. Ne semble-t-il pas que la société soit un immense
instrument nerveux dont les cordes trop tendues rendent des accords stridents, exhalent des harmonies douloureuses et se brisent à chaque instant?

La civilisation s'anime ainsi d'un orgasme ardent, fébrile
et souvent impuissant. A cette tension de tous les esprits,
à cette irritation maladive de tous les cerveaux je sais que
l'on peut donner de fort beaux noms et de magnifiques bap-
têmes. Rome se disait grande lorsque surexcitant sa force
physique et son impériale énergie , elle faisait consister sa
gloire à lancer trois cents éléphants et autant de tigres dans
le cirque de la ville éternelle, et à construire des nau-
machies où des flottes entières se heurtaient; l'histoire a
jugé cette grandeur.

Déjà nous commençons à nous apercevoir que la nôtre
peut être attaquée, et que le colosse de notre civilisation a
des pieds d'argile. Ne reproche-t-on pas à la plupart des
écrivains célèbres aujourd'hui l'emploi d'un style plus inci-
sif que vrai, plus stimulant que grave; ne les accuse-t-on
pas d'avoir parlé à l'homme matériel et impressionnable,
bien plus qu'à l'homme intelligent et moral; de s'être
adressés aux sens , d'avoir négligé la sphère pure de la rai-

son ou de la sensibilité ; d'avoir multiplié les appels à l'organisme brutal, et agacé les nerfs par tous les aiguillons de la pensée? N'a-t-on pas dit, avec une apparence de raison, qu'une telle méthode, appliquée à un siècle assez froid et à une société plus ennuyée que passionnée, manquait de bon sens et de convenance ? — Que la prodigalité des émotions dût conduire à l'affaissement, peu importait. La lassitude du public sollicitait la verve des auteurs ; la fausse énergie que nous venons de décrire est toujours accompagnée d'une débilité radicale. A une société affaiblie et avide de sensations il fallait procurer à tout prix des sensations véhémentes. Le vin de Champagne ne suffit pas à ce gourmet ; appelez les liqueurs pour réveiller ses houppes nerveuses. Si ces dernières sont sans effet, versez à flots l'alcool ! brûlez cet avide et vieux malade ; et dussiez-vous le frapper de paralysie, rendez-lui le bonheur d'une sensation dernière et d'une convulsion qui le ravive !

Ainsi les écoles littéraires les plus outrées étaient dans les conditions les plus certaines du succès populaire ; — je l'ai dit tout-à-l'heure, les angoisses du talent, sans ses bénéfices ; des corps énervés, des âmes allanguies, des esprits fiévreux, des cœurs blâsés : tels étaient les résultats généraux qui nous menaient à la ruine.

Même au point de vue littéraire, la décadence était évidente. A travers l'Europe on commençait à craindre singulièrement l'originalité, la profondeur, l'élévation, l'intensité, qualités qui ne sont pas de tout le monde, défauts pour qui n'en comprend pas la grandeur. De là diffusion', lenteur de style, abus de mots, facilité de verbiage, mélange d'ampoulé et de commun, des notions que l'on n'épure pas, des inventions que l'on néglige de concentrer, des faits que l'on ne vérifie point

aux sources, des talents qui se perdent ou s'égarent ; rien
d'achevé. On craint le pédantisme ; la cupidité se mêle à
ce penchant, qu'elle fortifie et qui la sert ; au nom du *cir-
culating-library*, du cabinet de lecture, l'écrivain est som-
m² d'étendre son travail jusqu'à certaines dimensions ; il
ne peut plus produire d'œuvre contenue dans un petit cadre ;
— plus de rayons purs et saints, — *le Vicaire de Wakefield*, — *Manon Lescaut*, — *Adolphe*. Il faut trois volumes, selon la forme voulue et le goût du public. S'il s'a-
git d'un voyage, trois volumes et des gravures ; si c'est un
roman, trois volumes et de nombreux chapitres. La nécessité des gravures devient un autre résultat de l'industrie matérielle envahissant les œuvres de l'esprit. Tous n'ont pas de
génie : à quelques-uns l'imagination, au plus petit nombre
la réflexion ; mais tous ont des sens. Traduisez donc l'idée
en image ; faute de conquérir les intelligences, vous ouvrez
tous les yeux ; ce progrès était dans la fatalité des conséquences. Si vous consultiez les catalogues, vous verriez que
le même flot de lithographies et de bois gravés a couvert
les États-Unis, l'Angleterre, l'Allemagne et la France.

Dans cette manufacture de choses imprimées, les Allemands étaient les plus arriérés ; nous fabriquions plus que
les Anglais. Le roman-feuilleton ne prospérait qu'en France.
Quant aux Allemands, ils appliquaient ce procédé à la
traduction ; ils traduisaient tout : romans anglais du dernier
ordre, vaudevilles français de toute couleur, nouvelles,
contes, tout y passait. On publiait en allemand une traduction nouvelle de *la Semaine* de Dubartas, et une autre du *Galant homme*, espèce de *civilité* puérile et honnête appartenant au commencement du XVIIᵉ siècle. *Der
Galanthomme !* Toutes les pièces de M. Scribe étaient
immédiatement couvertes de la robe allemande. M. Paul de

Kock marchait en triomphe à travers les cités d'Allemagne ;
en Angleterre, on l'épurait, on le faisait chaste. Comme ces
ateliers germaniques étaient pleins d'ouvrages à terminer, et
qu'on employait à peu près tout le monde, le titre des œuvres était travesti par les ouvriers empressés. *La Cama-*
raderie ou la Courte Échelle, une des plus jolies pièces de
M. Scribe, s'intitula *Cameraderie* (à l'allemande), *ou*
le Moyen de s'élever très-rapidement soi-même (*Sehr*
schnell sich emporbringen). *S'élever soi-même — et très-*
rapidement — est fort joli.

L'absence de philosophie, le mépris des idées élevées et
de la généralisation des vues marquaient presque toutes les
publications nouvelles de l'Europe, l'Allemagne exceptée,
qui se laissait emporter à deux attractions particulières, à la
politique pratique d'une part, d'une autre à un *humorisme*
souvent affecté. Elle avait des Jean-Paul et des Voltaire par
centaines. Au-delà du Rhin, entre 1830 et 1845, tout le
monde riait. Raupach écrivait des farces ; les muses germaniques étaient en plein carnaval.

Enfin on s'éloignait de l'art en Europe et hors d'Europe ;
l'art, c'est la force plastique qui concentre l'idée, selon
les lois de la suprême beauté. Romans hâtifs, traduc-
tions grossières, faux documents historiques, contes replâ-
trés, correspondances intimes sans valeur, livres populaires taillés dans les manuels connus, concouraient à l'a-
baissement général et irréparable de l'intelligence. La
prolixité couvrait l'espace, l'idée n'avait plus de valeur. La lumière quittait les cimes où elle avait rayonné ; elle descendait dans les vallées où elle s'étendait et se mourait en crépuscule incertain. La critique même était impuissante ; c'est
le public qui détermine la valeur de la critique. Quand le
public apprécie moins le savoir que la chose commune et fa-

cilement comprise, moins la pensée que la phrase, quand la grande condition imposée par lui est le bon marché et la curiosité, on lui donne du bon marché et de la curiosité. La manufacture prospérait donc, puisque les paroles comptaient et se vendaient.

La surface inondée était ainsi très-vaste et le niveau descendait. Ce fait d'un affaissement universel et nécessaire des intelligences, à certaines époques, est-il un phénomène nouveau dans l'histoire? Est-ce que la période grecque n'a pas eu son appendice et sa longue traînée de pâle lumière? Est-ce qu'avant l'éclosion du génie moderne, la vaste domination de l'intelligence romaine n'a pas fléchi pendant trois siècles? A ne considérer les peuples européens et chrétiens que comme le faisceau de la civilisation moderne, à ne voir les institutions féodales et monarchiques que dans leur ensemble, ce vaste organisme ne s'en va-t-il pas aujourd'hui en fragments qui se dissolvent ici, qui là sont vermoulus, plus loin soutenus par des étais chancelants, partout fragiles (1)? Cette matérialisation de l'intelligence, cette domination des procédés industriels, cette vulgarisation des idées et des faits, que nous venons d'observer ne prouvaient-elles pas, dès 1830, que l'heure de la décadence était venue, surtout pour l'Europe méridionale?

En vain un sentiment de confiance et d'espoir cherchait à repousser la vérité fatale. La décadence des littératures, née de celle des esprits, ne peut être niée. Tout le monde voit que nous descendons, d'un commun accord, nous, peuples européens, vers je ne sais quelle nullité demi-chinoise, vers je ne sais quelle faiblesse universelle et inévitable. Cette marche obscure qui nous conduit à

(1) 1843. *Revue des Deux Mondes.*

la destruction du génie littéraire s'opère diversement selon le degré d'affaissement des races. Les méridionaux
marchent les premiers; les premiers, ils ont reçu lumière
et vie, les premiers ils tombent dans la nuit. Les septentrionaux suivront de près, bien que la vigueur et la sève
du monde se soient réfugiées en eux.

La France espérait en vain, par des chemins de fer et
des écoles, ressusciter la flamme sociale vacillante et palpi-
tante. L'Angleterre elle-même se dépouillait peu à peu de
son énergie saxonne et de son ardeur puritaine; cependant
c'était en Angleterre que cet abaissement continu se faisait
le moins sentir; occupée de se conserver et soutenant une
lutte virile contre le monde, contre les vents, les flots, les
ennemis du dedans et ceux du dehors, elle n'était pas
encore entrée dans ce domaine du sophisme adoré et du
mensonge universel qui perd infailliblement les peuples;
avec un grand respect pour le talent, elle était restée peu
littéraire, quant aux masses; ornements et hyperboles, systèmes et fleurs de rhétorique, elle estimait peu tout cela;
et au moment même où nous écrivons, le fermier du De-
vonshire et le marin du Northamptonshire n'ont aucune
envie que leur enfant devienne journaliste, romancier ou
avocat. C'était ce qui sauvait l'Angleterre; elle estimait
encore Dieu et la vérité et elle y croyait. La France au
contraire vivait de mensonge ou plutôt elle en mourait. La
manie industrielle et la manie littéraire s'étant emparées
de nous à la fois formaient, pour nous perdre, l'alliance la
la plus adultère qui se puisse imaginer; on faisait de l'industrie en littérature, ce qui tuait le génie; on essayait de
rendre l'industrie romanesque, ce qui ruinait l'industrie.
Les effets réciproques de l'esprit commercial sur la littérature et du faux esprit littéraire sur le commerce, effets dé-

plorables, concouraient également à la ruine de la fortune publique et à la destruction des intelligences.

Alors on vit marcher à la tête de la littérature française, non plus l'intelligence représentée par Diderot et Voltaire comme au XVIIIᵉ siècle, ou par Boileau et Pélisson comme au XVIIᵉ, ou par Ronsard et ses amis comme au XVIᵉ ; mais la spéculation pure, représentée par quelques hommes d'argent et quelquefois d'esprit. Il était naturel que le mépris le plus amer s'emparât d'eux et qu'ils respectassent médiocrement la race des gens de lettres qui se laissait si patiemment enrégimenter et diriger. L'impulsion ne venait plus de l'esprit, mais de la caisse, ni des gens qui tenaient la plume, mais de ceux qui la payaient. Humiliés de cet abaissement, les écrivains voulurent du moins gagner beaucoup d'argent et vivre avec luxe ; les plus hardis mirent à leurs œuvres une valeur exagérée et mesurèrent les produits de leur fabrique comme on mesure de la toile ; ceux surtout dont les vices étaient d'accord avec le vice public réussirent dans ce triste négoce ; ceux qui avaient gardé le sentiment de la dignité littéraire payèrent pour les autres, et l'on vit tel grand historien recevoir à peine la millième partie du salaire que le plus infime dramaturge percevait. Des entrepreneurs hardis ou de spirituels moqueurs firent ainsi passer devant eux, la baguette d'or à la main, le troupeau littéraire ; bientôt à ces maîtres se mêlèrent des personnages d'une plus brutale astuce et d'une plus grossière ignorance. Dans le bazar ignoble où les gens de lettres se laissèrent traîner, il se passa des choses inouïes (1). On en vit s'insinuer chez les

(1) Ces Annales secrètes de nos mœurs récentes ne peuvent s'éclairer que par des portraits dignes de Rembrandt ou de Callot. Le peintre se trouvera, bon ou médiocre, mais fidèle, et inexorable aux vices et aux sottises. V. la *Préface*.

puissants, et répondant de leurs *gens de lettres*, se faire payer les consciences du groupe qu'ils se chargeaient de diriger. On vit de pauvres jeunes gens d'esprit dominés par l'ambition et séduits par les promesses de l'entrepreneur, mourir à la tâche sous l'aiguillon implacable. Ceux des écrivains qui ne se laissaient ni parquer, ni conduire, ni vendre étaient anathématisés. Bientôt irrités de l'iniquité lâche qui pesait sur eux ils tournèrent leurs armes contre la société elle-même ; ce fut dans cette situation odieuse que Balzac et madame Sand, deux talents de premier ordre, puisèrent cette vive colère et cette ardente amertume qui, devenues populaires, n'ont pas peu contribué à renverser l'établissement de 1830.

On voit que l'industrie frappait de mort la littérature ; celle-ci succombait elle-même à cette alliance. Les chimères les plus romanesques étaient présentées comme certitudes : on fondait des concurrences sur la pointe d'une aiguille et la politique du charlatanisme cherchait à faire passer cette fondation pour une base solide. On simulait ou l'on imaginait des gains impossibles ; on établissait des supputations illusoires ; on taisait les dépenses nécessaires. Magnificence de promesses, fausseté de déductions, mensonge de chiffres, on n'oubliait rien. Une masse de capitalistes était entraînée ; puis on attendait le moment où ces bases devaient crouler, où il fallait mettre à nu la misère de ces grands desseins. En attendant, *un peut-être* soutenait et avivait les espérances : le même *peut-être* qui anime le joueur. Quelle douleur et quelle honte ! avoir détruit l'aristocratie des noms héroïques et le prestige des vieux blasons pour fonder une aristocratie de joueurs !

Tout ce qui est grand et généreux s'affaissait donc ; tout

ce qui est équivoque et grossier était destiné à prévaloir ; la brutalité du hasard, jointe à la brutalité du gain, remplaçait le pouvoir de l'esprit. La France était compromise, non par le vice des hommes, souvent meilleurs que leurs doctrines, — mais par l'erreur des doctrines, plus dangereuses que les vices des hommes.

---

§ XII.

Des utopistes modernes. — Robert Owen. — Chartistes et socialistes anglais.

Du sentiment de ces maux et de ces dangers naquirent les systèmes des utopistes modernes. Entre tous se fit remarquer par la persévérance de sa bizarrerie un homme dont on parle depuis quinze ans, Robert Owen ; figure analogue à celles de Fourier et de Saint-Simon, créateur de théories longtemps ridiculisées et qui ont absorbé sa fortune, ennemi de toutes les formes de société qui existent ; aujourd'hui maître d'une association qui s'est répandue en Angleterre et en Amérique.

Le système de Robert Owen a quelque rapport avec celui de Charles Fourier. Il part de l'égalité prêchée par le christianisme, cependant il nie l'Évangile. Admettant le droit de tous à partager les biens de la terre, il détruit la propriété et l'héritage pour faire régner la fraternité sur les débris de la hiérarchie. La chaîne du mariage est à ses yeux une invention de Satan ; il veut la communauté des femmes et la communauté des biens. Pendant qu'il ruine d'une main les restrictions du passé, il forge et resserre d'une autre des entraves que nos sociétés ne connaissent pas. Les citoyens, tous travailleurs, vivront ensemble,

comme les abeilles dans leur ruche ; leurs passions, au lieu
d'être réprimées comme le voulait la loi évangélique, seront employées et satisfaites ; leurs efforts en se réunissant
obtiendront des résultats qui éclipseront toutes les richesses
du passé ; le mariage, la propriété, la hiérarchie une fois
abolies, le ciel s'ouvrira ici-bas, et les hommes rendus à
leur destination, replacés dans leur sphère, sans Dieu, sans
femme et sans patrimoine, formeront sur le globe entier
une association de frères, rivaux de bonheur et de vertu.
Ces dogmes qui se rapprochent, comme nous l'avons dit,
du phalanstère de Charles Fourier, avec moins d'originalité et de poésie, avaient peu réussi dans leur promulgation.
Les journaux raillaient « la chemise-modèle » suspendue
dans le salon de Robert Owen, vêtement inventé par lui
pour ses adeptes, et qui devait concourir, en favorisant la
liberté des mouvements, à rendre au genre humain son
indépendance. Les années, dans leur fuite aujourd'hui
chargée de tant de curiosités, ont placé en 1845 cette aiguille mobile de l'horloge du temps sur l'heure que Robert
Owen attendait : son moment a sonné. Il n'a pas bougé
dans ses doctrines ; le monde est venu à lui. On a construit
à Manchester un hôtel ou *Institut*, consacré aux cours publics de ses disciples.

La Société oweniste, qui s'intitule *Société de communauté universelle des religionistes rationnels*, a des ramifications dans cinquante chefs-lieux et bourgs de l'Angleterre. Pendant que le chartisme ébranlait le pays de Galles,
tous les pays de manufactures et de mines, le Cheshire, le
Staffordshire, le Lancashire, le Warwickshire, le Worces-
tershire, le comté de Durham prêtaient l'oreille au « socialisme. » C'est le nom donné par Owen à son utopie. Un
Congrès des Socialistes a eu lieu en mai 1839, à Birmin-

gham ; les missionnaires « socialistes » ont ouvert leurs
prônes à Coventry le 17 janvier 1839, à Salford le 4 février, à Yarmouth le 13 février, à Leeds le 3 mars, à
Manchester le 3 juin. «Les réunions socialistes de cette dernière ville s'élevaient ordinairement (dit un rapport public)
à deux mille personnes ; à Liverpool, elles comptaient communément de cinq à sept cents spectateurs. » Le socialisme
avait dès 1845 ses écoles et ses bibliothèques. Contre lui
s'élevaient les torys, les dissidents, les anglicans. Un membre de l'Université de Cambridge, M. Pearson, a prêché
un sermon dans lequel Owen est représenté comme l'an-
techrist. Un baptiste, M. Giles Eustace, « témoin, dit-il,
de l'accroissement de la secte et de sa propagation autour
de lui, » s'est élevé avec bien plus d'indignation encore
contre une philosophie « qui éveille et encourage, dit-il,
tous les appétits grossiers de l'homme. »

Les cantons les plus laborieux, ceux qui produisent le
plus de richesses, les villes de manufacture et de fabrique, les provinces où s'opère l'exploitation des mines,
étaient profondément remués par ces prédications, écho
et consolation de leurs souffrances. La paix se main-
tenait dans les comtés agricoles. Il n'y a chez les fermiers de Kent et du Lancashire rien de cette ardeur
rénovatrice qui anime les mineurs de Cornouailles et
du pays de Galles, les ouvriers de Birmingham, Liverpool,
Manchester, Londres et Sheffield, et qui a réuni neuf
mille hommes armés de torches et de piques à l'attaque de Newport. Les gens de la campagne ont entre eux
des rapports de sympathie, de devoir et de droit. Cette vie
en face du ciel, au milieu des enfants qui aident et des femmes qui travaillent, possède ses amusements et ses bénéfices. Et sans essayer ici une réhabilitation de la pastorale,

sans nous égarer dans l'églogue et dans l'idylle, nous indi-
querons d'un mot la supériorité de cette condition, quant
à la santé de l'homme, à sa dignité et à son bien-être, sur
l'existence des manufactures. Les ouvriers de l'Amérique
septentrionale se révoltent sans cesse ; sur le même continent, les fermiers et les *backwoodsmen* qui défrichent le
désert vivent paisiblement dans leur ferme ou dans leur
hutte. C'est que la condition de l'ouvrier des villes pèse à
la fois sur son corps et sur son âme ; c'est que la passion
de nos sociétés pour la production de la richesse matérielle
impose à l'ouvrier un développement d'énergie sans com-
pensation ; c'est que nous détruisons en lui l'équilibre sans
lequel l'homme n'existe pas, travail et repos, devoir et
plaisir, discipline et dignité, dépense de force et acquisition de jouissances, soumission et indépendance. Vous
concentrez dix mille hommes sur un point ; ces hommes
doivent travailler pour vivre ; ils ne connaissent aucun
maître, aucun ami, si ce n'est l'argent. L'interruption d'une
branche de commerce, la suspension du travail pendant un
mois les tue. Ils n'ont pas le temps de se reposer, d'aimer,
de croiser leurs bras, de lire, d'apprendre, de connaître.
Après avoir travaillé comme des damnés ils voyent tout-
à-coup la détresse succéder à l'abondance du numéraire.
Ils maudissent et attendent, puis se remettent à l'œuvre,
et leur vie s'écoule ainsi ; ce sont là les prosélytes d'Owen
et les sectateurs de Frost. C'est à eux que Henri Vin-
cent, socialiste anglais, adressait son journal, *le Ven-
geur de l'Ouest, avocat audacieux et sans concession
du peuple de Bristol, Battle, Cheltenham, Trowbridge,
Bradford, Frome, Stroud, Wotton-under-edge, Newport, Pontypool, Carleon, Cardiff et autres villes et villages du pays de Galles.* Ce sont eux qui forment la

masse des révoltés connus sous le nom de chartistes.

L'Angleterre payait ainsi l'exagération de son industrie. Transformer plusieurs millions d'hommes en rouages,
en pivots et en pistons, tous occupés à créer aveuglément
la richesse, c'est ne pas voir que les nécessités de la condition humaine sont ainsi violées, qu'un pivot de fer ou
une roue d'acier n'a pas de sympathie, d'idée et de sentiment, qu'une roue et un pivot n'ont pas besoin de charité, de pitié, d'amour, d'honneur ; qu'ils ne veulent
qu'être mis en mouvement à l'heure convenue et graissés
de temps à autre ; que l'homme enfin est un pivot vivant et
une roue armée d'une âme.

Les socialistes d'Owen furent la portion métaphysicienne
et éclairée de cette population mécontente ; les chartistes en furent le corps, les bras et les pieds. Le fonds de la
maladie se trouvait dans la misère morale, bien plus que
dans l'indigence affamée; dans la réduction de l'homme à
l'état de machine, non dans sa détresse; et dans l'excès de
son travail dont on avait prétendu faire un culte, non dans son
ignorance. La vie sans repos, la vie sans espoir, la vie sans
dignité ne valent point la peine d'être conservées. Vous
augmenteriez les salaires, que vous n'obtiendriez pas de
résultat. En Amérique le salaire est énorme et l'ouvrier
se révolte; c'est que là, comme chez nous, il a trop peu
de joie, trop peu de repos, trop peu de bonheur. Instrument d'une civilisation qui éveille ses appétits et stimule ses
désirs, plein d'ambition et de cupidité, l'ouvrier ne peut se
donner ni les jouissances du riche, ni le calme laborieux
du vigneron et du laboureur.

Comment résoudre le problème et protéger l'industrie
sans sacrifier les hommes? Imitez Lausanne et Neufchâtel,
surtout ce dernier canton, si remarquable par le mélange

de l'industrie et de l'agriculture. Là toute chaumière est
une fabrique, le torrent qui tombe fait tourner la roue
industrielle ; la récolte succède aux opérations manuelles
que réclame le tissage ou l'horlogerie. La somme du
bonheur humain s'accroît avec la fortune publique. Indépendance de tous, dignité de chacun, habitude du travail et
de l'économie, pensée religieuse profondément empreinte
au fond de cette vie à la fois charmante et lucrative, poétique et utile ; peu de bruit, beaucoup de bien-être. Je voudrais que les utopistes modernes condescendissent à voir
ce qui se trouve si près d'eux.

En Angleterre la situation des ouvriers se compliquait
par l'affluence des Irlandais qui encombraient le marché.
Tout bateau à vapeur arrivant de Dublin ou de Drogheda
versait sur la rive anglo-saxonne une armée de pauvres rep-
tiles humains qui n'ayant plus de pommes de terre à manger dans leur pays venaient en demander à l'île voisine.
Rétribution juste et terrible. Vous retrouvez la hâve
figure et l'œil flamboyant de cette race orientale partout où l'on peut, en travaillant beaucoup et en dormant
sur la terre, se procurer de quoi ne pas périr. Jusque dans
les *jungles* de l'Inde et dans les prairies que dominent les
Alleghanis, vous revoyez ce spirituel et sauvage regard et
ce haillon fièrement porté. Quant à la Grande-Bretagne,
elle en est couverte ; l'Irlandais chasse les journaliers et
ouvriers anglais de tous leurs marchés, non qu'il ait plus
d'habileté, d'adresse ou de savoir ; mais il vit à moins de
frais, il lui faut un peu d'eau-de-vie et une pomme de
terre, il gardera toute l'année son haillon et son sourire.
Voici ses muscles, il vous les donne, l'industrie n'a souvent besoin que de cela. Au milieu de tant de compétiteurs
pour le salaire, le salaire s'abaissait ; un Owen qui parlait

« socialisme », un Frost, qui demandait le suffrage universel, remuaient jusque dans leurs entrailles ces populations saxonnes dont le mécontentement a quelque chose de
la vieille rage scandinave; la lueur des torches illuminait
les campagnes et la bourgeoisie tremblait dans ses villes.

L'Angleterre vit qu'elle n'avait pas de temps à perdre;
convaincue qu'il n'y a pas de question plus grave aujour-
d'hui que la situation des villes manufacturières et le terrible ferment de misère, de labeur, de richesse, de sauvage
indépendance, de profond dégoût qui y bouillonne; elle se
hâta de chercher des remèdes contre ce développement
gigantesque de l'industrie, cette matérialisation sans contre-
poids, cet abus des facultés physiques de l'homme, qui la
menaçaient d'une prochaine ruine. Heureusement le sentiment religieux et moral vivait en elle; au lieu de le détruire, elle l'aviva.

Elle fut sauvée, pour le moment du moins.

---

§ XIII.

Prédictions de Lémontey. — Les socialistes. — Saint-Simon, Owen
et Fourier.

Avant de revenir au Socialisme, j'ai à montrer deux
phénomènes étranges que le dernier siècle a vus éclore et
qui dominent celui où nous sommes.

Voici d'abord un pauvre barbier du Lancashire, comté
situé vers le nord de l'Angleterre. Sa situation sociale,

comme on dit maintenant, n'avait pas grande importance;
il rasait pour la moitié d'un penny, c'est-à-dire pour deux
liards, les barbes les plus épaisses et les plus poudreuses
des trois royaumes. Constamment triste, parlant peu, l'œil
fixé en terre, le ventre énorme, les épaules arrondies, l'en-
colure épaisse, le regard terne, il ne faisait autre chose
du matin au soir que de rêver en rafraîchissant ses rasoirs
et en contentant ses pratiques. Sa femme, dont le caractère
n'était pas bon, le tourmentait fort. Dans ses rares moments de loisir il avait inventé un certain moyen mécanique
de filer le coton ; la ménagère craignit que cette distraction
ne nuisît aux profits du ménage, à l'assiduité du mari, au
talent spécial du barbier; elle brûla le petit modèle de la
machine. Le barbier mit son épouse à la porte ; puis il continua paisiblement à rêver tout en savonnant et à combiner,
tout en rasant, ses roues, ses rouages, ses engrenages, ses
moteurs, ses bobines et ses pistons. Après bien des rêveries,
il parvint à réaliser une machine. Pauvre homme ! Ses
concitoyens se fâchèrent ; chacun de le huer, puis de le
lapider. Il y eut une émeute contre le barbier mécanicien.
On criait dans les rues qu'il allait diminuer les salaires, diminuer les travaux et réduire les ouvriers à la besace.
Tuiles et briques cassèrent les vitraux de sa boutique; on
brisa ses meubles, et il se sauva. Nul n'est apôtre dans son
pays. La machine, qui n'avait pas réussi dans la ville natale du barbier, s'établit ailleurs. Elle fournit de coton filé
tous les pays du monde. Elle enrichit d'abord Richard
Arkwright (notre barbier), ensuite l'Angleterre, et versa
bientôt des torrents d'écus monnayés dans les caisses de
l'Europe armée, qui guerroyant contre Napoléon Bonaparte et la révolution française, ne pouvait se passer de
beaucoup d'argent.

Tel est le premier phénomène, qui se nomme dans l'histoire Richard Arkwright.

Il venait de laisser à ses enfants trois millions sterling (soixante-quinze millions de francs). Les cinquante millions annuels que donnait auparavant la manufacture de coton en Angleterre s'étaient transformés sous sa main en neuf cent millions, quand un autre homme, ingénieur, fils d'ingénieur, peu héroïque, d'une mauvaise santé, appartenant aussi aux classes populaires, entra en scène et opéra un second prodige.

Celui-ci est Watt, le héros de la vapeur, comme Richard est le héros de la filature. Longtemps, le front baissé, la main plongée dans l'eau et la suie, il chercha son secret fatal, la pierre philosophale du mouvement. Longtemps encore, quand il l'eut trouvé, il chercha le possesseur d'argent, le capitaliste, indispensable instrument de sa découverte. Enfin capitaliste et inventeur se rencontrèrent. Watt réussit, comme l'autre, à travers mille épreuves.

Arkwright et Watt trouvèrent un aide inattendu et involontaire; Robert Clive, teneur de livres, qui prit l'Inde.

Avec ce dernier secours, Watt le physicien et Arkwright le mécanicien accomplirent leur triomphe de coton filé et d'eau bouillante. Aussitôt toute la race saxonne d'Angleterre, si active, si énergique, si fière, si tenace, si dure à la fatigue, si avide, et qui avait progressivement conquis la liberté religieuse et la liberté civile sous la protection et la direction de son aristocratie, se mit à la suite du barbier et de l'ingénieur. Elle voulut conquérir sous leurs ordres le sol, les eaux, les mines, la houille, le feu, le fer, la richesse, et par conséquent le pouvoir. On s'enrôla pour cette croisade contre les forces élémentaires, comme on s'était

enrôlé pour les croisades contre l'Orient. Il s'éleva vers
le ciel un bruit effroyable de marteaux qui battaient toujours, de cuviers qui bouillaient sans cesse, de métiers éternellement sifflants , et une immense vapeur de flammes
et de fumée qui pesa sur ce champ de bataille nouveau.
Des générations s'y ruèrent et s'y usèrent. Le fer exhuma
le charbon ; le charbon pétrit le fer ; le sillon d'acier courut d'une ville à l'autre et anéantit le temps avec l'espace.
On chercha le bitume dans son lit au fond des rocs. Birmingham et Wolverhampton sortirent de terre, comme des
géans de bronze, aux cent gueules enflammées, forgeant de
l'or avec du fer et du fer avec de l'or. Le chimiste et le
barbier avaient préparé ce dont je vous parle. Il en résulta
quelque chose d'aussi excessif que le fut la féodalité dans
son premier établissement, que le sont toutes les conquêtes
dans leur première ardeur. Celle-ci dure encore ; si vous
allez à Manchester, levez-vous de bonne heure, un lundi
matin , et écoutez. Est - ce une cataracte qui tombe ?
non , l'industrie s'éveille. Dix mille fois dix mille bro-
ches tournent ; mille roues de moulin gémissent. Poussière
et fumée sortent en tourbillons de la ville ; la bataille se
livre ; elle continuera jusqu'au soir et recommencera demain. C'est l'homme contre la nature , et l'homme reste
vainqueur. J'ai nommé tout-à-l'heure les généraux de l'armée conquérante, Arkwright et Watt.

L'effort est sublime comme tous les grands efforts conquérants. Aujourd'hui que la victoire est assurée, les
masses lancées contre l'ennemi commencent à compter
leurs blessés. Voici la réaction venir ; « l'industrie est belle,
sans doute, le triomphe glorieux ; — mais moi, ouvrier qui
fais le triomphe, soldat de cette campagne, resterai-je
écrasé, mutilé, haletant, pour que l'industrie soit conqué-

rante ? Moi qui chaque jour deviens plus misérable à mesure que la machine devient plus puissante, souffrirai-je toujours que la machine écrase l'homme ? Le combat que l'on
m'impose n'est-il pas assez dur ? Ne déployé-je pas assez
de courage, de patience, d'adresse, de vigueur et de grandeur d'âme pour que l'industrie ma suzeraine me respecte, m'honore et me fasse vivre ? »

— Ainsi parlait l'homme des mines de Cornouailles ou
le filateur de Birmingham. Qu'a fait l'Angleterre ? Elle a
d'abord donné du pain à l'ouvrier, puis resserré le lien social et affermi le lien religieux. Aussi n'a-t-elle pas suc-
combé à la révolution qui la menaçait ; au contraire, elle
en a profité.

Fille du mouvement qui emporta le XVIIIᵉ siècle, cette
révolution émane du matérialisme : pour elle il s'agit de
dompter les éléments, de rapprocher les distances, de
créer des produits, de filer beaucoup, de forger beaucoup, d'employer l'air, l'eau et le feu, d'enrichir l'homme.
En 1820, à Paris, un vieil académicien que je crois voir
encore, tant il y avait de choses remarquables dans sa personne et dans son intelligence, prédisait le résultat bon et
mauvais, merveilleux et terrible de la conquête industrielle
qui commençait à faire beaucoup de bruit ; aussi n'était-
il point écouté. Il passait pour un homme d'esprit tout
simplement ; et l'on faisait plus d'attention à son vieux chapeau cassé (vous vous le rappelez tous), à son économie,
à sa secrète bienfaisance, à son ironique et narquoise humeur et à son habit marron (éternel habit), qu'à sa profondeur et à sa clairvoyance extraordinaires : c'était Lémontey de l'Académie française : prophète en beaucoup de
choses, je vous assure, et qui a subi le sort des prophètes.
Il avait plus d'idées que de phrases, aussi le lisait-on

assez peu. Voici ce qu'il disait vers le commencement de
ce siècle :

« La tendance à *mécaniser* les hommes et à augmenter
les capitaux, a dans elle-même un principe d'activité formidable... Supposez-lui une action ancienne et invétérée,
et voyez le spectacle que vous offrirait un peuple ainsi dé-
formé... *Un égoïsme mercantile envahirait le droit des
gens et la morale privée ; un homme serait évalué par ce
qu'il possède ;* les vertus seraient tarifées dans l'opinion
comme les crimes dans les codes barbares ; les impôts du
peuple seraient aliénés à des marchands ; des guerres ci-
viles se feraient par conscription ; la littérature marcherait
à peine avant la livrée ; les beaux arts seraient reçus par
vanité, mais non par goût ; les sciences conserveraient un
reste de crédit ; non pour la grandeur des découvertes ou
la sublimité des résultats, mais pour leur application immédiate à quelque métier. Le commerçant deviendrait, non
pas l'objet, mais l'arbitre des honneurs ; contre-sens politique, qui au lieu de rendre le commerce glorieux, rendrait
la gloire commerciale... A la fin vous trouveriez une nation où toute la science se renfermerait dans vingt têtes,
tous les capitaux dans vingt comptoirs ; et l'on ne rencon-
trerait au-dessous qu'ignorance et misère, vices et servitude, levain de toutes les transformations, matière de tous
les embrasements... Depuis que la finance est devenue
une science, l'économie publique et particulière s'occupe
beaucoup plus de l'argent que de la vie des hommes. On
cherche partout des machines pour abréger le travail, aucune pour conserver la vie de l'ouvrier... Prenons garde
d'introduire des théories dures et arides, qui substituent
partout l'esprit d'intérêt à l'esprit de fraternité, et de con-

sacrer un égoïsme universel, pire que la nécessité dans l'é-
tat sauvage! »

Paradoxes, lui criait-on, intelligence arriérée, observation pétrifiée! Le sagace vieillard qui parlait de cette manière, entre 1810 et 1820, ne se trompait guère. Il ap-
puyait sur le passé et sur l'avenir, comme tous les grands
esprits, les deux points de son observation, les deux branches de son compas; quant au présent, il le négligeait fort,
en bon philosophe qu'il était, sachant que le présent fugitif
ne se réforme jamais. On le voyait donc s'en aller bouqui-
nant le long des quais, avec son vieux chapeau et sa vieille
redingote rapée; passer par le Pont-Royal, et non par le
Pont-des-Arts qui était trop cher, et revenir chez lui pour
prédire, cinquante ans d'avance, l'insurrection socialiste
de 1848. « Vous dégradez l'homme, disait-il, en créant
l'*ouvrier-machine*, et il vous en cuira. Vous le réduisez à l'état de polype, dont on ne voit pas la tête et
qui semble ne vivre que par les bras ; force, indépendance,
capacité, vous détruisez tout ce qui fait l'honneur de la
vie, la vie même. Le salaire n'est plus qu'une vile aumône. Vous croyez donc que les choses peuvent durer
ainsi? Non pas : la nature humaine se venge toujours. La
population abrutie par vous sera plus exposée que toute autre aux séductions et aux émeutes. Pour qui n'a point d'i-
dée, toute idée est une nouveauté, comme l'ivresse est
prompte chez celui qui n'a pas fait usage de liqueurs fortes. C'est au sein des troupeaux pacifiques que les vertiges
font les plus grands ravages. Une foule de stupides se pré-
cipitera au carnage sous le plus vil des chefs, avec l'aveu-
glement de l'ignorance et l'impétuosité des impressions
nouvelles. »

Derniers mots vraiment admirables, en ce qu'ils résument tout ce qui s'est passé récemment en Angleterre comme en France : les combats des socialistes, leurs espérances, leurs menaces, leurs justifications et leurs plaintes.

On vient de voir les deux côtés de la même phase historique; la victoire et les cadavres, l'éclat du triomphe et la nuit après le triomphe; une nuit sanglante, pleine de funérailles lugubres, succédant à l'entrée victorieuse de ces milliers de livres sterling que le barbier et l'ingénieur traînaient après eux. Le prophète Lémontey n'a pas voulu suivre le char triomphal. Il a dit que les classes inférieures n'en seraient pas plus heureuses, que la misère qui gémit en bas finit toujours par frapper au cœur ceux qui sont en haut, et que les Européens, possédant *la vapeur* et le *mull-Jenny*, auraient tort de s'endormir follement comme si tout était fini, comme si les cylindres substitués aux doigts des fileuses et l'énergie d'un gaz à la pression d'une rame, devaient remplacer constitutions et mœurs, religions et devoir. Lémontey a fort bien dit et n'a été écouté de personne ; on l'accusait de servilité. Lui, s'en tenant à son métier d'*avertisseur*, si l'on me permet d'emprunter ce mot à nos voisins, il n'espérait nullement réformer le monde et replacer la civilisation dans une voie contraire à celle qu'elle poursuit. Notre académicien aimait trop son repos pour cela. Il laissait d'autres esprits plus ardents que prudents, Saint-Simon, Robert Owen et Charles Fourier, recueillir les influences électriques et enflammées qui émanaient de cette singulière époque; les condenser en dogmes nouveaux, se porter législateurs, réformateurs, novateurs ; — enfin obéir non sans courage à la mission de pétrir, selon les goûts du xixᵉ siècle, la nouvelle ère annoncée par les deux héros de la filature et de la vapeur.

Ces trois hommes fondèrent trois Écoles, toutes trois
correspondant à la civilisation mécanique, matérielle,
industrielle du temps présent. Ils voulaient corriger les
dangers, l'incohérence et les cruautés de cette civilisation qu'ils essayaient d'améliorer, d'organiser et de régle-
menter ; s'éloignant, si ce n'est en paroles, du moins en
fait, du dogme catholique et chrétien, ils cherchaient la
glorification du corps, la satisfaction des appétits, le bien
terrestre, la réalisation d'un idéal parfait sur la terre ; enfin ils mettaient hors de cause Dieu et l'âme. Ce fut leur
perte.

Non qu'ils niassent absolument l'âme et Dieu, mais ils
subordonnaient malgré eux-mêmes l'idée au fait et la pensée à la matière. Ils ne proposaient à l'homme en définitive
qu'une meilleure distribution du travail et de la richesse,
une meilleure exploitation des éléments. Enfants du XVIII*
siècle, organisateurs de l'industrie, ils suivaient trois chemins différents, dans la seule direction qui pût les conduire tous trois à la publicité et au succès. Notez que je
suis loin de les mépriser. Ils expriment puissamment une
situation, ils indiquent une décadence évidente. Ils re-
muent des ruines et croient construire. Robert Owen a
frappé juste en beaucoup de points, puisque les ouvriers et
les bourgeois mécontents de la Grande-Bretagne sont venus se grouper sous sa loi. Saint-Simon mourant a vu accourir vers son drapeau de très-puissants esprits, l'élite
des jeunes penseurs. Charles Fourier s'est survécu par ses
adeptes, critiques redoutables de la société présente.

Il y a de grandes nuances entre leurs doctrines. Robert Owen veut la communauté ; Charles Fourier veut
l'association ; Saint-Simon veut la hiérarchie. C'est l'association qui nous semble avoir le plus d'avenir. La commu-
20

nauté de biens, de travail et de femmes, prêchée par Robert Owen, a porté ses fruits dans l'Amérique du Nord, où des troupeaux de femmes et d'hommes, redevenus sauvages, ont célébré au nom de la civilisation et de la liberté les plus folles et les plus révoltantes orgies. L'association de Charles Fourier ne s'organise encore que dans des livres où elle apparaît romanesque. « Groupez les hommes, dit-elle, par passions et par goûts, rendez le travail attrayant, établissez l'harmonie entre les caractères humains, proportionnez les jouissances de chacun au travail et au talent de chacun. Les produits de la terre décupleront et la misère s'éteignant, le vice et le crime mourront. » Saint-Simon, dont les théories sont trop connues pour que je les développe, tendait à établir une hiérarchie des capacités, éprouvées par le travail. De ces trois systèmes, le plus démocratique est celui d'Owen ; le plus grandiose celui de Saint-Simon ; le plus poétique celui de Fourier.

Vous renversez les trois systèmes de fond en comble, si vous prouvez que le matérialisme est une fausse doctrine ; que l'homme est une âme et un esprit ; qu'en lui tout est naturellement et nécessairement imparfait ; que le bien-être le plus complet de sa situation physique et matérielle ne lui suffit pas ; que l'industrie la plus développée ne peut corriger les imperfections de sa nature morale ; que c'est par cette dernière qu'il faut commencer ; et qu'au lieu de le livrer tout entier à l'essor d'une nature débile, il faut en comprimer l'égoïsme pour encourager la faculté charitable, aimante, dévouée et généreuse : ce que le christianisme avait fait avec un assez beau succès.

Fils de la décadence, et impuissants comme la destruction, les trois réformateurs s'occupent de l'homme matériel avant de penser à l'homme moral ; ils lui promettent le bonheur uniquement dans cette vie; la poésie de l'intérêt personnel se substitue dans leur code à la poésie du dévouement. Les jouissances grossières et égales entre tous, offertes par Owen, les plaisirs gradués et variés dont Charles Fourier présente le magnifique attrait, et les immenses ambitions éveillées par le saint-simonisme s'adressent à un but terrestre, à une fin actuelle, au corps en un mot.

Ces doctrines devaient éclore et germer du sein de l'antique société européenne prête à crouler; en essayant de reconstruire la société elles devaient en précipiter la décadence. C'est à quoi elles sont occupées au moment même où j'écris (1).

———

§ XIV.

Conclusion.

Ces théories, je les avais vues à l'œuvre en Angleterre vingt ans auparavant; l'Angleterre, si habile dans la pratique des affaires, n'était parvenue à résister au mouvement universel que par un effort terrible et soutenu. Je voyais la France opposer à ce même mouvement des qualités brillantes, généreuses et impuissantes, des habitudes funestes et des doctrines erronées; et je ne pouvais m'empêcher de dire :

« Oui, le moment est venu; un siècle encore pour le développement civilisé des contrées Germaniques et Scandinaves; — puis tout sera dit pour la vieille Europe.

(1) 1848. V. plus bas, *Causerie avec un Socialiste.*

Oui, dans ce vaste courant galvanique de destruction et
de reconstruction qu'on appelle l'histoire, l'Europe tout
entière, l'Europe de douze cents ans, avec ses lois, ses
mœurs, ses origines, ses idées, son double passé teutonique et romain, son orgueil, sa vie morale, sa puissance
physique, ses littératures, doit bientôt s'allanguir et s'as-
soupir.

Elle subira le sort qui brisa jadis le monde grec, puis
le monde romain, tous deux moins grands en circonfé-
rence et en durée que notre Europe chrétienne. Les
fragments du vieux vase seront mis en pièces et broyés
pour pétrir un vase nouveau. Cette civilisation que nous
appelons européenne n'a-t-elle pas assez duré dans le
temps et dans l'espace? Et le globe manque-t-il de régions plus naïves et plus neuves qui accepteront, qui acceptent notre héritage, comme jadis nos pères ont accepté
celui de Rome lorsqu'elle eut accompli son destin? L'A-
mérique et la Russie ne sont-elles pas là? toutes deux ardemment patriotiques et envahissantes; l'une héritière
unique du génie anglo-saxon, l'autre qui avec son esprit
slave si ductile s'est mise patiemment à l'école des nations
néo-romaines, et veut en continuer la dernière tradition.
Est-ce que derrière la Russie et l'Amérique vous ne voyez
pas d'autres pays encore, qui pendant des millions d'années continueront, s'il le faut, ce travail éternel de la civilisation?

Il n'y a point à désespérer de la race humaine et de l'a-
venir, quand même nous devrions dormir, nous peuples
d'Occident, du sommeil des vieux peuples, enfoncés dans
cette léthargie éveillée, dans cette mort vivante, dans cette
activité stérile, dans cette fécondité d'avortements éternels
que les Byzantins ont si longtemps subies. Nous arrivons là.

En Europe, et surtout au Midi, les peuples sont ivres et les rois ferment boutique. Il y a des littératures qui radotent, et d'autres qui ont le délire. On découvrirait douze mille acides nouveaux ; on dirigerait les aérostats par la machine électrique ; on imaginerait un moyen pour tuer soixante mille hommes en une seconde, que le monde moral européen n'en serait pas moins ce qu'il est, mort ou mourant. Du haut de son observatoire solitaire, planant sur l'espace obscur et sur les vagues houleuses du futur et du passé, le philosophe chargé de sonner les heures dans les journées de l'histoire et d'annoncer les changements qui se font dans la vie des peuples, n'en serait pas moins forcé de répéter son cri lugubre : *L'Amérique grandit ; l'Europe s'en va* !

PORTRAITS ET TYPES

CONTEMPORAINS.

PORTRAITS ET TYPES

CONTEMPORAINS.

~~~~~~

LES VIEUX CONVENTIONNELS.

————

O pouvoir du vrai ! suprême loi ! Essence souveraine et profonde de l'art même et de la poésie qui semble vivre de fictions ! Ce n'est point la grandeur d'un homme qui rend ses confessions intéressantes, ce n'est point son héroïsme ou les curieuses aventures dont sa vie a été bercée qui nous attachent. nous enchaînent et nous suspendent à son récit. Dès qu'il est vague ou incomplet, ce récit, c'est que le conteur ment ; fût-il Napoléon, le dégoût s'en mêle. Le retrouvez-vous intéressant, vif et sympathique, c'est qu'il est vrai ; fût-il une femme de chambre comme mademoiselle Delaunay, et n'eût-il rien absolument à nous dire, comme elle, sinon que sa maîtresse l'ennuyait et que son amant lui plaisait davantage ; nous l'écoutons aussitôt, nous la suivons, nous l'adorons, non pas elle, mais le vrai qui est en elle ; le vrai, délié, fin et net qui sort par petits filets de cette plume sobre et sans couleur. Le demi-siècle qui sépare Louis XIV de Louis XV est mieux raconté par cette femme de chambre qui parle seulement d'elle et de futilités, que par Voltaire lui-même. C'est qu'elle est vraie. Je ne serai pas plus ridicule que cette femme d'esprit, en étant vrai comme elle. Je ne prétends pas à son char-

mant babil. Comme elle, je ne dénigrerai rien, je ne
m'exhausserai pas; je ne disposerai pas les flambeaux pour
faire de ma personne un appareil d'optique; ce jeu de la
vanité qui s'illumine elle-même m'inspire beaucoup de pitié. C'est le siècle, le temps, les autres, la vie, ce siècle
qui m'emporte, cette scène mouvante dont je fais partie,
que je ne peux m'empêcher de redire. Je ne parle de
mes impressions que pour mieux reproduire la lumière de
ce que j'ai vu en prêtant au récit la chaleur de ce que j'ai
éprouvé. Voir ne suffit pas; l'émotion est la plus vive
partie de l'observation. Je serai vrai dans les deux échos,
de ce que j'ai vu — et j'ai beaucoup vu; — de ce que j'ai
senti — et j'ai beaucoup souffert.

La première et obscure souvenance qui ait imprimé son
émotion et son empreinte dans les plis de mon cerveau est
triste et singulière, elle caractérise bien notre temps, et on ne
pourrait inventer mieux si l'on était romancier. Je me rappelle une chambre carrée et noire, des volets toujours fermés, une sonnette enveloppée de coton, des personnes qui
marchaient sur la pointe des pieds, qui se parlaient bas,
qui couraient à la porte, qui poussaient lentement un vo-
let et l'entrebâillaient, enfin qui avaient peur; cela se passait autour d'un petit lit ou berceau tout blanc, posé au
pied du lit de ma mère et où je reposais. Quelque chose
de sourd, d'étouffé, de comprimé et de passionné à la fois
qui a pesé sur toute ma vie comme un nuage orageux et
mat sur une campagne, semble dater de cette époque;
je n'avais pas plus de cinq ans et ce souvenir est pour
moi comme d'hier. Le crépuscule de la chambre sombre ne m'a jamais quitté, même dans mes jours de joie
ou dans mes moments de succès. Une petite serinette
qui éveillait l'enfant, dans cette obscurité profonde, m'an-

nonçait la douce et charmante figure de ma mère, toute
fraîche, toute jeune, dont je vois encore les joues roses,
les cheveux noirs et le sourire inaltérable, sourire qui se
maintint dans la vie la plus douloureuse et malgré une
sensibilité délicate jusqu'à l'angoisse. Elle avait épousé
à vingt-un ans, mon père qui en avait cinquante-cinq,
et qui était proscrit. Une jambe de moins, cassée sur le
champ de bataille de Hondskoote, et l'âge qui s'avançait
n'enlevaient rien à cette ardeur de tête, de cœur et de
tempérament, à cette fougue du XVIIIᵉ siècle, dont mon
père était un des représentants les plus extraordinaires et
les plus excessifs. C'était la fièvre passée à l'état normal,
de la lave au lieu de sang, la foudre éternellement gron-
dante, une trombe au lieu d'un souffle pour enfler
la voile; notre siècle n'a plus aucune idée de ces existences, dont Diderot, l'abbé Raynal et Mirabeau ont inauguré
l'avénement. La pitié, la charité, les sentiments généreux
lui étaient naturels; l'habitude de conspirer et celle de déclamer comme Mably, faisaient partie de sa vie. C'était au
commencement de l'Empire. Napoléon ne voulait laisser
désormais déclamer que Talma, gronder que son canon et
conspirer personne. Voilà l'explication de cette chambre
voilée et de ce tombeau de ma naissance. Mon père ne paraissait pas; il restait enfermé dans un petit cabinet, reli-
sant Rousseau, à ce qu'on m'a dit, car il était essentiellement sincère. Ma mère, toujours fraîche et souriante, pleurait silencieusement; elle m'embrassait, et la serinette du
matin faisait son office.

Ce n'était pas une plaisanterie que la proscription en ce
temps-là; le jeu politique où l'on risque fort peu en 1846,
avait alors pour enjeu la tête des joueurs : les crieurs des
rues causaient cette anxiété qui pénétrait même sous mon

berceau; mon père avait pris une part très-active aux derniers efforts de la République; et il était revenu sans permission se cacher à Paris, avec une jeune femme, ma
mère — et son fils aîné, moi, qu'il avait nommé Philarète,
espérant bien que ce saint-là ne serait pas dans le calendrier et que je partagerais ses dogmes. Il se trompait.
Saint Philarète fut un saint ermite; et j'avoue que tout en
vénérant la sincérité de mon père, je ne partage nullement son enthousiasme du XVIIIe siècle et cette ardeur de
la grande croisade anti-chrétienne qui l'embrasait.

La maison dont le troisième étage abritait si tristement
la retraite de mon père et mon berceau, appartenait à
l'oncle du psychologue le plus délicat de notre époque, de
M. Sainte-Beuve. Elle a été rasée; elle occupait le centre
de la Cité, et c'était une bâtisse parlementaire, d'une solennelle et bourgeoise majesté; la proximité du Palais-de-
Justice expliquait la construction d'un tel édifice en un tel
lieu. Quand mon père eut été compris dans le pardon
universel qui jaillit des plis du manteau impérial, il
quitta l'île de la Cité; à dire vrai, il s'y était placé,
comme dans un centre, d'où le proscrit pouvait aisément
donner le change à tous les limiers. Alors il en acheta
une, rue des Postes, solitaire, avec un immense jardin, un
gazon, une pelouse, une futaie, une vaste porte close et
de grands murs. Là il s'enferma avec sa colère, un gros
chien, sa bibliothèque déiste, plus de mille volumes contre le Christ, et fit mon éducation. Bonaparte s'occupait
de faire celle de l'Europe à laquelle il apprenait l'art militaire et qui le lui rendit bien.

Tous les débris de la République, toutes les têtes épar-
gnées, oubliées, ou seulement effleurées par les grandes
tempêtes, accouraient chez mon père, en catimini, rasant

les murs, tremblant d'être aperçues. Par une singularité assez bizarre, dans la nouvelle maison que mon père avait achetée, logeait alors le père de mon contemporain, du très-ingénieux conteur M. Mérimée, qui y fut élevé. Aujour-d'hui elle est habitée par M. Michelet ; il y a des destinées pour les maisons comme pour les livres.

De même que les débris, les mâts rompus, les fragments de rames et d'avirons, les épaves du naufrage vien-draient, portés par la lame et couverts d'écume, s'entasser sur le sable aux pieds d'un enfant, les restes dispersés de la République française passèrent sous mes yeux, et je vis de près ces Titans foudroyés, comme plus tard je vécus avec les amis de Byron à Londres, puis avec les renverseurs du trône absolu à Paris, et enfin avec les ennemis de ces derniers. Mes petits yeux d'enfant crurent voir que les Ti-tans étaient des hommes. Ces géants historiques j'avais beau les regarder ; — ils ne me semblaient ni aussi farouches, ni aussi sanglants, ni aussi terribles qu'on me le disait. Je commençai dès lors à me méfier des apparences et même de l'histoire ; je me mis à regarder de très-près les choses et à regarder même dessous, dedans et derrière la coulisse. Quand je lus plus tard dans les Mémoires que le farouche Amar était un loup, que Mallarmé avait présidé les plus terribles séances de la Convention, et que Vadier était une hyène, je n'en revenais pas. Ces loups et ces hyènes étaient fort bonnes gens, et je les peindrai tels que mon enfance les a vus, sans partialité ; la jeunesse voit juste et ne par-donne pas. L'enfance surtout est barbare, La Fontaine le savait bien.

Tous ces hommes n'étaient ni bons ni méchants. Seu-lement ils s'abhorraient et disaient du mal les uns des au-tres. A médisait de B, qui s'amusait de C, et C riait tout

bas de D, qui n'épargnait pas E, lequel racontait de bonnes histoires sur F, lequel F jasait comme une pie à propos
de G, de H et de I. Une passion intense, générale, publique, contemporaine, les avait emportés comme un torrent
emporterait un nageur qu'il soulèverait en l'entraînant.
Ils avaient paru grands et redoutables, tant qu'ils avaient
bondi sur les flots sanglants et tumultueux d'une révolution.
Hors de ce courant impétueux, c'étaient les meilleures, et à quelques exceptions près, les plus innocentes
gens du monde; caractères faibles, sans cela ils auraient péri; ardents, sans cela ils n'auraient pas été portés à la cime des houles révolutionnaires; esprits en général faux, qui ne voyaient pas que le terrible mouvement
suivi par eux n'était pas leur ouvrage; — enfin médiocres
la plupart, quant à l'intelligence; — point cruels.

Parmi ces révolutionnaires que j'ai aperçus et pressen-
tis dans mon enfance, il y en avait de trois espèces :
les Archaïstes, imitateurs de l'antiquité; ceux-là procé-
daient de Jean-Jacques; — les Sceptiques, ceux-là procé-
daient de Voltaire; — enfin les Mystiques, les plus terribles
de tous, mais rares, soit qu'ils eussent choisi pour guides
Swedenborg ou Weisshaupt, Pascalis ou Jacob Bœhme. Par
un phénomène explicable, les Voltairiens de la République
conservaient au sein de leur création adorée, idées, mœurs,
habitudes de la monarchie;—pour les Archaïstes sincères,
la résurrection de l'antiquité constituait une croyance ardente et ferme; la Rome de Brutus allait éclore, ou plutôt
elle était née; — pour les Mystiques il n'y avait qu'un
crime; n'avoir pas achevé la révolution dans les flots de
sang.

Essayons, en attendant mieux, de tracer le profil d'un où
deux de ces hommes étranges.

§ Ier

Vadier le Voltairien.

Le roi des Voltairiens Conventionnels, c'était le vieux
Vadier. Imaginez Voltaire à 80 ans, Voltaire amaigri, le
nez crochu, le menton plus pointu, l'œil plus petit et scintillant dans son orbite ; Voltaire gascon, suppléant à l'a-
ménité du courtisan par la vivacité pétulante du Provençal.
Il y avait un point d'interrogation dans toutes ses phrases,
une épigramme dans chaque sourire, une malice dans chaque attitude. Il était grand comme Saturne, osseux et dé-
charné comme lui ; quelques rares cheveux blancs pendil-
laient sur sa tête chauve, dont tous les traits étaient re-
courbés, et toutes les lignes acérées. Près de lui se tenait,
presque toujours debout, une grande et belle personne
brune, provençale de teint et d'expression, aux prunelles
ardentes et fixes, remarquable d'ailleurs, et dont la vivacité contenue, semblant dominer une mélancolie profonde, étonnait mon esprit d'enfant comme un inconce-
vable mélange. Rien n'était plus curieux aussi que de voir,
en face du monosyllabique Vadier, plus spirituel par ses
gestes et ses réticences même que par ses rares discours,
quelque adepte révolutionnaire de Jean-Jacques et de Ray-
nal, toute verve, tout élan, toute ardeur ; — la neige près
du volcan.

Ces destructeurs absolus du monde ancien m'avaient environné, sans m'effrayer. L'aspect de Vadier narguait ma
compréhension enfantine. Je me le rappelle comme s'il
était encore en face de moi, entouré de tisanes de toutes

les espèces, placées sur la cheminée, dans la cheminée, et
sur une petite table ronde à la mode de Louis XV ; courbé
en deux, et relevant sa tête blanche pour ricaner tout bas,
avec un bruit sec et strident qui vibrait sans retentir. Je le
regardais et ne pouvais me lasser de cette contemplation ; je
ne savais pas alors qu'il renfermait l'énigme d'un siècle entier. Des cent années précédentes il résumait toute la portion
sarcastique, dénigrante et destructive. C'était l'ironie froide
et inexorable ; il ne prononçait que des mots, et ces mots
étaient la plupart du temps d'une syllabe ; on eût dit qu'en
parlant il se moquait de sa parole. La révolution était
pour lui la pointe sanglante d'une épigramme. Au milieu
de tout cela je l'ai vu donner à des pauvres ; il avait de
l'humanité, et son œil cave brillait de fureur, si l'on racontait en sa présence un trait d'oppression ou de barbarie.
Quant aux siècles monarchiques, il ne les concevait que
profondément ridicules, et il les traitait comme un satirique traite un mauvais auteur. Ainsi les railleurs de tout
un siècle, en remontant de Champfort à Fontenelle se con-
centraient dans ce vieillard extraordinaire. Avec plus de
fougue ou de grâce il eût été moins complet ; tel que je le
vis, ce n'était plus un homme, mais une négation.

Il avait eu, dans sa vie révolutionnaire, une journée
de triomphe, une grande bataille gagnée à la pointe du
dédain et du sarcasme. Il en était fier. Je l'entendis
raconter ce fait d'armes dix fois, et il avait raison de se van-
ter ; l'ironie, qui constituait le côté destructeur de la révolution française, son côté le plus puissant, il l'avait employée un certain jour si à propos, il l'avait maniée si ha-
bilement, qu'une phase entière de la révolution fut son
ouvrage. Il la fit dévier du lit que Robespierre voulait lui
tracer. De l'idée religieuse que ce dernier essayait de faire

renaître, Vadier repoussa violemment la révolution dans la négation et le sarcasme. La parole mordante du vieillard fit passer de Jean-Jacques à Voltaire ce monde violent et mobile; — il annonça le Directoire, prépara le 9 Thermidor et tua Robespierre.

Aussi les mystiques du déisme et du naturalisme, les enthousiastes de Jean-Jacques ou de Swedenborg, les chrétiens et les théophilanthropes ne l'entendaient-ils pas sans horreur raconter son fameux triomphe. Il y avait de tout cela parmi les débris de cette Convention, qu'une illusion de l'histoire a découpée en Girondins et en Montagnards. Les doctrines les plus divergentes les enflammaient tous; non pas des dogmes systématiques et médités, mais des idées ardentes et instinctives; de là cette fougue acharnée des combats révolutionnaires, qui ne pouvaient finir que dans le sang. Chaque homme était une Idée vivante, souvent vague ou confuse, mais terrible; Anacharsis Clootz, c'était l'illuminisme de Weisshaupt; La Reveillère-Lépaux, le socinianisme; Amar, le swedenborgianisme; Vadier, l'ironie. Dans une assemblée aussi fougueuse cette froide et immobile statue de l'Ironie était chose assez extraordinaire pour que l'on s'y arrête.

« — Quand je découvris le pot aux roses de la mère Théot, dit-il un jour... »

Amar prit son chapeau et s'en alla.

« — Tu té sauves, cria de sa voix fêlée et gasconne le persécuteur des mystiques ! »

Amar n'avait rien dit ; mais jetant un oblique regard sur Vadier, il avait fermé doucement la porte. Le vieillard continua son récit. Il nous raconta pour la dixième fois comment les imbéciles se remettaient à dire la messe ; — comment Robespierre lui-même, — *l'incorruptivle* ! — (et il faisait vibrer ce mot avec une ironie méridionale inimitable) allait tourner au cagotisme ; — comment *l'incoruptible* tendait à se faire *grand-prêtre*.

« — Alors, ce fut par un *vienhurux* hazard que z'appris que la *petite maman Théot* (« Theos, » Dieu) rassemblait sa petite congrégation dans un grenier *véni ; —* et ze me mis à l'œuvre !... et ze les fis sauter... et...

« — Nous le savons bien, dit le petit et honnête Robert Lindet, que cela impatientait. Tu nous l'as dit cent fois !

« ¨— Ah ! ah ! continua le voltairien révolutionnaire en se redressant malgré sa goutte, — quand ze leur ai fait mon rapport... voyez-vous... le fanatisme, il a été abattu du coup..... Il en avait pour longtemps avant de se relever... et Rovespierre ! anéanti ! fini !... Ze l'ai abîmé !...

Et il se replongeait dans son fauteuil, avec une indicible joie.

§ II.

Amar le Swedenborgien.

Lorsque les alliés entrèrent à Paris, et que le retour des Bourbons fut annoncé comme probable, un grand mouvement eut lieu dans les familles qui pouvaient avoir quelque chose à craindre, ou du moins qui le supposaient. Mon père partit pour l'Angleterre, et j'eus des rapports fréquents avec quelques-uns de ses anciens collègues. Ce fut dans cet espace de temps que je connus de près celui qu'on a appelé le farouche Amar, et ce fut pour moi l'objet d'une étude fort curieuse.

Il n'y avait rien de plus doux, de plus amène et de plus

courtois que ce tigre prétendu; ses anciennes habitudes de
trésorier du roi et d'homme du monde avaient laissé des traces évidentes dans son langage et dans ses mœurs. Il parlait
bas; un gros diamant étincelait à l'un des doigts de sa
main gauche, et il le faisait jouer avec une certaine coquetterie qui sentait son financier; le linge le plus blanc et le
plus fin, les manchettes les mieux brodées et le jabot le
mieux plissé s'accordaient avec les vêtements de couleurs
claires et de teintes modestes, mais non lugubres, qu'il portait de préférence. A le voir, tout homme ayant étudié
le XVIIIe siècle l'aurait pris pour un économiste de la secte
de Quesnay. Néanmoins cette grande figure pâle, ces cheveux blonds blanchissants, cette tête penchée qui semblait
suspendue entre la rêverie et le calcul, cet œil d'un bleu
effacé et mystique, sans rayonnement extérieur, re-
plongeant pour ainsi dire tous ses rayons au-dedans, laissaient dans l'âme et dans l'esprit une impression indécise
et vague qui n'était pas sans solennité ni sans terreur.
C'était là, on s'en apercevait bien, un esprit plus profond
et plus incomplet que celui de Vadier. La vivacité amère
et incisive du dernier avait bientôt donné sa mesure; on
ne savait quels sentiments ou quelles idées se cachaient sous
le calme et la douceur méditative d'Amar. Quelques paroles m'expliquèrent ce qu'il y avait de mystérieux en lui,
ou plutôt je comprends aujourd'hui le trait fugitif gravé
par quelques-unes de ses paroles dans ma mémoire d'enfant.

J'ai toujours remarqué que le logement d'un homme
avait une analogie singulière et inévitable avec son caractère et ses tendances. Il faut être philosophe ou mystique
pour aimer les horizons étendus, semés de feuillages verts
et laissant errer le regard sur des cultures, des champs et

des jardins ; de tels aspects ont un charme particulier pour les esprits méditatifs, que les grandes villes et leur éternel tapage obsèdent et fatiguent.

A un troisième étage de la rue Cassette, l'ancien trésorier du roi, devenu républicain, avait choisi un asile qui offrait une perspective de ce genre. La plus grande simplicité et la plus parfaite propreté y régnaient ; je me rappelle que des fenêtres de son cabinet, où un grand Christ noir était suspendu, on jouissait de l'une des plus belles vues de Paris. Tout enfant, on m'envoyait assez souvent chez lui ; et les bonbons et les gâteaux que j'y recueillais ne laissaient pas que de me rendre ce voyage agréable. Jamais je ne l'avais entendu ni se fâcher, ni même exprimer une opinion qui différât de celle d'un autre. Il produisait sur moi l'effet d'un solitaire timide, jeté malgré lui, du monde de la spéculation, dans le monde des réalités. Son émotion ne se manifestait que par une légère et subite rougeur et par une certaine dilatation de la prunelle. Ce grand calme, triste et doux, pouvait bien ne pas recouvrir beaucoup d'idées ; assurément celles qui se cachaient sous une telle enveloppe devaient être profondes et ineffaçables.

Peu de temps après l'entrée des alliés à Paris, j'allai le voir, et je le trouvai plus agité qu'à l'ordinaire. Il était en même temps plus paré ; son habit chocolat-clair et un superbe gilet de bazin blanc qu'il portait dans les beaux jours, brillaient au grand soleil ; la fenêtre était ouverte, un rayon blanc tombait sur le Christ d'ébène. Sur le bureau, en face de deux petites fenêtres, un énorme volume était ouvert.

Quant à l'habitant du cabinet, ou plutôt de la cellule, la tête penchée, le dos voûté et les mains derrière le dos, il arpentait la chambre à grands pas ; quand j'entrai, il me

regarda avec un singulier sourire qui me sembla plein de
commisération pour ma jeunesse. Appuyant sur mes épaules ses deux lourdes mains aux ongles roses et soignés
comme ceux d'une femme, et me regardant fixement, comme
un magnétiseur contemple son sujet :

« Pauvre petit ! s'écria-il, pauvre âme ! »

Puis il alla fermer mystérieusement la porte, dont il poussa
le verrou. J'éprouvai je ne sais quelle sourde terreur en
face de ce personnage singulier ; — et ce n'était pas sa réputation qui m'imposait, c'était lui-même.

« — Allons, me dit-il, enfant, asseyez-vous à ce bureau,
et lisez. »

Je lui obéis.

Le gros volume dont j'ai parlé était devant moi. C'était
un in-folio, relié en cuir noir, orné de sinets de toutes
couleurs. Ce livre précieux, souvent feuilleté, et couvert
de notes, n'était autre que la Nouvelle Jérusalem de Swedenborg, le plus mystique des livres mystiques, comme on
sait. Au moment où je commençais la lecture du chapitre IV, lui toujours se promenant, il se rapprocha du bureau, et posant sa main étendue sur le feuillet, qu'il me
cachait ainsi :

« — Voici le grand livre, jeune homme, voici le maître !
La génération présente ne le comprend pas. Heureux nos
enfants s'ils l'écoutent ! C'est lui qui m'a dirigé ma vie,
c'est le seul explicateur des mystères chrétiens, c'est le
voyant par excellence, — c'est le grand révolutionnaire. »

Ainsi le farouche Amar était un mystique swedenborgien :
voilà le mobile profond et caché de toute sa conduite. Il
avait voulu comme Robespierre et Clootz régénérer l'humanité malgré elle. Pendant une demi-heure, caché au
fond d'un grand fauteuil à ramages qui aurait très-bien

pu figurer dans la salle du trésorier du roi à Angers, il
écouta, l'œil au plafond et la bouche souriante, la descrip-
tion des anges du troisième ciel et de leur vie, telle que
Swedenborg l'a vue et étudiée de ses propres yeux.

«—Ah! s'écria-t-il enfin en se levant avec un mouvement
brusque et impétueux qui ne lui était pas ordinaire, voilà
ce que les hommes seraient devenus si nous avions été jusqu'au bout, si nous avions osé... Mais, ajouta-t-il en bais-
sant la voix avec une conviction froide à faire trembler,
nous n'en avons pas assez fait... et j'en demande bien pardon à Dieu!... »

Il pleurait.

QUELQUES SOUVENIRS

DE

M. DE CHATEAUBRIAND.

M. DE CHATEAUBRIAND.

Le hasard m'a fait passer en 1817, là où M. de Château-briand avait passé en 1798. Obscur et pauvre, triste jus-qu'au désespoir, malade jusqu'à la mort, sans amis et sans espérance, le grand exilé n'avait laissé de traces que dans quelques esprits. Je les ai interrogés ; ils m'ont répondu. C'est de leur simplicité ou de leur malice que je tiens les renseignements que je vais donner.

Ils m'ont fait connaître M. de Châteaubriand plus réel, c'est-à-dire plus grand qu'on ne le croit communément ; ni apostat, ni apôtre, ni sceptique, ni fanatique, ni ambitieux, ni ascète ; rien de tout cela ; — un gentilhomme élève de Jean-Jacques, un ardent adepte de la vie sauvage, un pas-sionné disciple de l'Émile, un ennemi furieux de la société du XVIIIᵉ siècle redevenu chrétien sincère et véhément. Ce point de départ de M. de Châteaubriand est celui de toute sa génération ; comme madame de Staël, Napoléon, Cole-ridge et Goëthe, il s'est dégoûté un jour de la négation qui est stérile. Avant de s'en détacher, il avait été, non pas sceptique, mais *négateur* avec toute la véhémence de Ray-nal ; il était parti pour l'Amérique, afin de sceller de son sang et de sa sueur sa Foi dans l'excellence de la vie sauvage et la grandeur de l'homme primitif ; il était revenu en Angleterre, pénétré des mêmes doctrines.

Tel l'avait vu à Londres un personnage singulier dont

j'ai parlé déjà (1), M. Porden, un de ces gens nés pour
servir de représentation complète aux idées desséchées et
au passé ; momie satirique, au corps sec, à l'esprit sec, à la
culotte de soie noire, tombant en plis longitudinaux sur de
petits genoux grêles ; totalement et parfaitement pointu,
intelligence et figure, raison et goût, habitudes et talent,
paroles et génie.

Il était né Gothique ; sa fortune s'était faite par là. Le maître de la couronne anglaise, George IV, alors régent, adorait
le gothique, non par goût, mais par habileté de gouvernant.
Tout le Nord était anti-classique. Au fond, George ne se
souciait guère ni des Grecs, ni des Goths. Chef apparent
du mouvement anti-gallican, britannique et germain,
George flattait son peuple, qui à la voix de Schlegel et de
Coleridge, aurait volontiers pendu Phidias et écartelé
Zeuxis. George demandait à son architecte des constructions aussi gothiques que possible, et Porden le satisfaisait
en bâtissant des pavillons chinois. Quand le chinois lui
faisait faute, Porden avait recours à l'oriental et à l'hindous-
tanique. Bannissant de ses dessins les lignes droites et cour-
bes, Porden opérait sur le vieux gothique comme Brunel-
leschi sur le vieux génie grec. Il avait l'amour du baroque,
la plus entière et la plus complète absence de goût ; dès
qu'il avait posé sur un cône une toiture en chapeau chinois et
planté un châlet sur une pyramide, il était le plus heureux des
artistes. Malgré cela il raisonnait puissamment, avec verdeur
et simplicité ; il était protestant, douteur, inquisitif, interro-
gatif, ami de la vérité et de la probité. Il jugeait bien les
choses, trop sévèrement les hommes, et ne se départait

(1). V. Études sur l'Angleterre au XVIIIe siècle ; — *les Excen-
triques.*

pas de l'anglicanisme calviniste auquel il savait que la constitution britannique était attachée comme à l'ancre de salut. C'était l'homme du Nord et l'homme du Nord anglais.
Il savait admirablement l'histoire des arts, possédait sur le
bout du doigt le catalogue complet de l'œuvre de Michel-
Ange, et vous indiquait sans broncher l'année où fut exé-
cuté le Moïse. Ces arts qu'il savait en érudit il ne les comprenait pas en artiste ; le dernier enfant noir de Bologne
ou de Venise était plus fort que lui sous ce rapport. Porden recevait le meilleur monde de Londres : les Hard-
wicke, les Trench, les Russell ; il était même à la mode ;
rien de plus utile que de marcher d'accord avec les folies
de son temps.

Quand je voyais chez lui Ugo Foscolo l'italien, je comprenais pour la première fois l'antagonisme éternel, si mal
étudié dans les esthétiques, du Nord contre le Midi. J'aimais à l'écouter, parce que j'aimais à connaître ; j'ai toujours volontiers laissé parler les autres. Il s'entourait de
ses cathédrales, m'expliquait les mystères de l'ogive, me
mettait au courant des arcanes des pagodes et me démon-
trait l'imbécillité de la ligne droite. Une de ses plus charmantes dissertations fut relative au Parthénon, à Homère
et à M. de Châteaubriand. Dans ses anathèmes contre les
colonnades, les avenues alignées et les frontons triangulaires, il ne se gênait pas pour appeler Homère radoteur, et
M. de Châteaubriand charlatan. C'est ce personnage curieux
qui m'a donné jadis la plus vive idée de l'excès septentrional.

Un jour que nous dînions ensemble, Brown, Porden et
moi, à la table du vieux libraire *Baylis*, il fut question de
mon séjour passager à la Conciergerie, séjour que ces Anglais ne s'expliquaient guère.

. . . .

« — Et qui vous tira de prison, me dit Porden?

» — M. de Châteaubriand, répondis-je.

« — Ah! ne me parlez pas de lui, s'écria le vieil architecte, je l'ai vu républicain, sentimental, werthérien, déclamateur, incrédule et jacobin... Voilà un beau ministre
de la monarchie, et un fidèle justicier du catholicisme! »

Et finissant sa tirade, poussant brusquement le *decan-
ter* sur la table, l'humoriste avala son verre de claret,
fit claquer ses lèvres, enfonça ses mains dans sa vieille
culotte de soie noire fanée, et se rejeta sur le dos de sa
chaise en clignant des yeux, comme s'il eût remporté un
grand triomphe. La négation était la joie de son cœur. En
fait de poésie, il aimait Crabbe; en fait d'architecture, l'o-
give; — tout ce qui n'était pas pointu, acéré ou tout au
moins anguleux, lui faisait mal.

» — Non, ne me parlez pas de lui, continua-t-il, pendant que le vieux Baylis le regardait en riant. Je ne sais
pourquoi le général Buonaparte le voit de mauvais œil;
c'est la même race, la même famille. Fougue, éclat, apparence, rien de vrai. Je les méprise autant que le vieux
rabâcheur de l'Iliade et le chantre pâle de l'imbécile Énée.
Châteaubriand, c'est le dernier des rhapsodes... je ne lui
aurais pas donné un penny de ses chansons! Tout pour les
sens, rien pour l'esprit. Fi donc! je l'abhorre; *c'est un Grec*! »

C'était la dernière injure. Il savoura son verre de vin et
reprit :

« — En outre c'est un jacobin !

« — Mon bon garçon, lui dit alors Baylis le libraire,
homme qui se plaisait à rabaisser un peu l'aristocratie de
l'architecte anglican, votre amour pour le torysme et la
Haute-Église vous fait déraisonner. J'ai connu ce gentil-

homme dans sa jeunesse, j'ai imprimé son Essai sur les Révolutions ; et je vous assure que vous êtes dans l'erreur. »

Le vieux Baylis était tory et pittite ; le vieux Brown était whig et foxite ; le vieux Porden était de la Haute-Église et partisan de George IV, pour lequel il avait bâti les chinoiseries de Brighton. M. de Châteaubriand déplaisait moins à Baylis qu'aux deux autres ; d'abord parce que Baylis l'avait imprimé ; ensuite parce que le libraire tory aimait les gens de noblesse.

Le père Baylis prit donc la défense de M. de Châteaubriand à peu près en ces termes :

« — Vous ne savez pas un mot de ce que vous dites et vous raisonnez comme une vieille cathédrale. Il n'a pas été jacobin. Il a été, comme Fox et comme notre ami Brown que voici, ivre des idées de Jean-Jacques et des philosophes du XVIIIe siècle. Il a été de son temps et de son pays ! Le grand crime ! Je l'ai vu vivre ici très-misanthrope et très-solitaire , parce que, dans son exil, il était fier et malheureux ; — c'est-à-dire extrêmement respectable.

» — Et par Dieu ! reprit l'artiste Brown, dont l'âme était poétique et dont la verve s'enflammait dès que le claret avait circulé, le bonheur de M. de Châteaubriand fut d'avoir mené cette jeunesse errante, misérable et misanthropique. Dans les sociétés saines et solides , voyez-vous, les jeunes gens ne sont ne sont pas misanthropes ; mais dans des mœurs avilies, heureux qui est misanthrope dès l'adolescence et la jeunesse ! celui-là ne brise pas les ressorts de son corps et de son âme ; la volupté ne l'énerve pas ; il ne livre point sa pensée à tous les vents qui soufflent ; il resserre autour de lui - même ses voiles ; il hait ardemment le mal de ce monde croulant ; il exècre de toute la puissance de son amour les stigmates de l'esclavage

humain. A la fin du XVIIIe siècle, tous les esprits lumineux
furent avertis, tous les cœurs nobles furent malades : Napoléon, Rousseau, M. de Châteaubriand, comme Goëthe,
Schiller et Byron. Après tout, que reprochez-vous à M. de
de Châteaubriand ? Obermann, Réné, Werther, fruits nés
sur la même tige, portent le même poison. Ce que Werther a été chercher dans la tombe, Obermann parmi les
rochers de Fontainebleau, et Réné au monastère, M. de
Châteaubriand a été le demander au désert. Prêtre et apôtre violent de Jean-Jacques Rousseau, il a couru après
l'état de nature. Né au milieu des ruines, il les a mau-
dites, puis il a essayé de les reconstruire, et il a fini par
s'endormir sur le chapiteau brisé.

« — Bravo ! Huzza ! bravo l'artiste ! Trois fois trois
cheers pour l'orateur, cria Baylis !

Porden s'était endormi.

. . . .

Quand j'eus l'honneur d'être admis en 1829 auprès de
M. de Châteaubriand, je fus surpris de ne rien trouver en
lui de la misanthropie sombre et affaissée que les conversations de Porden et de Brown m'avaient annoncée jadis.
M. de Châteaubriand était toujours jeune ; la finesse de
son pied, l'élégance de sa tournure, son port de tête et son
accent ne vieillirent jamais. Je me souviens de l'avoir vu
monter à soixante ans avec cette courtoisie parfaite et cette
désinvolture joyeuse qui ne le quittèrent pas, un petit
escalier de la rue de l'Abbaye, plus leste qu'un mousque-
taire de dix-neuf ans. Jamais la grâce, la fraîcheur et la vie
n'ont manqué à cet ardent athlète du christianisme ; il est

bien probable qu'à son départ pour l'Amérique il était en
réalité plus vieillard, plus mélancolique et plus sombre
qu'à soixante-cinq ans, lorsqu'il illustrait l'Abbaye-aux-
Bois.

La physionomie de ce grand écrivain dont le talent était
surtout en relief; la courbe hardie du front et du nez, le
dramatique de l'attitude et de la pose, la hardiesse souple
et élastique de sa petite taille un peu contrefaite par le haut,
correspondaient à l'éternelle jeunesse de son âme; les cheveux blancs qui bouclaient sur son œil plein d'éclat étaient
plus jeunes que n'avaient pu l'être dans l'adolescence les
longs cheveux blonds et pleureurs de Benjamin Constant.

Les couleurs de l'espérance avaient teint dès l'origine
son style et sa pensée; jamais elles ne lui firent défaut; il
avait eu la folie du XVIIIe siècle, et la révulsion de cette
folie le précipita dans sa croisade contre la Philosophie
moderne; le converti porta dans sa pénitence la fougue
de sa faute. Je ne connais pas d'homme qui fût naturellement moins diplomate, moins politique et moins observateur; personne de moins propre à l'analyse des sensations ou
des faits; son génie d'orateur ardent et de poète coloriste
était de la trempe des génies qui s'ignorent, tout en
saillie, jamais en profondeur; l'autopsie psychologique,
dont Sterne, Shakspeare ou Saint-Simon étaient capables,
lui échappait. Peut-être, avec Napoléon, est-ce le dernier
génie complétement et intimement méridional. La générosité étourdie lui était aussi naturelle que l'imprudence ma-
gnanime.

Aussi n'y eut-il, à proprement parler, ni souffrance, ni
martyre, ni effort dans la vie de Châteaubriand, mais seulement rayonnement et joie; sa lumière qui n'était pas tou-

jours l'ardeur qui vivifie, était pleine d'éclat et de beauté.
Aussi était-il précisément l'homme que les races du Nord
parvenaient le moins à comprendre. Pauvre sans avilissement, riche sans qu'il y parût, tout-puissant sans influence, chef de secte littéraire sans doctrine sérieuse,
amoureux sans danger pour la vertu ; — en lui tout était
magnificence extérieure. Par un résultat naturel de cette
organisation particulière, il a subi des chutes qui ne l'ont
jamais fait descendre, et occupé de hautes situations qui
ne l'ont pas grandi.

L'élève de Jean-Jacques, violemment converti au catholicisme, était surtout gentilhomme. La précision et la cor-
rection de sa tenue, la légèreté de sa démarche, son pas
ferme et breton ne laissaient aucun doute sur sa naissance
et son origine. La trace de son enthousiasme pour les doctrines de l'Émile ne s'effaça pas non plus ; dans sa vieillesse
elle reparut plus vivante et plus ardente que jamais et lui
dicta sur l'état de l'Europe, les plus belles pages qu'il ait
assurément écrites. Alors on s'étonna, et l'on eut tort, de
le retrouver libéral, presque républicain. Combinaison
extraordinaire ! Il fut chevalier démocrate, libéral-roya-
liste, catholique libre penseur ; le tout avec une sincérité
parfaite.

« La vieille chapelle gothique de Saint-Malo, et la belle
» Bible dorée sur tranche, laissée en fuyant par ma mère
» près du chevet de mon lit, me dit-il un jour, eurent
» la plus grande part à ma conversion. » Il disait vrai et
ces paroles le peignent tout entier. Ame généreuse et facile aux belles impressions, génie mélancolique et éclatant, fait pour colorer d'une dernière splendeur les destinées d'une société qui s'éteignait, M. de Châteaubriand
laissera un nom attaché à notre époque, pour avoir su

résumer en lui-même les plus nobles traits des siècles et des idées disparus.

On ne l'oubliera pas. Tout un monde s'endort avec lui.

———

CAUSERIE

AVEC UN SOCIALISTE

LE 28 JUIN 1848.

CAUSERIE

AVEC UN SOCIALISTE

LE 28 JUIN 1848.

Je rencontrai, près du chemin de fer du Nord, à Paris,
le 28 juin au matin, l'un de mes plus estimables amis et
l'un des plus étranges ; du moins il aurait passé pour tel
dans un autre temps. Sa barbe est singulière, taillée dans
des proportions bizarres et peignée avec une recherche que
les fats du XVIᵉ siècle auraient approuvée ou enviée ; son
costume est peu d'accord, par la coquetterie habituelle de
l'ajustement, avec la profusion presque farouche de cette
barbe ondoyante et nuancée ; son discours facile, plein de
grâce et d'onction, éclairé de souvenirs historiques, atteste une nature poétique et un esprit orné. On ne peut imaginer d'âme plus délicate ni de penchants plus généreux.
Mille traits de sa vie me l'ont fait aimer, et quand je l'écoute développant, avec cette faconde qui semble convaincue, ses théories mystiques et législatives, il me semble que
Philon ou Jamblique, les vieux rêveurs alexandrins, m'apparaissent vivants. Enfi, c'est une intelligence à étudier
et un très-honnête homme. Son malheur est d'être dieu.

Je l'ai dit, ce n'est pas un sot, un fou encore moins ; il
est de son temps. C'est par sincère amour pour notre espèce, sans arrière-pensée intéressée ou vaniteuse, qu'il
analyse sa propre divinité et s'adore paisiblement en se
communiquant à ses amis. En général, je me défie beau-

coup des dieux, et je les fuis; mais lui, si bon, si vrai
vis-à-vis de lui et des autres, je le respecte, l'aime et le
plains.

Souvent nous avions discuté ensemble son principe fon-
damental, la grande source anti-chrétienne des erreurs de
ce siècle, la bonté essentielle et ineffaçable de l'homme.
Souvent je lui avais dit que de tous les fanatismes, le plus
terrible était celui qui prenant cette « immaculée concep-
tion de l'humanité » pour point de départ, la faisait *sainte
à priori*, justifiait ses folies, sanctifiait ses misères et la
déifiait dans ses crimes. Il m'avait répondu que l'humanité
était pour moi *lettre close*, que j'avais tort de l'étudier
dans l'énervement des classes opulentes ou dans la corruption des classes moyennes ; que la lumière de l'intelligence,
descendue enfin dans les masses, les avait rendues à la
grandeur originelle et imprescriptible ou plutôt à la souveraine divinité de notre nature ; enfin, que le nouveau
baptême du genre humain serait bientôt dû aux ouvriers,
baptême de lumière et de feu, de charité immense et d'é-
quité pacifique, admirable spectacle annoncé par mille évi-
dents symptômes. Quand je rencontrai, au milieu du lugubre silence de Paris consterné, cet homme excellent, qui
n'a pas un vice et qui n'a pas une idée juste, il était triste,
et nous eûmes ensemble une de ces conversations qui ne
s'oublient pas. Je la répéterai dans sa simplicité ; que l'on
ne prenne pas cette simplicité pour un artifice de composition, cette forme naïve et flottante pour une séduction de
rhéteur dont la puérilité me semblerait digne de dégoût.
A Dieu ne plaise que je fasse des phrases et cherche des
effets en face d'une telle tragédie !

On sait ce qu'était Paris dans les matinées qui suivirent
les tristes batailles de la guerre sociale. Il y avait dans l'air,

sous le soleil ardent, comme une vapeur de haine secrète
et comme une nuit morale imprégnée d'une profonde terreur. La circulation était rare ; on lisait la stupeur ou la
rancœur sur les visages ; la vie normale était suspendue.
Là où les baïonnettes ne brillaient pas, un ou deux passants
se disaient quelques mots brefs et rapides, bien différents de
la loquacité stérile dont nos rues avaient été le théâtre pendant les mois précédents. Nous devions, le philosophe et
moi, nous rendre à l'extrémité du faubourg Saint-Germain, où il demeure. Nous prîmes le plus long chemin,
non que la curiosité nous guidât ; mais, dans ces terribles
moments de la vie des peuples, un intérêt austère pousse
les amis de la vérité à pénétrer jusqu'au fond même des
faits, à percer l'enveloppe vaine des apparences et à comprendre le sens des réalités. Le long du canal Saint-Mar-
tin, autour duquel toutes les rues étaient désertes et dont
les quais étaient percés de meurtrières innombrables, l'industrie, ordinairement si bruyante, était paralysée. — Les
bateaux ne marchaient point, les ponts des écluses n'étaient
point soulevés ; à peine un vieillard ou un enfant se pré-
sentait-ils de temps à autre, comme des êtres oubliés par la
mort dans une ville pestiférée. Le grand silence, signe certain des extrêmes passions chez les peuples comme chez les
individus, ne s'animait d'aucun bruit, même aux approches du faubourg, et, quand nous demandions notre route
à quelque marchand debout près de la porte de sa boutique à demi-fermée et aux volets fracassés, nous recevions
une réponse accentuée durement par ce sentiment intense,
très-rare chez les peuples du centre de l'Europe, et qui
étouffait la politesse nationale. Je ne parle pas des sinistres
matériels, des maisons renversées, des poutres brulées ou
fumantes, des traces de projectiles sur les murailles, des

rues entières dépavées, ni même, souvenir plus affreux! des mourants ou des blessés emportés sur des civières couvertes. A voir toutes les fenêtres closes et la morne altération des visages, à entendre quelques paroles à peine échangées dans ces quartiers voués aux mille bruits du labeur, on jugeait aisément que les désastres matériels n'étaient rien auprès des désastres moraux, et que les âmes comptaient plus de ruines que les maisons. Nous traversâmes ainsi, en passant par la rue Saint-Jacques et la place du Panthéon, toute cette moitié de Paris que la lutte avait ensanglantée, et nous aboutîmes à la Seine, dont les ponts étaient silencieux ; on y passait à peine, et personne ne s'arrêtait. Plus de clubs en plein air sur ce pont des Arts, d'où l'on découvrait avec effroi toute la ville à l'est et à l'ouest, maisons fermées, rues abandonnées, les pierres debout et la vie absente. Nous avions fait cette longue et lugubre promenade presque en silence. Quand notre vue put embrasser à la fois le double Paris, à gauche, le Paris fabricant et ouvrier de l'est, et le Paris de l'ouest, celui des hôtels, des palais et des ministères, tout ce que nous avions à nous dire l'un et l'autre nous revint en mémoire et se pressa sur nos lèvres. Entre les deux camps, au milieu de la ville, le mot *fraternité*, était inscrit en gros caractères noirs sur une tablette de bois gris qui surmontait l'une des portes de l'Institut. — *Fraternité !*

«—Quelle étiquette! dis-je au philosophe ; la *fraternité* s'égorge ! »

Il ne répondit rien et baissa la tête. Après un moment de silence :

«—Voilà donc, me dit-il tristement, le pauvre armé contre le riche, la faim contre l'assouvissement, le désespoir contre l'optimisme! Quels sont les moyens d'apaiser cette

guerre ? Ces moyens existent-ils ? Seront-ils efficaces et durables ? Qu'en pensez-vous ? »

« — Certes, lui dis-je, les moyens matériels et économiques ne manquent pas. Cette moitié de Paris que nous venons de parcourir ensemble est semée de cabanes infectes,
de hangars misérables, de marécages fétides, de taudis
haillonneux , d'ateliers insalubres , entrecoupés de grands
espaces incultes et délaissés. Nous avons vu des maisons
de sept étages dans lesquelles on pénètre par des ruelles
de deux pieds et demi de large et par des escaliers tour-
nants et obscurs, sans jour, et sans air. Les travaux de l'é-
dilité parisienne ne se sont point également portés sur les
quartiers de l'est et sur ceux de l'ouest. Le quartier Saint-
Jacques, le quartier Saint-Marceau, le quartier Popincourt,
sont encore des étables d'Augias. Balayez-les. Entre les
moyens matériels pour améliorer le sort des hommes de labeur j'indiquerai la mise à bas successive de tous ces tristes
quartiers, l'assainissement de toutes ces affreuses ruelles,
et la construction de belles et vastes maisons pour les familles laborieuses ; l'exemple de ce que l'on a fait récemment à Glascow et de ce que déjà l'on pratique à Londres
est devant vous. Élevez des édifices qui renferment toutes
les espèces de logements dont a besoin une famille de deux,
de trois, de six, de dix, de quinze personnes; que l'architecture en soit belle et noble ; que les escaliers soient vastes
et les issues faciles ; placez au centre un marché destiné
exclusivement aux locataires de la maison, et faites en sorte que les denrées de tout genre y arrivent en masse, ce
qui donnera une réduction de prix considérable sur chaque
article. Que l'homme de labeur trouve, sur son loyer
payé d'avance, un bénéfice assuré de vingt-cinq pour cent,
et dans l'achat des provisions un bénéfice égal ; que l'État

22.

ne se réserve pas, dans cette gestion, un seul denier de bénéfice personnel ; qu'il se contente de n'y rien perdre, une
fois les administrateurs, les employés et les premières avan-
ces soldés. Le revenu de l'homme de labeur sera doublé,
l'ordre de sa vie morale fixé, le respect qu'il se doit assuré, sa liberté d'action complète et ennoblie ; il ne recevra
point d'aumône, et, voyant son travail honoré, il n'échap-
pera point à l'abjection par l'ingratitude, à l'abaissement
par l'envie, au mépris par le massacre. Il ne quittera point
le rôle d'Abel pour celui de Caïn. Il ne sera ni Caïn ni Abel,
mais quelque chose de mieux, un homme religieux et libre. Il n'essaiera pas de répudier une situation excellente, à
moins toutefois que l'éclair du génie ne l'illumine et qu'il ne
se sente emporté naturellement par une passion réelle vers
les arts, les lettres ou la science. Aujourd'hui ce sont les
vanités et les jalousies qui nous entraînent, non les penchants. J'ajouterai à ces idées fort simples, et dont la mise
en œuvre a déjà produit de si bons résultats en Danemark et en Écosse, d'autres moyens subsidiaires, qui re-
lèveront encore dans le sens moral et sous le point de
vue physique la condition de l'homme de labeur ; que
des bains à très-bon marché soient placés dans la maison
même, et que l'obligation de rentrer avant minuit et
d'éviter toute espèce de scandale soit rigoureuse. Je ne
voudrais pas que l'on allât plus loin, ni que l'on ouvrît
pour les habitués des bibliothèques populaires, des dispen-
saires et des hôpitaux particuliers. Il ne faut point trop protéger l'homme. C'est l'abaisser que de le traiter en mineur.
Qu'il se sente libre et aimé, il sera énergique et bienveillant. Si vous en faites un roi manqué, il aura les vices des
méchants despotes ; il sera capricieux, féroce et stupide : si
vous le transformez en esclave du Paraguay, son infériorité

lui pèsera tôt ou tard, et il se vengera. Tout ce qui se passe aujourd'hui en Europe, surtout en France, n'est qu'une vengeance accumulée. »

« — Dites plutôt, reprit Arnaud, que c'est un élargisse- ment naturel et nécessaire du grand cadre des destinées de l'humanité. Je vous ai écouté avec beaucoup d'intérêt, mon ami, et certes, dans les remèdes que vous venez de propo- ser, il y a des choses praticables et utiles ; mais tout cela est superficiel. Quand vous aurez assaini les rues, aéré les maisons, créé des bains, remédié à la mauvaise alimenta- tion, au mauvais logement, à la grande misère ; quand, par des expériences déjà commencées et que je crois très- faisables, vous aurez rendu possibles les associations de ca- pital et de travail dont on parle tant et trop aujourd'hui, votre inutile médication n'aura pas pénétré le fond des âmes ; le besoin de l'égalité, l'ardeur des jouissances ne s'en fera pas moins sentir ; non, l'ouvrier ne se contentera plus du bien-être matériel dont je suppose que vous l'aurez fait jouir. N'est-il pas votre frère ? Où est écrit votre droit d'aî- nesse ? Pourquoi conduiriez-vous la machine de l'État, tan- dis que lui mène la charrue ou pousse la varlope ? Les harmonies de Beethoven ne sont-elles pas faites pour lui comme pour vous ? Doué des mêmes sens que vous, pour- quoi n'aurait-il pas les mêmes désirs ? De quel droit faites- vous de lui un vicaire de Wakefield, honnêtement, paisi- blement, médiocrement heureux au coin de son foyer, vous réservant à vous-même l'épicuréisme de l'esprit et du corps ? Voilà un contraste et une juxtaposition qui ne peu- vent d'aucune manière subsister ; c'est à les détruire radi- calement que tendent les mouvements actuels, mouvements sanglants en raison de l'intensité et de la profondeur de leurs causes. »

« — A la bonne heure ; j'aime à vous voir, contrairement à l'habitude matérialiste , vous attaquer aux profondeurs. Vous avez raison de dire que des lois fiscales, des arrangements économiques, des remèdes matériels, des réparations positives ne suffiront pas. Il faut changer les idées et transformer les doctrines. C'est un terrible problème. Aujourd'hui les faits dans leur brutalité invincible se déroulent comme des flots qui tombent d'une source lointaine et empoisonnée ; laissons les flots se succéder et s'épuiser ; pendant ce temps-là, nous, penseurs, renouvelons la source des idées, pour amener des faits nouveaux. Il faut bien le redire, la source est profondément empoisonnée, et depuis soixante ans nous sommes illogiques jusqu'au suicide. Au milieu de ces taudis et de ces misères que nous avons aperçus tout-à-l'heure et que je voudrais voir détruits, nos philosophes et nos rhéteurs ont prêché au peuple l'épicuréisme le plus dissolu. Théâtres , romans et journaux ont entretenu incessamment l'homme pauvre des ineffables beautés que la richesse contient , des jouissances qu'elle donne à ses dieux, et des voluptés comme de la souveraineté humaines (1). C'était crier à des affamés : « Vive la joie ! » Aussi, quelle éruption d'épicuréismes effrénés, de haines ardentes et de vanités sauvages, réclamant l'égalité des orgies, la souveraineté et la volupté ! Ce ne sont point les destinations de l'homme ; il trouve ailleurs sa noblesse. Il est né pour la lutte, mère de la force, pour la sainte et noble résignation. Il ne peut que réparer et combattre. C'est son honneur. »

« — Vous prêchez l'abaissement.

***

(1) V. plus haut, *Erreurs de la société française entre 1825 et 1840*, p. 337 et suiv.

« —Je prêche l'ennoblissement par l'humilité ; vous né-
cessitez l'avilissement par l'orgueil. »

« — Votre doctrine fait des esclaves. »

« —Elle fait des hommes qui reconnaissent leurs limites
et leurs droits. A quoi la souveraineté de tous, interprétée
dans le sens de la toute-puissance de chacun, peut-elle
aboutir ? Au carnage. Comment la religion de chacun envers lui-même, la foi de chaque esprit de travers en son
bon sens et de chaque homme médiocre en sa grandeur
n'entraînerait-elle pas l'universelle nullité et l'universelle
misère ? Ce que nous venons de voir vous désabusera-t-il
enfin ? Quand la crédulité reconnaît qu'on l'a prise pour
dupe, vous voulez, toute sanglante et mutilée, qu'elle
ne vous tue pas ? c'est trop lui demander ! De même
qu'au temps de saint Jérôme et de saint Augustin, la folie
de la croix, l'ardeur de l'abnégation et de l'anéantissement
humains couvraient de bizarres essais l'Europe civilisée,
quand Origène se mutilait, quand Salvien se mariait sous
la condition de la chasteté absolue, quand l'ascétisme
poussé jusqu'au délire renouvelait les destinées de l'Europe, — de même aujourd'hui, dans l'immense révulsion
qui s'accomplit, devenus dieux tous tant que nous sommes,
nous subissons le suicide de notre orgueil titanique et de
notre fausse omnipotence. Notez-le bien, ce n'est pas au
peuple que j'impute cette folie, c'est à vous, hommes de
plume et de parole. Le peuple est la victime des rhéteurs. »

« ;— Je vous passe ces déclamations, reprit Arnaud
avec une parfaite placidité ; je sais que vous êtes sincère et
que votre rigidité quant aux doctrines ne vous empêche
pas d'être indulgent et bienveillant pour les hommes. Selon
vous, et c'est la théorie chrétienne, l'homme est mauvais,

Dieu l'a créé pour cela. Ainsi Dieu est le bourreau de l'humanité : c'est commode ; toutes les oppressions sont justifiées. »

« — Je n'ai pas dit un mot de cela, et je n'en pense pas un mot. »

« — Quoi qu'il en soit (et nous reviendrons sur ces points fondamentaux), à côté des remèdes matériels dont vous avez signalé quelques-uns bons pour Paris seulement, quels seraient vos remèdes moraux et intellectuels ? Comment changeriez-vous ce que vous appelez le flot des idées ? et, si ce flot est empoisonné , comment s'y prendre pour l'épurer et l'assainir ? Prétendez-vous agir en dehors des idées démocratiques ? Je vous en préviens , vous ne feriez rien aujourd'hui sans elles. La démocratie est seule possible et seule sacrée. »

« — Ce n'est pas la démocratie qui empoisonne les idées, ce sont les faux principes qui empoisonnent la démocratie. L'admission de tous à titre égal dans la civilisation agrandie , n'est-ce pas la démocratie même ? Acceptée comme progrès, non comme décadence , elle doit élever et non abaisser. Ce qui ne rend pas le pays plus fort , l'individu plus heureux, la richesse plus abondante , n'est pas démocratique. A quoi bon la souveraineté d'un peuple qui serait ignoble et lâche ? Il ne se commanderait à lui-même que des actions lâches et ignobles ; ce serait acheter trop cher une immense perte. Vous qui m'accusez d'être sévère , ne voyez-vous pas que vous calomniez la démocratie en l'associant à l'envie, à l'abjection et à l'instabilité ? Ne donnez donc pas les vices de l'espèce humaine pour la nécessité inhérente aux institutions. Envieux, jaloux, puéril, capricieux, ennemi des supériorités et des forces, si vous êtes tout cela, ne dites pas que vous êtes démocrate, dites que vous êtes mauvais. Quant aux remèdes, il y en a de matériels, d'intellectuels, de moraux ; tous doivent élever, épurer et améliorer l'espèce ; les premiers, les remèdes matériels, passagers et à fleur de peau, ne peuvent être regardés que comme des préparations, mais ils sont d'urgence, ou plutôt le moment de l'urgence est passé. Depuis longtemps il eût fallu appeler tous les chefs d'industrie de France pour leur ouvrir un fonds de secours, une caisse de prêt et leur commander de vastes travaux : défrichement, canalisation, constructions, chemins de fer, certes les objets ne manquaient pas. On aurait, à ce prix, rattaché à la patrie cette foule d'hommes qui l'exècrent comme une marâtre, car la patrie ce n'est pas le sol, la terre et le ciel ; c'est l'amour, c'est le lien social, la commune sympathie ; quiconque maudit la société maudit sa patrie, tue sa mère. La démocratie véritable est une science si profondément inconnue de nos gens d'État, qu'au lieu d'employer ce moyen si simple et si naturel, on a mis en œuvre les ressorts les plus violemment despotiques, les plus absurdement arbitraires et les plus avilissants. On a parqué les hommes comme des porcs à l'engrais, et on leur a donné la prime de l'indolence et de la haine (1). C'était la prime du labeur, de l'honnêteté et de la capacité qu'il fallait leur offrir. La réinstitution du livret pour l'ouvrier aurait suffi. Tout bon ouvrier qui aurait travaillé tant d'heures de plus ou achevé de plus considérables tâches que ses confrères, aurait reçu du patron une prime proportionnelle que l'on aurait imputée sur l'intérêt des sommes prêtées, intérêt que l'État aurait consenti à perdre. Cet intérêt, très-faible, deux ou trois pour cent, payable par les patrons et les

(1) Ateliers nationaux.

chefs d'industrie à des époques fixes, n'aurait été à charge
à personne , et des relations de mutuelle charité , de mutuelle bienveillance , de mutuel service, d'universelle activité , se seraient établies et enracinées. Qui oserait dire
qu'un milliard ainsi dépensé fût perdu , même en suppo-
sant que la rentrée de ce milliard dans les caisses de l'État
pût être difficile ? et qui ne reconnaîtrait l'utilité de ces
dépenses reproductives ? N'était-il pas facile de saisir cette
occasion pour combattre quelques-uns des vices les plus
graves de la situation économique : — la centralisation
exagérée, — l'agglomération des ouvriers sur les mêmes
points, — et la séparation dangereuse des travaux agricoles
et des travaux de fabrique ? L'État dispose de tant de forces, qu'il lui eût suffi d'un signe pour guérir ou tempérer
mille douleurs. Encore aujourd'hui n'y a-t-il pas moyen
de rendre à la culture de la terre les honneurs nécessaires,
d'enter l'industrie sur l'agriculture , de placer dans les
chaumières les instruments de la fabrique , comme cela se
fait si heureusement à Neuchâtel et dans une partie de la
Silésie , — de corriger les tristes misères de la fabrication
industrielle , malsaine pour le corps et l'âme , par les vigoureuses et salubres influences de la terre et de la nature,
— enfin de répandre sur les campagnes d'Alsace et du
Lyonnais ces populations ouvrières , cruellement entassées
dans les ateliers ? Vous voulez des manufactures à l'anglaise, oubliant que la France n'est pas essentiellement industrielle; elle est naturellement agricole, guerrière et
maritime. Satisfaites-la sous ces trois aspects et n'imitez
plus les étrangers placés dans d'autres conditions que
vous. »

« — Vous raisonnez bien dans votre hypothèse, et je crois
ces idées et ces remèdes applicables à l'ancien monde. Pour

nous, apôtres, nous avons à reconstituer un monde nouveau. Humilité, résignation, labeur, hiérarchie, douleur, ce sont des mots passés de mode, vertus d'esclaves.
Nous les abjurons. Votre philosophie de bel-esprit, vos
observations pratiques, vos procédés d'industriel de l'ancien régime n'ont plus aucune valeur. Nous reformons
l'homme. Le nouvel évangile rend tous les mortels égaux
en capacité, en fortune, en beauté, en esprit comme en
bien-être. Ce nouvel évangile, je l'apporte; nous le réali-
serons, soyez-en sûr. Il nous faudra traverser des phases sanglantes et douloureuses; c'est ce qui arrive toujours
quand la civilisation monte d'un degré. Est-ce que le passage du paganisme au monde moderne s'est opéré sans angoisses? L'établissement de Rome civilisatrice n'a-t-il pas
été baigné du sang des nations? De l'Inde théocratique à
l'Égypte, et de l'ère égyptienne à l'ère grecque, que d'horribles catastrophes, signalées par les pleurs amers de l'espèce humaine! Ces misères font notre éducation sans appartenir à notre essence. Nous nous débarrassons progressivement de ces scories pour reconquérir peu à peu notre
primitive et sainte pureté, notre nature même; l'homme,
essentiellement bon, égal à l'homme, égal à la nature, égal
à Dieu, faisant partie de la substance unique et universelle
qui est divine, ne peut manquer de travailler sur lui-
même comme un dieu sur un dieu. Le retour à la perfection absolue, centre et berceau de l'humanité, est inévitable; et dans cette hypothèse, qui pour moi est une conviction et une foi, tous vos remèdes et vos pallatifs sont
inutiles. L'humanité marche seule. »

« — Religionnaires de l'humanité divinisée, vous êtes
dieux, parfaits, complets, fractions intégrantes de l'absolu,
dont la nature divine se perfectionne éternellement dans

ses métamorphoses, je le sais, j'aime à vous voir vous rendre justice et surtout aller résolument au fond de votre
doctrine. Hélas ! mon ami, par elle s'expliquent toutes les
folies et toutes les fureurs du temps présent. Il y a bien
moins de mal dans les faits et bien plus dans les idées qu'on
ne l'imagine. Les faits se guériraient seuls, si l'on gué-
rissait les esprits. Tout-à-l'heure, cher philosophe, vous
étiez en plein fanatisme ; on faisait, il y a deux cents ans,
brûler les hommes avec un mot : *sorcier ;* et vous qui êtes
le plus doux des mortels, vous voyez d'un œil sec les sociétés qui se dissolvent, la fortune publique qui s'anéantit,
et les cadavres des citoyens qui s'entr'égorgent, parce que,
dites-vous, la chose est nécessaire. Il faut que le Dieu-
Homme–Nature retrouve sa totalité à travers les épreuves !
Mais si par hasard cela n'était pas nécessaire, si cela était
inutile ; si l'homme n'était pas dieu, s'il n'était pas essentiellement angélique, parfait et absolu ; si j'avais raison, et
que vous eussiez tort ; s'il était condamné à la lutte, à la
douleur, à la résignation, que telle fût la vraie, l'unique condition humaine ; s'il ne pouvait triompher de la terre qu'en
l'arrosant de sa sueur, et du mal qu'en l'arrosant de ses
larmes, combien vous seriez criminel ! — Non, je ne puis
adopter votre hypothèse qui s'annonce par des promesses
et s'appuie sur des illusions. Je ne vois pas votre trans-
substantiation s'opérer ; l'apothéose de l'humanité n'est
pas même commencée ; l'homme est toujours l'homme et
le démon n'a pas quitté l'ange. C'est ce que prouve trop
cette malheureuse ville que nous traversons, ville du plaisir et de la lumière, sillonnée hier par les boulets et les
balles des citoyens ennemis. Je suis donc forcé de m'en
tenir à la simple réalité, aux faits tels qu'ils se montrent.
Je vous ai de là indiqué en passant quelques procédés maté-

riels au moyen desquels le sort des hommes de labeur peut
s'améliorer en France. Continuez à croire à la glorification
de l'espèce humaine; nous autres, les pessimistes, servons
modestement l'humanité en l'étudiant. Pendant que vous
êtes occupés au grand œuvre et que vous cherchez la quintessence de Saturne, nous faisons des bouillons pour les
malades et de la charpie pour les blessures. Soyez alchi-
mistes; nous restons médecins. »

« — Votre chaleur me fait sourire, reprit Arnaud, qui ne
sourcillait et ne se troublait pas, tant il était sûr de lui-
même. Vous négligez toutefois de m'apprendre, grand orateur, comment vous vous y prendriez pour renouveler le
cours des idées et guérir les esprits malades, si au lieu
d'être un contemplateur et un méditatif vous teniez les
affaires publiques dans vos mains? »

« — Mon cher Arnaud, je ne possède point les panacées
sociales, cette pharmacie est de votre ressort; mais enfin,
si j'avais à faire quelque chose, si j'y étais forcé, ce qu'à
Dieu ne plaise, voici à peu près ce que je tâcherais d'effectuer. J'observerais de mon mieux quelles sont les grandes
sources des douleurs publiques, et je m'appliquerais résolument à les tarir. Après avoir combattu la misère des
hommes de labeur par des moyens analogues à ceux que
j'ai indiqués, après avoir assaini leurs maisons et assuré
leur bien-être en encourageant leur moralité, je voudrais
replacer l'agriculture dans son lustre, et ranimer la sainte
humanité dans les cœurs, non pas l'humanité qui s'adore
elle-même, mais l'humanité charitable envers le prochain.
Je tâcherais surtout de combattre et de détruire certains
préjugés absurdes en faveur des professions dites libérales.
Non-seulement ces professions, qui nous donnent plus de
médecins que de malades, plus d'avocats que de procès,

plus de commis que de places, plus de feuilletonistes que de lecteurs, plus de peintres que de portraits, plus de musiciens que d'instruments, absorbent une trop grande proportion des forces nationales, mais elles accroissent la centralisation parisienne, déjà excessive; elles enfièvrent les âmes, elles aigrissent les esprits, elles créent des populations de mécontents et dépravent les intelligences. Les vanités sont plus féroces que les appétits. »

« — Tout cela me semble vrai; c'est précisément pour détruire ces vices que je prêche. Je suis persuadé, pour ma part, qu'un jour l'homme n'aura plus ni amour-propre ni personnalité. Vous qui les admettez, comment vous y prendrez-vous? vous ne le savez guère. Quand on vous demande des remèdes, vous offrez des sermons, et en cela vous ressemblez à tous les contemplatifs. »

« — De grâce, ne riez pas des contemplatifs; ce sont gens utiles au milieu d'un monde qui s'enivre d'actions précipitées et de mouvements insensés. Il est honorable d'abjurer l'ambition personnelle dans cet immense chaos de vanités frénétiques, dans ce mouvement rénovateur qui allume tous les prurits de popularité et crée autant de maîtres imaginaires et de dominateurs chimériques qu'il y a d'individus dans l'État. Jamais les nations fortes ne se sont insurgées contre les leçons de l'expérience. Les Anglais ont eu Burke, Elliott, Paley, Milton et Bentham; les Américains du Nord ont écouté religieusement Franklin, Jefferson, Washington, — dans ces derniers temps Emerson et Channing. »

« — Mais comment renouveler les idées, je vous le demande? »

« — Hélas! rien de plus ardu au monde, rien de plus difficile. Il y a cependant une route, — une route unique;

l'éducation. La nôtre est détestable, quoique les plus grands
esprits aient passé par le ministère de l'instruction publique.
Que pouvaient-ils accomplir ? Leur citadelle ministérielle à
défendre, leurs discours à prononcer, leur parti à diriger,
leur cour à faire au roi, leur cour à faire aux députés et
au peuple ne leur permettaient pas de mettre efficacement
la main à l'œuvre. Institués pour peu de temps, placés
entre le prédécesseur et le successeur, forcés de respecter
les traditions universitaires, les doctrines philosophiques et
les dogmes du clergé, à quoi de profond et de complet,
surtout de fécond, pouvaient-ils s'arrêter ? Aussi, morcellement, division, amas de connaissances encyclopédiquement
incomplètes, éparpillement, néant, voilà le résultat de ces
études appelées classiques, et il est certain que la génération qui suit immédiatement celle des hommes aujourd'hui
illustres n'a point donné encore de garanties, pas même de
promesses. C'est que l'abus effroyable de l'analyse, qui tue
l'administration, la littérature et la politique, tue aussi l'é-
ducation. Maintenant, au lieu de détruire, il faudrait concentrer les éléments épars. L'analyse est de l'homme, la synthèse est de Dieu. Je voudrais trois universités parallèles
au lieu d'une : la vieille université classique, reconstituée
sur ses bases les plus sévères et destinée aux professions
dites libérales, conduirait aux facultés de la Sorbonne, res-
treintes; celle des sciences, ou positive, qui préparerait la
jeunesse aux professions de l'ordre positif, aboutirait à l'É-
cole polytechnique; et celle des langues et des études modernes, qui formerait des commerçants, des voyageurs, des
diplomates, des banquiers, aurait pour couronnement l'é-
cole administrative, très-bonne institution, si elle avait une
base. L'ensemble de ces trois universités composerait la
grande Université proprement dite, et il serait loisible aux

familles de les faire traverser toutes trois par leurs enfants, ou d'en choisir une seule. Est-ce que tous les citoyens sont des Longin, des Cicéron, des Quintilien futurs ? Quel est le banquier ou le diplomate moderne qui a grand besoin de comprendre Lycophron en grec ? Mais nul aujourd'hui ne peut se passer de l'anglais, de l'allemand, même des idiomes scandinaves. Sur deux mille citoyens, à peine un seul comprend-il une de ces langues ! Quant à la situation respective des nations, quant à la géographie politique, à l'histoire du commerce, de l'agriculture et de l'industrie, nul ne s'en informe. Faites donc des hommes d'État avec cela ! Il est vrai que l'on a espéré récemment greffer les connaissances modernes sur l'arbre classique ; on a compté sur la souveraineté de l'analyse, et l'on a promis de tout apprendre à la malheureuse enfance. Arlequin, qui remue dans sa poche cent petits fragments de pierres comme échantillons des palais dont il se croit propriétaire, ne représente pas mal les savants fractionnaires, encyclopédiques et universels, dont on fabrique aujourd'hui la splendide et universelle ignorance. On ne voit pas que c'est pétrir de ses mains le mécontentement et l'émeute. Comme vous préparez tous les enfants à être des gens de lettres, il semble qu'il n'y ait rien de beau que de tenir une plume, un pinceau ou une lyre, et de calquer des amplifications ou des tableaux ; essayez de faire refluer vers les autres professions ces flots de demi-avocats et de quarts de rhéteurs qui nous encombrent et qui détruisent la société, faute d'y trouver place. Rendez leur juste considération à l'agriculture, au commerce, même à la politique et à la diplomatie, qui ne se présentent que comme des arènes d'ignorance et d'intrigue. La force de la belle École polytechnique est née de sa spécialité et de sa difficulté :

maintenez-la ; copiez-la. L'université purement classique, une fois libre et dégagée de ses accessoires hétéroclites, deviendra plus solide et plus maîtresse d'elle-même. On saura beaucoup mieux le latin, en ne faisant plus semblant de savoir l'anglais et l'algèbre. Ici de grands humanistes, là de grands géomètres, plus loin de savants philologues ; certes cela vaudra mieux que le néant et la prétention partout. Ne me dites pas que la démocratie est nécessairement superficielle, qu'elle commande et entraîne la puérilité et la bassesse de l'esprit, cela serait faux et injurieux. Ne dites pas non plus que l'œuvre est trop difficile ; il ne s'agit ni de réformer ni de détruire, mais d'organiser en classant, d'après l'harmonie de leur unité, de leur diversité et de leurs rapports, les éléments qui existent. N'avez-vous pas Alfort, l'École des eaux et forêts et l'École polytechnique, si magnifique dans son unité ? L'université proprement dite, n'est-elle pas vivante et desservie par une foule de talents ardents et jeunes, trop obscurément sacrifiés ? Ne va-t-on pas créer une école d'agriculture ? Certes, voilà des éléments. Divisez le travail, et reliez les divisions par l'unité de l'idée. »

« — Je remarque, me dit Arnaud, que vous parlez toujours de synthèse et que vous établissez sans cesse des divisions. »

« — Dites que j'établis l'harmonie entre les diversités. Trois grandes sphères dont chacune attirerait dans son orbite les sphères secondaires qui lui sont affiliées et relatives, voilà ce plan simple, conforme à nos intérêts, conforme aux lois divines : attraction, gravitation, équilibre. »

« — Et votre triple université serait gratuite ? »

« — Penser à la gratuité totale des écoles est absurde ;

quelle pauvre démocratie que celle qui ne ferait que des mendiants ! »

« — L'État doit l'éducation à ses enfants. »

« — L'État ne doit rien à personne. Au lieu de prendre l'État pour le débiteur universel, vieille et ridicule manie des esclaves ; — au lieu de s'habituer à traire cette éternelle vache à lait que l'on tue sans devenir plus gras, — il faut que chaque citoyen se considère comme ayant envers l'État des devoirs. L'un de ces devoirs est d'élever son fils. Néanmoins l'éducation primaire doit être à la fois gratuite et obligatoire. Que tout Français sache bien écrire, bien lire, bien compter ; que la grande et haute science, — ou classique et philologique, — ou positive et physique, — ou moderne et européenne, soit de difficile abord et qu'elle soit très-bien récompensée. Que ce soit un honneur, un titre et une garantie pour l'avenir d'un enfant, de sortir le dixième ou même le vingtième, de l'une des trois universités, comme on sort de l'École polytechnique, ce vrai modèle de toute école supérieure. N'abaissez rien, élevez tout. Si dans les rangs les plus pauvres un Newton ou un Dante se présentent, croyez-moi, ils feront aisément leur route dans une société ainsi préparée. Abattez votre pépinière de prétentieuses incapacités. Découragez la vanité, encouragez le talent. Soyez sévère, la sévérité est seule féconde ; elle est seule humaine et seule bienfaisante ; elle fait les peuples sensés et force l'humanité à ne pas s'avilir. C'est de l'énervement et de la faiblesse que naît la férocité. Aux États-Unis, fondés sur la dureté calviniste et sur une réglementation draconienne, la vie est austère, sérieuse et aventureuse ; elle a pour but la conquête définitive de la nature, but magnifique et difficile. L'éducation y est bornée mais excellente, parce qu'elle est *une* et qu'elle s'accorde avec la destination de tous. Chez nous, l'enfant subit dix éducations contradictoires, celle du *de Viris* et du citoyen Scipion, laquelle combat celle du père en général mondain et voltairien, et celle de la mère, femme à la mode, sans compter celle du catéchisme et l'influence des jeunes amis. Je ne parle ici ni de l'éducation des feuilletons épicuriens, ni du théâtre, ni de la Sorbonne, ni du vaudeville, ni du roman, ni peut-être des prédications de quelque apôtre tel que vous, mon cher Arnaud. Imaginez quelle doit être la confusion de ces teintes ou demi-teintes, entassées par couches transparentes dans la même intelligence, et de quelle misère, de quelle anarchie, de quel néant elle doit être frappée sous ces incohérentes notions panthéistes, mystiques, matérialistes, catholiques, protestantes, démocratiques, aristocratiques, chevaleresques, poétiques, positives, astrales, géométrales, machiavéliques, rhétoriques et romanesques! Si les maisons de fous ne se peuplent pas démesurément, je tiens le fait pour honorable à la nation. »

« — Et vous croyez remédier à cela au moyen de votre triple université, une et triple, classique, moderne et scientifique? »

« — Du moins arracherai-je quelques enfants à l'inutile culture de la catachrèse et de la métonymie. Pendant que le lieu-commun s'étend chaque jour sur des espaces incommensurables de papier imprimé, la fausse opinion de notre société trompe une multitude de braves gens; et les hommes de la main-d'œuvre, du labeur manuel, même les agriculteurs et les ingénieurs, même les chimistes et les physiciens, tombent au-dessous de leur rang naturel. Dans une société de sophismes et de paroles, les ouvriers ne s'estiment pas assez. Est-ce que la vis ou le clou sortis de leurs

mains adroites ne valent pas mieux que le vers médiocre
fabriqué d'après Delille ou Jean-Baptiste Rousseau ? Je res-
sens un vif chagrin quand je vois de vieux hémistiches ou
des articles rebattus sortir de la plume des ouvriers. Cette
imitation est un mensonge ; le moindre produit de l'artisan
est une vérité. Puisque l'opinion sociale les trompe,
c'est l'opinion qu'il faut réformer. »

« — Vous vous mettez toujours en peine de corriger
l'homme et de réformer ses mauvaises opinions, reprit Arnaud avec un suprême mépris, comme si le monde ne
marchait pas tout seul, comme si, pauvres malades, nous
n'allions que de guérisons en guérisons et de remèdes en
remèdes. La guerre sociale vous semble une maladie locale
à guérir, et vous appelez à votre aide contre elle toutes les
ressources morales, matérielles, d'éducation et d'opinion.
La guerre sociale est bien autre chose qu'un désastre et
un délire ; c'est un symptôme de vie et de progrès, une
marque significative de la crise européenne, une amélioration qui s'opère violemment et confusément, une explosion
peu normale en apparence et terrible comme l'est toujours
l'explosion des grandes forces comprimées. Les révolutions
sociales n'accomplissent leur œuvre qu'après les réformes
politiques, lorsque celles-ci ne suffisent plus. La France,
selon sa coutume, a donné le signal à l'Angleterre qui
s'agite, à l'Allemagne qui viendra après, aux régions méridionales qui suivront l'impulsion commune. En vain les
pessimistes ressuscitent les théories perdues de notre servitude devant Dieu et de la faiblesse de l'homme. Cette
dépression de nos destinées, dont le calvinisme et le jansé-
nisme furent les tristes et derniers organes, cette obscurité
de l'âme qui nous montre le mal toujours présent sous
forme de péché, ces sombres pensées qui ont assiégé

Cromwell et Pascal sont à jamais évanouies. Nous n'admettons plus de divinité qui nous crée pour nous damner
nécessairement, ni l'incorrigible méchanceté de notre race;
calomnie envers Dieu et l'homme (qui ne font qu'un), excuse de Hobbes et justification de tous les despotismes.
Pendant le XVIIIe siècle, une révulsion lente a détruit cette
erreur. Il n'y a plus de péché originel. Ce tissu dogmatique
de ténèbres fatales s'est déroulé et replié sous la main de
Locke, de Toland, du second Shaftbury, de Voltaire, de
Rousseau, des encyclopédistes, tous d'accord quant à l'excellence native de l'humanité. L'Humanité est divine. C'est,
à vrai dire, la religion commune du XIXe siècle, une sainte
religion, pleine d'enthousiasme ; Chaumette, Anacharsis
Clootz et les grands hommes de la révolution l'ont bien
senti. Fourier, Saint-Simon, comme Helvétius, Godwin et
moi-même, nous n'avons pas d'autre principe ; de là les
droits de l'homme proclamés par les États-Unis ; de là la
glorification de la vie sauvage ; de là le grand dogme de la
souveraineté de la raison ; de là les justes anathèmes contre
les lois et les sociétés qui entravent l'homme et l'empêchent d'être parfait ; de là le *Contrat social* et ses suites. Et
remarquez que c'est du sein du calvinisme même, la plus
ennuyeuse et la plus violente théorie misanthropique, que
Rousseau et Franklin, Locke et Washington ont proclamé
l'éternelle liberté et la naturelle grandeur de l'homme. Que
pourront vos essais de réformes contre un mouvement si
grandiose et si vaste? C'est comme appartenant à une immense série de faits matériels et moraux que la révolte
récente est importante ; c'est sous ce point de vue qu'elle
est sublime ! »

Comme il prononçait ces derniers mots, nous arrivions en face du pont des Tuileries, d'où débouchait pour se rendre dans un des forts de l'enceinte une colonne de malheureux faits prisonniers pendant l'insurrection. Il y avait là des enfants de douze ans, le nez au vent, l'air mutin, les lèvres noires de poudre ; des ouvriers en blouse, jeunes et vieux, abattus ou fiers ; des étudiants en casquette, un mélange triste et bizarre de toutes les professions, de toutes les physionomies et de tous les costumes. Le cœur se serrait à cet aspect, et le sentiment public, si juste et si délicat, ne se permettait pas un cri, un geste, une observation, en face de ce débris affreux de la guerre civile. Je les observai longtemps et douloureusement.

« — Philosophe optimiste, dis-je à mon interlocuteur quand la triste colonne eut défilé, pendant que vous raisonnez avec une subtilité sublime sur les perfections de l'humanité et sur ses splendides destinées, voilà des malheureux qui ne pensent guère à l'explication que vous donnez de leurs actes. C'est votre doctrine qui les pousse à leur insu. Ils raisonnent ainsi : « Puisque je suis dieu, tout est à moi ; puisque je suis bon, tout ce que je fais est bien ; puisque je suis libre, tout m'est permis, » et ils agissent en conséquence. Rien de plus logique que l'humanité. Il est faux que les hommes des bagnes aient été en majorité dans l'insurrection qui vient d'ensanglanter Paris, il est faux que l'or de l'étranger les ait soldés ; vénalité ou brigandage n'y étaient pour rien. Votre doctrine de l'Humanité divinisée a chargé l'arme de la misère et soulevé les pavés. Elle a pensé qu'il n'était pas convenable que l'homme souffrît puisqu'il est dieu ; la cessation de l'industrie et la paralysie du commerce, depuis la catastrophe de Février, l'irritaient; les clameurs du club l'exaltaient; tous les partis soufflaient sur elle. De là cette innombrable et terrible armée, que l'on essaierait en vain de réduire à la nuance d'une seule opinion : frivoles et sérieux, factices et sincères, dupes et coupables, le bouillonnement et l'écume, le fond et la surface de cette vaste civilisation sophistique, énervée, passionnée. Ici l'oisif, là l'enfant, plus loin, l'adolescent élevé par le mélodrame, le rêve et la chimère ; l'homme blasé cherchant une émotion dans la balle qui siffle ; l'ouvrier utopiste voulant réaliser vos dogmes philosophiques ; le sentimental et l'incompris qui tourne son envie en héroïsme et soulage violemment sa médiocrité aigrie ; le niais, instrument d'émeutes, prêt à s'enivrer de toute phrase et à marcher au feu sous toute bannière ; l'ami du trouble et du bruit, de la fumée et du danger, celui dont la guerre eût pu faire un héroïque serviteur de la patrie et qui embrasserait volontiers la mort, pourvu qu'elle vînt dans le brouhaha. A côté de ces âmes frivoles et de ces comparses, les vrais insurgés, hélas ! enthousiastes et fanatiques, hommes de labeur, espérant la puissance et la richesse que vous leur promettez ; les sincères, les malheureux ; l'ouvrier ayant faim et qui vient de quitter ses enfants sans pain ! l'homme des ateliers nationaux, chômant et sans argent ; le sincère utopiste ulcéré des maux de ce monde et les attribuant non à l'humanité dans son essence, mais aux riches. Voilà les côtés superficiels et le fond intime de la guerre sociale qui vient d'éclater ; mais qui depuis bien des années était préparée par vos doctrines. Vos philosophes n'ont-ils pas proclamé la légitimité du succès, c'est-à-dire la sainteté de la force ? les insurgés se sont arrangés pour triompher. Ne leur avez-vous pas dit que l'humanité devait s'asseoir au même banquet ? Ils font de leur mieux pour dresser la nappe. Allez, ne répétez plus à l'homme qu'il est bon et divin, que perfection et bonheur sont à lui de plein droit, afin qu'il ne s'avise plus de vous démentir. Au lieu de radoter pédantesquement vos théories de la Divinité humaine, venez donc observer ce peuple qui vit, souffre et meurt autour de vous. La théorie trompe toujours ; la réalité ne peut tromper. Tout est incomplet dans ce monde, voilà ce que dit la réalité ; tout est divin dans la nature et l'homme, voilà ce que disent votre théorie et Spinosa son père. Le diamètre même de la terre n'est pas exact, aucune mesure n'est juste, et cette imperfection de toutes choses constitue notre force, car elle nous oblige à lutter. En 1777, le célèbre Borda essaya de rectifier, par un instrument spécial et parfait, les erreurs des instruments nautiques et celles des observations ; il se trouva en définitive que son invention aggravait les erreurs, l'instrument qu'il avait créé établissait la section du cercle en dix parties et le cercle n'étant point divisible en dix sections absolument égales. »

« — Et il suit de là que nous devons croupir dans l'ignorance, nous résigner lâchement, — accepter l'imparfait et l'incomplet, — plier enfin, comme des brutes, sous la misère de notre destinée ? »

« — Je conclus exactement le contraire. Ce qui nous manque, à nous Français du XIXᵉ siècle qui avons essayé tant de choses, c'est le culte de la perfection suprême et le sentiment de notre imperfection ; — l'idéal et le réel nous font défaut ; — nous ne sommes plus ni modestes ni actifs : aussi voyez-vous ce que nous devenons. Que l'homme reconnaisse qu'il n'est pas dieu, et qu'il ait le désir de la perfection, c'est-à-dire de l'idéal, il s'efforcera de l'atteindre ; on le verra étudier sans relâche, observer, travailler, réparer, s'enquérir. N'est-il pas extraordinaire que, depuis 1815,

aucune enquête générale n'ait été instituée sur la situation
de la France, sur les véritables effets des élections, sur l'é-
tat matériel des fortunes, sur les mouvements du commerce, sur les procédés de l'agriculture, sur l'éducation,
sur l'état des âmes et des esprits, que l'on oublie obstinément? La guerre sociale des derniers jours n'eût pas éclaté,
si des hommes sans ambition (y en a-t-il encore?) avaient,
de concert avec les municipalités, poussé cette recherche
dans toutes les directions. Que pense l'ouvrier de Paris?
que veut-il? Et celui de Lyon, et le berger des Landes, et
l'instituteur primaire, et le matelot de Toulon, et l'agriculteur de la Beauce, et le fermier du Nivernais, que dési-
rent-ils? qu'espèrent-ils? On se croit bien avancé avec des
harangues, des drapeaux et des costumes; hélas! on n'obtient rien, pas même une notion positive sur les choses et
les hommes. On ne sait ni ce que pense le pays, ni ce
qu'il aime, ni ce qu'il craint, ni ce qu'il veut, ni ce qu'il
repousse, ni ce qui lui manque. Quelle République le satisfera? Celle des voluptés ou celle du commerce? celle de
la guerre ou de l'industrie? de la théocratie ou des arts?
de la richesse ou de la pauvreté? Sera-ce Venise ou Amsterdam? Boston ou Sparte? Athènes ou les États-Unis?
Fixons nos pensées et nos désirs; ou nous ne serons
que d'ingénieux sophistes, rêvant comme Héloïse un impuissant amour. Mais dites-vous, nous rédigeons une
Constitution précisément pour nous fixer. Quelle erreur!
Une Constitution ne constitue pas les idées, elle les refait
encore moins; Mably et Condillac, Helvétius et Thomas
Payne, ont été trompés par leur matérialisme; ils ont cru
que les faits influaient sur les idées, et les Constitutions
sur les hommes; ce sont au contraire les idées qui influent
sur les faits, et les hommes sur les Constitutions.

« — Permettez-moi de vous interrompre, me dit Arnaud, en vous avouant que je trouve vos idées un peu confuses. Vous maudissiez tout-à- l'heure l'analyse comme destructrice. Maintenant vous réclamez l'enquête comme nécessaire. Qu'est-ce que l'enquête, si ce n'est l'emploi de l'analyse ? »

« — Je vous demande seulement de mettre chaque chose à sa place. Le véritable emploi de l'analyse dans un gouvernement, c'est précisément l'enquête, perpétuelle, complète, exécutée par des mains loyales et habiles. L'analyse représente la division ; rien de meilleur que la division du travail. La synthèse représente l'unité ; rien de plus nécessaire que l'unité du pouvoir. Rendez donc le pouvoir à l'unité, et le travail à la division. C'est le contraire que vous opérez. Vous transposez les termes ; vous ne concentrez que le travail, vous ne brisez que le pouvoir. Tout le monde veut mettre la main au même timon, chacun veut savoir tout et tout conduire, tandis que le pouvoir, divisé à l'infini, s'en va en lambeaux et en charpie, dont chacun s'arrache un misérable fragment. Ce pouvoir, n'ayant d'unité ni dans l'étendue ni dans la durée, privé pour ainsi dire de largeur et de longueur, tiré à quatre chevaux et écartelé dans tous les sens, à quoi peut-il aboutir ? A servir de curée aux ambitions et aux vanités. On multiplie les portefeuilles, et l'on veut en créer encore. Il n'y a cependant que trois ministères politiques réels, celui de l'*intérieur*, des *affaires étrangères* et de *la guerre* (1) ; les autres ministères en sont les dépendances ; ce sont des directions qui, placées sous des mains sages et patientes, devraient être aussi peu exposées que possible

(1) Ces opinions étaient tout-à-fait nouvelles en juillet 1848.

à la mobilité des courants politiques. L'instruction publique, les cultes, l'agriculture, les finances, la marine, la justice, les beaux-arts, le commerce, les travaux publics, les ponts-et-chaussées, les mines, départements très-difficiles à administrer, réclament toute la vie de grandes capacités spéciales. Vous en faites des pouvoirs, et ce sont des travaux. Comme travaux, vous les mettez dans les mains de gens qui ne peuvent pas s'en occuper; comme pouvoirs, vous en brisez le ressort. Pour rendre plus insensé encore cet éparpillement de forces, vous l'associez à la concentration municipale la plus intense, de manière à rendre la situation illogique jusqu'au ridicule, et à multiplier les antagonismes inévitables d'une analyse exagérée. »

« — Vous tendez sans cesse à l'unité par la pondération, oubliant que l'unité est monarchique dans son essence, et que nous sommes démocrates. »

« — C'est comme si vous disiez que la lumière est monarchique, et que la loi de la gravitation est despotique. N'abusez donc pas des mots, et ne dites point que parler d'unité, c'est rappeler la monarchie. L'unité, c'est simplement l'accord des parties avec un centre régulateur, la condition indispensable de l'organisme. Pourquoi l'unité serait-elle la monarchie? L'unité, c'est la vie. J'entends par *unité* l'harmonie, plus essentielle à la forme démocratique qu'à toute autre, car une démocratie ne peut être ni discordante, ni vicieuse, ni énervée; si dans un régime pareil toutes les ambitions tirent à elles, la mort arrive vite; si la centralisation est violente, et que les efforts de ces ambitions deviennent excessifs, la mort violente s'ensuit. En France, où la vivacité et la culture de l'esprit surabondent et où les fortunes sont rares, qui donc n'est pas bon à faire un chef de bureau, un préfet ou un sous-

préfet ? Aussi tout le monde veut-il l'être ; on donne peu
de zèle ; on sait peu de chose ; l'État vous nourrit, et on ne
le sert guère. Mon ami, si vous êtes démocrate, et que
vous aimiez peu les fonctionnaires, ayez-en donc un très-
petit nombre ; rendez l'accès des emplois très-difficile ; ho-
norez-les singulièrement, et, à la mort des détenteurs,
supprimez les trois quarts des places. Vous aurez moins
de créatures, mais vous aurez aussi moins d'affamés et
d'ennemis. »

« —Voilà des pensées républicaines, spartiates et édifian-
tes ; seulement rien n'est plus inutile. Le flot de la guerre
sociale en Europe ne montera pas moins jusqu'à vous. L'humanité divine n'en suivra pas moins son cours ; pendant
que vous cherchez vos remèdes pratiques, ô pessimiste,
elle rejette ses langes de malade et marche pleine de santé,
vigoureuse en dépit de vous, lumineuse et régénérée. »

« — Pessimiste ! appelez-moi tant que vous voudrez de
ce nom, que les sophistes alexandrins jetaient à la tête
du grand Jérôme et du grand Augustin. Ne pas voir le
mal, c'est ignorer le monde. Tout progrès naît d'une
guérison ; toute force nouvelle naît d'une faiblesse répa-
rée. Quittez donc la folie du spinosisme politique, du
panthéisme appliqué à la chose publique, la folie de l'espérance insensée, la manie de vous préférer à tout, de ne
vous résigner à rien, d'effacer ce qui fait obstacle ; ne
vous fiez pas à l'amour-propre, et souvenez-vous que
l'Espagne est morte d'orgueil, l'Italie de volupté artistique, Rome de puissance excessive, parce que tout peuple
meurt du germe même de sa grandeur. Puisse la France, si
fière de son vieil et charmant honneur, ne pas mourir de vanité ! Tâchez donc d'être vrais, de tuer ou d'amortir ces vanités ardentes et réfractaires, et, quelle que soit la nature de la

dixième ou douzième Constitution que vous allez fabriquer,
je le répète, corrigez vos doctrines d'abord, puis vos
mœurs, enfin vos actes. Mettez l'unité dans les unes, l'é-
nergie dans les secondes, et, s'il est possible, la vérité dans
les troisièmes. Abandonnez les poses théâtrales, pensez aux
réalisations pratiques; soyez rigides dans les faits, sincères
dans les doctrines; renoncez à la divinité de l'homme, à
l'adoration des phrases, au mépris des professions qui parlent peu et qui agissent, à l'amour des professions qui n'a-
gissent pas et qui parlent beaucoup, à la folle division du
pouvoir, à la méchante répartition du travail, surtout à
l'idée que vous vous faites d'une démocratie que vous calomniez. Ne payez plus vos Représentants comme des commis, et ne donnez plus à vos fonctionnaires, en les traitant
comme des laquais, les qualités serviles. Sans tout cela,
vous feriez le chef-d'œuvre des Constitutions passées et présentes, qu'il importerait peu; et, malgré vous, la France
trouverait des punitions plus cruelles encore que les sanglants châtiments que vous venez de subir. Celui qui vous
parle ainsi n'a aucune prétention, aucune ambition, point
de maître à flatter, aucune fraction de peuple à capter,
vous le savez bien, et vous pouvez le croire. »

Nous nous trouvions devant la Chambre des Représentants, que gardaient de nombreux piquets de cavalerie, des
détachements d'artillerie et des canons, protecteurs de sa
liberté. Le philosophe, qui m'avait longtemps écouté avec
quelque émotion, comme s'il eût profondément déploré

mes erreurs, me serra douloureusement la main en me
quittant, et me dit :

« — Adieu ! vous êtes un cœur honnête. »

C'est comme s'il m'eût dit : « Le pauvre aveugle ! il est
pourtant estimable ! »

Cette pitié du philosophe me fit sourire. Arguments,
idées, faits, réalités, terreurs , évidence, tout était venu se
briser contre sa religion, contre l'imperturbable assurance
de cette Humanité déifiée.

—————

APPENDICE HUMORISTIQUE

AUX ÉTUDES SUR LE XIX° SIÈCLE.

Les mêmes idées que j'ai émises plus haut, dans les chapitres qui ont pour titre ERREURS DE LA SOCIÉTÉ FRANÇAISE, sont exprimées dans le fragment suivant, et reproduites sous cette forme vulgaire et fantasque, familière aux humoristes. Je me reprocherais, si je l'écrivais aujourd'hui (1) l'extrême amertume des portraits satiriques et des traits dirigés contre une société, coupable à mes yeux, mais cruellement punie des erreurs de ses doctrines. Que l'on n'accuse pas l'auteur d'une misanthropie stérile. Prouver la maladie, ce n'est pas nier la vie : aimer ses semblables, ce n'est pas flatter leurs fautes. La foi ardente de l'auteur dans les destinées de l'humanité est assez vivement écrite dans les chapitres VII et VIII de cette boutade philosophique pour que je n'aie plus rien à en dire ; — si ce n'est que, publiée en 1842, dans le *Journal des Débats*, elle annonçait dès lors hautement la période de cahos social qui se cachait à tous les yeux. *Es fœngt an.*

(1) 1849.

LE PETIT LIVRE BLEU DE CIEL.

CONTE A DORMIR DEBOUT, ET CRITIQUE ESTHÉTIQUE,
ANALYTIQUE OU FANTASTIQUE D'UN OUVRAGE QUI N'A
JAMAIS PARU.

CHAPITRE Ier.

Comment je fis connaissance avec M. Ichheit.

Certain soir de l'année 1840, je m'étais endormi tout
doucement, la tête appuyée sur une montagne de ces livres nouveaux que les écrivains mêlés au tourbillon de la
presse parisienne voient s'accumuler sur leurs tables. Là
je jouissais d'une béatitude profonde; je ne lisais plus, je
n'écrivais plus, je pensais sans fatigue, je rêvais sans dormir, et la lucidité de mes idées se mêlait au plus doux repos. M'éveillai-je? restai-je endormi? je l'ignore; il me
sembla que je soulevais un petit volume bleu de ciel, et
voici ce que je lus sur la première page :

*Es fœngt an; Tohu Bohu's Traum; ein baffometisch-
physisch-wunderlicher Almanack und typical schatte,* etc.
— Von Andreas Fischhart Ichheit, doctor utriusque ju-
ris, etc., etc. (Fleischwagen und Leipzig, 2 vol. 1/2 in-8°).
— Ce qui veut dire en français :

Cela commence; Rêve de Tohu-Bohu; — ombre typique, prophético-satirique, très-peu lucide en apparence;

— ou almanach crépusculaire, baphométique, merveilleux et dansant, etc., par André Fischhart Ichheit, docteur dans l'une et l'autre faculté, vice-président de la société philosomatique de Fleischwagen, etc. — (Fleischwagen et Leipsig, 2 vol. 1/2 in-8°).

Ah! ah! m'écriai-je, voici un livre fou! par un auteur fou! J'ai affaire à quelque Rabelais allemand qui ne sera jamais traduit. Lisons un peu! Je lus en effet, et je m'amusai fort de cet auteur baroque; M. Ichheit, espèce de docteur universel, *weinende und lœchelnde,* « pleurant et riant, » comme dit l'auteur, prétend renfermer dans son almanach l'avenir, le présent et le passé. Cet Ichheit qui tient des discours bizarres, allégoriques, mystiques, souvent inintelligibles me semble un masque; *Ichheit* c'est la personnalité du *moi,* dans la théorie de Fichte; la propriété d'une pensée toute individuelle, isolée et sans contact avec les idées communes; original de l'espèce la plus tranchée; — il a raison en prenant le nom d'*Ichheit,* de se porter seul caution de ses bizarres idées.

CHAPITRE II.

Ce que c'était que le bateau à vapeur le *Fatum.* — Ses passagers. — Burnall et Mac-Futilitar. — Rottenstuhl et la femme sensible. — — La traversée.

Ce cher petit livre amusait fort mon somnambulisme. Après quelques pages d'explications préparatoires, qui me semblaient avoir trait au XIXe siècle et à sa marche, et qui n'étaient claires que pour un somnanbule, je lus ce qui suit :

« La mer était pleine d'un phosphore pétillant, scintillant,
» bleuâtre ; nous naviguions vers les îles Baléares. Il faisait
» bon frais, et notre bateau à vapeur, le *Fatum*, allait
» merveilleusement vite. Les serpents de feu couraient dans
» les vagues, comme les pensées de Voltaire ont scintillé à
» travers les lames incandescentes de la société au XVIIIᵉ
» siècle. Le grand monarque blanchâtre des plaines de la
» nuit, la lune, jetait au loin sur le calme Océan cette traî-
» née lumineuse, consolatrice, paisible, semblable au feu
» pâle de la méditation solitaire. Le navire allait toujours ;
» le sillage de la carène noire traversait ces deux clartés.
» Le phosphore, à peine allumé, mourait en ricanant ; et la
» clarté bleue du ciel, doucement tremblante, régnait tou-
» jours sur les eaux illuminées de son rayon sacré. Cepen-
» dant au milieu du pont du *Fatum* un géant noir s'éle-
» vait comme une colonne funèbre, et des flots d'étincelles
» rouges sortaient de sa tête informe, pendant que les
» lourds bras de cuivre fendaient l'obstacle liquide.—Vrai-
» ment, me dis-je, voici l'industrie matérielle qui nous
» pousse vigoureusement et avec une force tyrannique,
» pendant que les feux de l'esprit phosphorique meurent
» et éclatent autour de nous ; et tout cela se passe sous
» l'œil triste et lointain de la pensée, qui est la plus douce
» Phébé des plaines célestes. Le redoutable destin nous en-
» traîne ; la pensée religieuse nous éclaire et la folie du bel-
» esprit nous réjouit les yeux. Marchons. — Il y avait sur
» notre vaisseau une foule de personnages différents que ce
» spectacle intéressait peu et qui ne songeaient qu'à leurs
» affaires. Je les examinai d'assez près ; ils ne représentaient
» pas mal les diverses races métaphysiques dont la civilisa-
» tion actuelle se compose. Permettez-moi de vous donner
» le portrait de quelques-uns.

24

» L'un des plus remarquables se nommait Chrysophore
» Burnall, jeune dandy byronien et oxigéné, qui avait couru
» le monde ; cigare ambulant qui allait à la recherche des
» émotions, à la chasse des sensations, en quête des idées ;
» ces dernières ne venaient pas et les autres ne venaient
» plus. Une fièvre de bien vivre le dévorait, et il quittait Paris
» après avoir traversé Londres. On voyait à son air languis-
» sant, à sa physionomie hâve et fatiguée, à son sourire en-
» dolori, qu'il était encore ivre du tourbillon qu'il avait
» traversé. Le cerveau brûlé, les sens épuisés, il reje-
» tait sur nous le dédain qu'il s'inspirait à lui - même.
» — Au surplus, il n'était pas facile de déterminer si le
» sexe viril ou l'autre sexe prédominaient en lui ; ses che-
» veux étaient longs et ondoyaient en boucles féminines ;
» ses moustaches se hérissaient sur sa lèvre ; sa hanche se
» dessinait en saillie ; un charmant petit pistolet ciselé dans
» le goût du moyen-âge ornait sa ceinture. Je ne tardai
» pas à m'apercevoir qu'il était d'une religion spéciale et
» très-répandue ; la religion des *habits neufs* ; elle consiste
» à orner perpétuellement et de toutes les enveloppes ima-
» ginables le corps qui est évidemment l'enveloppe de
» l'âme ; c'est cette religion qui invente les gilets et
» donne l'impulsion aux révolutions des cravattes. Elle a
» les tailleurs pour grands-prêtres, et se rattache à l'anti-
» que et primitive croyance de l'adoration personnelle. A
» côté de mon jeune homme désossé et affadi, que dans
» ma classification philosophique je nommais le *dandy*
» *brûlé*, s'élevait un grand corps sec et noir, qui ressem-
» blait à une charpente osseuse, ne regardait personne des
» assistants et s'occupait à faire éternellement tourner dans
» sa main droite une petite roue suspendue à un pivot ;
» une montre se trouvait dans sa main gauche ; le nombre des

» évolutions opérées dans un certain espace de temps ab-
» sorbait toute son attention. Celui-là était né en Écosse et
» se nommait Mac-Futilitar, professeur d'économie po-
» litique et d'industrialisme. Il tenait par des liens ca-
» chés à la même religion de l'égoïsme corporel dont les
» adeptes sont aujourd'hui nombreux. Pas une pensée vaste
» dans sa tête, pas une idée qui ne fût un pauvre calcul,
» un arrangement de poulies et de robinets. Son œil vide,
» son front bas, son nez camus, son sourire plat, méri-
» taient leur place dans ce tableau aristophanico-arabesco-
» atellanico-gozzique que je vous offre. C'était un chiffre
» monté sur deux jambes. Il faisait du potage avec les os
» de sa sœur défunte, il aurait volontiers construit une ma-
» chine avec les ossements de son père. »

Tel est le style de l'auteur allemand, style allégorique et
très-peu lucide, comme il le dit lui-même. Il mérite bien
un petit commentaire. On a reconnu dans le dandy byronien et dans le philosophe utilitaire les deux mythes du
dégoût énervé et de l'industrialisme pur ; il invente ensuite,
pour peindre le sensualisme sentimental et la manie des
meubles du moyen-âge, les symboles les plus baroques.
L'un a pour expression une *femme pâle*, et l'autre un baron nommé Rottenstuhl. Laissons parler l'écrivain ultra-
germanique :

« — Des contrastes naît la sympathie. Le professeur
» Mac-Futilitar semblait inspirer beaucoup d'intérêt à une
» passagère, encore jeune, dont le costume ne ressemblait
» à aucun autre ; c'était une dame au teint pâle ou plutôt
» vert, en costume d'amazone, dont le pantalon de soie ga-
» rance apparaissait sous une longue robe de velours blanc,
» brodé d'or mat, et qui lisait ordinairement avec une at-
» tention soutenue la *Gazette des Tribunaux* pour y cher-

» cher des crimes. Une vaste aumônière, taillée sur le pa-
» tron le plus exact de celles du moyen-âge, pendait à sa
» ceinture ; elle l'ouvrit, et j'aperçus une multitude de
» compartiments dans lesquels étaient distribuées des cen-
» dres ou des poudres de nuances différentes. Elle saisissait
» délicatement entre son pouce et son index, une prise de
» chaque poudre, s'en servait comme de tabac, et se re-
» mettait, soit à lire, soit à observer, de concert avec Mac-
» Futilitar, les évolutions de la roue tournante. — Ma-
» dame, lui dis-je, vous demanderai-je un peu de tabac?
» — Elle leva les yeux au ciel. — Monsieur, me dit elle,
» le croiriez-vous? ces diverses poudres sont des débris
» sentimentaux, des souvenirs érotiques ! Les cœurs de plu-
» sieurs amants, réduits à cet état par la combustion, et
» calcinés dans une feuille d'amiante, servent à raviver
» mon émotion disparue, à moi, signora Lelia, native de
» Versailles, et élevée à Genève par le professeur Kotze-
» bue. — En me faisant cet aveu, elle tomba à genoux et se
» frappa la poitrine : — Hélas! hélas! O grandeur! ô
» douleur! ô profondeur de mon âme ! ô homme! ô femme !
» donnez-moi une sensation ! — et elle s'évanouit.

   » Je ne pus m'empêcher de m'écrier en m'éloignant :
» — Voilà bien la plus étrange brutalité, idéalisée sous
» forme métaphysique.

   » Mon naïf cœur allemand s'était révolté. Cette exclama-
» tion déplut beaucoup à un gentilhomme de l'ancien ré-
» gime, et ce monsieur, cassé, boutonné jusqu'au menton,
» vêtu d'habits râpés, mais portant diverses croix à sa bou-
» tonnière, s'approcha de moi d'un air courroucé et me
» dit : — Apprenez, monsieur, que Marguerite de Va-
» lois, au XVIᵉ siècle, portait, comme madame (que vous
» insultez mal-à-propos), un vertugadin garni de tous les

» cœurs de ses amants, desséchés et calcinés. C'est un
» fait, je vous le prouverai, monsieur. Le procédé de la si-
» gnora est même supérieur ; elle ravive ainsi les facultés
» de l'imagination érotique ; elle remplace un passé détruit.
» C'est l'impuissance devenue dithyrambique ; et vous
» vous moquez de cela ! La pulvérisation et l'introduction
» de la poudre dans les cavités nasales est d'une nou-
» veauté toute progressive. Je me nomme le *baron de*
» *Rottenstuhl*, antiquaire, fabricant de bahuts, restaura-
» teur d'ogives, collecteur de poussière historique, le
» plus grand connaisseur actuel en bric-à-brac antique,
» romanesque et emphatique ; vous vous souviendrez que
» le vertugadin *serre-cœurs* est historique. Lisez plutôt
» Tallemant des Réaux. Si vous n'êtes pas content, voici
» mon adresse ; j'ai chez moi des dagues et des rapières de
» toutes les époques. »

CHAPITRE III.

Gingeolico, Pympimas, et une traînée de grands hommes. — Autres
folies de l'auteur allemand.

J'avoue que je me sentais réjoui de voir ainsi traitées
sans façon la sensibilité sensuelle, la sensibilité avariée, la
manie des brimborions, la passion des poulies et des robinets ; le *bateau à vapeur du Fatum* me faisait l'effet d'être le
navire du siècle. A peine osé-je indiquer tous les personnages qui l'encombrent ; l'apprenti-ministre et le ministre
apprenti ; le philosophe Putrefact, né en Hongrie, soutenant que la pourriture est féconde, et que l'on doit ap-

24.

puyer la société sur des vices ; Anastase-Théophile Donner-
bragières, parisien, fanfaron d'antimoralité, matamore de
forfaits non achevés et incompris, essayant en vain la théorie du crime ; Marturio Maturin de Chatterton, génie inconnu et impuissant ; Chrysopompo Gingeolico, directeur de
fantoccini, exhibiteur de formes nues, autrefois sacristain
de village, lequel se fit démonstrateur et exploitateur de
marionnettes féminines, « au grand plaisir des jeunes viel-
» lards (dit le satirique allemand), dont il activait la circu-
» lation du sang et ressuscitait les nerfs abattus; ce qui le
» fit parvenir à manger agréablement, dormir confortable-
» ment, ronfler souverainement, jouer du bâton, simuler
» velléités d'amour et de politique, carresser digestion,
» parler de la gorge, rouler carrosse et faire du bruit dans
» la grande ville ; — puis une masse de petits gentilshom-
» mes débraillés, que l'auteur subdivise en *viveurs, vivo-*
» *teurs* et *vivailleurs !* — Le Templier, le Swedenborgien,
» le Tumulaire, le Progressif, le Marlovien, le Châtelien,
» troupe infiniment variée et innombrable, au milieu de
» laquelle on remarque Caïus Athenagoras Pympymas de
» Sparte, attaché aux doctrines radicales les plus rigides,
» croyant à l'égalité des hommes fermement, et au par-
» tage des biens complétement, ce qui n'empêche pas
» qu'il a quatre-vingt-douze espèces de pommades, trois
» corsets et six perruques ; Jeschaïahou de Palestine, ou-
» vrant un club liturgique et populaire rue Jean-Jacques
» Rousseau ; la jeune Colombine Apracté Allwish, qui (si
» nous pénétrons l'intention de ce nouveau Rabelais), in-
» dique l'ambition sans but, l'ardeur sans activité, l'incons-
» tante violence, le désir immense et vide d'une jeunesse
» qui se dévore elle-même ; Job le philanthrope, qui de-
» mande l'aumône à tout le monde pour ses pauvres, et

» qui est son seul pauvre, à lui ; — puis le sot politique,
» la sot teutonique, le sot artistique, le sot mystique ; —
» l'acheteur infatigable de publications à bon marché, qui
» ne s'aperçoit pas que quatre-vingt-dix fois un écu de
» trois francs font deux cent soixante-dix francs ; — Ves-
» pasien Golden, l'Américain, établissant plusieurs publica-
» tions sur des sottises anglaises, françaises, allemandes,
» gothiques, shakspeariennes, pittoresques, mystagogiques,
» bibliques, charlataniques. Il y en avait une kyrielle de
» quatre-vingt-une pages. »

CHAPITRE IV.

Le royaume de Paniflouage. — Le cimetière des volontés.

Tel était ce monde de passagers au milieu duquel je me
délectais. A travers deux tempêtes et un calme plat qui
semblent caractériser la *Terreur*, l'*Empire* et le *Directoire*,
— ils atteignirent un royaume extraordinaire où il y a des
prix pour ceux qui volent, des punitions pour ceux qui
n'ont jamais rien volé, des galères pour la vertu. Dans ce
royaume de « Paniflouage », on apprend l'art d'attraper régulièrement le monde, et d'escamoter le pouvoir et la gloire.
Vient ensuite le cimetière des volontés dont la descrip-
tion est imprimée en caractères de couleur jaune serin, sur
un papier jaune paille, ce qui fait que personne ne peut le
lire sans se fatiguer horriblement les yeux. Le chapitre
débute par ces paroles trop allemandes :

*« Ames défailllantes, et pauvres partis qui n'avez plus
que le souffle, bon soir, ô mes amis ! etc. »*

CHAPITRE V.

Nouvelles absurdités.

Je ne vous dirai pas quels événements jetèrent le na-
vi:e sur les côtes de la grande île des Avocats, d'où ils
tombèrent dans le royaume du *Rien*, ni le grand orage
pendant lequel il pleuvait de la graine d'actionnaires,
— ni la prédiction du philosophe apocalyptique *Baphomet*,
lequel, monté sur un cylindre, prétend apercevoir et
montrer du bout du doigt aux naufragés le gras royaume
de Cocagne, annoncé depuis si longtemps dans les prophé-
ties. Il meurt, non pas comme Moïse précisément, mais
d'indigestion. La colonie subit alors une multitude d'aventures douloureuses, narrées en style tantôt épique, tantôt
burlesque; elle traverse mille royaumes extravagants; les
soixante-dix mares boueuses de la vanité; la république
des impuissants; le royaume économique où tout le monde
se ruine pour tout gagner, royaume remarquable par l'i-
dole de Chrysocale qu'on y adore, et qui représente un gros
négociant de Hambourg, fondateur de l'Empire. Ichheit ne
se contente pas du monde où nous sommes, il dispose des
planètes et joue avec le soleil et la lune. Grâce au perfectionnement de l'industrie matérielle, il dirige les aérostats
et fabrique une nouvelle humanité avec de la vapeur et du
mercure. Il marche dans l'avenir comme on marche dans
sa chambre; il montre l'univers devenu pour l'homme un
joujou fantastique, une bobine industrielle.

CHAPITRE VI.

Ichheit entre dans ma chambre. — Ichheit sérieux. — Son discours.
— Comment tout homme du xixe siècle, quand il sait penser et
voir, est au moins âgé de trois mille et quelques années.

Toutes ces choses confuses m'étaient montées au cerveau
et je ne savais où j'en étais de ma lecture, de ma rêverie,
ou de ma critique, lorsque je vis ou crus voir entrer dans
mon cabinet l'auteur lui-même, M. Ichheit. Je le reconnus, rien qu'à entendre son pas, et je me trouvai, dès le
premier moment en communication magnétique avec
lui.

« Ah! çà, lui demandai-je, comment savez-vous tout
ce que vous savez? où prenez-vous tout ce que vous dites ? »

Il s'assit.

« Vous êtes donc Tirésias ou le marquis de Saint-Germain ? Vous avez la seconde vue? Vous êtes Prophète ?
—Voyant ? — Seer?

» Je suis de mon temps. Si vous ne comprenez pas l'a-
» venir, c'est que vous n'avez pas profité comme moi des
» leçons données à l'humanité par son passé. Avec mes
» quarante ans, j'ai vécu quarante siècles. Mon compas,
» fabriqué par Christophe Colomb, restauré par Améric Ves-
» puce, achevé par Galilée, acheté à Vienne chez Andreas
» Mergelt, a mesuré le globe plus de cent fois. N'ai-je pas
» pris place au parlement d'Angleterre, le premier jour où
» Guillaume III vint s'y asseoir ? N'ai-je pas serré la
» main, sans sortir de ma cellule de Fleischwagen, aux
» membres carbonari chinois de la société du Nénuphar

» blanc ? Bah ! que n'ai-je pas expérimenté ? J'ai allumé
» ma longue pipe sur les débris de Babylone, en déchiffrant
» une phrase cunéiforme ; le soleil mourait ; l'occident
» était en feu, cet occident aujourd'hui plus enflammé par
» la pensée que l'Asie par son soleil. Samarcande et Cons-
» tantinople m'ont ouvert leurs bibliothèques. Tous les col-
» léges du monde, y compris ceux des mandarins (où l'on
» apprend l'alphabet en quarante années), se sont fait un
» honneur de m'enseigner la typographie, la géométrie,
» l'hydraulique et la géomancie. J'ai appris en Angleterre
» la dynamique politique, laquelle se pratique très-confor-
» tablement à Londres. Je dois dire, en passant, que dans
» les machines que cette dernière science met en jeu, Paris
» emploie trop de gaz comprimé ; ce qui donne à ses in-
» génieurs, d'ailleurs respectables (ici il fit le signe de la
» croix), ce qui donne à ses ingénieurs, d'ailleurs respec-
» tables l'énorme désavantage de marcher entre deux
» orages et de procéder par explosions périodiques. Les
» explosions périodiques troublent l'air , tuent les mouches,
» ferment les boutiques, engraissent les voleurs, multi-
» plient les protêts, font mourir les allouettes, tournent le
» vin nouveau, cassent les reverbères et sont nuisibles à la
» santé générale.

» Vous voyez bien, continua mon savant, que je mérite
» qu'on m'écoute. Les sciences les plus nouvellement in-
» ventées, ou les plus récemment remises à neuf ; la statis-
» tique, par exemple, et le magnétisme, c'est-à-dire le chif-
» fre s'étendant en nuage et le rêve consolidé en science,
» m'ont allaité, l'une de ses mamelles arides, et l'autre
» de sa quintessence merveilleuse. Que n'ai-je pas vu ?
» J'ai vu le parasol vert d'une Anglaise dans le désert de
» Sahara, et un volume de notre ami Jean-Paul Richter

» dans la hutte d'un Lapon. J'ai entendu Rossini écorché
» par trois nègres et un Albinos de Méhémet-Ali. J'ai vu
» le parlement d'Otahiti s'assembler en jacquettes bleues,
» sous la présidence d'un missionnaire américain, pour dé-
» cider que les petites filles au-dessous de cinq ans ne
» mangeront pas de galette. J'ai étudié, étendu sous l'é-
» ventail immense des palmiers de Tadmor, la Théorie de
» Charles Fourier, le polysophe français, qui veut que
» nous ayons beaucoup de vices, et nous promet une
» trompe d'éléphant en récompense. Je sais combien d'ha-
» bitants peuplent Java, et j'ai rapporté assez de poèmes
» épiques des îles Péliou pour composer trois dictionnaires
» et pénétrer dans toutes les espèces d'académies. Je sais,
» pour l'avoir vue, que la muraille de la Chine est une
» très-grande muraille de brique grisâtre, lésardée en
» beaucoup d'endroits, et indigne d'un maçon de Picardie,
» où les maisons sont médiocrement solides. Les grands
» incidents n'ont pas plus manqué à ma vie que les grands
» spectacles et les grands voyages. Le XIXᵉ siècle! quel
» opéra! Rois engloutis que le torrent emportait et qui res-
» sortaient du courant rapide sous la triste forme de com-
» mis, douaniers ou agents de police; le monde conquis,
» le monde perdu, le monde reconquis et reperdu, des
» journées superbes, Aboukir ou Marengo qui enterraient
» cent mille hommes seulement, égorgés d'un commun ac-
» cord, et les uns par les autres; que diable! quand on a
» cette éducation par devers soi, on peut faire la leçon aux
» autres et aux planètes! Sous nos yeux, en 1840, vingt
» nations de races diverses, cassées, brisées, broyées, pé-
» tries, sont réduites à l'état de je ne sais quelle pâte, la-
» quelle fermente et se travaille aujourd'hui. C'est une as-
« sez grande leçon. Quand la démocratie d'Europe, à la-

» quelle Aristophane avait brisé la tête en Grèce, ayant eu
» des faiblesses pour ce petit boîteux au sourire louche
» qu'on appelle le Doute, fut sur le point d'enfanter, est-
» ce que je n'entendis pas ses premiers cris? Est-ce que
» je n'assistai pas à ces premières convulsions qui ébranlè-
» rent, non-seulement le lit où se torturait la France, mais
» le monde? »

CHAPITRE VII.

Conversation très-métaphysique. — Commentaires du rhéteur
Ichheit sur son propre livre. — Renouvellement et perpétuité des
sociétés. — Époques de chaos périodique. — Napoléon, Goëthe et
Byron.

— Ah! dis-je au docteur, je commence à vous comprendre. Vous n'êtes pas fou, vous faites semblant d'ê-
tre fou. Vous vous préoccupez de la destinée des sociétés
avec acharnement et avec ardeur; c'est une manie pour
vous comme la classification des coléoptères pour certaines
gens, ou la numération des taches du soleil. Vous avez
donc un système?

— Si j'ai un système! reprit Ichheit. Lisez mon chapitre intitulé *les filaments organiques de la société.* Je pense
que la masse des hommes civilisés qu'on appelle le *monde*,
subit de temps à autre des crises de renouvellement, et
qu'elle se décompose pour se recomposer ensuite. C'est
cette décomposition qu'on nomme *la négation accidentelle,*
le chaos périodique. Pendant ces époques de négation,
tous les éléments se brisent et se confondent afin de fer-
menter et de se reproduire.

— Votre colonie voyageuse, repris-je, serait-elle donc un symbole de la civilisation actuelle ? et tous les ridicules dont vous vous constituez le bourreau, dont vous encombrez votre vaisseau du *Fatum*, sont-ils des indications mystiques de ce chaos, de ce tohu-bohu énorme. Est-ce là un mythe ?

— *Es fœngt an*, s'écria-t-il, « cela commence ! »

— Qu'est-ce qui commence ? Est-ce la composition ou la décomposition qui commence ? O étrange rêveur, répondez !

— Monsieur, la reconstitution sociale à peine indiquée de loin est inévitable ; car *les sociétés ne meurent pas, et les filaments organiques se renouent infailliblement ; les germes dorment dans les éléments disjoints et la tombe obscure est un grand berceau.* Le fiévreux Napoléon Bonaparte a été le précurseur de ce chaos social dans lequel se régénérera, je ne sais à quelle époque, le Monde-Phénix. Napoléon était malade comme son siècle, il était malade comme Byron et Goëthe. Au lieu des *chagrins de Werther* et des poèmes de *Byron* en huit volumes, vers et prose, Bonaparte empereur a fait son grand opéra ! Vous l'appellerez comme vous voudrez, — Villes-Brûlées ! Canons-Tonnants ! le rhythme en était terrible ; cruelle fièvre, qui enfantait de telles créations ! Cela vous annonçait que votre société n'en pouvait plus et que tous vos génies, demi-dieux de la terre, souffraient du même mal !

— Ainsi, docteur, la société s'en va ! le monde actuel, effroyablement absurde, pétrit pour l'avenir une civilisation plus complète ?

— Oui, monsieur ; la vie de l'humanité, comme le sang de nos veines, a sa systole et sa diastole, son double mouvement ; elle va perpétuellement de la croyance à la négation,

de la construction à la destruction, de l'amour à l'ironie,
de la foi au scepticisme. Monsieur, j'ai tâté le pouls de ce
grand corps; sans ce double mécanisme il ne pourrait subsister. L'Orient fonde d'abord le règne de l'âme et de l'a-
mour; à cette époque primitive succède la domination du
corps sous le polythéisme; ensuite revient le règne de
l'âme avec le christianisme; puis il s'efface peu à peu, et
vers le XVIᵉ siècle commence la réapparition du doute; la
matière, le corps sont de nouveau des dieux. Nous ne
faisons que débuter, nous autres dans cette carrière, — et
l'industrie consacrée seulement au bien-être physique est
notre *pilgerstab* ou bâton de pèlerin. Que nous rencontrions dans cette nouvelle route des monstres, des folies, des
vices nouveaux, rien de plus simple. Je vous ai montré mon
navire frété pour les îles Baléares (*Navem narragoniam
sœculi decimi noni*) qui portait une complète cargaison de
monstres; monstres de transition, — des arabesques, mon
ami !

— Ah ! ah ! à la bonne heure ; voilà quelques rayons de
lumière, et nous commençons à vous comprendre, philosophe aristophanique et prophétique. Mais que diable signifie
votre grand combat entre les *démaphiles* et les *aristaphiles?*
deux peuples singuliers; les uns ayant cinq ans et portant
brassarts, cuissarts et moustaches; les autres ayant quatre-
vingt-quinze ans et portant bourrelet ?

— Vous ne devinez pas? Il s'agit des enfants qui jouent
à la République, et des vieillards qui jouent à la Monarchie,
des faux Philopœmen et des faux Montmorency, de la démocratie des pédants et de l'absolutisme des rêveurs. Ces
deux célèbres cohortes représentent deux impossibilités : la
démocratie grecque des écoliers et la monarchie absolue des
Asiatiques. Ah ! que tout cela est ridicule !

— Mais puisque vous n'êtes ni Philopœmen, ni chevalier féodal, Maître, quelle est votre politique à vous ? Dans quel sens voulez-vous diriger la société européenne ?

— Dans aucun sens. Elle est morte. Quand l'âme politique est morte, voulez-vous que le corps politique subsiste ? La drôle d'idée ! Enterrez ce cadavre, enterrez-le vite et décemment, selon les règlements de police ! Portez en terre le vénérable défunt, entouré d'une procession de libéraux, anti-libéraux, utilitaires, anti-utilitaires, les uns pleurant, les autres déclamant, quelques-uns jetant des fleurs, d'autres se disputant autour du cercueil ; les Bacchantes dansent ; les Corybantes déchirent leur poitrine, la foule hurle, les fous essaient de galvaniser la machine ; — les sages n'ignorent pas que l'on n'enraie jamais les rouages de la destinée, qu'elle est incurable et inévitable, et qu'il faut laisser la mort donner la vie, en attendant que la vie ramène la mort. O mauvais avocats, *croque-morts* des Empires, en vain vous essayez de cacher le pauvre défunt aux yeux du peuple ! En vain dites-vous que le cœur bat encore, que la paupière s'est remuée et que l'haleine se fait sentir !... Menteurs !... »

Le docteur s'était levé fort en colère ; je remarquais que toutes les fois que le mot *avocat* sortait de ses lèvres, il éprouvait comme une convulsion violente et involontaire.

CHAPITRE VIII.

De la perfectibilité. — Les cercles de la destinée.

— Rasseyez-vous un moment, lui dis-je. Que pensez-

vous de la perfectibilité ? L'humanité est-elle condamnée
comme l'âne du moulin, à tourner éternellement dans le
même cercle, en broyant le grain qui la nourrit et en rece-
vant les coups.de bâton de la Providence ? Y a-t-il, selon
vous, déchéance ou perfectionnement... changement ou situation stationnaire pour notre destinée ?

— Il y a de tout cela. L'humanité déchoit, se relève,
retombe, se relève encore et grandit toujours. L'humanité
se perfectionne par soubresauts, et chaque grande crise est
un degré vers le perfectionnement. Le cercle de l'Égypte
civilisée est le premier ; plus petit que celui de la Grèce, il
précède la civilisation grecque ;— celle-ci est plus petite que
la civilisation romaine ; — la civilisation chrétienne est encore plus grande ; — cette dernière enfin cèdera la place à
une nouvelle civilisation européenne-américaine-slave, dont
la sphère sera gigantesque. Entre chaque époque, il s'opère
une destruction. C'est alors que la civilisation s'embarque
follement pour les îles Baléares, chargée de toutes ses niai-
series ; et il lui arrive plus de mésaventures et de drôles
d'aventures que le vieil Ulysse n'en a subi. En ces temps
toutes les formes de la société souffrent une altération, une
dislocation, une érosion, une dissolution, quelque fois silencieuse , d'autres fois foudroyante; elle patauge dans une
boue liquide , inorganique. Après avoir fait voile vers l'El-
dorado, après naufrages, tempêtes, famines, farces, comédies, pestes et mille scènes jouées dans le désert et les
grandes villes, la civilisation se retrouve tout-à-coup les
pieds dans ses pantoufles, saine et robuste, rajeunie et
amoureuse, le teint frais, plus grande de cent pieds, plus
forte cent fois, plus jeune de cent ans qu'avant ce baptême
d'orages. Attendez et souffrez : *es geht an ; es fœngt an*,
« cela commence, cela marche, » et cela viendra dans une

douzaine de siècles. Patience, attendez le lever du rideau.

— C'est un peu long, douze siècles pour un prologue !

— Byzance, épilogue de l'antiquité, a duré dix siècles. Vous autres petits humains, vous mesurez tout à l'échelle de votre vie !

— Docteur, vous avez des idées. C'est chose rare, et je traduirai votre livre.

Le docteur partit d'un grand éclat de rire.

— Traduire mon livre pour la France ! Vous êtes parfaitement absurde. On n'aime dans votre pays que l'apparence de l'ordre, la discipline, la grâce, la forme, la formule, la draperie, la friperie, la broderie, l'enjolivure, la tapisserie, la parfilerie en or, en soie, en brocart, en perles, en caoutchouc, en chenille, en gaze, en filigrane, en verroterie ; c'est la manufacture de Paris, la gloire de Paris , comme les joujoux d'enfant, les souliers de femme qui durent un jour, et les gants qui durent un soir. Vous repoussez cette *mère-goutte* du génie, ce premier centre, ce diamant intellectuel, l'*idée*. La phrase domine vos Gaulois, *galli caussidici* (comme dit Martial) ; les plus féconds des causeurs (dit Sidoine) ; les agréables bavards (dit le philosophe Locke) ; les maîtres de l'éloquence limpide et coulante (dit saint Jérôme) ; *gallici sermonis nitor et ubertas.* Mais l'*idée !* si vous en trouvez six chez Daguesseau , et trente chez Buffon, vous ferez grand plaisir au docteur Ichheit de les lui montrer. L'*idée !* Montesquieu, Descartes et Pascal en ont accaparé le plus beau ; Montaigne et Labruyère, Bossuet et Calvin ont achevé la moisson ; après eux les parleurs ont parlé. Mon *idée*, à moi, c'est que l'humanité marche toujours ; mais qu'elle rencontre dans son voyage de bonnes auberges et de mauvaises *posadas*, et que le progrès de la civilisation est éternel.

— Oui, interrompis-je, comme le progrès d'un cheval qui tombe dans un marais, barbotte, touche le bord, gambade sur le sable, galope sous le soleil, s'arrête, traverse un fleuve, gravit une montagne, et de fatigue en plaisir, de plaisir en fatigue, ne suivant jamais la droite route, finit par arriver.

— Nous sommes ce cheval-là, dit le docteur, et nous avons parfois de mauvais moments. Quand, par exemple, nous arrivons au bout d'une époque, que notre rollet est fini, nous voulons continuer le voyage; hélas! pas de route! plus de guides! une terre inculte! Que faire? tout est confus; c'est le *tohu-bohu* actuel, le grand rêve dont j'ai fait deux volumes. Le dernier tome a paru il y a quinze jours; les feuilles sont encore humides; vous l'avez dans sa primeur, et je vous jure, foi de critique, que si vous le traduisez, vous serez lu... par vous tout seul, personne en France ne le lira.

———

CHAPITRE IX.

Une représentation et un drame du grand théâtre de Barataria. — Sancho. — Traduction.

— La faute en est à vous, dis-je au docteur, et non à nous. Vous n'avez pas réduit vos idées à la forme de l'art; vous n'avez pas imité les anciens, Aristophane par exemple, si profond et si capricieux dans l'idée, si accompli et si net dans la forme.

Le docteur se mit à réfléchir :

— Vous avez peut-être raison. Je suis de ma race, — Teuton, — j'ai sacrifié la forme à l'idée, — ce qui est absurde. Au surplus, tenez, continua-t-il, lisez ceci, c'est un essai nouveau ; j'ai voulu exprimer par un symbole dramatique le règne actuel de la matière sur la pensée. Mon navire le *Fatum* aborde l'île de Barataria; on lui donne la comédie. J'ai tâché d'être précis et intelligible ; — tâchez, vous, de me traduire. Si vous réussissez, vous me ferez grand plaisir; nous autres Allemands, qui disons beaucoup de mal des Français, nous ne sommes jamais plus satisfaits que d'être loués par eux ! »

A ces mots il disparut, et je me retrouvai le nez plongé dans les feuilles du deuxième volume bleu, l'œil fixé sur la page 64. J'y lus ce titre qui me séduisit :

SANCHO PANÇA, MAITRE DE DON QUICHOTTE.

(Drame aristophanique, représenté entre le 3 mai 1815 et le 5 janvier 1852, par les comédiens ordinaires du grand théâtre de l'île Barataria.)

La pièce aristophanique dont je viens de copier le titre, est écrite en beaux vers hexamètres allemands. L'auteur y peint à sa manière le trait caractéristique de notre époque, c'est-à-dire l'intronisation définitive du corps (Sancho), et la dégradation excessive de l'âme (Don Quichotte). Cette idée a peut-être plus de profondeur et de vérité qu'on ne le pense. Elle me plut, et selon le conseil du docteur, j'essayai d'en traduire quelques fragments que voici :

PROLOGUE.

(*Le théâtre représente la ville d'Athènes. Aristophane entre en scène; il porte un chapeau rond, un pantalon noir, des gants jaunes, et un lorgnon sur l'œil gauche.*)

(Il regarde attentivement l'assemblée, composée d'Euro-
péens de tous les âges et de toutes les sortes.)

ARISTOPHANE *(se parlant à lui-même).*

On est venu nous voir de tous les coins du monde.
O foule bigarrée, en contrastes féconde,
Germains demi-Français, Français demi-Germains ;
Anglais demi-Normands, Gaulois demi-Romains !
O mélange incomplet de dix mille génies,
De fragments vermoulus fractions infinies !
Triste poussière humaine ! — Ils roulent devant moi
Leurs tourbillons obscurs, sans couleur et sans foi !
Saluons poliment cette noble cohue !

(Il s'avance sur le devant de la scène et salue).

Soyez les bienvenus, messieurs ; je vous salue.
Je suis Aristophane, — un vieil athénien,
Libre dans ses discours et ne ménageant rien ;
Riant de tout son cœur quand le peuple d'Athènes
Écrivait *liberté* sur ses mobiles chaînes,
Lorsque ce vieil enfant, niais spirituel,
A ses plus vils flatteurs élevait un autel ;
D'un tanneur parvenu couronnait le vieux crâne,
Ou se prostituait à quelque courtisane ;
Il était fait ainsi. — Vous, modernes seigneurs,
Vous êtes trente fois, cinquante fois meilleurs
Que mes Athéniens, ces hommes d'un autre âge ;
Vous avez du génie en sortant de sévrage.
Je viens vous admirer (pour moi c'est un plaisir ;
Depuis que je suis mort, j'ai beaucoup de loisir !)
Vous admirer d'abord, vous corriger peut-être ;
Pour tancer les mortels le grand Zeûs m'a fait naître,
Et je me suis toujours acquitté de mon mieux
De ce métier actif, piquant et dangereux.
J'en ai fait autrefois le rude apprentissage
Avec assez d'éclat et non pas sans courage,
Lorsque je gourmandais le peuple athénien
Qui ne vous valait pas. — Or donc écoutez bien,

Enfants dégénérés du siècle dix-neuvième.

Le courage n'est pas votre vertu suprême :
Vous aimez beaucoup trop les accommodements,
Lâches concessions faites aux goûts du temps,
Compromis évasifs, équivoques perfides,
Et l'art des faux fuyants si chers aux cœurs timides,
Transaction, faiblesse, arrangement, détour,
Tous les petits moyens que l'on voile au grand jour.
Vous appelez cela le talent de l'époque ;
L'obscurité vous plaît, la lumière vous choque,
Vieux enfants, dont les yeux, faibles et clignotants
Dans les sentiers perdus guident vos pas tremblants.
Vous avez de l'esprit, mais la vigueur vous manque ;
Vous aimez les parleurs, la cuisine, la Banque,
Faibles qui voudriez passer pour vertueux ,
Poltrons qui voudriez passer pour vigoureux !

Aristophane continue sur ce ton de sarcasme sans pitié.
La toile du fond qui représentait la ville d'Athènes, change
et représente une grande route. Alors s'élance du trou du
souffleur un vieillard cacochyme, vêtu à la dernière mode,
auquel mon docteur a conservé le masque burlesque du
Démos d'Aristophane. C'est le Public, il veut savoir quel
est le sujet de la pièce. Aristophane lui répond :

Le titre de l'essai que vous voulez connaître ?
Don Quichotte valet et Sancho Pança maître !

LE PUBLIC.

Un mythe! un mythe ! dieux ! je veux aller dormir !
Dès que j'entends ce mot, j'ai hâte de m'enfuir.
Voici bientôt dix ans que le mythe m'assomme.

ARISTOPHANE.

Je le sais, parbleu, bien, mon pauvre vieux bonhomme,

De ce mets exotique on vous a saturé,
Jusqu'à vous mettre en terre ; et vous, bon gré, mal gré,
Vous avez avalé cette burlesque pâte,
Indigeste, mal cuite et pétrie à la hâte.

LE PUBLIC.

Et sans la digérer !... Ouf ! je m'en sens encor,
Les cuisiniers disaient : « Ça vaut son pesant d'or,
» Un beau mythe garni de toutes ses épices ;
» Les Germains en ont fait leurs plus chères délices ;
» On y joint un coulis de dissertations
» Sur les dieux, sur le Grec et sur les nations ! »
O traître cuisinier ! — C'était bien lourd !

ARISTOPHANE.

Compère,
Vous le trouviez fort bon, lorsque votre libraire
Vous le servait.

LE PUBLIC.

Lui-même en mourait quelquefois ;
Par les mythes rongés, j'en ai vu deux ou trois
Dormir, et pour toujours, à côté de leurs frères,
Dans les vastes caveaux où dorment les libraires.

ARISTOPHANE.

Mon mythe n'endort pas : il est comique.

LE PUBLIC (bâillant).

Ah ! ah !

ARISTOPHANE.

On y voit Don Quichotte avec Sancho Pança.

LE PUBLIC.

Vivants ! Allons donc ! Fi ! c'est un anachronisme !

ARISTOPHANE.

Eh bien ! décorez-le du nom de romantisme !

LE PUBLIC.

Je vous dis qu'ils sont morts !

ARISTOPHANE.

Sancho vit, et vit bien.

LE PUBLIC.

Vous vous moquez de moi, mon vieil athénien !

ARISTOPHANE.

Sancho, c'est votre type actuel et physique,
Le maître souverain de son bon maître étique,
Du pauvre Don Quichotte.

LE PUBLIC.

Allons donc.

ARISTOPHANE.

Les Panças
Prospèrent aujourd'hui ; ne le voyez-vous pas ?
Ils régnent au boudoir, au Parnasse, à la Chambre ;
Leur gilet, plein d'écus, est tout parfumé d'ambre,
Dans la philosophie et dans l'art de rimer,
Dans l'art des orateurs et même en l'art d'aimer,
Sancho, le corps, est roi : devant lui tout s'incline.
Près de lui, fort piteux et faisant triste mine,
Don Quichotte vieilli, de maître qu'il était
Malgré ses beaux exploits est devenu valet.

LE PUBLIC.

Votre mythe, monsieur, me semble diaphane
Et fort impertinent.

ARISTOPHANE.

Je suis Aristophane,
Un vieux grec sans façon que depuis deux mille ans
On tolère, malgré ses airs impertinents.
J'emprunte à Cervantes, un petit-fils que j'aime,
Ce symbole puissant et la vérité même,
Tout le bon sens du corps, Sancho l'industriel
Avec ses gros rébus et son ton paternel ;

Puis je mets près de lui, représentant de l'âme
Don Quichotte, brûlant de cette double flamme,
Devoir et dévouement.

LE PUBLIC.

Ridicules chansons
Et qui mènent les gens aux Petites-Maisons !

ARISTOPHANE.

Le corps a parmi vous de très-fervents apôtres
Qui dans Sade et Piron, lisent leurs patenôtres :
Gens à barbe de bouc, honorables blagueurs,
De leurs vices lassés ranimant les langueurs ;
Des couleurs de Byron, essayant de se teindre,
Aspirant au dédain qu'ils ne peuvent atteindre,
Desservants idiots du culte de Pança ;
Car il a son église et ses prêtres...

LE PUBLIC (*bâillant*).

... Ah ça ?
Quel est donc cet acteur, monsieur Aristophane !

ARISTOPHANE.

Cet acteur est Sancho que dandine son âne ;
Derrière lui voyez le roi des nobles fous,
Don Quichotte transi qui s'avance vers nous !
L'un est timide ; l'autre est fier comme un monarque ;

LE PUBLIC.

Sancho me fait plaisir à voir !

ARISTOPHANE.

Oui, je remarque
Que de ce cher Sancho le teint est très-vermeil.
Son bonnet de coton reluit au grand soleil ;
L'orgueil a dilaté sa face réjouie ;
Il gonfle fièrement sa joue épanouie ;
Il se sent Dieu.

LE PUBLIC.

Pour moi, j'aime Sancho Pança.

ARISTOPHANE.

C'est juste et naturel, vous vous aimez...

EL PUBLIC.

Ah ! ça,
Vous m'impatientez, monsieur le satirique !

ARISTOPHANE.

Entendez-vous?...

(*On entend une harmonie très-criarde*).

LE PUBLIC.

Quoi donc ?... cette folle musique ?
Ces discordantes voix ?

ARISTOPHANE.

C'est un chœur d'épiciers
Renforcés d'usuriers, de courtiers, de greffiers
Qui de Sancho Pança saluant la venue ,
Accueillent à grands cris la puissance inconnue,
Le grand mythe, le Dieu, le père, l'Inventeur
Sancho, du temps présent le sublime moteur !

Tout le reste de la pièce est consacré à développer la même idée ; le triomphe du corps, le règne des sens ; l'âme exilée, réduite à l'état de mendiante ; don Quichotte ou le dévouement maltraité par Sancho, que don Quichotte menait si paternellement autrefois. Don Quichotte fut un bon prince, doux, facile, désintéressé, bienveillant ; Sancho n'est indulgent que lorsqu'il est repu. Il faut d'abord qu'il place et qu'il satisfasse son ventre ; il songe ensuite aux autres, s'il a le temps. Tour-à-tour Sancho devient, dans le drame, sénateur, orateur, libéral, industriel, banquier, ro-

mancier et poète. Dans toutes ces capacités, il préfère la
forme à la pensée, le corps à l'esprit, la matière à l'âme.
Érudit, il conquiert six Académies au moyen d'un catalogue général en deux volumes, contenant l'index de tous
les écrivains grecs qui ont employé le *digamma;* poète, il
force la couleur et parle aux sens. Devenu homme de lettres, il soutient des discussions très-violentes contre don
Quichotte qui lui sert de secrétaire. Don Quichotte voudrait exprimer l'idée, Sancho veut stimuler le corps. Assis
dans son cabinet de travail, tout tendu et tapissé de brocart d'or, enveloppé d'une robe de chambre à ramage en
lampas broché et le coude appuyé sur une table de ver-
meil chargée de bons vins, il s'écrie :

Je veux des mots puissants, de brillantes images ;
Oui... que la volupté brille en toutes mes pages !
Eh !.... Quichotte !...
Ici son secrétaire DON QUICHOTTE *taillant les plumes de son maître.*
J'entends... mais cela me plaît peu.

SANCHO.

Je veux de la couleur, du mouvement, du feu.
Stimulons le lecteur, éveillons sa paresse,
Relevons de ses nerfs la sénile faiblesse !

DON QUICHOTTE (*très-bas en soupirant*).

Adieu, pensers du cœur, sentiments éthérés
Que d'un éclat si doux Racine a colorés !

SANCHO.
Fou !...

DON QUICHOTTE.

Mais votre méthode est lourde et monotone.
Vous colorez en bleu, vous colorez en jaune !
C'est un bras ! c'est un pied ! c'est un sein palpitant !
Le plus mince écolier pourrait en faire autant.

Toujours des voluptés et toujours de l'orgie !
Ma foi ! j'aimais bien mieux l'autre mythologie
Que votre Panthéon de nerfs et de tombeaux !
Toujours sang et baisers, tortures et lambeaux !
En mille affreux débris vous dépecez la femme ;
Vous abusez du corps...

SANCHO.

Vous abusiez de l'âme,
Vous !

DON QUICHOTTE.

C'est vrai, nos héros, parfois très-ennuyeux,
De leurs fades vertus ont lassé nos aïeux.
Notre Parnasse était une parfumerie ;
Le vôtre, ô mon doux maître ! est une boucherie.
Croyez-moi, renoncez à tout cela, mon cher,
Abandonnez enfin cet amour de la chair ;
Voyons, réformez-vous, revenez à mon thème.
L'âme après tout des arts est le terme suprême ;
Retrouvez l'idéal...

SANCHO.

L'idéal, dès demain,
Va me faire mourir, dans un grenier, sans pain !
Avec ton idéal, dis-moi, maigre imbécile,
Tes élans, ton système et ton bel art du style,
Plairai-je à ce public ivre de ses deniers,
Couronné de canelle en guise de lauriers,
Assis sur son budget, à cheval sur son chiffre
Et dont l'avidité de petits gains s'empiffre ?
Je veux charmer mes rois, despotes rabougris,
Du bon bourgeois Pança généreux favoris,
Essoufflés le matin, pour avoir fait la veille
Un bel exploit nouveau qu'on se dit à l'oreille,
Grand œuvre qui consiste à tromper le chaland,
A vendre ses rebuts plus cher qu'auparavant,
A dorer la bougie, à teindre la chandelle,
A bien parodier le sucre et la canelle !
O le sublime exploit et le merveilleux tour !

DON QUICHOTTE.

Et vous flattez ces gens, et leur faites la cour?

SANCHO.

Il le faut bien. Ce sont les souverains du monde,
Je les amuse.

DON QUICHOTTE.

O deuil ! ô sottise profonde !
O pauvre âme exilée ! ô douleur !

SANCHO. (*s'endormant sur un canapé*).

Va, pleureur !
Martyr prédestiné ! Mendiant de malheur !...
(*Il s'endort*).

. . . .

CHAPITRE X.

Diogène et le Théâtre brûlé. — Fragments d'un Dictionnaire cynique des idées et des mots au XIXᵉ siècle.

Pour une traduction de somnambule, je ne trouvais pas
mes vers trop mauvais, et je me réjouissais de mon œuvre,
comme il arrive en général à ceux qui n'ont pas fait grand
chose de bon. Tout-à-coup il me sembla qu'un violent
orage ouvrait la fenêtre de ma chambre et faisait voltiger
rapidement et tournoyer dans ma main les feuillets du livre
bleu. J'avais perdu le fil du drame aristophanique ; conti-
nuant à lire au hasard, mon attention fut attirée par une
scène singulière. Le drame symbolique dans lequel on se
permettait de railler Sancho, la matière et le sensualisme
n'avait pas plu à l'équipage du *Fatum*, qui avait mis le

feu au théâtre ; puis le navire magique était reparti. Le vieux cynique Diogène, qui se trouvait parmi les passagers, se formalisa de cette conduite de l'équipage, et se mit à lui lire les fragments d'un *Dictionnaire cynique du XIXᵉ siècle,* qui porta au comble la colère générale. Mac-Futilitar prit Diogène par le milieu du corps et le jeta à la mer avec son MS. On vit flotter sur les eaux les pages détachées de ce Dictionnaire dont le docteur Ichheit prétend avoir recueilli quelques fragments que voici :

DICTIONNAIRE CYNIQUE ÉCRIT PAR DIOGÈNE PENDANT SA VIE DANS LA TOUR DE BABEL, A PARIS.

> Karbouchevitz, Véry salamgesh ? Landmange ichhanpt faptyturvineh ; brulmahghamchyw ! hit owwenh sixpierre, hanphwill ; boruffo austrotermizzico bell.
>
> BAHBELLHIHCHTWZ WERDSRHZTLMNYTIER.
> L. G. § 2, p. 3. Note Z.

Ambitieux. — Un grand homme qui vient d'être sévré.

Ame. — Souffle de l'âme, souffle générateur, sans lequel les meilleures lois ne sont qu'une belle anatomie en cire, la vie absente.

Aristocrate de ce temps (un). — Il avait une raison unique pour être plus fier qu'un chevalier féodal; c'est qu'il avait été cordonnier.

Désidératum. — Un livre de Rabelais, sans autre but que de conserver pour la postérité le souvenir de toutes nos folies, et celui des folies mères des nôtres.

Domination de l'époque. — Talent de l'annonce, génie du prospectus, mensonge du marchand forain qui surfait et qui crie.

Dramatique (art). — Un Dieu qui a son temple dans

une halle mal peinte, où tout est fard, graisse, huile, où tout est criard, faux et grossier, — mensonge.

Drame. — Balayez, brossez, frottez, épongez, lavez les planches, salies par tant d'incestes et de bons mots, de lieux communs et d'obscénités, de viols et de meurtres ; lavez !

Eglise. — Église sans croyance, — cadavre de pierres.

Génie. — O mon Dieu ! donnez l'étincelle qui éclaire, éclate, foudroie, fracasse, anéantit.

Que tous ces vices du Bas-Empire je les flétrisse,
Que tous ces vices cachés, je les dévoile !

Histoire de France depuis 1789. — Lanterne magique de gouvernements impossibles, peints à la détrempe par des impuissants.

HOMME. — Variétés : Il y a l'homme-prospectus, l'homme-bureau, l'homme chiffre, l'homme-porte-voix, l'homme-caisse, l'homme-écho ; cette dernière variété compte des sous-variétés innombrables.

Homme considérable. — Faquin auquel chaque nouveau sac de mille francs ajoute une couche de ridicule et de pouvoir.

Homme de lettres. — Distiller son cerveau pour vivre ! Macérer cette éponge pour en extraire une quintessence — nutritive, — ou soporifique — ou venimeuse !

Journal. — Faire l'histoire du journal moderne ; et dire

— Comment un journal qui n'a pas fait ses frais en cinq années, se vend soixante-dix mille francs ;

— Comment vingt niais avares achètent des pertes, cent mille francs ;

— Comment la vanité, le *moi* font croire à chacun qu'il régénérera le cadavre.

Idéal en 1840. — L'égoïsme rond ; *teres atque rotundus ;* l'homme qui prendrait son repas dans le crâne de

son père s'il pensait que le festin en devînt meilleur ;
l'homme qui va à ses fins par toutes les voies, et ne
s'embarrasse pas du reste.

Littérature. — Partie de l'organisme social qui élabore
la pensée publique et en fait du sang, du chyle.... Rabelais sait le reste.

Littérature moderne. — Orgie s'éteignant dans l'ivresse,
— finissant par la combustion spontanée.

Mémoires personnels. — Vespasiennes pour l'égoïsme.

Mensonge. — Fondement de certaines sociétés qui repo-
sent sur le vide ;

— Tout le monde consent à mentir à tout le monde,

— Les accusés offrent leurs têtes, sachant que personne
n'en voudra,

— L'avocat-général demande ces mêmes têtes, sachant
qu'il en serait fort embarrassé,

— Tout le monde veut acheter ce que tout le monde fait
semblant de ne pas vouloir vendre,

— Tout est mensonge.

Morale. — As-tu besoin de moi ?

— Oui !

— Eh bien, je t'écrase.

— Non ; c'est toi qui as besoin de moi !

— Maintenant je t'adore.

Voilà, pour les temps sans âme, la morale, la politique,
les convenances et l'art de vivre.

Philosophie. — Nos écoles de philosophie se réduisent
à une seule ; — l'école de M. Robert-Macaire, née de l'é-
cole de M. de Talleyrand, née de l'école de Mirabeau,
ayant pour branches trois ou quatre écoles littéraires.

Places. — La vente et l'achat des places, sous des formes légèrement voilées, ne pourraient avoir leur histoire

parfaite, que si tous les billets de mille francs écrivaient leurs voyages.

Politique (*assemblée*). — Machine inventée pour que quatre-vingt-dix-neuf imbéciles l'emportent sur deux hommes de sens.

Progrès au XIXᵉ siècle. — Couvée d'idées qui avortent; — petits poulets qui n'ont que la moitié des ailes, et qui meurent en jetant leur premier cri.

Raffinement de civilisation. — Du lait aigri, battu, transformé, raffiné, corruption extrême et définitive.

L'un et l'autre ont leur mérite.

L'un et l'autre vivent par les corruptions qu'ils engendrent; l'un et l'autre marchent et progressent par ces corruptions exquises.

Recettes. — L'art au XIXᵉ siècle a ses recettes; — moules vulgaires dans lesquels on jette le style et la couleur comme le pâtissier sa pâte.

Rhythme. — Chose rare dans les temps énervés. Notre prose n'a plus de rhythme. Tout le monde écrit de même. Toute phrase est cacochyme, filandreuse et banalement flasque. Elle ne prend pas l'accentuation de l'auteur; elle n'a pas son rhythme, l'auteur n'ayant pas de caractère.

Le rhythme! — sait-on ce que c'est que le rhythme? — C'est le sang qui bat, — c'est la veine qui s'enfle, — c'est l'oiseau qui vole, — c'est la vie qui s'écoule, — c'est la vague qui frappe, — voilà le rhythme. — Le pendule de la vie. Tous les grands prosateurs ont un rhythme.

Romans. — Paniers à crimes et aventures; uniques vade-mecum de ce temps.

Roman historique moderne (*auteur de*). — Lisez marchand de bric-à-brac.

Science populaire. — La science débitée par menues

tranches. — Savoir frivole, misérablement réparti; cela plaît au siècle qui va vite, éparpillant le trésor de science accumulé par les aïeux.

Sensibilité, lisez *égoïsme*. — Admirable invention née de Rousseau et des sentimentalistes d'Allemagne, et qui consiste à s'attendrir si profondément sur soi, qu'il ne reste plus de pitié pour les autres.

Société moderne. — Au-dessus du pauvre, le riche; au-dessus du médecin qui observe, l'avocat qui criaille; au-dessus de l'honnête homme, l'habile homme; au-dessus de l'ouvrier, le spéculateur; au-dessus de Dieu, le néant.

Style. — Au XIXᵉ siècle la confusion du langage en France a produit le style que voici : *Je veux prendre l'idée par le manche du mot-propre.* Voilà le style d'un grand écrivain de ce temps.

Théâtre. — Une invention humaine, belle, idéale et spiritualiste, sous Shakspeare qui l'éclairait avec deux chandelles; — laide, grossière matérialiste, au milieu de nos décorations qui étincellent d'or.

Utilitaire. — Homme qui est utile à lui-même.

. . . .

CHAPITRE XI.

Le Réveil.

. . . .

Quand je m'éveillai tout de bon, je me sentis harrassé, desséché, épuisé; mon esprit endolori et mon âme affaissée ne se relevaient pas de l'impression que le cynique et ses définitions obscènes avaient laissée chez moi.

Quant aux volumes, il n'en était plus question. Tout avait disparu. Ma lampe s'éteignait.

Rien qui ressemblât au rêve *baphometique* et confus qui venait d'obséder mon sommeil de somnambule. La pile de livres modernes, à quinze lignes par page et à peu d'idées par volume, sur lesquels je m'étais accoudé, se trouvait toujours à la même place et n'avait point bougé, quoiqu'elle m'eût servi d'oreiller pendant la nuit. La fenêtre ouverte toute grande me montrait le soleil naissant qui dorait les eaux de la Seine, cachées et voilées sous les bateaux des blanchisseuses, sous les cargaisons de charbon, les radeaux de bois et les constructions innombrables.

La Seine faisait sourire ses petits flots paisibles et tremblottants avec un délicieux murmure, — une brise fraîche circulait dans la ville ; — je m'approchai du balcon, et oubliant Diogène, Sancho, Ichheit et le *Fatum*, je méditai quelque temps. Je pensai que Dieu a fait la nature immortelle et les cités périssables ; — que le progrès par le renouvellement est la grande loi et la preuve du divin amour, — et que si, après la nuit des yeux et celle de l'âme, il y a un réveil auquel l'homme ne peut se soustraire ; il y a aussi, pour les ténèbres et le cahos des sociétés endormies, un inévitable Réveil.

FIN.

TABLE ALPHABÉTIQUE.

FIN DE LA TABLE DES MATIÈRES.